Michael Kalanty

Como assar pães
As cinco famílias de pães

2ª edição revista e atualizada

Dados Internacionais de Catalogação na Publicação (CIP)
(Jeane Passos de Souza - CRB 8ª/6189)

Kalanty, Michael
    Como assar pães : as cinco famílias de pães / Michael Kalanty ;
tradução Renata Lucia Bottini. – 2. ed. rev. atual. – São Paulo :
Editora Senac São Paulo, 2015.

    Título original: How to bake bread : the five families of bread.
    Bibliografia.
     ISBN 978-85-396-0872-0

    1. Pães (culinária) 2. Receitas I. Título.

15-315s   CDD – 641.815
                                      BISAC CKB009000

Índices para catálogo sistemático:
    1. Pães : Receitas : Culinária   641.815

Michael Kalanty

Como assar pães

As cinco famílias de pães

2ª edição revista e atualizada

TRADUÇÃO
Renata Lucia Bottini

Editora Senac São Paulo – São Paulo – 2015

ADMINISTRAÇÃO REGIONAL DO SENAC NO ESTADO DE SÃO PAULO

Presidente do Conselho Regional: Abram Szajman
Diretor do Departamento Regional: Luiz Francisco de A. Salgado
Superintendente Universitário e de Desenvolvimento: Luiz Carlos Dourado

EDITORA SENAC SÃO PAULO

Conselho Editorial: Luiz Francisco de A. Salgado
Luiz Carlos Dourado
Darcio Sayad Maia
Lucila Mara Sbrana Sciotti
Jeane Passos de Souza

Gerente/Publisher: Jeane Passos de Souza (jpassos@sp.senac.br)
Coordenação Editorial/Prospecção: Luís Américo Tousi Botelho (luis.tbotelho@sp.senac.br)
Márcia Cavalheiro Rodrigues de Almeida (mcavalhe@sp.senac.br)
Administrativo: João Almeida Santos (joao.santos@sp.senac.br)
Comercial: Marcos Telmo da Costa (mtcosta@sp.senac.br)

Revisão Técnica: Julia Delellis Lopes
Edição de Texto: Maísa Kawata
Preparação de Texto: Augusto Iriarte
Revisão de texto: Heloisa Hernandez (coord.)
Projeto Gráfico e Editoração Eletrônica: Sandra Regina dos Santos Santana
Capa: Antonio Carlos De Angelis
Foto da Capa: iStockphoto
Impressão e Acabamento: Finaliza Editora e Indústria Gráfica Ltda.

Traduzido de *How to Bake Bread: the Five Families of Bread*
© Michael Kalanty, 2009, para o texto, ilustrações e fotografias
Essas marcas são patenteadas pelo autor:
Five Families of Bread®
Five Families of Bread System®
Bread Families®
Family Tree of Bread®
Yeast Paste®

Todos os direitos reservados de acordo com as Convenções Internacionais e Panamericanas de Copyright. Sem limitação dos direitos reservados acima, nenhuma parte desta publicação pode ser reproduzida, armazenada ou inserida em um sistema de indexação, ou transmitida de qualquer forma ou por quaisquer meios (eletrônico, mecânico, fotocopiagem, gravação ou outros), sem o consentimento prévio por escrito do detentor dos direitos autorais deste livro, exceto para a inclusão de citações curtas em uma resenha.

Editora Senac São Paulo
Rua 24 de Maio, 208 – 3º andar – Centro – CEP 01041-000
Caixa Postal 1120 – CEP 01032-970 – São Paulo – SP
Tel. (11) 2187-4450 – Fax (11) 2187-4486
E-mail: editora@sp.senac.br
Home page: http://www.editorasenacsp.com.br

© Edição brasileira: Editora Senac São Paulo, 2012

Sumário

Nota do editor 7

Prefácio 13
Peter Reinhart

Inventando as cinco famílias de pães 15

Parte I – Preparando-se para assar pão 21
Como usar este livro 22
Abreviações, símbolos e convenções 29
Ingredientes do pão 34
A caixa de ferramentas do padeiro 61
A ferramenta mais importante 71
A perspectiva do padeiro: as cinco famílias de pães 77

Parte II – As fases do pão 81
Introdução às fases do pão 82
Fase 1: Organização 84
Fase 2: Colônia de fermento 89
Fase 3: Fortalecimento da massa 104
Fase 4: Desenvolvimento do sabor 123
Fase 5: Modelagem da massa 133
Fase 6: Acrescentando leveza 147
Fase 7: Da massa ao pão 159
Fase 8: Realçando o sabor e a textura do pão 176
Armazenagem do pão 180
Juntando tudo 185

Parte III – As famílias de massas 193

Massas de desenvolvimento intensivo 195
Família das massas magras 197
Família das massas macias 221
Família das massas ricas 241
Massas de desenvolvimento curto 263
Família das massas úmidas 269
Família das massas doces 289

Parte IV – Coleção de receitas de pão 313
Pães da família das massas magras 314
Pães da família das massas macias 332
Pães da família das massas ricas 408
Pães da família das massas úmidas 425
Pães da família das massas doces 435

Parte V – Apêndices 461
Falando em pães... 462
Bibliografia 484
Acertando a balança — instruções rápidas 486
A sua tabela de padeiro 490
Passo a passo da trança de quatro 495
Passo a passo da trança de cinco 498
Passo a passo da trança de seis 503
Adicionando sal à massa 507
Aproveite completamente seu forno 509

O *lagniappe* do autor 514

Agradecimentos 519

Índices 527

Índice de receitas 529

Índice de outras receitas 531

Nota do editor

No século XXI, Antoine Carême relacionou diversas receitas de chefs franceses, agrupou-as em famílias e classificou cada grupo de acordo com o tempero principal. A ideia era que, quando o chef utilizasse um desses temperos principais, pudesse realizar, a partir deles, muitas outras receitas. Em *Como assar pães: as cinco famílias de pães*, é utilizada a mesma metodologia, só que para a panificação, permitindo que o leitor pratique as técnicas básicas e use-as de uma nova forma, criando novos sabores.

Michael Kalanty divide os pães em cinco famílias. Ao aprender sobre cada uma delas, o leitor se sentirá confortável com qualquer receita que deseje fazer, poderá assar pães saborosos e pensar como um padeiro profissional.

Este livro é dividido em cinco partes: preparação para assar pão, etapas para elaborá-lo, famílias de massas, receitas e informações que facilitam o entendimento e o preparo das massas.

Vencedor do Prêmio Gourmand World Cookbook como melhor livro sobre pães do mundo em 2009, *Como assar pães: as cinco famílias de pães* aborda detalhes que outros livros sobre o tema ignoram. Com esta publicação, o Senac São Paulo apresenta ao leitor dicas valiosas para estudantes e profissionais da panificação, e para qualquer interessado em conhecer os segredos da elaboração de pães deliciosos.

Em memória de
PIERRE MENIER
boulanger pâtissier

NA ARTE E NO OFÍCIO, O TALENTO SIGNIFICA QUASE NADA:
ENQUANTO A EXPERIÊNCIA, ADQUIRIDA COM HUMILDADE E
TRABALHO DURO, SIGNIFICA TUDO.

Prefácio

Primeiro eles me lançaram em uma cova,
Aí eu cresci como haste, depois me tornei uma espiga.
Aí eles me cortaram, depois me moeram,
Assaram-me em um forno,
E então me comeram como pão.
(Rugens Pine. "A tristeza do centeio", baseado em um conto de fadas
escandinavo, *apud* H. E. Jacobs,
Six Thousand Years of Bread)

E assim é o ciclo da vida, morte e renascimento. Em outras palavras, essa é a história do pão, tanto metafórica como literalmente. Há algum outro alimento, mesmo o vinho, que carregue tantas implicações poéticas e tanto potencial alegórico e, ao mesmo tempo, agrade o nosso paladar tão profundamente?

Entretanto, para compreender a dimensão poética de algo, nós precisamos primeiro agarrá-lo no seu sentido mais literal. Essa ideia não é minha, mas do poeta Dante Alighieri, o qual, oitocentos anos atrás, escreveu que tudo tem quatro níveis de entendimento.

Eu concordo com ele sobre a primazia do literal — e o pão é o exemplo perfeito. Enquanto qualquer um pode falar sobre o pão de modo comovente e tecer imagens saborosas a partir das palavras, apenas alguns poucos treinados sabem como transformar de maneira adequada as sementes de trigo ou de centeio em pães de verdade. Para fazer isso, é preciso ser um mestre do literal, o que significa não só seguir apropriadamente os passos e métodos das receitas de pão consagradas pelo tempo, mas também compreender por que razão esses passos são absolutamente necessários.

Como ressalta o autor H. E. Jacobs, o pão existe há mais de 6 mil anos; mesmo assim, nós ainda estamos aprendendo a fazê-lo — e, talvez, a fazê-lo melhor do que jamais foi feito. Isso ocorre, em parte, por causa da ciência e da tecnologia, que nos revelaram novas opções, as quais jamais estiveram disponíveis aos egípcios antigos ou aos padeiros europeus do século XIX; e também porque uma nova geração de padeiros contemporâneos trouxe o fogo da sua paixão ao ofício.

Há um fascínio novo pela arte e pela ciência da fermentação, o ato da transformação do relvado destruído e as sementes pulverizadas dele em massa viva, que é então transformada, desta vez pela aplicação de calor, no mais apreciado e consumido alimento do mundo.

Os humanos são desmedidamente fascinados pelos processos de transformação, mas, quando se trata de alimento, o fascínio só permanece se o sabor for bom. A experiência provou que o pão preparado da maneira apropriada sempre satisfaz, acredite-se ou não na metáfora da transformação. Essa é a razão pela qual nunca pode haver livros demais a respeito de pão, especialmente se eles explicam os mistérios literais com clareza e concisão.

Michael Kalanty, meu amigo e meu ex-colega na escola em que eu ensinava (e na qual ele ainda ensina), sempre foi adepto da explicação dos processos do pão. Eu o observava enquanto ele ensinava os seus alunos, para melhorar a minha própria habilidade de ensino. O seu talento consiste em pegar métodos complexos e demonstrá-los e explicá-los claramente, colocando as habilidades de fazer pão ao alcance das novas gerações de padeiros e chefs confeiteiros.

Eu acredito que, quando alguém domina qualquer conjunto de habilidades, a chance de ver as implicações mais profundas dessas habilidades emerge. Esse domínio cria a possibilidade da conexão; ou seja, de juntar os pontos entre os padrões recorrentes em todos os aspectos da vida. Sei que isso é particularmente verdadeiro no campo do pão e fui testemunha disso em minha própria vida e em meus escritos.

Portanto, o novo livro de Michael não é diferente dos manuais usados em confrarias dos tempos antigos. Ele é uma ferramenta que não apenas proporciona o domínio literal do ofício, mas que também pavimenta o caminho para uma compreensão mais profunda da interconexão de todas as coisas.

Para o trigo, tudo começa com uma semente enterrada que cresce até virar um talo e depois se torna uma espiga, que, finalmente, se transforma em pão. Mas, para o padeiro, tudo começa pelo aprendizado do ofício — um passo de cada vez.

Peter Reinhart
Charlotte

A rua dos Padeiros, em Paris.

Inventando as cinco famílias de pães
A história de Como assar pães

Pierre sabia tanto inglês quanto eu sabia francês — isto é: pouco mais do que *bonjour*. O meu novo chef provavelmente nunca tinha pronunciado uma palavra em inglês até que eu cheguei à soleira da porta da sua pâtisserie, na França rural.

Nós tínhamos nos correspondido antes da minha chegada. Eu havia me apoiado na habilidade de um amigo com o idioma francês para traduzir tudo o que eu escrevia ou recebia. Embora o uso de um serviço de tradução certamente tivesse melhorado o meu francês escrito, não havia me ocorrido que isso deturpava a minha competência em comunicação básica na língua nativa de Pierre. No início, era difícil dizer qual de nós estava mais frustrado.

É provável que fosse Pierre. Ele se esforçava para cumprir a sua promessa de me treinar nos alicerces do seu ofício, ao mesmo tempo em que executava os pedidos diários de carolinas, litros de sorvete e bandejas de petit-fours de chocolate. Muito amigável, ele tropeçava entre os dois mundos, persistindo em atingir os dois objetivos. A sua paciência era igualada por suas habilidades, que podiam produzir joias de pâtisserie a partir de uma série de coisas que, na época, eu só podia chamar de ingredientes.

Altamente criativo e um técnico consumado, Pierre desafiava a si mesmo a criar padrões de processos que poderiam ser repetidos com pouca ou nenhuma mudança, para produzir vários e diferentes itens de despensa. Eu podia ver a mente dele trabalhar... Qual é a técnica comum que liga componentes de massa tão diferentes como buttercream, ganache de chocolate e brioches amanteigados? Ele jamais havia trabalhado desse jeito antes, e nós precisávamos urgentemente de um atalho para executar o ofício sem termos de nos preocupar demais com as palavras.

O truque do confeiteiro não é simplesmente "fazer" uma coisa, como um mil-folhas. O confeiteiro vê muitos pequenos componentes, cada um dos quais é preparado separadamente, gelado e depois trazido à tona no momento da construção ou montagem do produto final. Essa é a base da citação de Antoine Carême: "As belas-artes são cinco: a pintura, a escultura, a literatura, a música e a arquitetura. O principal ramo desta última é, com certeza, a confeitaria".

Quando um confeiteiro mexe metodicamente um rico creme de baunilha, ele está ocupado pensando em usá-lo para fazer bombas, uma base doce de suflê, ou em batê-lo suavemente na máquina de sorvete e aromatizá-lo com uvas-passas embebidas em rum. Uma coisa deve servir para muitas outras. Essa é o sistema de trabalho que organiza o modo de pensar dos confeiteiros.

Ao longo do tempo, Pierre e eu desenvolvemos um sistema de atalhos em que uma ou duas palavras francesas seriam usadas para uma série de gestos e técnicas. Para emulsificar manteiga em uma cobertura de buttercream, por exemplo, procede-se mais ou menos assim: batedeira em alta velocidade na primeira fase; batedeira em baixa velocidade na segunda; e o tempo da segunda fase é duas vezes o tempo da primeira.

O grande passo ocorreu no dia em que ele me ensinava a fazer o rico brioche amanteigado. Esse é o pão a que se referiu Maria Antonieta ao dizer a famosa frase: "Se eles não têm pão, que comam brioches", quando estava perto de ser levada à ruína pública.

Pães ricos e amanteigados como o brioche são, em geral, os últimos pães feitos em um longo dia de trabalho na loja. Para que se obtenha o melhor sabor — e para tornar a massa mais fácil de manusear e modelar —, o brioche é transferido diretamente para o refrigerador depois que o estágio de desenvolvimento termina. Aí, a massa cresce lentamente até o dia seguinte e desenvolve um caráter rico e complexo.

Isso dá ao padeiro tempo para dispor os ingredientes necessários para o trabalho do dia seguinte, limpar algumas escovas de massa úmida e fazer os arranjos finais na loja antes de apagar a luz. O brioche gelado é volteado uma vez, para que se elimine o dióxido de carbono e o álcool, e depois é colocado na cama, onde passará a noite.

Enquanto isso, a loja ficava escura. Mesmo a luz das 22 horas do verão estava indo embora da loja. A luz mudava, a loja se ensombreava. Pierre já tinha vivido tudo isso antes — ele posicionou a batedeira de tal modo que ela apanhava os últimos raios de luz solar.

Ele estava para acrescentar a manteiga quando os seus olhos brilharam. Passou-me os 2 quilos de manteiga fragrante e macia da Normandia. As suas mãos seguraram as minhas enquanto eu transferia a manteiga, e ele me ensinou: "*Vas-y, mec. Exactement comme la crème au beurre*". De fato, ele estava dizendo: "Vá em frente, rapaz. É do mesmo jeito que você faz buttercream".

Fiquei momentaneamente gelado, com medo de haver traduzido mal a sua ordem. Então, eu soube que ele tinha confiança em mim para levar a cabo os toques finais da massa de pão, uma massa de pão que eu nunca tinha visto alguém fazer. Ou era confiança na sua descoberta? Afinal, se ele pudesse confiar a um atrapalhado aprendiz americano que a fizesse, então essa seria a prova empírica e derradeira de que Pierre precisava. Será que ele tinha encontrado a verdade?

Inicialmente, houve um cabo de guerra entre a massa e a manteiga na tigela da batedeira. A massa endureceu, formando peças menores, e empurrou a manteiga. Parecia uma tigelada de bolas de massa francesa em um purê de manteiga. Eu gelei, como um cervo diante de faróis — como quando você se encontra diante de algo que não aguenta ver, mas do qual não pode afastar o olhar. As palavras brandas de Pierre soaram em meus ouvidos: "*Attends. La beurre est plus fort que la patê*". "Espere. A manteiga é mais forte que a massa. Espere e veja".

Como que por mágica, aquela bagunça completa se uniu em uma magnífica massa flexível, dourada e brilhante, que cheirava igualmente a manteiga cremosa doce e trigo fermentado. Ela comunicava tanto o corpo como a alma que Pierre me ensinara a procurar: a estrutura da massa firme, mas macia, e a doce e sedutora cremosidade da manteiga. Só os franceses poderiam combinar esses dois elementos disparatados em um delicioso pão. A verdade do comentário de Maria Antonieta ressoou — tanto na minha cabeça como na minha alma. Pierre estava certo. Bem no alvo! *Exactement comme la crème au beurre.*

Naquela noite, dormi tão profundamente quanto o brioche, até que Pierre bateu na porta do sótão, às 2h30 da manhã. *"Viens! Faires les croissants!"* "Vamos! Hora de fazer croissants!" Agarrando o meu café preto, eu fui tropeçando para o laboratório. Pierre não tinha dormido nem um segundo naquela noite. Em vez disso, tinha febrilmente coberto as paredes da área de trabalho com desenhos, símbolos, cálculos matemáticos e diagramas. Cada um de uma cor diferente, em folhas de papel para assar — a um estranho, aquilo pareceria um quiosque movimentado de um mercado no Marrocos. Essa mesma técnica se tornou uma das minhas assinaturas.

Ele tinha conseguido transformar a área de trabalho na representação visual do termo francês para esta parte da padaria, *le laboratoire*. Agora, eu tinha dicas visuais em toda a minha volta. "Método 2... Emulsificação." "Comment calculer le sucre pour"... "quanto açúcar por"... quilo de farinha para cada um dos pães da padaria. Listas inteiras de produtos que, em algum momento da sua viagem pela loja, seguiam o mesmo procedimento.

A ideia permaneceu comigo. Como padeiro viajante, eu tive a oportunidade de trabalhar em muitas padarias nos Estados Unidos, na Europa e no Brasil — grandes, médias e pequenas. Visitei mais padarias do que consigo contar. É um traço da personalidade dos padeiros: quando percebem que alguém compartilha a sua paixão e o conhecimento do ofício, imediatamente convidam-no ao laboratório, para ver a mágica que acontece ali, em um canto ou debaixo daquelas coberturas plásticas. Uma inevitabilidade leva a arregaçar as mangas, lavar as mãos e ir para a bancada, para ajudar a modelar fornadas de pão de alecrim e azeitonas ou trançar as chalás das tardes de sexta-feira.

Como instrutor, eu me apoiei nesse sistema para ensinar uma grande variedade de pães aos meus estudantes dentro de um tempo que, algumas vezes, parece curto demais. O objetivo de qualquer instrutor deve ser tornar os estudantes competentes e independentes na realização das tarefas da cozinha. Eu nunca concordei com a teoria de que se deve mostrar aos estudantes tantas coisas quanto for possível, de uma só vez, no final de uma demonstração ou algo assim. No final do dia, eu meço o meu próprio valor como professor por uma coisa somente: a capacidade dos meus estudantes de fazer por conta própria. Se eles não puderem, então eu fracassei — dando-lhes informações demais, desafiando-os com muitas habilidades de cada vez, ou simplesmente lhes ensinando no nível errado de conhecimento.

E, se você jamais fez um pão com fermento na vida, como é o caso da maior parte dos estudantes, e se vê segurando um pacote de fermento vivo, isso torna as coisas bem básicas. No fim, não importa o que mais nós fazemos, não podemos "matar" o fermento. E há certos passos que você dá para se certificar de não o fazer. É simples assim. Tudo o mais são floreios ou guarnições.

De todas as técnicas e todos os procedimentos que eu aprendi, fiz um resumo dos mais usados e daqueles de maior sucesso. Não há muitos. Como notas em uma escala, há um número limitado. Mas, depois que os aprender, você poderá praticar sozinho como os combinar da maneira que gosta.

Quanto mais você praticar, mais irá aprender pequenos truques de *faça* ou *não faça*. Truques diferentes e que funcionam, coisas que definirão as suas próprias técnicas pessoais de manusear pães. É inevitável.

Eu mesmo fico satisfeito por ainda poder aprender novas maneiras de fazer as coisas. Mas não importa o que eu aprendo de novo, as cinco famílias, e as técnicas que tornam cada família única, permanecem as mesmas.

Michael Kalanty
São Francisco

Parte I
Preparando-se para assar pão

Como usar este livro

Eu sempre digo aos novos estudantes: "Se vocês conseguem fazer um pão, então conseguem fazer todos". *Como assar pães* vai ao encontro de tal afirmação. Mas essa ideia é bem abrangente, e é provável que você pense em dois ou três exemplos que a coloquem em dúvida. Tipo, "como fazer pretzels macios me ensina a fazer pãezinhos da Filadélfia?" Deixe-me esclarecer.

Há cinco maneiras de fazer pão. Isso é tudo. Você pode aperfeiçoar alguma coisa aqui ou ali, mas, no final, não importa o que faça, você estará seguindo uma dessas cinco maneiras.

Há também cinco diferentes grupos de pães. Alguns pães são ricos e doces, como os pãezinhos da Filadélfia; alguns são magros, como as baguetes. Qualquer pão de que você se lembre se classifica em um dos cinco grupos. Esses grupos são as *cinco famílias de pão*. E cada família de pão é caracterizada por uma das cinco diferentes maneiras de fazer pão. *Como assar pães* lhe mostra... bem como o fazer.

O truque é o seguinte: depois que souber como preparar um pão de uma família, você poderá fazer todos os outros pães daquela família, com as mesmas técnicas. Por exemplo, o melhor representante da família do pão magro é a já mencionada baguete. Depois que a aprender, você será capaz de fazer outros pães magros, como pretzels macios, bagels e grissini. As formas mudam, claro, mas o manuseio dos ingredientes e a preparação da massa são os mesmos para todos esses pães.

▶ Quem deve usar este livro?

Este livro foi concebido e escrito para o padeiro aspirante, para o estudante de culinária e para o ávido chef doméstico. Ele cria uma estrutura sólida para todos os níveis de habilidades de assar pão. Todos os estudantes de culinária — pâtisserie e assamento, culinária e administração — encontrarão muitos truques e dicas para fazer que seus pães sejam consistentes. Não importa qual seja o seu nível de experiência, *Como assar pães* é um guia sequencial que você pode usar em sua exploração do mundo do pão.

Se esta é a primeira vez que você assa pão...

Para usar este livro de forma eficaz, não é necessário ter experiência em cozinhar ou assar. Se você nunca fez pão antes, irá tirar maior vantagem se ler o texto na sequência recomendada, informada um pouco mais adiante. Você deparará com termos pouco familiares; quando novos termos forem apresentados, a definição deles se encontrará em uma barra lateral, próxima ao texto. Além disso, termos e definições estão listados no final do livro.

Se você tem alguma experiência culinária, seja cozinhando ou assando...

Você se sentirá aliviado ao encontrar coisas que já sabe. E aprenderá algumas coisas novas, que preencherão espaços aqui ou ali. Você deve começar seguindo a sequência recomendada, até que tenha experimentado fazer alguns pães.

Depois disso, sinta-se à vontade para ir de uma parte a outra do livro. Quando o fizer, tente ficar com uma família de pão de cada vez; não salte de um pão magro, como o bagel, para um pão doce, como o pãozinho da Filadélfia. Tecnicamente falando, esses dois pães não têm muito em comum. À medida que continua trabalhando, o seu nível de confiança cresce, e você logo estará encarando pães mais desafiantes, com sabores diferentes.

Se estiver estudando para ser padeiro, ou se já assa pão em casa...

Você tem um nível de habilidade médio em assar pão. Então, irá querer mais informações sobre o porquê de as coisas serem feitas de certa maneira, ou sobre o porquê de as coisas acontecerem do jeito que acontecem. As partes "Fases do pão" e "Apêndices" serão particularmente úteis quando você trabalhar com as várias receitas de pão deste livro.

Como assar pães está dividido em cinco seções:

I. **Preparando-se para assar pão**

Esta seção cobre os *ingredientes*, uma introdução às *cinco famílias de pão* e uma explicação fácil da *porcentagem do padeiro*.

Parte I | Preparando-se para assar pão

II. **As fases do pão**

Os capítulos desta seção focam detalhadamente cada passo do processo de fazer pão, desde reunir os ingredientes até esfriar e armazenar os pães do modo apropriado.

III. **As famílias de massas**

Cada capítulo desta seção dá instruções detalhadas para fazer o pão mais representativo de cada uma das cinco famílias.

IV. **Coleção de receitas de pão**

Aqui, incluem-se variações de receitas de todas as cinco famílias de pão. Algumas introduzem um novo ingrediente, como farinha de centeio; ou uma nova sequência de modelagem, como ao modelar pães para sanduíche. Quando for esse o caso, você encontrará por perto informações básicas, procedimentos e outras orientações relevantes.

V. **Apêndices**

Esta seção contém informações técnicas, tabelas para *temperaturas do forno* e *tempos de forno*, e um *glossário*.

▶ Estilos de escrita

Em *Como assar pães*, eu usei uma variedade de estilos de escrita para as diferentes seções.

Voz na sala de aula

Há a *voz na sala de aula*, usada com as famílias de pão. As instruções para o pão mais representativo de cada família estão nesse estilo casual, quase conversacional. Essa foi a parte mais divertida de escrever e segue tal estilo para lhe passar certo conforto à medida que você lê o novo material.

Eu queria lhe dar a ideia de que estou trabalhando ao seu lado enquanto você aprende sobre as cinco famílias pela primeira vez. Ao longo do caminho, eu incluo uma série de questões que surgem em situações reais de estudantes — como o que fazer quando a água está fria demais para o fermento. Ou incluo outros eventos que podem ocorrer, porque eles muitas vezes ocorrem. Toda vez que o livro passa para uma nova família de pão, eu uso a voz na sala de aula.

Linguagem de padeiro

Na "Coleção de receitas de pão", a informação é direta e resumida. O que você consegue de cada uma dessas receitas é uma lista de ingredientes e orientação para manusear a massa. E isso é tudo.

Cada receita é escrita em *linguagem de padeiro*, um estilo técnico usado nas padarias profissionais. As receitas apresentam um estilo de escrita e um conjunto de abreviações.

Há um item chamado "Como ler as páginas Rx", no final da seção "As fases do pão". Ele te orientará através da leitura e compreensão dos símbolos e números que você encontrará nessas receitas.

Antes que faça os pães da "Coleção de receitas de pão", você deverá fazer a massa mais representativa de cada família. Por exemplo, tome a família da massa macia, cuja massa mais representativa são os Balloons. Vamos supor que você encontre a receita para pães de trigo integral e mel na "Coleção de receitas de pão" e decida fazê-los. Primeiro, você terá de ler as instruções sobre os Balloons. Será ainda melhor se você já tiver assado balloons uma vez, ou até duas.

Ao fazer os pães de trigo integral e mel, ou qualquer das receitas da "Coleção de receitas de pão", você aplicará as informações que obteve com a massa mais representativa daquela família. Essa é a melhor oportunidade para testar o que aprendeu até então. Quando aplicar a informação sobre Balloons aos pães de trigo integral e mel, você terá a oportunidade de verificar quantos procedimentos da família da massa macia compreendeu. E, se estiver confuso, poderá voltar às instruções detalhadas, para esclarecer as suas dúvidas. Por exemplo, as instruções de sovar referentes ao pão para sanduíche de trigo integral e mel dizem:

Igual a Balloons: velocidade #2, 2 min; velocidade #1, 2 min.

Como você já fez Balloons, o pão mais representativo da família da massa macia, o processo de sovar a massa estará claro.

Voz de conferência

Na seção "As fases do pão", a informação é apresentada como o seria em uma sala de aula. Eu uso a *voz de conferência* para apresentar essas novas informações sobre o pão. Como nas minhas próprias aulas em classe, eu adiciono uma analogia aqui ou ali, para esclarecer as coisas, e às vezes um pequeno gracejo, para tornar a aula mais leve.

Voz de referência

Se você estiver lendo os "Apêndices", então o que realmente procura são fatos, números ou tabelas de referência. Essa seção é escrita no estilo mais conciso e lógico. Vá até ela, encontre o que precisa, e pronto.

▶ Sequência recomendada para usar o *Como assar pães*

1. Leia a seção "Preparando-se para assar pão", especialmente os capítulos "Ingredientes do pão" e "A caixa de ferramentas do padeiro".

Parte I | Preparando-se para assar pão

2. Depois, leia "As fases do pão". Leia essa seção longe da cozinha — no ônibus, no sofá, deitado na cama. Deixe que a informação entre na sua cabeça, de modo que você não sinta uma necessidade imediata de transformá-la em uma experiência de mão na massa. Mais tarde, quando estiver no processo de sovar a massa, ou modelando-a, você *ouvirá* a minha voz te orientando nisso ou naquilo.

3. Asse alguns pães da mesma família antes de passar para outra. Faça as cinco famílias de pão na sequência. Comece pela família do pão magro, depois passe à da massa macia, e, mais tarde, aos produtos da família rica. À medida que você progride de uma família para a próxima, vai gradativamente adquirindo técnicas. Se começar pelas baguetes, os seus grissinis, pretzels macios e bagels naturalmente sairão melhores. Cada um desses pães é feito com base no procedimento da baguete, adicionando-se algumas mudanças aqui e ali, o que desenvolve a sua habilidade.

4. Na primeira vez que você fizer um pão de uma nova família, leia o procedimento completo para a massa mais representativa daquela família. Depois, leia-o de novo. Essas instruções contêm o máximo de informações de que eu posso me lembrar sobre o que se passa na mente de um estudante na primeira vez que ele faz um pão. Você descobrirá que quaisquer perguntas que lhe vierem à cabeça enquanto lê serão respondidas, cedo ou tarde, neste livro.

5. Quando você estiver na "Coleção de receitas de pão", leia a receita do início ao fim antes de começar a fazer a massa. Visualize cada uma das fases enquanto lê. Depois que a sua mente formar a imagem de cada processo, você ficará surpreso ao ver como as receitas se tornarão mais fáceis. E como os seus pães ficarão melhores.

Como assar pães foi concebido para ser usado nessa sequência. Ele deve ser lido na ordem. Após as coisas começarem a clarear e você começar a fazer conexões entre as diferentes informações, o seu nível de confiança crescerá.

Depois disso, você poderá querer saltar de uma seção à outra. Deve fazê-lo. Aprender a assar pão é como desenvolver um instinto. Confie no seu.

▶ À mão ou à máquina?

As primeiras três famílias de pão — pães magros, macios e ricos — usam o que o padeiro chama de *desenvolvimento intensivo*. Isso significa o uso de máquina, com velocidade constante, voltando e dobrando a massa, até que ela fique elástica. As instruções para essas famílias de pão são dadas considerando-se a máquina e o acessório para massas, pois esse é o método mais comum. Se você não tiver acesso a uma máquina, não se preocupe, pois muitas dessas receitas podem ser feitas à mão. Do mesmo modo, se você prefere desenvolver o seu toque de padeiro, sove a massa diretamente na bancada e deixe a máquina para outras coisas, como bater claras de ovos.

As últimas duas famílias de pão — pães pegajosos e pães doces — usam o que se chama de *desenvolvimento curto*. Como o seu nome implica, esse é um modo mais suave, menos intensivo de sovar a massa. Ele pode ser realizado prontamente à mão. As instruções para os pães dessas famílias levam em conta o método de sovar à mão.

Qualquer um deles pode ser feito também à máquina. Se você usa uma batedeira para fazer um pão pegajoso ou um pão doce, escolha o batedor de massa leve no lugar do batedor de massa de pão. O batedor de massa leve simula melhor a pressão da mão ao sovar esses tipos de massa.

Se você fizer todos esses pães à mão — como os aprendizes na França são obrigados a fazer —, rapidamente adquirirá o toque de padeiro para identificar as diferenças de texturas e de manuseio entre as cinco famílias de pão. Para instruções mais completas a respeito de misturar e sovar massas à mão, veja as fotografias passo a passo no item intitulado "A fase de desenvolvimento da massa".

▶ Aconselhamento técnico

- Leia a seção sobre acessórios e obtenha aqueles de que você necessita. Assar pão exige poucos utensílios, mas esses são realmente necessários. Você irá descobrir que precisa deles repetidas vezes. Compre utensílios robustos, fáceis de limpar. E cuide bem deles.
- Invista em uma balança confiável. Os padeiros não medem ingredientes por volume, usando xícaras e colheres de medida, mas trabalham com o peso dos ingredientes. Até a água é medida na balança. Pesar os ingredientes em vez de usar xícaras e colheres de chá é a melhor maneira de garantir que os pães sejam consistentes.

▶ Seja um aprendiz ativo

Visualize a massa

Como assar pães pede a você que se dedique à leitura do texto, pensando sobre as histórias e imaginando as analogias que aparecerem. A maneira mais fácil de fazer isso é desenhar uma imagem mental, ou visualizar, à medida que você lê.

Qualquer pessoa interessada em assar pão, ou simplesmente em cozinhar alguma coisa, tem uma habilidade de visualizar melhor do que a média. Muitas vezes, você tem não só a habilidade, mas também a necessidade de formar uma imagem mental de alguma coisa para poder entendê-la melhor. Há dezenas de milhares de estudos que confirmam isso.

Como instrutor, todos os dias eu vejo que chefs, confeiteiros e padeiros são aprendizes visuais. Eles pensam e compreendem melhor as coisas quando podem vê-las ou desenhá-las na mente.

Ler sobre qualquer dos pães mais representativos das cinco famílias de pão é a melhor coisa para você desenvolver a sua habilidade de visualizar. Conforme estiver lendo as instruções, desenhe imagens mentais de cada uma das fases. Leia-as na noite anterior ao dia em que você pretende fazer o pão. Leia-as enquanto relaxa no sofá ou toma um copo de sua bebida favorita. Leia-as e deixe a sua imaginação desenhar as imagens para você.

O que é especialmente interessante sobre essa técnica é que ela parece funcionar mesmo se você estiver com a televisão ligada ou ouvindo música. No dia seguinte, quando começar a fazer o pão, você descobrirá que muitas daquelas imagens mentais estão lá para ajudá-lo.

De alguma maneira, a informação é apreendida. É claro que se absorve melhor quando a pessoa não está distraída. Mas sempre se capta o suficiente para fazer a diferença.

Abreviações, símbolos e convenções

Na elaboração do livro, muitas convenções foram copiadas, adaptadas ou inventadas. Em resumo, elas são:

- BARRAS LATERAIS

    Há muitas barras laterais no texto. Algumas delas posseum definições dos termos do padeiro; algumas contêm historinhas sobre determinado tipo de pão, como o pão sírio. Elas também podem conter analogias envolvendo técnicas ou preparações basilares, como a que diz que sovar massa é como bater claras de ovos para um suflê.

    > As barras laterais mostram algo a partir de uma perspectiva diferente, fornecem algum *background* ou ajudam a esclarecer uma ideia.

- ABREVIAÇÕES

    PP% — esta é a abreviação de *porcentagem do padeiro*. Ela mostra a quantidade que há de certo ingrediente na massa, quando comparada ao peso total da farinha. É a linguagem do padeiro. É como os padeiros conversam entre si sobre os pães. Nesta seção "Preparando-se para assar pão", há um capítulo sobre como compreendê-la e quando usá-la.

Rx — os padeiros usam o termo *receita* para a lista de ingredientes de uma massa mais os seus respectivos pesos.

Ao falar sobre a maneira como os ingredientes são reunidos e manipulados para que se tornem massa de pão, os padeiros usam palavras como *método*, *procedimento*, *modo de fazer*, etc.

É comum ouvir a palavra *receita* significando as duas coisas — os ingredientes e o modo como eles devem ser misturados e desenvolvidos. Algumas vezes, isso causa confusão.

Neste livro, a abreviação Rx é usada para indicar tanto a *receita* para o pão como o *método* de preparo. A abreviação foi copiada da indústria farmacêutica, é claro. Ela indica não apenas a dosagem prescrita de um medicamento (ingredientes mais seus pesos), mas também o número de vezes que o medicamento deve ser administrado e com qual frequência (método).

H_2O — significa água.

CO_2 — significa dióxido de carbono.

Baixa %, moderada % e alta % — junto com a porcentagem do padeiro, os termos qualitativos baixa, moderada e alta são usados para classificar os pães quanto a ingredientes específicos. Em uma classificação de adoçantes, por exemplo, a baguete francesa é baixa, enquanto os pãezinhos da Filadélfia são altos.

Mas quanto é *baixo*? Quanto mais é *alto*?

Para calibrar os estudantes de padeiro, as seguintes gamas quantitativas foram estabelecidas:

Uma baixa % de qualquer ingrediente é	de 0% a 4%
Uma moderada % de qualquer ingrediente é	de 5% a 10%
Uma alta % de qualquer ingrediente é	de 11% a 25%

▶ Fases da massa/do pão

Muitos livros de panificação usam o termo *estágios*, ou *passos*, quando se referem à sequência de procedimentos usados para fazer pão. Eu selecionei a palavra *fase*.

A *fase* é um período de tempo. Mais precisamente, é um período de tempo na vida de alguma coisa. Uma *fase* tem um começo, um meio e um fim. O verão, por exemplo. As noites do início, do meio e do fim do verão têm diferenças sutis. No hemisfério norte, algumas noites de junho podem ser frias; as noites de julho são, na maior parte, quentes; as de agosto podem ser suaves. Mas todas são noites durante o começo, o meio e o fim da *fase* de três meses do verão.

As marés altas e baixas têm um ciclo de vida. As ondas se quebram cada vez mais perto das cadeiras de praia; depois, elas começam a se afastar, pouco a pouco. As mudanças são pequenas, mas contínuas. Elas começam devagar, depois ganham força, então desvanecem novamente.

O fermento se comporta dessa maneira. Ele tem uma vida; começa com uma colônia, expande-se e depois morre, quando exposto ao calor do forno. Durante o seu ciclo de vida, ele

Abreviações, símbolos e convenções

é manuseado de maneiras diferentes, em tempos diferentes. O crescimento e abatimento periódico da massa é uma metáfora física para o termo *fase*.

tdm — *temperatura desejada da massa*, isto é, a temperatura ótima para melhor manusear, crescer e modelar determinada massa.

— sinal de *número*.

cs — indica *colher de sopa*.

cc — indica *colher de chá*.

27 °C — significa *27 graus Celsius*. Todas as temperaturas estão em graus Celsius.

70% — significa *setenta por cento de umidade*.

Δ — indica que determinado espaço se destina a ser usado como um caderno de estudante. O *layout* deste livro inclui intencionalmente espaços em branco, para que você possa escrever diretamente no livro. Por exemplo, nas receitas, há uma coluna com células vazias; no topo, está o delta grego, **Δ**, o símbolo científico da mudança, que estimula você a registrar quaisquer mudanças ou observações feitas durante o trabalho com pães.

- SÍMBOLOS

Os tempos são escritos usando-se a seguinte convenção:

45 min — significa *quarenta e cinco minutos*;

1 h — significa *uma hora*;

1h30 — significa *uma hora e trinta minutos*.

As velocidades das batedeiras/amassadeiras são escritas de acordo com a seguinte convenção:

Velocidade #2, 3 min — significa *segunda velocidade por três minutos*;

Velocidade #1, 4 min; velocidade #2, 2 min — significa que você deve começar na primeira velocidade e mantê-la por quatro minutos; e que, depois, deve aumentar para segunda velocidade e mantê-la por mais dois minutos.

Em relação aos tempos de fermentação, são usadas as seguintes convenções:

45 min, 27 °C — significa *quarenta e cinco minutos, com a massa à temperatura de 27 °C*;

1h30, 27 °C (1 × desgasificar* e dobrar) — significa um período de fermentação de uma hora e trinta minutos, com a massa à temperatura de 27 °C. Aos quarenta e cinco minutos — na metade do tempo de fermentação —, a massa é desgasificada e dobrada uma vez.

RFG — significa refrigerador: de 2 °C a 4 °C (abaixo de 5 °C, para garantir a segurança alimentar).

FRZ — significa freezer: 0 °C.

TAP — significa temperatura ambiente da padaria. Ela varia, é claro; o livro assume uma temperatura ambiente de 27 °C.

---

* Também conhecido como *baixar a fermentação*.

Outros símbolos que aparecem no livro são:

Temp. int. — é usado para indicar a temperatura interna. Utilize um termômetro culinário de leitura instantânea para testar o interior de um pão, a fim de que ele asse adequadamente.

@ 2 min — significa que, depois de dois minutos, você deve executar o próximo passo das instruções. Vent @ 2 min, por exemplo, significa que, depois que o pão assou por dois minutos, você deve abrir o respiradouro do forno, para que o vapor ali acumulado possa sair.

▶ Conhecimentos para trabalhar em uma escola-padaria

Velocidades da batedeira/amassadeira

O livro fala das velocidades da batedeira/amassadeira usando os seguintes termos:

Velocidade #1 = BAIXA, *Velocidade #2* = MÉDIA e *Velocidade #3* = ALTA.

Se você estiver usando uma amassadeira de mesa com capacidade de 5,7 litros e uma amassadeira industrial com capacidade de 18,9 litros, converta de uma para a outra usando a seguinte tabela:

TERMOS USADOS NESTE LIVRO	Amassadeira com capacidade de 18,9 ℓ (possui três ou quatro velocidades)	Amassadeira de mesa (possui de dez a doze velocidades)
VELOCIDADE #1 = BAIXA	Velocidade #1	Velocidade #3 ou #4
VELOCIDADE #2 = MÉDIA	Velocidade #2	Velocidade #6 ou #7
VELOCIDADE #3 = ALTA	Velocidade #3 ou 4	Velocidade #9 ou #10

Tamanho das batedeiras

As capacidades das batedeiras/amassadeiras de mesa podem ser de 4,3 a 4,7 litros; de 5,7 litros; e de 7,6 litros. Essas são as capacidades mais comuns das tigelas. Nas receitas de massa, as quantidades de ingredientes são dadas para esses modelos.

Use esta tabela para selecionar as medidas dos ingredientes que correspondem à capacidade da sua batedeira/amassadeira.

Capacidade da tigela	Peso da massa
Tigela de 4,3 a 4,7 ℓ	Massa de 1,2 kg
Tigela de 5,7 ℓ	Massa de 1,36 kg
Tigela de 7,6 ℓ	Massa de 2,41 kg

Qualquer massa possível de ser misturada em uma batedeira de mesa pode ser feita à mão. As únicas exceções são as massas emulsificadas, como o brioche e as tranças amanteigadas, as quais precisam de uma máquina para incorporar a manteiga.

As batedeiras de mesa e as amassadeiras de 18,9 litros são consideradas batedeiras verticais. Com qualquer batedeira vertical, você conseguirá resultados mais uniformes se parar de sovar a massa no meio da fase de desenvolvimento.

Tire a massa da máquina, volteie-a sobre a sua área de trabalho e depois a recoloque na máquina, para terminar de sovar. Esse passo intermediário assegura que os ingredientes — especialmente o sal — sejam distribuídos igualmente por toda a massa.

▶ Estilo educacional

A minha experiência na escola mostra que, como instrumentos de ensino, as imagens poéticas têm o poder de suplantar a preeminência de fatos, quando são ensinadas habilidades básicas. Em palavras mais simples: você consegue com maior facilidade passar uma ideia quando usa uma analogia do que quando fornece uma lista de detalhes e especificações sobre o assunto.

Isso me levou a imaginar muitos diferentes processos mecânicos, moleculares, psicomotores, cognitivos, filosóficos e históricos enquanto eu escrevia este livro. Assim como é a minha tendência em classe, eu os incluo como parte da lição, para atrair a imaginação e liberar a mente, de modo que as mãos possam desenvolver a sua própria forma de confiança.

A utilização que eu faço de metáforas, analogias e comparações tem por finalidade estimular a imaginação muito mais do que o fazem pesquisas particularmente rigorosas. Um exemplo é a metáfora das proteínas da farinha que se entrelaçam para formar uma cerca de elos de corrente, sustentando o pão à medida que ele cresce. Deve ser certo que uma pessoa não pode realmente mastigar uma baguete cujo interior seja composto de uma cerca de alumínio; mas visualizar os elos entrelaçados de uma cerca e como esses elos se estiram e apoiam quando são sujeitos a alguma pressão explica muito bem como a estrutura da proteína se comporta dentro de uma fatia de pão. Isso nos remete à seguinte declaração:

> Todos os incidentes são fictícios e não se destinam a representar pessoas reais. Todas as comparações com eventos reais, passados ou presentes, devem ser interpretadas com certo grau de ficção.

Finalmente, embora a consistência estilística recomende representar o gênero do padeiro por formas como "ele" e "dele", o autor tem plena consciência de que nem todos os padeiros são homens.

Ingredientes do pão*

Todas as nacionalidades, todas as regiões, todas as cidades têm uma herança de assar pães tão única quanto o seu povo. Pães chatos, macios e flexíveis; massas fritas, crocantes e açucaradas; roscas rústicas de grãos escuros; tranças decorativas recheadas com frutas secas e chocolate. Simples ou elaborado; sempre funcional. O mundo do pão sustenta a vida e celebra a passagem por ela.

Tão diferentes quanto possam ser esses pães, todos eles têm os mesmos ingredientes em comum: farinha, água, fermento e sal. Esses quatro simples ingredientes formam todo o necessário para preparar um dos alimentos mais velhos do mundo. É provável que haja tantas receitas e técnicas diferentes para fazer pão quanto há ramificações na árvore genealógica do homem.

Analogamente, existem tantas informações sobre os ingredientes — particularmente a farinha e o fermento —, que dariam para preencher um livro. Pensando bem, muitos livros, até milhares.

---

* A edição brasileira optou, no momento da conversão de pesos e temperaturas, por respeitar o máximo possível as medidas fornecidas pelo autor. No entanto, para facilitar a medição de peso (em gramas ou quilos) e de temperatura (em graus Celsius), foi feito o arredondamento dos valores, respeitando as regras padrão. Tal solução visa ajudar na leitura da pesagem e da temperatura, sem haver prejuízo no produto final. (N.E.)

Como assar pães apresenta apenas as informações sobre os ingredientes que você precisa conhecer para fazer os pães deste livro com êxito.

▶ Os quatro principais ingredientes do pão[1]

Nesta seção, você encontrará uma introdução aos quatro grandes ingredientes. A farinha, o ingrediente primário do pão, ganha maior atenção — a origem da farinha e o que há nela que importa ao padeiro, os diferentes tipos de farinha com os quais você deparará, como farinha para pão e a farinha comum, e informações sobre como identificá-los pelo toque e pelo tato. Isso é tudo. Mais tarde, depois que você tiver desenvolvido autoconfiança na manipulação da massa de pão, aprenderá mais coisas sobre a farinha e sobre por que ela funciona do jeito que funciona.

Eu deliberadamente mantive apenas o essencial nesta seção. A minha experiência de ensino me mostrou que os principiantes precisam de uma quantidade mínima de informações técnicas para começar. Você está começando a explorar uma tradição culinária que teve início bem antes da necessidade de registrar detalhes intrincados sobre os seus ingredientes.

Há também uma introdução ao fermento, o microrganismo que começou tudo: o que é, o que faz e como armazená-lo. Você aprenderá as três diferentes formas em que o fermento comercial está disponível — fresco, seco ativo e instantâneo. As informações sobre mudar de uma forma de fermento para outra são igualmente apresentadas nesta seção. As receitas foram escritas levando-se em conta o fermento fresco. Se você for usar uma das outras formas, precisa saber como fazer as substituições corretas. Se não for, pode ler essa orientação mais tarde.

▶ Amaciantes para o pão

Manteiga, açúcar e ovo são usados em muitos dos pães deste livro. Cada um deles contribui com complexidade de sabor e textura para o pão básico. Em conjunto, eles são chamados de amaciantes.

É importante compreender como cada um deles afeta a estrutura da massa e, de uma maneira diferente, o fermento também. Esse tipo de conhecimento básico se torna mais necessário à medida que você progride na leitura do livro e os pães vão se tornando mais doces, mais ricos e mais desafiadores. As informações básicas sobre os amaciantes são cobertas nesta seção.

---

[1] Dez anos depois da Corrida do Ouro de 1849, a Califórnia foi atingida por uma segunda onda de febre do minério. Um pouco depois da fronteira da Califórnia, ao norte de Nevada, foi descoberto o maior depósito de minério de prata, chamado Comstock Lode. *Os Quatro Grandes* era o nome do jornal da cidade voltado aos homens de negócio de Sacramento que se mudaram para São Francisco com o objetivo de dar suporte financeiro a todo o evento. Enquanto o faziam, eles construíram a metade ocidental da ferrovia transcontinental e os bondes para o transporte urbano. Os *Quatro Grandes* eram: Leland Stanford (cuja fortuna ajudou no estabelecimento da Universidade de Stanford), Collis P. Huntingdon, Mark Hopkins e Charles Crocker. Hoje, o legado deles inclui seus nomes em hotéis importantes no topo de The City's Nob Hill. Não há nenhum registro que indique que esses quatro homens tiveram ligação com a história de assar pão em São Francisco.

Parte I | Preparando-se para assar pão

Você pode pular esta seção e fazer todos os pães da família da massa magra, como as baguetes e os bagels, sem perder muita coisa. Mas, antes de passar para uma nova família e começar a fazer pães como os pãezinhos de queijo e pimenta e os pãezinhos de aveia crocante, lembre-se de voltar e ler esta seção sobre os amaciantes.

Então, aqui está o que você precisa saber sobre os ingredientes com que vai trabalhar nas receitas.

O básico sobre a farinha

▶ Introdução

A quantidade de informações técnicas disponíveis sobre assar pão às vezes pode parecer esmagadora ao padeiro novato. Para que você possa começar a fazer pão, este capítulo cobre apenas as informações essenciais sobre a farinha. Depois que ganhar alguma autoconfiança em suas habilidades no manuseio da massa, você poderá explorar outros livros e fontes listados na *bibliografia*.

▶ O grão de trigo

Um grão de trigo possui três partes: o farelo, o endosperma e o germe. Cada uma delas tem propriedades que afetam a massa de pão de maneiras diferentes. Compreender essas partes e como cada uma funciona irá ajudá-lo a fazer pães melhores.

A MOAGEM transforma os grãos de trigo em farinha

Os grãos de trigo são triturados ou moídos e depois peneirados em peneiras com malhas de tamanhos diferentes. No final do processo de moagem, as três partes do grão foram trituradas e separadas.

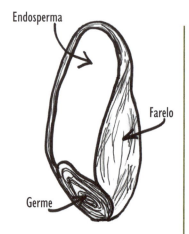

A parte mais importante do grão de trigo
Endosperma

O maior componente do grão de trigo é o endosperma, que constitui cerca de 85% do grão inteiro. O endosperma moído é o que chamamos de farinha. No nível nutricional, a farinha contém amido e proteínas. Há no endosperma uma série de outros nutrientes, como vitaminas e minerais, mas, por enquanto, nós focalizaremos apenas o amido e as proteínas.

Há mais amido no endosperma do que proteína. O amido se decompõe em açúcares. O fermento come esses açúcares e expele o gás carbônico (CO_2). É o CO_2 que faz a massa do pão crescer.

A proteína da farinha confere ao pão a sua estrutura e elasticidade. A farinha de fazer pão normalmente contém de 10,5% a 12% de proteínas. Quando combinadas com água, as proteínas se unem, formando uma matriz, ou rede. Quando a massa é sovada, a matriz se torna mais forte e mais elástica. Mais tarde, quando as bolhas de CO_2 são criadas, elas ficam presas à matriz de proteínas e a massa se expande ou cresce.

Quando faz pão, o padeiro precisa tanto do amido quanto da proteína. Pense no filão de pão como um prédio alto de escritórios. A proteína é a estrutura que mantém o pão em pé, sendo comparável às traves e vigas de ferro do edifício. O amido preenche a estrutura, fornecendo ao pão gosto, sabor e textura. Na analogia do prédio alto, o amido está nas paredes, nos pavimentos e nos tetos.

Quando você olha para uma fatia de pão, a parte branca e cremosa que vê é o amido. As pequenas bolhas de ar dentro do amido foram formadas pela matriz de proteínas quando as bolhas de CO_2 fizeram a massa crescer.

Passos no processo de moagem

O triturador de pedra esmaga os grãos de trigo; o trigo moído enche caixas de madeira.

Presas a varas de metal vertical, as robustas caixas separadoras de madeira sacodem rapidamente.

Dentro, o trigo triturado passa por *plansifters* (peneiras) de diferentes granulometrias. O farelo, o endosperma e o germe são separados em diferentes *streams* (recipientes).

Há tubos que carregam diferentes *streams* para as áreas de mistura e embalagem.

Termos de moagem de farinha para padeiros intermediários

Depois que o farelo e o germe são removidos do grão de trigo, todo o endosperma é moído. O trigo é separado em três diferentes tipos de farinha, que são chamados *streams* pelos moleiros, em virtude do jeito como são separados para fluir através de três diferentes tubos quando moídos. Cada *stream* ou tipo de farinha tem diferentes características e é preferido por diferentes razões.

A **farinha comum** vem da parte externa do endosperma. Ela é mais escura e tem a maior quantidade de minerais. A farinha comum é preferida pelo sabor mais completo e pela cor mais rica que confere aos pães. Muitos pães de estilo artesanal são feitos com farinha comum.

A **farinha especial** vem da parte central do grão. Ela é a mais clara na cor e tem a proteína mais útil para a estrutura do glúten. A farinha especial é a preferida para fazer pães com interiores brancos imaculados, como aqueles para sanduíches ou bases de canapé.

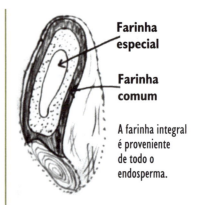

A farinha integral é proveniente de todo o endosperma.

A **farinha integral** vem das três partes do grão. Ela concilia a qualidade do sabor e da cor da farinha comum e a alta qualidade da proteína da farinha especial.

Geralmente, a farinha especial e a farinha comum não são encontradas em mercearias. Algumas vezes, encontram-se embalagens pequenas em lojas especializadas que vendem pela internet. Esses dois tipos de farinha estão disponíveis para as padarias através de distribuidores de alimentos.

Termos do padeiro: farinha forte *versus* farinha fraca

Os padeiros frequentemente discutem as diferenças entre a farinha forte e a farinha fraca. Eles querem dizer o seguinte: quanto mais proteína há em uma farinha, mais FORTE ela fica. Os produtos feitos com essa farinha forte são de mastigação mais prolongada e mais robustos do que os produtos feitos com farinha fraca.

Faça de conta que você está comendo uma bomba. Ela oferece alguma resistência quando é mordida, mas é fácil de mastigar.

Agora, finja estar comendo uma fatia de pão branco para sanduíche. Ela é igualmente fácil de morder, mas leva um pouco mais de tempo para mastigar até que se rompa em sua boca.

A bomba é feita com farinha para doces, que possui 9% de proteína.

O pão para sanduíche é feito com farinha para pão, que possui 12% de proteína. A farinha para pão é considerada mais forte do que a farinha para doces.

Ingredientes do pão

Quatro farinhas de padaria e seu conteúdo médio de proteínas		
Tipo de farinha branca	Termo do padeiro	Média de proteína
BOLO	MUITO FRACA	8%
DOCE	FRACA	8,5%
PARA TODOS OS USOS	MODERADA	10%
PÃO	FORTE	12%

Preferências regionais

O conteúdo de proteína das farinhas varia de região para região e por preferências pessoais. No sul dos Estados Unidos, por exemplo, a preferência é por mercadorias assadas, macias e tenras, como os biscoitos. Nesse caso, o nível de proteína para a farinha de pão é de 10,5% a 11%, em média.

Na área da baía de São Francisco e no noroeste do Pacífico, os clientes preferem pães mais consistentes. A mesma companhia que produz uma farinha para pão de 11% para o sul, provavelmente produz para o noroeste do Pacífico uma farinha para pão com um conteúdo proteico médio de cerca 11,5% a 12%.

Os escritores de gastronomia sabem que devem enfocar as diferenças na farinha por todo o país. Essa é uma das razões pelas quais as receitas de pão que você encontra em revistas e outras publicações sobre comida incluem instruções como: "adicione mais farinha conforme necessário para obter uma massa manuseável".

Pela ordem, da mais fraca à mais forte, os tipos mais comuns de farinha são:

Farinha para bolos

É muito lisa. Em geral, é branqueada e possui baixo conteúdo proteico (8%). Ela é usada em bolos espumosos e cookies.

Farinha para doces (ou de confeitaria)

É bem lisa e fina. Pode ser encontrada branqueada ou não branqueada e possui um conteúdo de proteína ligeiramente mais alto (8,5% a 9%) do que a farinha para bolos. A farinha para doces é usada em massas de tortas, biscoitos e doces franceses, como as bombas.

Farinha comum (para uso geral)

É um pouco menos fina do que a farinha para doces. A farinha comum é encontrada branqueada no comércio ou não e possui um conteúdo proteico de 10% a 11%. Ela é usada em pãezinhos macios e pães doces com fermento, como os pãezinhos da Filadélfia, e em muffins, panquecas e brownies. Também é usada em muitas receitas, como roux, e para empanar carnes brancas para sauté.

Dica do padeiro

Há uma grande quantidade de termos com que você irá deparar ao ler sobre a farinha. Termos como *trigo de inverno; trigo da primavera; trigo forte ou trigo fraco; trigo vermelho e trigo branco.* Todos eles se relacionam especificamente à variedade da planta, ao local onde é ela cultivada e à sua composição nutritiva.

Tudo isso é interessante uma vez que você esteja familiarizado com o processo de assar pães. Entretanto, saber a diferença entre um trigo vermelho forte e um trigo branco fraco não lhe ajudará muito quando você estiver modelando e sovando os seus primeiros pãezinhos franceses. Por isso, não se preocupe com esse nível de informação no momento.

Quando você se tornar o padeiro líder de sua padaria, ou começar seu próprio negócio, então valerá muito a pena investir tempo e energia na pesquisa dos diferentes tipos de farinha disponíveis em nível comercial.

A farinha é o ingrediente primário do padeiro. Saber o conteúdo proteico de uma farinha e as suas propriedades técnicas dá ao padeiro controle sobre a sua linha de produtos. Isso é o que os clientes reconhecem e apreciam no padeiro: a consistência.

Farinha para pão

É perceptivelmente mais grosseira ao tato, mas possui alguma maciez. Pode ser encontrada branqueada ou não e seu conteúdo proteico é de 11% a 12%. É usada em pão de forma, pãezinhos macios e pães achatados, como massa de pizza e focaccia.

Farinha com alto teor de glúten

É ligeiramente mais grosseira ao tato do que a farinha para pão. Em geral, a farinha com alto teor de glúten não é branqueada e o seu conteúdo proteico é de 13% a 14%. É usada para produtos que são mastigados por tempo mais prolongado, como bagels e pizza de massa fina. É acrescentada a farinhas mais macias, como as de centeio e aveia, para fornecer mais estrutura a esses pães.

▶ Que farinha de pão devo usar?

Para as receitas deste livro, selecione a farinha de pão não branqueada.

Para subir rapidamente na curva de aprendizado, selecione uma boa farinha de pão e use apenas ela. Depois de algumas receitas, você aprenderá como essa farinha reage no seu ambiente de trabalho. Coisas como o pH da água que você utiliza, a quantidade de microrganismos existente em seu ambiente e a temperatura e a umidade características dele afetam o pão feito na sua cozinha. Você aprenderá como modificar as receitas aqui e ali — um pouco mais de água, um pouco menos de sal —, para conseguir a qualidade dos produtos que deseja. Não salte de uma farinha para outra depois de começar.

Diferentes classes de trigo	
Classe	**Refere-se a**
Forte ou fraco	Textura do endosperma
Vermelho ou branco	Cor do farelo externo
Inverno ou verão	Hábito de crescimento normal

"Os sentidos não nos enganam. Nosso julgamento sim." (Goethe)

▶ Faça o seu próprio teste

Há muitas farinhas de pão no mercado. Selecione uma que seja fácil de encontrar, que saia rapidamente das prateleiras do varejo e que tenha um preço razoável. Para encontrar a melhor farinha para os seus pães, realize um teste.

Para realizá-lo na sua própria cozinha, selecione duas (ou três, no máximo) marcas de farinha de pão. Use as variadas farinhas para fazer fornadas diferentes mas do mesmo pão: as baguetes são ótimas para isso, pois só levam três outros ingredientes. Faça tudo igual em cada fornada de massa: sove durante o mesmo tempo, fermente na mesma quantidade, espere a massa crescer e asse-a do mesmo modo. Não mude qualquer coisa, nada!

Depois, compare os resultados. Uma das farinhas irá funcionar melhor para você em termos de manuseio, crescimento e cozimento. É provável que uma delas produza pães com os melhores gosto, sabor e textura. Selecione essa. Não olhe para trás. Use-a em todas as receitas deste livro, sempre que for necessário usar farinha de pão.

▶ As outras partes do grão de trigo

Farelo

O farelo é o leve marrom ou o vermelho amarronzado da cobertura externa do grão de trigo. O farelo contém vitaminas B e também contém fibra, um material de planta sólido e não digerível. Os consumidores apreciam pães com farelo porque eles melhoram a digestão, reduzem o colesterol e aumentam a ingestão de vitaminas.

Quando desidratado, o farelo é sentido na mão e na boca como uma poeira áspera e crua. Como padeiro, você deve saber trabalhar com esse ingrediente de modo a abrandar a intensidade com que a sua textura é sentida na boca e para impedir que a estrutura do glúten rasgue.

Dica do padeiro

Determinando a porcentagem de proteína da etiqueta de ingredientes.

Use esta técnica para calcular a porcentagem de proteína da farinha a partir da etiqueta de ingredientes.

Esta é uma amostra de etiqueta

Informação nutricional		
Porção ¼ de xícara de chá (30 g)		
Porções por embalagem Cerca de 75		
Quantidade por porção		
Calorias 100 Calorias de gordura 0		
	%	Valores diários
Total de gorduras	0 g	0%
Colesterol	0 mg	0%
Sódio	0 mg	0%
Potássio	40 mg	1%
Carboidratos	22 g	7%
Proteínas	3 g	

1. Encontre a quantidade de proteínas em uma porção. Nesta etiqueta, ela é de 3 gramas.
2. Encontre o número de gramas por porção. Nesta etiqueta, ele é de 30 gramas.
3. Divida o número de gramas por porção pela quantidade de proteínas: 30 ÷ 3.
4. A resposta é a porcentagem de proteína na farinha. Nessa etiqueta, ela é de 10%.

(Esta farinha seria fraca demais para uma massa magra, como a baguete. Ela seria melhor para massas doces, como os pães de canela.)

Parte I | Preparando-se para assar pão

Identificando a farinha com as mãos

Este teste desenvolve a sua habilidade em associar a textura de uma farinha ao conteúdo proteico dela. Ele melhora o seu sentido do tato no trabalho com a massa.

Mise en place:

2 a 3 colheres de sopa de

- Farinha de pão
- Farinha comum
- Farinha para bolos ou doces
- Farinha de trigo integral

I. Pegue uma pequena quantidade de farinha de pão e coloque-a na palma de sua mão esquerda. Com o polegar da mão direita, espalhe a farinha por toda a palma esquerda. Pergunte a si mesmo: quais sensações você percebe; quais texturas você sente; se há uma certa quantidade de *granulação*; se você consegue sentir também alguma maciez; qual textura é mais dominante? O que você está sentindo são as características texturais da proteína e do amido. A *granulação* vem da proteína, que acaba formando o *glúten* na massa. A *maciez* é o *amido*. Você deveria ter condições de detectar os dois na palma da sua mão.

II. Limpe as mãos e faça o mesmo teste com a farinha comum. Desta vez, você ainda poderá detectar um pouco de *granulação* da proteína (*glúten*) e *maciez* (*amido*). Se puder sentir que a farinha comum é mais macia do que a farinha para pão, você está desenvolvendo a sua sensibilidade em relação à quantidade de amido na farinha.

III. Faça o mesmo teste com a farinha para doces. Note que ela é mais macia ainda. O conteúdo de amido na farinha para doces é maior. Sinta o glúten, também. Você ainda pode conseguir encontrar um pouco de granulação, embora não tanto como nas outras duas farinhas.

IV. Como teste final, use a farinha de trigo integral. Conforme você a espalha na palma da mão, imediatamente percebe os *grandes* pedaços de grão que ela contém. Isso é o *farelo*, a porção externa fibrosa do grão. Sinta em sua mão como o farelo é áspero; imagine como ele abre caminho através de tiras de glúten finas e delicadas.

Não focalize mais o farelo. Concentre-se agora na maciez e na granulação da farinha. Você está sentindo novamente o conteúdo de amido e de proteína da farinha de trigo integral.

Quando terminar, limpe as mãos com algumas batidas vigorosas. Agora, esfregue as palmas das mãos vazias. Você sente algo ligeiramente gorduroso, como se estivesse esfregando loção em suas mãos? Essa característica *gordurosa* se origina no óleo do *germe*.

Adicionar farelo de trigo à massa tem duas consequências. Primeiro, os pedaços sólidos de fibra são como pequenas lâminas que cortam as tiras de proteína da massa; para compensar isso, o sovar de massas com farelo, como o pão de trigo integral para sanduíches, é feito em velocidades mais lentas e com menor pressão. Segundo, substituir um pouco da farinha de pão em uma receita por farelo de trigo aumenta a ação do fermento na massa. Todas as frutas, os vegetais e os grãos são cobertos por "fermento natural". Aquela camada esbranquiçada que parece impossível de ser retirada de ameixas ou de uvas é "fermento natural", que vive dos açúcares da fonte de alimento. Como o farelo está na parte externa do grão, é coberto por "fermento natural". Quando o farelo de trigo (ou a farinha de trigo integral) é adicionado a uma massa, todo o "fermento" extra vai com ele. Isso apressa o processo de fermentação e ajuda a massa a crescer.

Germe

O germe é o coração do grão, a semente que germinará na próxima geração de trigo. Ele contém vitaminas A, D e E e também uma alta quantidade de óleo. Armazene o germe de trigo em um local escuro e frio — ou refrigerado —, para impedir que o óleo fique rançoso.

Ele pode ser comprado separadamente e adicionado aos pães, conferindo-lhes um sabor rústico; se for ligeiramente tostado e esfriado antes, ele dá aos seus pães um sabor que lembra o de frutos secos. O germe é particularmente bom em pãezinhos e pães para sanduíches. Acrescente 28 gramas de germe de trigo tostado para cada 454 gramas de farinha na receita.

A adição de germe de trigo a uma receita de pão provoca poucas mudanças que o padeiro precisa levar em conta ao sovar a massa. Entretanto, na fase de cozimento, a presença de germe de trigo provoca uma diferença notável. Como contém óleo, ele assa a uma velocidade diferente do que a massa que o cerca. O germe de trigo pode escurecer e queimar, dando à casca uma aparência manchada. Em produtos pequenos, como pãezinhos de jantar, isso não che-

---

Analogia culinária

Visualize o tratamento de lavagem usado para "envelhecer" um novo par de jeans. Encha a máquina de lavar com partes iguais de água, jeans e pequenas pedras. (É assim mesmo que isso é feito, mas em uma escala muito maior.) Os jeans são o glúten e as pedras são o farelo. Agora, ligue a máquina.

Use uma velocidade baixa, com agitação leve. As pedras se movem facilmente pela superfície dos jeans, lixando-a, e criam aquela aparência surrada que alguns clientes preferem.

Agora passe para uma velocidade alta, com forte agitação. As pedras colidem com as fibras macias de algodão, rasgando-as, cortando-as e enfraquecendo-as. Isso reduz o número de vezes que você pode usar esses jeans antes que eles se desfiem e caiam aos pedaços.

Embora o glúten não seja realmente como os jeans que passam por esse processo, ele reage de maneira parecida à deles quando qualquer tipo de sólido é acrescentado a uma massa. Isso é ainda mais importante quando são adicionados sólidos grandes, como uvas-passas ou nozes. Como norma geral, quando uma massa contém sólidos, como germe de trigo ou farinha de trigo integral, o tempo de sova é mais curto e a pressão é mais leve.

Parte I | Preparando-se para assar pão

ga a preocupar. Já em filões maiores, como um filão de pão para sanduíche de 680 gramas, com 30 a 35 minutos de cozimento, os pequenos pedaços de germe de trigo podem ficar bem escuros, o que lhe confere um sabor amargo, como alho amassado, queimado em uma panela de sauté quente demais. Quando assar pão ao qual tenha sido acrescentado germe de trigo, coloque um pedaço de papel vegetal dobrado sobre ele depois que a casca tiver se formado.

Dica do padeiro

Quando a temperatura cai, especialmente durante os meses de inverno, as cozinhas e as padarias podem se tornar ambientes adversos para o fermento e as massas de pão. Adicionar uma pequena quantidade de fermento natural do farelo ou farinha de trigo integral é uma forma de apressar a atividade do fermento. Isso mantém o cronograma do seu pão sem ser preciso adicionar mais fermento industrializado.

Na sua receita, para cada 454 gramas de farinha de pão, substitua 56,7 gramas de farinha de pão pela mesma quantidade de farinha de trigo integral. Quanto ao farelo de trigo, simplesmente *acrescente* duas colheres de sopa para cada 454 gramas de farinha de pão, sem haver substituição.

Malte

Dado um ambiente favorável, o grão de trigo germinará. Do embrião, ou germe, sai um broto que cresce para formar uma nova planta. Na linguagem dos cientistas, esse processo é chamado de *maltagem*.

A cevada, outro tipo de cereal, também malta, ou brota. Você pode pegar os grãos brotados, secá-los e moê-los. O resultado é chamado de *pó de malte*. Esse pó de malte às vezes é utilizado em padarias comerciais, por causa de sua consistência e confiabilidade. O fermento o adora.

O malte de cevada acelera o processo de fermentação. Ele converte o amido em açúcares simples, fornecendo mais alimento ao fermento. Quando a fermentação é curta, o malte fornece ao pão uma casca de cor mais completa e rica. Entretanto, o sabor do pão fica menos complexo. As receitas de bagel usam o malte por essa razão.

O malte pode ser encontrado no comércio como pó ou líquido (na forma líquida, ele parece xarope para panquecas). A palavra diastático na etiqueta indica que as enzimas do malte estão ativas e podem ser usadas para acelerar a fermentação.

O malte não diastático já foi aquecido, o que torna as enzimas inativas. Você conseguirá o sabor de tostado em seus grissini se adicionar malte não diastático à massa, mas eles não crescerão mais depressa.

As receitas deste livro não usam malte. Elas foram concebidas com tempos de fermentação moderados, de uma hora a uma hora e meia, o que fornece um sabor do grão completo ao pão, com a cor da casca apropriada.

Fermento

O fermento é um fungo, um organismo vivo. As células individuais do fermento são extremamente pequenas; mais de 100 bilhões delas podem ser encontradas em uma colher de sopa de fermento comercial. O nome científico do fermento comercial é *Saccharomyces cerevisiae*, ou *S. cerevisiae*, que significa *fungos que comem açúcar*.

As células do fermento digerem o alimento para viverem e multiplicarem-se. O seu alimento preferido é a glicose. Em uma massa de pão, o amido da farinha se transforma em glicose, fornecendo a fonte de alimento necessária para o fermento. Na parte externa das células do fermento há enzimas, as quais ajudam a transformar os amidos da farinha em glicose.

Enquanto digere os açúcares na massa, o fermento produz dióxido de carbono, ou CO_2. A rede proteica elástica e alongável da farinha retém o CO_2 dentro da massa, provocando o seu crescimento. Todo esse processo é chamado de *fermentação*.

O fermento comercial está disponível em três tipos: fresco, ativo seco e instantâneo.

Fermento fresco — também chamado de fermento biológico

O fermento fresco é uma pasta cremosa, como manteiga, e pode ser adquirido em lojas de especialidades alimentícias e mercearias de produtos naturais.

Ele tem uma textura lisa e moldável, um pouco parecida com a da massa de vidraceiro ou argila úmida. Armazene o fermento fresco coberto e refrigerado. Se for mantido entre 2 °C e 4 °C, poderá ser armazenado por pelo menos 21 dias.

Preparar fermento fresco para usar é simples:

1. Esfarele o fermento fresco diretamente na água. Esse é o procedimento padrão para todos os pães deste livro. Dissolver o fermento fresco em líquido primeiro — antes de adicionar qualquer outro ingrediente — produz pães mais consistentes.

Fermentação

Na massa de pão, é a digestão controlada de açúcares e amido pelo fermento. A fermentação produz CO_2, álcool e ácidos aromatizantes.

Parte I | Preparando-se para assar pão

2. Misture ou bata, até que o fermento esteja dissolvido. Ele agora está pronto para ser usado.

Algumas fontes indicam que o fermento fresco pode ser esfarelado diretamente na massa. Isso não é recomendado nos estágios iniciais do aprendizado de assar pães e deve ser considerado como uma tática intermediária, não recomendada para o padeiro estudante.

Dica do padeiro

Não acrescente açúcar ao fermento enquanto ele estiver se dissolvendo ou reidratando. No início do seu desenvolvimento, o fermento comercial não era tão estável como é hoje. Por essa razão, o saber convencional guiou o usuário a adicionar uma pitada de açúcar para ver se a mistura de fermento e água começava a borbulhar. Isso provava que o fermento estava vivo.

De fato, adicionar açúcar acelera o processo do fermento, tornando o crescimento das massas menos controlável.

Nos dias de hoje, não é necessário testar o fermento pela adição de açúcar. Depois que ele absorve a água, ou se dissolve, começa a cheirar como fermento. Quer dizer, isso se estiver vivo. Se não estiver, ele cheira a cerveja. Essas são as duas únicas opções para um organismo monocelular como o fermento: ou está morto ou está vivo.

> **Usando fermento fresco**
>
> 1. Coloque água ou leite em uma tigela. Na maioria dos casos, o intervalo de temperatura do líquido é entre 21 °C e 32 °C. No entanto, o fermento fresco pode tolerar temperaturas tão baixas quanto 4 °C e tão altas quanto 35 °C.
> 2. Mexa para dissolver.
> 3. Proceda com os ingredientes restantes conforme a receita.

O fermento fresco pode ser usado em qualquer família de massas. Todas as receitas deste livro foram desenvolvidas usando fermento fresco. Muitos padeiros profissionais preferem essa forma de fermento e afirmam que ela confere ao pão um caráter menos *fermentoso*. Para uso em massas congeladas, o fermento fresco é a forma mais confiável de fermento comercial*.

Fermento seco ativo

O fermento seco ativo é vendido em mercearias, supermercados e algumas lojas de conveniência. Em geral, ele está disponível em pacotinhos de 10 gramas, em embalagens a vácuo ou de nitrogênio líquido de 113,4 gramas e em pacotes de 500 gramas a 1 quilo. Os grãos de fermento seco ativo têm uma textura grossa e cor bege.

Fechado, o fermento seco ativo tem uma vida de prateleira de um ano ou mais. Depois de aberto, ele é armazenado em um recipiente hermético e conservado na geladeira. Se for refrigerado adequadamente, o fermento permanece útil por três a quatro meses. Se for congelado, ele mantém sua atividade por seis meses ou mais.

O fermento seco ativo é reidratado em "água morna". O leque de temperaturas mais eficientes para isso fica entre

---

* Existe no mercado o fermento especial para massas congeladas.

35 °C e 38 °C, e reidratar o fermento completamente leva 10 minutos. Isso pode ser inconveniente se se planeja fazer muito pão.

A massa feita com o fermento seco ativo é ligeiramente menos elástica do que aquela feita com fermento fresco e, por isso, não encolhe tanto quando você a modela. Essa é a razão pela qual a massa feita com fermento seco ativo é preferida na indústria da pizza e para uso geral em estabelecimentos que fornecem serviços alimentares. Comparadas às do fermento fresco, as características de sabor do fermento seco ativo são ligeiramente mais discerníveis nos pães prontos.

O fermento seco ativo pode ser usado em todas as receitas deste livro.

Usando o fermento seco ativo

Aqueça a tigela deixando-a sob água corrente quente. Elimine a água.
1. Coloque água a 38 °C na tigela.
2. Salpique o fermento seco ativo sobre a água. Não misture.
   Deixe descansar por 5 minutos.
3. Mexa uma vez. Deixe descansar por mais 5 minutos.
4. Proceda com os ingredientes restantes conforme a receita.

Fermento instantâneo

Os grânulos de fermento instantâneo são bege-claro, menores e mais lisos do que os do fermento seco ativo. O fermento instantâneo está se tornando cada vez mais popular, por ser confiável e fácil de usar. Ele pode ser encontrado em mercearias e supermercados e é vendido em pequenos pacotinhos de alumínio, assim como o fermento seco ativo, e em embalagens maiores, para profissionais. As várias marcas existentes possuem a mesma forma de fermento. O fermento instantâneo é o mais poderoso dos três tipos de fermento comercial.

Fechado, ele se mantém por até um ano quando armazenado em recipientes herméticos, com temperatura de 10 °C a 21 °C. Depois de aberto, deve ser armazenado coberto e refrigerado para durar por três a quatro meses. Se congelado, o fermento pode manter a sua atividade por seis meses ou mais.

As características de sabor do fermento instantâneo só são discerníveis nos produtos acabados e são menos notadas do que as do fermento seco ativo. O fermento instantâneo foi desenvolvido para dar ao padeiro uma reidratação rápida, como a do fermento fresco, e a longa vida de prateleira do seco ativo. O fermento instantâneo deve ser acrescentado diretamente à massa, junto com a farinha.

Uma desvantagem é que, ao adicioná-lo diretamente à massa, a *temperatura ótima da massa* deve ser aumentada em 3 °C em comparação às **tdm** listadas (ver p. 50 para uma discussão sobre **tdm**).

Normalmente, o fermento instantâneo não é recomendado se você pretende congelar a massa. Se o seu estabelecimento produz a massa Danish (*wienerbrod*, em dinamarquês), em que os produtos modelados são em geral mantidos congelados até que seja necessário assá-los, o fermento instantâneo não é recomendado.

Parte I | Preparando-se para assar pão

O fermento instantâneo pode ser usado em todas as receitas deste livro.

Usando o fermento instantâneo
Aqueça a tigela deixando-a sob água corrente quente. 1. Coloque na tigela água a 38 °C. 2. Salpique o fermento instantâneo sobre a água. 3. Mexa para dissolver. 4. Continue com os ingredientes restantes, conforme a receita.

Dica do padeiro

O fermento instantâneo foi concebido para ser adicionado diretamente à massa, sem reidratação prévia, mas as Rx deste livro não seguem as instruções contidas nas embalagens de fermento instantâneo.

Em *Como assar pães*, o fermento instantâneo é usado da mesma forma que o fermento fresco e o seco ativo. Como primeiro passo, o instantâneo é reidratado em água. Você não terá de mudar nenhum dos tempos ou a temperatura nas Rx.

A sequência de mistura dos ingredientes e os procedimentos de manuseio das massas do livro foram concebidos para dar ao padeiro iniciante um conjunto de habilidades manuais e um sentido de realização e habilidade no manuseio das cinco famílias de pães.

Finalmente, a escolha de qual tipo de fermento usar é do padeiro, baseada em sua preferência e na disponibilidade de mercado. As receitas deste livro são todas baseadas em fermento fresco. Eu o considero confiável, fácil de trabalhar, e o seu sabor suave ressalta o caráter granular dos pães. Nós usamos fermento fresco na padaria-escola.

Qualquer tipo de fermento pode ser usado nas receitas, desde que você faça a substituição apropriada.

Produzir pães consistentes é a consideração principal. Use a forma de fermento que resultar no melhor produto, todas as vezes.

Se você for substituir uma forma de fermento por outra, precisa mudar três coisas:
1. **Mude a quantidade** de fermento na receita. 2. **Adicione ou subtraia água** na receita. 3. **Mude a temperatura** da água e, no caso do fermento seco ativo, espere mais tempo para a reidratação completa.

Substituindo os tipos de fermento

O fermento seco ativo é mais concentrado do que o fermento fresco e, por isso, deve ser usado em menor quantidade. O fermento instantâneo é o mais concentrado dos três, portanto use-o em quantidade ainda menor.

Não é que uma forma de fermento seja mais forte do que as outras. É uma questão de concentração. O fermento fresco contém muita água, de maneira que você precisará de uma maior quantidade dele do que de fermento seco ativo ou de fermento instantâneo.

Adicionando mais água à massa

Tanto o fermento seco ativo como o instantâneo contêm menos água do que o fresco. Ao substituir, em uma receita, o fermento fresco por um dos dois primeiros, é preciso adicionar à massa a água que falta. Para uma massa de 1 a 2 quilos, como as das receitas deste livro, é suficiente adicionar uma colher de sopa de água.

Em uma padaria industrial, é necessário obter uma precisão maior. Quando 91 quilos de massa estão na máquina, essa água adicional pode ser significativa. Se você quer mais detalhes sobre como calcular a quantidade adicional de água exigida ao substituir o fermento fresco, pode usar a Regra de adição de água.

Regra de adição de água

Ao substituir o fermento fresco por fermento seco ativo ou instantâneo em uma receita, você deve adicionar água à massa, para compensar. As diretrizes são as seguintes:

28 gramas de fermento fresco = 14 gramas de fermento seco ativo + 30 mililitros a mais de água

28 gramas de fermento fresco = 10 gramas de fermento instantâneo + 20 mililitros a mais de água

Ao fazer massas de peso entre 1 e 2 quilos, a água adicional não é tão importante. Mas, ao fazer grandes quantidades de massa, a água adicional precisa ser obrigatoriamente adicionada. Neste exemplo, veja como a massa ficaria seca se o padeiro não adicionasse mais água:

900 gramas de fermento fresco = 450 gramas de fermento seco ativo + 450 mililitros a mais de água

(Imagine como a massa ficaria seca sem esse líquido adicional.)

▶ Considerações

Em TODAS as receitas deste livro, caso você não tenha fermento fresco disponível, deve substituí-lo por seco ativo ou por instantâneo. Escolha apenas um tipo de fermento e evite confusão em sua padaria. Aqui estão alguns princípios para servir de orientação após a escolha do fermento:

Quando usar o fermento seco ativo

1. Temperatura da massa

Ao se usar fermento seco ativo, a temperatura da água pode deixar a temperatura da massa final quente

---

Analogia culinária

Digamos que o poder de crescimento de 28 gramas de fermento fresco seja equivalente à intensidade de sabor de baunilha de um refrigerante de baunilha.

Nessa mesma escala, 28 gramas de fermento seco ativo seriam equivalentes à intensidade de sabor de uma vagem de baunilha flexível, aromática e floral.

Para continuar com a analogia, o fermento instantâneo seria como o extrato de baunilha, concentrado e poderoso, do qual uma pequena quantidade faz grande diferença.

O que é uma colher de sopa escassa?

As publicações técnicas dizem que, ao substituir fermento fresco por fermento seco ativo, em lugar de usar 50% de fermento seco ativo, ou metade da quantidade de fermento fresco, você deve usar apenas 44% de seco ativo, pouco menos do que a metade.

Em uma receita que pede 28 gramas de fermento fresco, metade disso seria 14 gramas de seco ativo. Mas 14 gramas de seco ativo correspondem a uma colher de sopa.

Como você quer ligeiramente MENOS do que a metade, tem de eliminar cerca de oito a dez pequenos grânulos de fermento seco da colher para ser exato. O que sobra é o que os profissionais que escrevem receitas chamam de *colher de sopa escassa*.

Essa é a quantidade que há em um daqueles pequenos pacotes de papel-alumínio de fermento seco ativo. Usando colheres de medida, isso corresponde a 2 2/3 colheres de chá.

Temperatura desejada da massa

Cada massa tem a sua temperatura ótima, na qual o fermento pode digerir os açúcares presentes, enquanto os outros ingredientes fornecem estrutura e suporte ao pão. As massas magras, como baguetes, preferem temperaturas mais altas, diferentemente das massas ricas, como a trança de manteiga, que podem ficar gordurosas se a temperatura subir demais.

A temperatura ideal de cada massa está listada na sua receita e é identificada pelo símbolo tdm, que significa *temperatura desejada da massa*.

Pressão osmótica

Diz-se que uma massa com hidratação de 60% ou menos cria *pressão osmótica*, impedindo o fermento de absorver água facilmente. O resultado disso é que a ação do fermento é retardada. Uma alta porcentagem de açúcar em uma massa também cria *pressão osmótica*. De novo, o açúcar absorve umidade da massa, dificultando essa absorção pelo fermento.

---

demais. A temperatura ideal das massas fermentadas fica entre 24 °C e 29 °C.

Isso pode significar um problema se você está fazendo uma massa rica. A massa do brioche francês e a do pão de manteiga tornam-se gordurosas quando são excessivamente aquecidas.

2. Tempo de reidratação

O fermento seco ativo precisa de 10 minutos para se reidratar completamente, antes que outros ingredientes possam ser adicionados. Lembre-se de que você deve mexer a mistura de fermento só uma vez, na metade desse período. Se mexer mais do que isso, terá células de fermento secas grumadas nos dedos ou na colher e logo se encontrará no lado errado de uma batalha com um organismo de apenas uma célula. Em lugar de mexer, use esses breves intervalos para reunir o resto dos ingredientes.

Quando usar o fermento instantâneo

1. Temperatura da massa

Se o fermento instantâneo não for reidratado antes em uma pasta de fermento, a *temperatura desejada da massa* precisará ser 3 °C mais alta do que aquela estabelecida na receita.

2. Hidratação da massa (h)

Quando a massa tem baixa hidratação, o fermento instantâneo PRECISA ser reidratado em água antes que os outros ingredientes sejam adicionados. Sempre que a quantidade total de líquido na massa, comparada ao peso da farinha, for 60% ou menos, a massa tem baixa hidratação.

As células do fermento precisam de líquido para metabolizar o açúcar e o amido na massa. Se não houver água suficiente, a atividade do fermento será lenta. Quando isso ocorre, a massa cresce mais devagar do que você gostaria.

Algumas massas com baixa hidratação são os bagels e os grissini, em que a porcentagem do padeiro de água é de cerca de 58%. Massas doces, como os pães de canela e o babka, não têm necessariamente baixa hidratação, mas, em relação ao fermento, também não têm água suficiente.

As massas doces podem ficar amolecidas e úmidas. Elas podem fazer as suas mãos sentirem que a massa tem líquido suficiente, de modo que você não tem de se preocupar com o fermento. Como o nome faz pressupor, há uma alta porcentagem de adoçantes na massa doce — por exemplo, açúcar granulado, mel ou xarope de bordo. Esses ingredientes são hidrófilos, ou seja, eles absorvem bastante água de seu ambiente.

Em uma batalha para a sobrevivência entre o fermento e o açúcar, o açúcar irá ganhar, o fermento irá perder.

A solução? Quando usar fermento instantâneo em uma massa doce, sempre o reidrate primeiro, antes de adicionar os outros ingredientes.

Tabela rápida de conversão do fermento

Fresco	Seco ativo	Instantâneo
60 g	30 g = 3 pacotes	22 g
30 g	15 g = 1 ½ pacotes	10,63 g
14 g	7 g = 0,7 pacote	5 g

Mudando de fermento fresco para seco ativo em uma Rx

BAGUETES com fermento fresco	
Ingredientes	
H$_2$O	1 kg
Fermento fresco	60 g
Farinha	1,1 kg
Sal	37 g
Modo de fazer	
1. Coloque água a 27 °C em uma tigela.	
2. Esfarele nela o fermento fresco para que ele dissolva.	
3. Acrescente a farinha.	
4. Adicione o sal.	
5. Misture até a massa ficar homogênea.	
6. Levede a massa.	

Passo a passo para mudar de fermento fresco para seco ativo

A. Reduza a quantidade de fermento usando a *Tabela rápida de conversão do fermento*. Divida o peso do fermento fresco por dois, para obter o peso do fermento seco ativo.

60 gramas de fermento fresco ÷ 2 = 30 gramas de fermento seco ativo

A regra do padeiro para os tempos de fermentação

Em geral, as massas com baixa porcentagem de água levam mais tempo para crescer quando o fermento instantâneo é substituído pelo fresco. A massa do bagel, por exemplo, densa e emborrachada, tem uma porcentagem de água muito baixa. Os grissini e os crackers estão nesse mesmo grupo de massas com pouca água.

Ao adicionar fermento instantâneo diretamente a uma massa, sem reidratá-lo antes, o padeiro deve aumentar em 20% o tempo de fermentação.

Algumas massas com alto conteúdo de manteiga, como o brioche francês, também têm baixa porcentagem de água. Por conterem uma alta porcentagem de gordura proveniente, por exemplo, de manteiga e gemas, tais massas são macias. Elas se comportam como se contivessem muito líquido. Mas, como não têm, o fermento instantâneo precisa de mais tempo para fermentar (crescer) a massa.

Entretanto, você pode evitar tudo isso simplesmente reidratando o fermento instantâneo primeiro, em água a 35 °C, e fazendo uma pasta de fermento.

B. Adicione mais água à Rx, usando a *Regra de adição de água* (p. 49)

60 gramas de fermento fresco ÷ 2 = 30 gramas de fermento seco ativo + 30 mililitros a mais de água

C. Mude a temperatura da água de 27 °C para 38 °C. Espere 10 minutos para que o fermento se reidrate.

Compare a Rx original (à esquerda) à nova Rx (à direita). As mudanças estão em itálico.

BAGUETES com fermento fresco		**BAGUETES *com fermento seco ativo***	
Ingredientes		**Ingredientes**	
H_2O	1,1 kg	H_2O	1,130 kg
Fermento fresco	60 g	Fermento *seco ativo*	30 g
Farinha	1,8 kg	Farinha	1,8 kg
Sal	37 g	Sal	37 g
Modo de fazer:		Modo de fazer:	
1. Coloque água a 27 °C em uma tigela (ver nota abaixo).		1. Coloque água a *38 °C* em uma tigela.	
2. Esfarele nela o fermento fresco para dissolvê-lo.		2. Esfarele nela o *fermento seco ativo*.	
3. Acrescente a farinha.		3. *Deixe-o descansar por 10 minutos, para dissolver; mexa só uma vez.*	
4. Adicione o sal.		4. Acrescente a farinha.	
5. Misture até incorporar.		5. Acrescente o sal.	
6. Levede a massa.		6. Levede a massa.	

Nota: o padeiro quer que a massa esteja a 27 °C quando o passo 6 (levedar a massa) estiver terminado. Suponha que a temperatura na padaria e, portanto, a da farinha seja de 27 °C. Começando com a água a 27 °C, o padeiro provavelmente terminará com uma baguete à temperatura de 27 °C.

A pasta de fermento

Como todos os organismos, o fermento precisa de alimento e água para sobreviver. Assim, ele prefere um ambiente cálido, nem muito quente, nem muito frio. Dadas essas condições, mais outras características que serão discutidas depois, uma célula de fermento pode metabolizar, ou digerir, a sua fonte de alimento. Após estabelecido em seu ambiente, o fermento começa a se multiplicar. Logo, uma próspera colônia de células de fermento se forma. O poder e a energia dessa colônia de fermento combinados é que fazem o pão crescer.

Começar uma colônia de fermento bem-sucedida é o primeiro passo para fazer qualquer dos pães deste livro. Você começa fazendo o que se chama de *pasta de fermento*.

A pasta de fermento é uma mistura de água, fermento e farinha. Ao preparar uma massa doce, como os pães de canela, usa-se leite no lugar da água.

A pasta de fermento fornece as células de fermento com acesso direto à fonte de alimento, sem interferência de outro ingrediente. Depois que a pasta de fermento for preparada, os ingredientes restantes podem ser incorporados à massa.

Durante a minha pesquisa e visitas a inúmeras padarias, eu observei muitas formas diferentes de fazer pão. Mas todas tinham em comum o seguinte: uma *colônia de fermento vivo* era sempre estabelecida antes de se misturar a massa principal.

Em algumas padarias, esse era o primeiro passo para fazer as massas. Em outros lugares, a colônia ficava separada, formando bolhas por um tempo breve, e entrava na massa principal mais tarde, durante o processo de mistura.

Para muitos tipos comerciais de pão, a colônia de fermento vivo é a primeira coisa a ser feita na tigela. Com alguns outros tipos de pão, como o pão de massa azeda (*sourdoughs*), a colônia de fermento vivo é preparada ao longo de vários dias — de um ponto de partida que frequentemente se desenvolveu durante meses, ou anos. Em alguns casos, ela pode ser o último ingrediente adicionado à massa.

Para fazer uma pasta de fermento, combine toda a água e todo o fermento, mas acrescente só um terço da farinha. Essa quantidade reduzida de farinha impede que a pasta de fermento fique grossa demais, tornando-a fácil de mexer ou de misturar à mão e distribuindo rapidamente o fermento de modo uniforme pela pasta. Como a pasta fica fina, as células de fermento podem se mover livremente e estabelecer a sua colônia com rapidez.

A ideia da pasta de fermento surgiu da minha necessidade de padronizar o número de diferentes pães. Havia maneiras diferentes demais de fazer pão. Mesmo os estudantes mais bem-intencionados algumas vezes confundiam um procedimento com outro, ao misturarem diferentes tipos de massa durante o dia.

Pasta de fermento

Uma mistura de água, fermento e farinha, usada para estabelecer uma colônia de fermento para massa de pão.

A confiabilidade da pasta de fermento foi provada inúmeras vezes na classe e na cozinha. As especificações das receitas deste livro — velocidades de mistura, tempos de fermentação, tempos de levedação — são todas baseadas no uso da pasta de fermento.

O benefício da consistência é de enorme valor em uma padaria. A massa pode ser colocada para crescer durante o tempo designado, e o padeiro estará seguro de que ela se comportará conforme o esperado. Isso significa menos interrupções e mudanças, seja no cronograma de trabalho, seja no humor do padeiro.

Usar a pasta de fermento reduz a possibilidade de a massa crescer depressa demais ou de simplesmente não crescer. Desde que nós começamos a usá-la na classe, houve um número significativamente menor de casos de: "Ah, não! Ei, chef. E agora, o que é que eu faço?".

A *pasta de fermento* foi tão cientificamente testada quanto o trabalho em uma classe de panificação por quase uma década permite. Nós testamos consistentemente duas versões de cada massa, lado a lado, para ver as diferenças — uma feita com a *pasta de fermento*; outra, sem ela. Quase sempre o pão feito com a pasta de fermento se comportou de modo mais consistente e confiável do que aquele feito sem ela. Isso significa melhor administração do tempo, sabor e textura mais consistentes nos pães e mais estudantes bem-sucedidos.

Parte I | Preparando-se para assar pão

Agradecimentos do padeiro

Classificar e organizar a enorme quantidade de informações sobre fermento foi um desafio. O autor está em dívida com o mestre padeiro certificado Bill Weekley, o padeiro corporativo da General Mills, por sua assistência e por seu olho vivo na preparação deste capítulo.

Fazendo uma pasta de fermento

Usa-se fermento fresco em todas as receitas deste livro. A sequência é a seguinte:
1. Coloque água em uma tigela (as temperaturas variam; veja as receitas de cada pão).
2. Dissolva o fermento por cerca de 1 minuto.
3. Acrescente a farinha.

Se você usar fermento seco ativo, o passo da reidratação leva mais tempo. Além disso, a água deve estar a 38 °C. A sequência se torna a seguinte:
1. Coloque água a 38 °C em uma tigela.
2. Dissolva o fermento por cerca de 10 minutos.
3. Incorpore a farinha.

Se você usar fermento instantâneo, a temperatura da água deve ser de 35 °C. O fermento instantâneo se dissolve rapidamente, por isso a farinha pode ser adicionada antes do que quando se usa o fermento seco ativo. A sequência se torna a seguinte:
1. Coloque água a 35 °C em uma tigela.
2. Dissolva o fermento por cerca de 2 minutos.
3. Incorpore a farinha.

Em todos os casos, depois que a pasta de fermento tiver sido feita, você pode continuar com a receita e os procedimentos do seu pão. Nenhuma outra mudança é necessária.

Questão técnica

Leva um pouco mais de tempo para estabelecer uma colônia de fermento do que a maioria das pessoas pensa. Na realidade, o fermento não se multiplica muito rapidamente, a menos que haja muito oxigênio disponível. Ele começa a se alimentar com bastante rapidez, mas, na verdade, só desabrocha, não se multiplica da maneira que a maior parte das pessoas pensa. No desabrochar, há o surgimento de novas células, mas elas podem não estar completamente formadas nesse momento.

A mudança de volume na pasta de fermento se relaciona mais à ingestão dos açúcares disponíveis pelo fermento. À medida que o fermento se alimenta, CO_2 e álcool são liberados, o que provoca o crescimento da pasta de fermento.

Água

A água é o segundo maior ingrediente na panificação. A água da torneira funciona bem (ao menos que a água, em sua região, seja excessivamente dura ou extremamente clorada), você pode usá-la. Se necessário, filtre a água para remover alguns dos minerais e aditivos químicos. A água envasada pode ser usada, mas isso se tornará caro se você tiver intenção de fazer muito pão.

A consideração mais importante em relação à água é quanto à sua temperatura. Quando a massa está fria, a ação do fermento é retardada; quando a massa está aquecida, ela se acelera. Quando a água está quente (mais de 48 °C), o fermento para.

Como regra geral, a água deve ficar entre 32 °C e 38 °C no início da sequência de mistura dos ingredientes. A massa de pão é muito confiável quando a sua temperatura é de cerca de 27 °C. A água entre 32 °C e 38 °C aquece a farinha fria e os outros ingredientes, dando à massa uma temperatura combinada de 27 °C.

Nos meses de verão, quando a temperatura da padaria sobe facilmente para 28 °C, a água precisa estar fria no início da sequência de mistura dos ingredientes, em geral a 16 °C. Em alguns raros casos, pode ser necessário acrescentar cubos de gelo como parte da água total da receita.

Mais tarde, você irá aprender como calcular a temperatura exata da água para a massa. Por enquanto, é melhor ficarmos entre 32 °C e 38 °C.

Sal

O sal desempenha muitas funções no preparo de pães.

▶ Sabor, cor e aroma

O sal fornece sabor. Sem ele, o pão fica sem graça e desagradável. Sem sal, a cor da crosta fica opaca e clara. Como o sal desacelera a velocidade de fermentação da massa, quando ela estiver pronta para assar haverá mais açúcares dentro dela. Esses açúcares restantes é que caramelizam no forno, conferindo ao pão o seu aroma característico e a sua cor escura e atraente.

Os pigmentos coloridos dentro do pão são preservados quando o sal é adicionado à massa *antes* de se começar a sová-la. Quando assado, o interior do pão fica cor de creme e tem um aroma distinto, parecido com o do trigo. Sem o sal, a cor do pão é pálida e o aroma, menos prevalente.

▶ Fermentação controlada

O sal desacelera, ou retarda, a ação do fermento. Sem sal, o fermento sai em um frenesi de alimentação, digerindo todos os açúcares disponíveis na massa. O resultado disso é um pão de crescimento rápido e com gosto de álcool, um sabor pobre. Desacelerando-se a atividade do fermento, a massa desenvolve um sabor pleno e completo.

▶ Estrutura

O sal ajuda na expansão da estrutura proteica da massa. Sem ele, a massa fica frouxa e tende a se abrir. Durante a moldagem, a massa sem sal tende a ser úmida, mais difícil de manusear.

No preparo do pão, pode-se usar qualquer tipo de sal — em geral, o sal marinho e o sal kosher são os preferidos. Alguns padeiros dizem que o sal de mesa iodado confere ao pão um perfil de sabor áspero, por isso ele é geralmente evitado na padaria. Muitos painéis de degustação profissional indicaram o sal marinho fino como aquele que possui o caráter mais limpo e mais equilibrado para a salga de pães fermentados. O sal marinho é conveniente porque os seus grãos podem ser manuseados com os dedos úmidos, sem que se formem grumos ou que eles grudem em você. Como padeiro, a escolha do tipo de sal é sua.

Converter de um tipo de sal para outro é fácil, desde que as quantidades sejam pesadas, em vez de medidas com colheres ou xícaras. Trinta gramas de sal marinho pesam o mesmo que 30 gramas de sal kosher. Entretanto, as suas medidas de volume são diferentes — uma colher de sopa de sal marinho fino pesa muito mais do que uma colher de sopa do sal kosher que tem grãos maiores.

Armazene o sal em um lugar seco e mantenha-o tampado.

Substâncias hidrofílicas

São aquelas que possuem afinidade com a água.

Os ingredientes secundários do pão

▶ Amaciantes

Os amaciantes, como os adoçantes e as gorduras, conferem mais sabor aos pães fermentados. Os seus efeitos sobre a rede proteica, contudo, são muito mais importantes para o padeiro. Aqui está um panorama geral desses ingredientes e de como eles afetam a estrutura da massa.

Adoçantes

Os açúcares podem ser líquidos ou sólidos. Entre os sólidos, estão o açúcar refinado e os açúcares demerara e mascavo. Os açúcares líquidos incluem adoçantes como os xaropes de milho e de bordo e o mel. Todos os açúcares são *hidrófilos*, o que significa que eles "absorvem" a umidade do ambiente. Essa retenção de umidade prolonga a vida de prateleira dos produtos assados.

Os açúcares líquidos absorvem mais umidade do ambiente do que os refinados. Em uma receita, substituir 25% do açúcar refinado por um adoçante líquido, como xarope de milho, é uma estratégia prática. O adoçante líquido prolonga a vida de prateleira dos produtos assados, especialmente de pães pequenos, como os pãezinhos de jantar e aqueles para sanduíche.

Os adoçantes e a colônia de fermento

Dependendo da quantidade de açúcar usada em uma receita, ele afeta a ação do fermento de modos diferentes.

- **A PP% é menor do que 5%**

  Uma pequena quantidade de açúcar afeta pouco o fermento.

  Em pequenas quantidades de açúcar (como em pretzels macios e grissini), poucos são os seus efeitos detectáveis.

- **A PP% é de 5% a 10%**

  Em quantidades moderadas, o açúcar acelera a velocidade metabólica do fermento de maneira notável. Isso é útil quando são produzidas massas macias, como os Balloons e o pão de forma integral de mel, porque assim a massa cresce mais depressa. O tempo de crescimento ligeiramente mais rápido mantém a massa com sabor suave, o que é apropriado para os pães dessa família, levemente aromatizados.

  Os pães de forma integrais de mel, os pães de aveia e os Balloons estão nesse grupo de adoçantes com PP% moderado.

- **A PP% fica entre 11% e 20%**

  Em grandes quantidades, a propriedade hidrofílica do açúcar "rouba" o suprimento de água do fermento. Isso desacelera, e pode até interromper o seu metabolismo. O padeiro enfrenta essa situação quando faz pães de canela e pães doces apropriados para festas, como o panetone italiano.

Os adoçantes e a rede proteica

Dependendo de quanto açúcar se usa em uma receita, ele irá afetar a rede de proteínas da massa de maneiras diferentes:

- **PP% é inferior a 5%**

  Em pequenas quantidades (como em pretzels macios e grissini), o efeito é pequeno.

- **PP% fica entre 5% e 10%**

  Em quantidade moderada, o açúcar amacia o glúten, que passa a se esticar com maior facilidade. Todas as massas macias, como o pão de forma integral de mel, o pão de aveia crocante e os Balloons, estão nesta categoria.

- **PP% está entre 11% e 20%**

  Em grande quantidade, as propriedades de atração de água pelo açúcar causam problema para o padeiro. Grandes quantidades de açúcar "roubam" as proteínas da água de que o fermento precisa. Como resultado, a estrutura dessas massas é muito fraca.

Parte I | Preparando-se para assar pão

É esse o caso de massas doces, como os pães de canela ou os monkey breads.

Gorduras

Laticínios e óleos vegetais

Os *laticínios* se originam de fontes animais. Entre eles estão incluídos a manteiga, o queijo, o iogurte e o creme de leite azedo (*sour cream*).

A manteiga é a escolha de laticínio predominante nos produtos assados. Ela fornece qualidades insuperáveis de sabor, aroma e textura. A manteiga tem um ponto de fusão baixo, característica que fornece suavidade e cremosidade ao pão quando ele é mastigado.

As gorduras dos laticínios são perecíveis e devem ser armazenadas no refrigerador.

Os *óleos vegetais* incluem milho, canola e azeite de oliva. Esses óleos líquidos podem ser despejados à temperatura ambiente. O resultado é que eles tendem a deixar as massas "aguadas" e difíceis de serem manejadas durante as fases de mistura e modelagem.

Eles prolongam a vida de prateleira dos pães fermentados. Os óleos são valiosos para produtos pequenos, como pãezinhos de jantar e grissini, que, de outra forma, se estragam rapidamente.

Quando expostos ao ar por longos períodos de tempo, os óleos vegetais adquirem um gosto amargo, chamado de *rancidez*. Armazene os óleos em recipientes herméticos, a temperaturas entre 10 °C e 21 °C, em local afastado da iluminação direta.

Os óleos solidificados, chamados de *gordura hidrogenada*, são sólidos à temperatura ambiente. Eles têm aparência opaca, esbranquiçada. O processo de hidrogenação acrescenta moléculas de hidrogênio aos óleos líquidos. O resultado é uma gordura mais estável, com vida de prateleira mais longa. Quando um óleo é hidrogenado, sua textura muda, ele pode ser espalhado e tolera temperaturas mais altas sem derreter.

Spray para untar

Cuidado com os óleos hidrogenados e fluorcarbonos na padaria.

As latas de spray com misturas de óleos vegetais são usadas para impedir que a massa grude no tabuleiro ou que ela fique muito seca enquanto fermenta. Embora sejam necessárias quantidades pequenas desses produtos, algumas vezes eles contêm gordura hidrogenada. Além disso, o óleo pode ser dispersado pela ação do aerossol, que ainda pode conter fluorcarbonos.

Se um deles ou ambos causarem preocupações em sua padaria, você pode criar o seu próprio sistema de spray usando aço inoxidável ou garrafas plásticas. Encha-as com um óleo sem sabor, como o de canola ou o de cártamo. Procure um ponto de venda perto de sua casa.

Esse tipo de gordura derrete devagar, dando aos assados um caráter do tipo pasta em seu paladar. Como reveste o seu palato, a gordura hidrogenada reduz a sua capacidade de reconhecer outros sabores nos pães. Eles não são usados neste livro.

As gorduras e a colônia de fermento

As gorduras afetam a atividade das células do fermento. Quando as gorduras são introduzidas na massa cedo demais — antes que a colônia de fermento tenha assentado —, o fermento fica revestido de gordura. Isso diminui a digestão dos açúcares na massa, e, por isso, ela cresce devagar. Quando assada, a farinha parece estar crua e a sua textura se assemelha a uma goma.

As gorduras devem ser adicionadas sempre *depois* de a colônia de fermento ter se formado. (Ver "A pasta de fermento", p. 52).

As gorduras e a rede de proteínas

- **PP% é menor do que 5%**

  Pequenas quantidades de gordura causam efeitos irrelevantes na estrutura da massa. As massas magras, como pretzels macios e grissini, são exemplos de massas com pequena quantidade de gordura.

- **PP% fica entre 5% e 10%**

  Quantidades moderadas de gordura em uma massa visivelmente amaciam a estrutura proteica. A família das massas macias, como o pão de forma integral de mel e os Balloons, é amaciada tanto pela quantidade moderada de açúcar, quanto pelas quantidades moderadas de manteiga.

- **PP% é maior do que 15%**

  Uma alta quantidade de gordura interfere no desenvolvimento da rede de proteínas da massa. Quando a manteiga é adicionada cedo demais, as proteínas formam na massa uma rede de suporte fraca.

  Nesse caso, o glúten é geralmente desenvolvido primeiro, antes de se acrescentar a manteiga.

Dica do padeiro

Quando usar ovos, não confie no processo de sova para distribuir a gema e a clara uniformemente na massa. Bata-os primeiro e depois os acrescente à massa, em um fluxo regular, juntamente com os outros amaciantes.

Parte I | Preparando-se para assar pão

Analogia culinária

A rede proteica das massas ricas, como o brioche e os pães de manteiga, sempre são desenvolvidas ANTES de se incorporar a gordura à massa. Bater manteiga à temperatura ambiente para fazer brioche francês, por exemplo, é muito parecido com fazer molho holandês.

1. Coloque gemas, limão e água em banho maria até que a proteína tenha engrossado;
2. Adicione manteiga clarificada morna, mexendo constantemente.

Depois, a manteiga é misturada à massa sovando-se, em alta velocidade, em uma batedeira. Os padeiros chamam esse processo de *emulsão*. A técnica de emulsão é usada para incorporar a manteiga à massa de pães como o brioche e o pão de manteiga.

Ovos

Os ovos fornecem estrutura, sabor e maciez à massa.

A família das massas doces, como os pães de canela, possui uma grande quantidade de açúcar e uma quantidade moderada de gordura, como manteiga. As massas doces têm a estrutura proteica mais fraca de todas as famílias de pão. Elas não podem crescer o suficiente para ter um interior aberto e macio sem a estrutura adicional que os ovos fornecem — sem os ovos, elas simplesmente desabariam sobre si mesmas enquanto estivessem crescendo.

A combinação única de proteínas e gordura torna o ovo o ingrediente ideal em uma massa doce. A gordura da gema acrescenta cor e intensidade e realça a textura. As proteínas das claras do ovo se ligam à rede proteica da farinha, sustentando a estrutura da massa.

A caixa de ferramentas do padeiro

"Só um pobre artista culpa suas ferramentas..."

As mãos

São poucas as ferramentas necessárias para fazer pão. A verdade é que as mãos são as mais preciosas. Sentir a massa viva em suas mãos é a essência do fazer pão.

Mantenha as unhas o mais curtas possível e lave bem as mãos antes de cada preparação. Preste especial atenção às costas das mãos, aos dedos e às unhas. Ao lavar as mãos, uma prática saudável é cantarolar ou cantar "Parabéns a você" duas vezes e só depois começar a enxaguá-las. Evite usar loções até depois que o seu trabalho no forno tenha terminado.

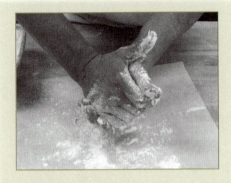

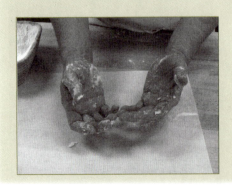

Comece o dia com as mãos limpas

Enquanto trabalha, você tem o instinto de lavar as mãos para retirar a massa que fica grudada nelas. Resista a essa tentação por duas razões.

Em primeiro lugar, porque os pedacinhos de massa crua que descem pelo encanamento se acumulam com o tempo, incham e te obrigam a chamar um encanador — provavelmente durante a fase de preparação das agitadas festas de fim de ano.

Em segundo lugar, porque é fácil criar um revestimento de amido em suas mãos para que a massa não grude nelas. Quando você começa a trabalhar com a massa, ela naturalmente gruda em você. Deixe estar; trabalhe com ela. Deixe que as suas mãos se tornem parte da massa e não algo separado dela.

Pegue uma pequena quantidade de farinha de pão e esfregue-a entre as mãos, nas palmas e nas costas delas. Isso seca a massa crua. Você pode então esfregá-las direto no lixo — e não na pia.

Agora sinta as suas mãos. Você irá notar um revestimento fino, que não gruda, que ficou para trás. De certa forma, as suas mãos se tornaram semelhantes à massa. Volte a desenvolver a sua massa e note como de repente ela agora gruda bem menos.

Quando chegar a hora de lavar as mãos, use água fria, não quente. A água quente estica a estrutura proteica da massa crua, tornando mais difícil retirá-la das tigelas, das ferramentas e de você mesmo.

Ferramentas pequenas

Pincéis

Selecione pincéis de confeitaria que tenham 5 centímetros de largura. Os pincéis de pelo de javali exigem diligência na limpeza e secagem, mas são uma boa escolha para aplicar glacês em massas macias, como os pãezinhos de jantar. Os pincéis de silicone funcionam bem, desde que os pelos do tufo sejam bem finos.

É bom marcar um pincel para usos *secos*, como escovar o excesso de farinha de massas modeladas, e um para usos *úmidos*, como glaçar.

Recipientes (plásticos)

Recipientes de plástico com tampas bem justas seguram a massa enquanto ela desenvolve o sabor na fermentação e a protegem durante o armazenamento refrigerado.

O recipiente deve ser grande o bastante para conter a massa quando o volume original dela triplicar. Se o recipiente for maior do que isso, o ar que fica dentro dele seca a massa e pode criar uma película.

Use um recipiente de 5 a 8 litros para acomodar o rendimento da receita de 1,3 quilo de qualquer pão deste livro.

Colheres de medida

Se você não tiver uma balança eletrônica para medir pequenas quantidades de fermento, sal ou especiarias, as suas colheres de medida devem ser o mais confiáveis possível. Em nossa padaria, nós descobrimos que aquelas redondas (não ovais) são mais precisas. Em geral, elas são de aço inoxidável e robustas, para serem usadas repetidas vezes.

Batedeira

Depois que você começar a fazer muito pão, cedo ou tarde irá querer investir em uma batedeira altamente resistente. Em geral, essas batedeiras têm três acessórios: um batedor de claras, um batedor plano e um batedor para massas.

Parte I | Preparando-se para assar pão

O batedor de claras não é útil para massas de pão, mas é valioso para fazer bolos. O batedor plano é usado para misturar manteiga, açúcar e, algumas vezes, ovos. O ar é batido nos ingredientes, criando uma mistura homogênea que se incorpora mais facilmente à massa de pão. Todas as massas doces deste livro podem ser iniciadas em uma batedeira equipada com o batedor plano.

O batedor de massas é um acessório que pode ter várias formas, como espiral, gancho, etc., e que simula as ações de dobrar e rolar da sova. Ele pode ser usado para bater todas as massas deste livro durante a primeira parte do desenvolvimento, que geralmente ocorre a uma velocidade moderada. A receita vai indicar velocidade #2 — que corresponde a qualquer posição de #4 a #6 em uma batedeira de dez velocidades. Dentro de um dado leque de velocidades, use aquela que coloca a menor quantidade de estresse na massa e na máquina.

Na segunda parte do desenvolvimento, em que a velocidade é quase sempre inferior à da primeira, a massa pode ser volteada na tigela e sovada conforme as instruções da receita. Entretanto, recomenda-se que a essa altura você ponha as mãos na massa, de modo a sentir sua textura, temperatura e consistência. Mesmo em padarias profissionais, depois que grandes fornadas de massa são desenvolvidas à máquina, muitas vezes elas são separadas em volumes menores e sovadas rapidamente à mão, na bancada.

Uma batedeira de mão não é robusta o suficiente para desenvolver massa de pão com facilidade. É melhor usar as mãos.

Tigelas

De aço inoxidável ou plásticas, de diversos tamanhos.

Formas

Formas de pão variadas: forminhas para muffins, formas para pão de forma, para brioches e bolos.

Filme plástico

O filme plástico é útil para impedir que o ar seque a superfície da massa. Sacos plásticos alimentares suficientemente grandes para envolver os seus tabuleiros e os pães em crescimento são bem úteis.

Descansos

Para esfriar pães. Eles podem ser de arame de aço inoxidável ou de madeira. Quanto mais próximos os arames estiverem, mais forte será o descanso, podendo aguentar maior quantidade de pão sem entortar.

Rolo de massa

Para modelar massas doces, como os pães de canela, você só precisa do rolo de massa mais simples. Escolha um resistente, com cerca de 5 centímetros de diâmetro e 50 a 60 centímetros de comprimento. As extremidades afiladas são úteis para abrir massas de torta em círculos, mas não tão úteis quando se trata de manusear massa de pão.

Balança do padeiro

Para medir uma grande quantidade de ingredientes como farinha, açúcar e água, nada supera a confiabilidade e a precisão da balança do padeiro (ver p. 69).

Também é possível usar uma balança para pesagem suspensa. Para as receitas deste livro, a mais precisa tem capacidade de 1 quilo e pesa incrementos de 5 gramas. Uma balança de controle de porções com capacidade de 3 quilos é aceitável, embora menos precisa na pesagem de ingredientes com menos de 454 gramas. Não a utilize para pesar quantidades minúsculas de sal ou fermento.

Outras balanças

Para medir com precisão pequenas quantidades de ingredientes como sal, fermento, mel e ovos, uma balança de plataforma operada com pilhas é a mais precisa. Muitos modelos confiáveis podem ser encontrados em lojas de artigos de cozinha. Use uma que meça incrementos tão mínimos quanto 1 grama. Mas a preferência é por balanças eletrônicas.

Ferramentas de marcação

Muitos pães, antes de serem assados, são marcados com um corte decorativo (pestana), feito com um instrumento afiado. As suas melhores opções desse tipo de ferramenta são uma lâmina de padeiro (lâmina de barbear) e uma faca de pão serrilhada ou fiambre.

Raspadores

Você precisa de dois raspadores, um para a *massa* e outro para a *tigela*.

O *raspador de massa*, também chamado de *raspador de bancada*, é um retângulo de aço inoxidável com um cabo de material seguro (do ponto de vista alimentar). Ele é usado sempre que a massa estiver na bancada: durante o crescimento, a separação em porções, a modelagem ou para limpar a bancada.

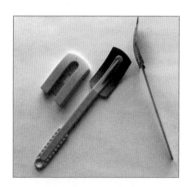

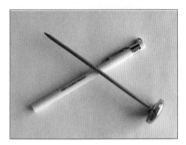

O *raspador de tigela* é de plástico, ajusta-se ao contorno de sua mão e ao interior de uma tigela de aço inoxidável. Ele é usado sempre que a massa estiver na tigela: para fazer pasta de fermento, incorporar amaciantes, como ovos e açúcar, misturar os ingredientes até obter uma massa homogênea, raspar bem a tigela ao transferir a massa para a bancada.

Termômetro de massa

Controlar a temperatura da massa é o primeiro passo para desenvolver um sabor e uma textura consistentes em seus pães. Use um termômetro que meça temperaturas entre 0 °C e 100 °C. Um termômetro para açúcar, que é projetado para ler temperaturas superiores a 160 °C, será menos preciso ao medir temperaturas importantes para a massa, de 15 °C a 40 °C e de 80 °C a 100 °C.

Os termômetros para chocolate, que são projetados para ler temperaturas em um intervalo de 21 °C a 52 °C, são úteis apenas parcialmente. Eles não podem ser usados para verificar se os seus pães já estão assados, quando as temperaturas ficam entre 76 °C e 99 °C.

O termômetro de leitura instantânea é rápido e preciso. Mergulhe-o em um recipiente com água gelada (75% de gelo e 25% de água), para calibrá-lo a 0 °C.

Termômetro de forno

Calibre o forno antes de começar. Aqueça-o a 150 °C por 15 minutos. Use um termômetro de forno para registrar a temperatura em vários lugares do forno: nas prateleiras inferior e superior, nas partes traseira e dianteira.

Faça o mesmo a 175 °C, 200 °C e 230 °C. Determine os ajustes do termostato necessários para conseguir a temperatura do forno desejada. Anote tudo em uma tabela e pendure-a em um lugar seguro, para referência.

A caixa de ferramentas do padeiro

Batedor de claras de aço inoxidável

NUNCA use o batedor de claras para misturar massa de pão.

Use, sim, o batedor de claras para bater ligeiramente os ovos antes de adicioná-los à massa, especialmente quando há açúcar na receita. Começar por dissolver inteiramente o açúcar nos ovos ajuda a misturar tudo com maior uniformidade na massa.

Timer

Digital ou mecânico.

Tabuleiros

Também são chamados de *assadeiras*. Eles são rasos e retangulares e voltados para uso profissional. As suas medidas internas podem ir de aproximadamente 30 por 45 centímetros a 45 por 60 centímetros.

Para permitir maior circulação de ar, os tabuleiros às vezes são perfurados por minúsculos buracos. Isso é particularmente útil para itens pequenos, como pãezinhos de jantar, pois lhes confere a cor apropriada em menos tempo e reduz a probabilidade de assá-los demais. Os tabuleiros perfurados devem ser untados com um spray apropriado antes de receberem a massa durante a fermentação.

Ao selecionar tabuleiros, certifique-se de que eles cabem no seu forno. A circulação de ar é a consideração mais importante: deve haver amplo espaço — pelo menos 3 centímetros — entre os lados do tabuleiro e as paredes do forno.

▶ Outros itens

Papel de forno

Os padeiros forram os tabuleiros usando papel de forno ou silpat. Não importa se você unte o papel ligeiramente ou não, ele protege a massa dos efeitos da oxidação do metal do tabuleiro.

Lápis e papel

Para anotações e cronogramas.

Melhor ainda, arranje um caderno e organize um "diário", para registrar o seu progresso como padeiro. Foi assim que este livro começou na França, muitos anos atrás.

Fita-crepe e marcador

Fita-crepe e marcador atóxico. Para acompanhar os tempos de fermentação e as temperaturas.

Parte I | Preparando-se para assar pão

▶ Itens da despensa

Semolina ou farinha de milho

Para revestir tabuleiros ou decorar o topo de pães como o pão rústico de centeio ou o torpedo italiano.

Nebulizador de água de plástico

Mais útil do que se supõe. Um nebulizador de água pode umedecer a bancada enquanto você estiver modelando massa, manter úmida a superfície da massa enquanto ela fermenta e criar vapor no forno.

Spray vegetal

Para revestir formas e tabuleiros e impedir que a superfície da massa seque enquanto cresce.

▶ Considerações de espaço

Esvazie uma prateleira no refrigerador

O brioche e toda a família das massas ricas rotineiramente passam uma noite na geladeira para desenvolver melhor sabor.

Reserve pelo menos uma prateleira da despensa para os ingredientes do pão

Organize e armazene todos os ingredientes secos em um só lugar.

▶ Itens maiores

Bancada

Bancada ou mesa de trabalho estável e resistente. Tradicionalmente a madeira é preferida, porém a fórmica ou o aço inoxidável também funciona bem.

Azulejos do forno

Pedras de assar/azulejos para pizza

Uma pedra de assar colocada na parte inferior de seu forno ajuda a distribuir o calor uniformemente. Nos "Apêndices", leia "Aproveite completamente seu forno" para obter informações específicas sobre como selecionar e usar essas pedras. Elas estão disponíveis no varejo; procure na internet.

▶ A balança do padeiro

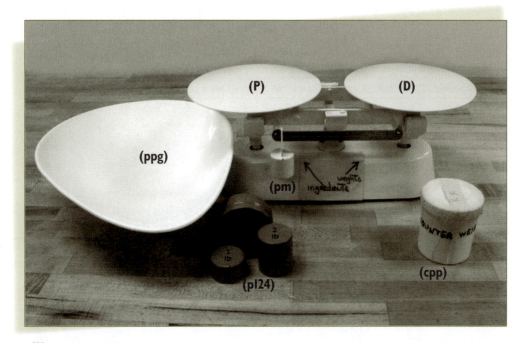

- **(P)** prato esquerdo
- **(D)** prato direito
- **(ppg)** pá de plástico grande
- **(cpp)** contrapeso da pá (o contrapeso da pá é usado para contrabalançar o peso da pá de plástico grande; ambos devem ser usados juntos)
- **(pm)** peso móvel
- **(pl24)** pesos de 500 gramas, 1 quilo e 2 quilos

Parte I | Preparando-se para assar pão

Usando a balança do padeiro
I. Antes de usar a balança do padeiro pela primeira vez, calibre-a de acordo com as instruções do fabricante.

II. Instale a balança:
   a. Deslize o *peso móvel* para a extrema esquerda, em zero grama.
   b. Coloque a *pá de plástico grande* no *prato da esquerda*.
   c. Coloque o *contrapeso da pá* no *prato da direita*.
   d. Os pratos da *direita* e da *esquerda* devem flutuar livremente, equilibrando um ao outro. Se isso não ocorrer, verifique se a balança foi bem calibrada.

III. Para pesar um produto em quilos, como 4 quilos de farinha, coloque o peso de 4 quilos no *prato da direita*. Isso faz que o *prato da direita* desça.
IV. Para pesar um produto com menos de 500 gramas, como 140 gramas de farinha, deslize o peso móvel para a direita e pare na marca de 140 gramas. Novamente, isso fará que o *prato da direita* desça.
V. Armazene a balança sem peso nos pratos *da direita* e *da esquerda*. Deslize o peso móvel para a extrema esquerda, a zero grama.
Há nos "Apêndices" um item que contém instruções rápidas para o uso de uma balança do padeiro.

A ferramenta mais importante

▶ ## A porcentagem do padeiro — PP%

Dois padeiros entram no bar...

Um deles pergunta ao outro: "Quanta água você põe nas suas baguetes?". Ele não quer saber um peso exato. Se a resposta for *2 quilos*, ela não será muito esclarecedora. Quantas baguetes essa quantidade de água faz? Cinco? Quinze?

O padeiro espera ouvir uma resposta que indique uma porcentagem. Se alguém lhe perguntar sobre suas baguetes, o padeiro diz: "Perto de 65%", esperando satisfazer a pergunta do amigo. A isso o primeiro padeiro pode retrucar: "Bom, eu usava 65%, mas ultimamente ando usando 67%, porque a farinha parece mais seca".

Se ouvir às escondidas esse diálogo, o padeiro novato não aprende nada de útil sobre o que qualquer dos dois está fazendo em sua padaria. Entretanto, para os padeiros, o seu código secreto revela que eles notaram uma mudança nas últimas partidas de farinha que receberam. Isso e o fato de que o primeiro padeiro adicionou mais água para obter a massa da baguete com a consistência correta.

Eles estão usando o que se chama de *porcentagem do padeiro*. Quando os padeiros falam sobre qualquer

Parte I | Preparando-se para assar pão

Origem da palavra porcentagem

A *porcentagem* é formada por duas palavras latinas: *per* (que significa *para*) e *centum* (que significa *cem*).

No que se conhece como sistema de troca, as pessoas trocam coisas que elas têm por outras coisas que elas desejam. Antes que notas e moedas se tornassem comuns, os mercadores precisavam de um modo de dizer coisas como: "Para cada cem galões de azeite de oliva que você me der, eu vou lhe dar dez de meus carneiros".

Combinando duas palavras latinas, *per centum* passou a significar *para cada cem*. No caso do pastor e do mercador de azeite, o negócio era dez por cento de gado por azeite de oliva.

Seguindo o exemplo, temos termos como *pourcent*, *por ciento* e *per cent* em idiomas como francês, espanhol e inglês.

Dica do padeiro

Agora, experimente esta. Na mesma receita, há 45,36 quilos de farinha. Que porcentagem é essa? Bem, é cem por cento — 100%. Parece estranho, mas a resposta é essa.

---

ingrediente de uma receita de pão, eles sempre comparam o peso daquele ingrediente ao peso da farinha na receita.

Dos *quatro grandes ingredientes* necessários para fazer pão, aquele de que você mais precisa é a farinha. Não há como evitar isso. O que você não necessita são coisas como o açúcar, a manteiga e, algumas vezes, o sal. Para dar conta de qualquer um desses outros ingredientes, os padeiros os comparam à quantidade de farinha na massa.

Pãezinhos de jantar cassino	
Ingredientes	**Peso**
Farinha	100 kg
Leite	60 kg
Açúcar	5 kg
Manteiga	10 kg
Fermento	4 kg
Sal	2 kg
TOTAL	181 kg

▶ Teste a sua intuição

Veja esta amostra de receita de pãezinhos de jantar da padaria de um cassino. Há 100 quilos de farinha e 5 quilos de açúcar. Comparados aos 100 quilos de farinha, os 5 quilos de açúcar são cinco por cento — 5%. Na mesma receita, há 10 quilos de manteiga. Seguindo a mesma lógica, a porcentagem do padeiro de manteiga é dez por cento — 10%.

Comparando-se ao peso da farinha, qual é a porcentagem do padeiro de leite? Se você pensou em 60%, então entendeu o conceito da porcentagem do padeiro.

Use a equação PP% para qualquer ingrediente (chame-o de ingrediente X) de uma receita de pão.

$$\frac{\text{Peso do ingrediente X}}{\text{Peso da farinha}} \times 100\% = \text{PP\% do ingrediente X}$$

No exemplo acima, em que há 100 quilos de farinha, a matemática é relativamente simples. Usando o açúcar como exemplo, a receita para PP% se parece com isto:

a. $\dfrac{\text{Peso do açúcar}}{\text{Peso da farinha}} \times 100\% = \text{PP\% açúcar}$

b. $\dfrac{5 \text{ kg}}{100 \text{ kg}} \times 100\% = \text{PP\% açúcar}$

c. $\dfrac{5 \cancel{\text{kg}}}{100 \cancel{\text{kg}}} \times 100\% = \text{PP\% açúcar}$

d. $0{,}05 \times 100\% = \text{PP\% açúcar}$

e. $5\% = \text{PP\% açúcar}$

Em PP%, a receita dos pãezinhos de jantar cassino é escrita desta forma:

Pãezinhos de jantar cassino		
Ingredientes	**Peso**	**PP%**
Farinha	100 kg	100%
Leite	60 kg	60%
Açúcar	5 kg	5%
Manteiga	10 kg	10%
Fermento	4 kg	4%
Sal	2 kg	2%
TOTAL	181 kg	181%

Aviso do padeiro: 181%?

Esqueça que na vida real as coisas supostamente somam 100%. Em uma receita de pão, isso não acontece. Todos os ingredientes são expressos como porcentagem, em comparação ao peso da farinha. Isso explica por que razão a porcentagem total de todos os ingredientes nos pãezinhos de jantar cassino é 181%.

Quanto mais ingredientes houver na receita, mais alta será a porcentagem total. No babka, com suas grandes quantidades de açúcar, manteiga, ovos e cobertura streusel*, a porcentagem total da receita é quase 300%.

Mas a da farinha é sempre 100%.

---

* Espécie de farofa doce.

Parte I | Preparando-se para assar pão

O que acontece se a quantidade de farinha não for de 100 quilos?

Na maioria das receitas, o peso da farinha não será 100 quilos. Mas você irá usar a mesma **equação PP%** para calcular a porcentagem do padeiro dos outros ingredientes da receita, como a água ou o fermento.

Veja esta receita para baguetes:

Farinha	7,5 kg
Água	4,75 kg
Fermento fresco	0,18 kg
Sal marinho	0,14 kg

Pergunta: qual é a porcentagem do padeiro da água nas baguetes? Resposta:

a. $\dfrac{\text{Peso da água}}{\text{Peso da farinha}} \times 100\% = PP\%$ água

b. $\dfrac{4,75 \text{ kg}}{7,50 \text{ kg}} \times 100\% = PP\%$ água

c. $\dfrac{4,75}{7,50} \times 100\% = PP\%$ água

d. $0,63 \times 100\% = PP\%$ água

e. $63\% = PP\%$ água

A porcentagem do padeiro de água nas baguetes é 63%. Na linguagem do padeiro, as baguetes têm uma hidratação de 63%, que se escreve por: $h° = 63\%$. Isso é verdade, não importa quantas baguetes você faça.

Por exemplo, em uma receita que usa 100 quilos de farinha, você acrescenta 63 quilos de água. Subindo para 1.000 quilos de farinha, você acrescenta 630 quilos de água. Descendo para 10 quilos de farinha, usam-se 6,3 quilos de água; e para 1 quilo de farinha, 630 gramas de água. *Aí está a beleza da PP%*. Ela lhe dá uma grande quantidade de informações em troca de muito pouco. Isso funciona para qualquer quantidade de farinha.

Hidratação = h

De todos os ingredientes de uma receita, aquele que consegue mais atenção é a água. Os padeiros usam o termo *hidratação* para se referirem à porcentagem de água, ou de outro líquido, na massa.

O símbolo comum para a hidratação é h.

De volta à conversa dos padeiros...

Reserve um momento para reler os primeiros três parágrafos desta seção. Agora que sabe a respeito da porcentagem do padeiro, a conversa dos dois padeiros passa a ter sentido para você.

Como um padeiro poderia usar a PP%

A *porcentagem do padeiro* diz muito sobre um pão. Por exemplo, quando analisa duas receitas para decidir qual delas fazer, um padeiro começa por comparar as hidratações das receitas.

	Baguete receita A	Baguete receita B
	Peso	Peso
Farinha	50 kg	40 kg
Água	30 kg	26 kg
Fermento	1,50 kg	1,20 kg
Sal	1,00 kg	0,80 kg

Aqui estão duas versões diferentes de baguetes. Quais são as hidratações dessas duas receitas?

A hidratação da baguete A é 60%:

$$\frac{30 \text{ kg}}{50 \text{ kg}} \times 100\% = 60\%$$

A da baguete B é 65%:

$$\frac{26 \text{ kg}}{40 \text{ kg}} \times 100\% = 65\%$$

Na linguagem dos padeiros, a baguete A tem hidratação menor do que a baguete B. Embora elas sejam feitas exatamente da mesma maneira, o padeiro sabe antecipadamente que a massa da baguete A será um pouco mais firme e, portanto, mais fácil de manusear e modelar, apenas porque ela contém menos água.

> ## Desenvolva a perspectiva do padeiro
>
> Os próximos capítulos do livro usarão o acrônimo *PP%* em substituição à expressão *porcentagem do padeiro*.
>
> Você não terá de calcular a porcentagem do padeiro para nenhum dos pães deste livro. A PP% de cada ingrediente está incluída nas receitas.
>
> Os padeiros novatos têm de compreender como a porcentagem do padeiro é calculada. Essa perspectiva é usada por todos os padeiros profissionais quando eles falam de seus pães.
>
> Adquira o hábito de pensar a respeito da porcentagem do padeiro dos ingredientes quando você começar a misturá-los. Isso irá desenvolver o seu olho e a sua *perspectiva de padeiro*.

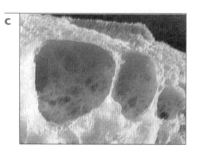

Depois de assadas, essas duas baguetes terão aparências diferentes. Corte a baguete A ao meio e você irá encontrar buracos de ar que têm cerca de 6,35 milímetros de diâmetro. A baguete A se parecerá com a foto 1.

A baguete B, por conter mais água por quilo de farinha, teria buracos com cerca de 8,47 milímetros de diâmetro. Uma fatia dela se pareceria com a foto 2.

Você já comeu o pão artesanal italiano que possui grandes buracos de ar chamado ciabatta? Ele é servido com frequência nos restaurantes italianos como *couvert*, acompanhado de um pequeno pires com azeite de oliva. Uma fatia desse pão se parece com a foto 3.

A ciabatta (pronuncia-se *tchi-a-ba-tta*) tem, em média, uma hidratação de 80%. Visualize 80 quilos de água para cada 100 quilos de farinha. Você terminará com uma massa "aguada", fraca e que é um desafio para manusear, e o máximo que pode pretender é obter uma forma flácida que se achata quando se acomoda e que, quando assada, parece um chinelo velho. E é este o significado da palavra *ciabatta*: chinelo.

Ao permitir ao padeiro que *veja* o futuro da massa, a porcentagem é uma das ferramentas mais poderosas de que ele dispõe. Para aprender mais sobre como a porcentagem do padeiro é usada para analisar diferentes receitas de pão, leia "A perspectiva do padeiro: as cinco famílias de pães", a seguir.

A perspectiva do padeiro: as cinco famílias de pães

té agora você aprendeu sobre os quatro grandes ingredientes necessários para fazer pão. Também aprendeu sobre os ingredientes secundários do pão e como cada um deles afeta a colônia de fermento e a rede de proteínas.

Você foi apresentado ao conceito de porcentagem do padeiro e compreende como os padeiros olham para um ingrediente e o comparam ao peso da farinha de uma receita. Cada ingrediente tem uma porcentagem baixa, média ou alta.

Com a prática, você passará a olhar para pães não tanto como uma seleção de diferentes produtos, mas como variações de um dos cinco grupos básicos. Os padeiros fazem isso o tempo todo...

Deixe a sua mente relembrar as gôndolas de produtos assados da padaria local ou do supermercado. Você verá prateleiras de pão branco para sanduíches, pão de trigo integral para sanduíches, pãezinhos flocos de neve. Para o cliente, há uma grande variedade de escolha.

Para o padeiro, todos os pães mencionados acima se relacionam. Cada um deles tem uma quantidade moderada de gordura e uma quantidade moderada de adoçante. Eles fazem parte da família dos pães macios. Cerca de 40% de todos os pães fermentados produzidos comercialmente nos Estados Unidos estão nessa família.

Parte I | Preparando-se para assar pão

Por exemplo, pegue o pão de hambúrguer integral com mel e o pão branco para sanduíches. Um cliente vê as diferenças: um é adoçado com mel, o outro usa açúcar granulado; o pão de hambúrguer usa uma mistura de farinha integral e farinha branca, enquanto o pão para sanduíches usa 100% de farinha branca.

O padeiro vê as similaridades. Além de terem a mesma forma, as duas massas são manuseadas da mesma maneira: a sequência em que os seus ingredientes são combinados, o modo como a massa é sovada e o tempo que ela leva para crescer. Se a massa do pão de hambúrguer integral com mel e a do pão branco para sanduíches forem cortadas e modeladas como pães de 900 gramas, ambas serão assadas na mesma temperatura de forno e por tempo aproximado. Fazendo variações na lista de ingredientes e usando diferentes formas, o padeiro pode produzir uma linha variada de produtos de panificação, para satisfazer as necessidades e os gostos dos seus clientes.

O pão exige apenas quatro ingredientes: água, fermento, farinha e sal. Ele não necessita de nada além disso (como açúcar, mel, manteiga, ovos ou queijo). Os clientes podem não estar de acordo com essa última afirmação.

Para o padeiro, os quatro grandes ingredientes são o que realmente interessa. Os outros citados fornecem variedades de sabores e texturas. São os pigmentos que o padeiro escolhe, mistura e usa nas suas criações comestíveis — do mesmo modo como um artista abordaria uma tela.

As cinco famílias de pão			
Família de massa	**Porcentagem de adoçantes, gorduras ou líquidos**	**PP%**	**Pão representativo da família**
Massa magra	Adoçante BAIXA % Gordura BAIXA %	Menos que 5% Menos que 5%	Baguetes
Massa macia	Adoçante MOD % Gordura MOD %	5% a 10% 5% a 10%	Balloons (pãezinhos de jantar)
Massa rica	Adoçante MOD % Gordura ALTA %	Em média 5% Mais que 15%	Pão de manteiga
Massa úmida	Água ALTA %	Mais que 70%	Focaccia
Massa doce	Adoçante ALTA % Gordura ALTA %	11% a 15% 11% ou mais	Pães de canela

Usando a porcentagem do padeiro de adoçantes, gorduras e líquidos, todos os pães podem ser agrupados em uma das cinco famílias de pão.

Para padronizar os termos *baixo*, *moderado* e *alto* quando se fala de porcentagem do padeiro (PP%), usaremos a seguinte orientação:

Para adoçantes ou gorduras de uma receita
A porcentagem do padeiro baixa é menor que 5%.
A porcentagem do padeiro moderada fica entre 5% e 10%.
A porcentagem do padeiro alta fica entre 11% a 25%.

Nota do autor

ORIENTAÇÕES DA PP% PARA AS FAMÍLIAS DE PÃO

Para estabelecer os níveis das porcentagens do padeiro de cada uma das cinco famílias de pão, centenas de receitas (literalmente) foram analisadas. Muitas delas foram assadas e avaliadas por grupos de degustadores mestres certificados. As fontes de receitas incluíram livros de culinária, revistas de culinária e internet. Colegas padeiros, padarias de produção, grupos de especialistas em desenvolvimento de produto e até concorrentes na Coupe du Monde (o campeonato mundial de panificação) contribuíram para a causa. As receitas vieram de lugares variados, como Brasil, França e Itália, e de apostilas de aprendizado do autor.

A *Escultura de pão em caracol* foi criada pelo Instituto de Panificação de São Francisco, para a celebração da Nação Slow Food 2008, em São Francisco.

Parte II
As fases do pão

Introdução às fases do pão

Como a subida e descida das marés, as fases da Lua, ou as estações do ano, o pão ganha vida enquanto passa por uma série de fases. Focalizar essas fases é a maneira mais eficaz de desenvolver a intuição de quanto tempo é necessário para assar pão.

Mais do que qualquer habilidade em particular, fazer um pão excelente exige que o padeiro desenvolva autoconfiança com o ritmo das fases do pão. Ao fazer pães de forma inúmeras vezes e cuidar deles enquanto passam de uma fase a outra, você compreende as necessidades da massa em cada uma das diferentes fases. Quando se referir a uma receita de pão, você irá vê-la como um padeiro o faz — e, assim, poderá instintivamente decidir quais informações são importantes para si e para o pão e o que não passa de mero detalhe.

▶ Há oito fases do pão

Consulte a tabela seguinte todas as vezes que você começar a assar pão (pelo menos no início). Com o tempo, você desenvolverá um melhor sentido do ritmo do pão. Depois de fazer algumas massas macias, como Balloons e bisnaguinhas e pão de forma integral de mel, você começará a ver emergir o padrão de manuseio de todos os outros pães da família das massas macias. O seu nível de confiança irá subir. No próximo pão — talvez o pãozinho de queijo e pimenta —, você

Introdução às fases do pão

focará a textura e o sabor e não dependerá tanto das instruções da receita. Depois que começar a ter fé em si mesmo, irá se supreender ao notar como os seus pães se tornam mais leves e cheios de ar. Todos os pães passam por todas essas fases, todas as vezes. Pratique a ponto de o ritmo se tornar uma segunda natureza para você.

As oito fases do pão		
Fase		**Função**
Mise en place	1	Organizando-se
Sequência de mistura dos ingredientes	2	Montando a colônia de fermento
Desenvolvimento da massa	3	Reforçando a massa
Fase de fermentação	4	Desenvolvendo o sabor
Sequência de modelagem 1. dividir 2. primeira forma 3. descanso na bancada* 4. forma final	5	Modelando a massa
Fase de crescimento	6	Adicionando leveza
Fase de decoração e de assamento	7	Transformando a massa em pão
Esfriamento e amadurecimento	8	Melhorando o sabor e a textura do pão

* Também chamada de *primeira fermentação* ou *fermentação intermediária*.

Fase 1
Organização

Mise en place

A maneira profissional de começar a fazer pão é reunir todos os ingredientes. Algumas receitas, como a de baguetes, precisam de apenas quatro ingredientes. Outras, como a de pão de aveia e bordo, pedem dez. Se os seus ingredientes não foram pesados no início do seu turno, você poderá perder um tempo valioso da sua produção.

Pese todos os ingredientes secos no turno anterior. Isso faz uma enorme diferença no dia seguinte. Quando a sua última fornada de pãezinhos de jantar estiver assando ou esfriando, você terá o momento ideal para preparar os ingredientes para o dia seguinte.

Pese, mas não de qualquer jeito!

O termo *receita* se refere a uma coleção de ingredientes para assar medidos em xícaras, colheres de chá e pitadas. A maior parte dos assados domésticos é feita desse modo. Uma receita de pão, por outro lado, lista os ingredientes por peso, em quilos e gramas.

Por que a diferença?

Medir farinha usando xícaras e colheres não é exato. De um dia para outro, as quantidades podem não ser mais as

Fase I | Organização

mesmas — as mudanças no nível de umidade e temperatura na padaria são os motivos para que isso ocorra.

Em uma manhã fresca e seca, podem ser necessárias quatro xícaras de farinha para pesar 454 gramas. No meio da tarde, quando a cozinha já está aquecida e cheia de vapor proveniente de caldos fervendo, a farinha fica úmida e pesada, e as mesmas quatro xícaras de farinha podem pesar até 510 gramas por causa dessa umidade.

As suas mãos são o que melhor comprova a textura consistente da massa. As mãos são a ferramenta mais útil que o padeiro tem: é com elas que ele se comunica com a massa. Como responde às mudanças nos níveis de temperatura e umidade da padaria, a massa fala diretamente com as mãos do padeiro. Para que você desenvolva o toque do padeiro, a massa deve ter a mesma consistência dia após dia. Pesar em vez de encher xícaras de farinha dá à sua massa uma textura consistente todos os dias.

Dica do padeiro

Nas padarias profissionais, tudo é pesado. Até a água. *Pesos* são confiáveis. Volumes não.

Um quilo sempre pesa 1.000 gramas, não importa quantas xícaras pode encher.

Uma xícara pode variar de 85 gramas a 220 gramas, dependendo do ingrediente que você coloca dentro dela.

Peso *versus* volume

Um quilo de farinha ocupa mais espaço do que 1 quilo de açúcar.

Dependendo do ingrediente, 1 quilo pode ocupar mais ou menos espaço. Veja na imagem acima o quilo de cada um dos quatro ingredientes típicos da padaria e note como a farinha ocupa muito mais espaço do que a água.

85

Parte II | As fases do pão

▶ Algumas dicas para a mise en place

Líquidos

- Não pese líquidos na véspera. Um recipiente plástico com capacidade de 1 litro no refrigerador entorna-se facilmente. Você não só terá de pesar o leite de novo, como também terá de fazer a limpeza do leite antes de começar o trabalho.

- Se desenvolvida corretamente, a temperatura da massa normalmente é de 27 °C. Quando a padaria está fria, também estarão frios a farinha e o açúcar. O líquido é o único ingrediente cuja temperatura pode ser mudada. Em uma padaria fria, os padeiros usam água morna, para compensar a farinha fria.

Ingredientes secos

- Pese, na noite anterior, ingredientes como farinha, sal e temperos secos, como canela. Não reserve tigelas de aço inoxidável para o trabalho na mise en place, a menos que você seja o único a usar a cozinha.

- O melhor lugar para armazenar farinha é um recipiente plástico tampado. Escolha um recipiente cujo volume seja aproximadamente quatro vezes o da farinha. Mais tarde, você poderá manter a massa dentro dele enquanto ela cresce.

- Alguns ingredientes, como o sal, podem ser pesados em pequenas xícaras plásticas e depois mergulhados na farinha, para que não entornem.

Gorduras e adoçantes

- Manteiga e açúcar amaciam a estrutura da massa. Na maioria das vezes, esses ingredientes são adicionados à massa ao mesmo tempo. Quando for assim, combine todos esses amaciantes em um só recipiente. Desse modo, você limitará o número de recipientes para a mise en place. Ao fazer o pão de forma integral de mel, por exemplo, o mel e a manteiga podem ser pesados juntos, em um único recipiente plástico.

- Ao combinar óleos e adoçantes, como açúcar ou mel, pese primeiro o óleo no recipiente. Ajuste a balança para zero e depois coloque o adoçante por cima. Desse modo, haverá menos "grude".

Manuseio seguro dos alimentos

- Encontre uma área de armazenamento segura, na qual a mise en place não seja mexida ou contaminada. Os ingredientes secos devem ficar em um recipiente que possa ser fechado. Se você não possuir tal recipiente, é preciso usar uma cobertura plástica, para impedir qualquer contaminação física. Manteiga, ovos, leite e similares devem ser armazenados na geladeira até o momento de serem usados.

Fase I | Organização

- Etiquete os ingredientes e date-os. Você nem sempre terá tempo de fazer todos os pães para os quais preparou a mise en place. Duas semanas depois, quando a encontrar, você quererá saber se os ingredientes que irá usar estão frescos.

▶ Você não tem balança?

Use a mesma técnica "meça e ajuste" quando usar colheres medidoras.

Volume: usando xícaras e colheres medidoras

Se você utiliza esses acessórios, a melhor coisa é padronizar a maneira como os usa. Os seguintes procedimentos ajudam a reduzir a variabilidade de suas massas:

1. **Farinha, açúcar e outros ingredientes secos**

    Use o procedimento "meça e ajuste". Para tanto, pegue a xícara medidora e mergulhe-a diretamente no ingrediente seco (a farinha, por exemplo). Com o lado cego de uma faca e em um só movimento, nivele a parte superior dos ingredientes. Não force mais farinha para dentro da xícara, não a compacte e não a sacuda até que o procedimento pareça correto. Meça e passe a faca no topo da xícara para nivelar o ingrediente.

2. **Sal, especiarias e grânulos de fermento seco**

    Use colheres medidoras e o mesmo procedimento "meça e ajuste". O lado não cortante de uma faca pequena é o que você precisa para nivelar o conteúdo de uma colher de chá ou de sopa. Não tente nivelar o ingrediente sacudindo-o para a frente e para trás, ou você não terá uma medição precisa.

3. **Água, leite e outros líquidos**

    Use uma xícara medidora que seja MAIOR do que a quantidade de que você precisa. Para medir uma xícara de água, use uma xícara medidora equivalente a duas. É virtualmente impossível encher uma xícara medidora até a borda e depois transferir toda a água para a massa — sempre se derruba um pouco. Essa é a razão pela qual xícaras medidoras especificamente desenhadas para líquidos têm um bico.

87

Parte II | As fases do pão

4. **Coisas úmidas, como mel**

Comece revestindo a colher ou a xícara medidora com óleo sem sabor. Mel, xarope de milho ou até melaço são mais fáceis de manusear desse jeito.

▶ Pesos: usando a balança

A balança do padeiro

A balança de dois pratos se parece com uma gangorra. Ela é confiável e durável e, em geral, é encontrada em padarias pequenas e médias. A balança do padeiro funciona melhor com pesos que vão de 50 gramas a 3 quilos ou 4 quilos. Farinha, água, açúcar, manteiga e até adoçantes como o mel podem ser pesados nela de modo confiável.

Balanças eletrônicas

O fermento e o sal nunca devem ser pesados na balança de dois pratos. O mesmo vale para especiarias, como canela e cardamomo.

A balança eletrônica é mais precisa se o objetivo é pesar pequenas quantidades. Nas receitas deste livro, quando são indicadas pequenas quantidades de fermento, sal ou especiarias, as medidas correspondentes (um quarto de colher de chá, por exemplo) também estão listadas, para facilitar as coisas.

As balanças mais precisas são as eletrônicas, disponíveis com leitura em gramas ou em onças. Em padarias de grande produção, tudo é pesado na balança eletrônica. Água, farinha, fermento e sal. Tudo.

Pesquise na internet as palavras-chave *balanças eletrônicas de plataforma* para encontrar uma loja de varejo respeitável.

Fase 2
Colônia de fermento

Sequência de mistura dos ingredientes

▶ A massa de pão é composta de dois mundos unidos

Há dois mundos diferentes na massa do pão. Um é a colônia de células de fermento. Esses microrganismos digerem o amido da farinha para se sustentarem e se multiplicarem. No processo, eles liberam bolhas de CO_2.

O outro mundo é a estrutura da massa. As proteínas da farinha se unem, formando uma rede elástica chamada de glúten, o qual se estica e mantém as bolhas de CO_2 dentro da massa. À medida que o número de bolhas de CO_2 cresce, a massa também cresce.

A verdadeira arte de fazer pão consiste em formar esses dois mundos diferentes e depois mantê-los equilibrados. O padeiro é constantemente desafiado a unir os dois mundos, sem permitir que um deles predomine. Para manter esse equilíbrio, a confecção do pão é organizada em oito fases (ou passos) diferentes.

Das oito fases do pão, algumas focam a criação e manutenção de um ambiente hospitaleiro para a colônia de fermento. A *sequência de mistura dos ingredientes* e a *fase de fermentação* se concentram na gestão da colônia de fermento na massa.

Dica do padeiro

Antes de ler esta seção, seria útil rever o capítulo "A perspectiva do padeiro: as cinco famílias de pães".

Parte II | As fases do pão

As outras fases focam a estrutura da massa. A fase do *desenvolvimento da massa* e a *sequência de modelagem* focam a formação e gestão da elasticidade da massa.

Toda vez que a massa passa de uma fase para a seguinte, o padeiro viaja para a frente e para trás com ela, entre esses dois mundos. É como uma dança, ou um *cross-training*.

À medida que as fases são superadas, os dois mundos gradualmente se fundem em apenas um. As bolhas de CO_2 do fermento são abundantes. O glúten elástico se estica e retém todas elas dentro da massa. Como em um passe de mágica, a massa cresce e fica mais leve e macia. O fermento se multiplica, e a estrutura do glúten se estica ao máximo. Quando se unem, os dois mundos abundam em energia e animação.

No forno, os dois mundos terminam. A colônia de fermento morre com o calor intenso; a estrutura de proteína da massa se estabelece. Um novo mundo — o pão — emerge.

Os dois mundos mudaram. De uma colônia de fermento viva e uma rede elástica de massa, criou-se alimento. Essa transformação foi o que manteve os padeiros na frente de um forno, observando o pão e esperando, maravilhados, por ele.

> Os chefs usam o acrônimo CATTOU para lembrar as condições favoráveis ao desenvolvimento do fermento. Em inglês, o mesmo seria traduzido como FATTOM (*food, acid, time, temperature, oxygen, moisture*).

▶ Uma espiada mais de perto na colônia de fermento

O fermento é um fungo. Como outros microrganismos (a bactéria, por exemplo), o fermento se multiplica se as condições forem favoráveis. Os chefs controlam essas condições para manter os alimentos seguros. Eles tentam proteger os seus alimentos dos aspectos negativos do desenvolvimento de microrganismos, impedindo que o queijo fique embolorado ou que o creme doce se torne azedo.

Com a massa de pão, ocorre o contrário. Para que uma colônia de fermento transforme a mistura de farinha e água em pão, é preciso que o padeiro crie todas as condições que, para a maioria dos outros alimentos, seriam consideradas prejudiciais.

O padeiro cria na massa do pão um ambiente confortável para que o fermento faça exatamente o que se espera de qualquer microrganismo. Ou seja, que ele coma, digira, multiplique-se e libere bolhas de CO_2. Trabalhar com fermento não é tão complicado quanto você talvez pense que seja.

C **COMIDA** O amido da farinha serve de comida ao fermento.

A **ÁCIDO** Os microrganismos precisam de uma pequena quantidade de ácido em seu ambiente. À medida que o fermento come a farinha da massa do pão, os ácidos se desenvolvem lentamente, tornando a massa e um ambiente mais hospitaleiro para o fermento.

T **TEMPO** Durante o processo de fazer pão, há muitos períodos em que a massa descansa. Alguns desses períodos de descanso servem para desenvolver sabor, outros, para relaxá-la e torná-la mais fácil de modelar. A massa da baguete, por exemplo, despende um total de duas horas e meia a três horas em períodos combinados de descanso.

T **TEMPERATURA** A zona de temperatura perigosa para os alimentos vai de 4 °C a 60 °C. A maioria das massas de pão deve ser mantida entre 21 °C e 28 °C, quase na metade dessa zona perigosa. Esse arranjo é prejudicial a todos os alimentos, exceto à massa do pão — essa é a temperatura ideal para que o fermento se multiplique.

O **OXIGÊNIO** Sempre deixe um pequeno espaço para que a massa respire.

U **UMIDADE** A água e o leite são os líquidos mais comumente usados para fazer massa de pão.

▶ Uma espiada mais de perto na estrutura da massa

Depois que a farinha e a água forem combinadas, dobrar e voltear ritmicamente a massa na bancada estica a rede de proteínas dela. Saber quanta pressão deve ser usada ao sovar a massa e saber em que momento parar exige alguma experiência, até que suas mãos consigam sentir o momento adequado. Tudo faz parte da exploração do reino da massa de pão.

Quando as bolhas de CO_2 se formam na massa, elas começam a esticar a proteína. A elasticidade do glúten permite que a massa cresça. É como encher de ar uma bexiga.

Podem ser colocados todos os ingredientes juntos na tigela?

Ao observador casual, pode parecer que combinar ingredientes e sovar a massa do pão formam uma única coisa. Na realidade, são coisas bem diferentes. O modo como os ingredientes são misturados para estabelecer a melhor colônia de fermento é o passo mais importante no preparo da massa de pão. Seguir a correta sequência de mistura dos ingredientes ajuda a manter a consistência dos seus pães, o que se traduz diretamente em aprender mais depressa.

Parte II | As fases do pão

Depois que os ingredientes foram misturados, chega-se à fase do *desenvolvimento da massa*, quando a massa é sovada e a sua estrutura é estabelecida. Essa estrutura de glúten levanta as paredes dentro da massa.

A seguir, discutiremos como se faz a massa de pão básica. Note que há duas fases distintas:

> Primeiro, a *sequência de mistura dos ingredientes*: a sequência em que os ingredientes são combinados para fazer a massa. E depois...
>
> ... a fase de *desenvolvimento da massa*: a maneira como a massa é sovada, para que a estrutura de glúten se desenvolva.

Carol Field escreveu um livro impecável sobre pães, intitulado *The Italian Baker*. Na introdução, a autora nos relembra que farinha, água, fermento e sal são quatro dos mais simples ingredientes de que o homem dispõe. Desses quatro ingredientes deriva o alimento da vida em si.

▶ Massa básica de pão

Quatro ingredientes

A massa precisa de apenas quatro ingredientes: água, fermento, farinha e sal. Qualquer outra coisa — manteiga, açúcar, ovos, azeite de oliva — é uma variação dentro do mesmo tema. As variações na quantidade de adoçante e/ou de gorduras na massa do pão compõem o repertório do padeiro e expandem a linha de produtos da padaria. Mas esses outros ingredientes não são essenciais à massa: são opcionais.

▶ Sequência de mistura dos ingredientes

Forme a colônia de fermento

1. Reidrate o fermento.

O primeiro passo na mistura é combinar o fermento, fresco ou seco, com a água. A orientação para o manuseio dos diferentes tipos de fermento pode ser encontrada no capítulo "Ingredientes do pão".

2. Adicione a farinha.

Depois que estiver reidratado, o fermento é alimentado com farinha. Adicione toda a farinha. O fermento precisa de alimento para poder se multiplicar e estabelecer uma colônia.

3. Adicione o sal.

História do pão

O sal nem sempre é adicionado ao pão. Há uma categoria inteira de pães italianos que não usam sal. Na Itália renascentista, as agências governamentais e bancárias impunham impostos pesados sobre o sal. Os pobres padeiros, em lugar de pagarem os impostos, simplesmente não colocavam sal no pão. Existiram regiões inteiras cujos pães não levavam esse ingrediente.

Para o paladar moderno, é preciso habituar-se ao sabor do pão sem sal, mas essa herança culinária continua ainda hoje em certas cidades pequenas e em algumas cidades grandes da Itália.

O sal é sempre o último ingrediente a ser adicionado à massa. Isso impede que ele entre em contato direto com o fermento, o que desacelera a atividade deste, que pode até morrer.

O sal estica suavemente a estrutura do glúten na massa. É desse mesmo modo que o sal dá à carne de sol aquela textura firme e ainda assim mastigável.

Com certeza, o sal sublinha o sabor do pão depois que ele é assado.

4. Misture todos os ingredientes.

Toda a farinha deve ficar umedecida, e a massa, homogênea. Use um raspador de plástico para cortar a massa, revelando seções internas úmidas que possam absorver qualquer farinha seca da tigela. Esse é o passo final na sequência de adição dos ingredientes.

Depois que os ingredientes são combinados, a massa está pronta para a próxima fase (desenvolvimento da massa). Então, a massa é suavemente dobrada, esticada e girada sobre si mesma, para formar a estrutura de glúten.

▶ H_2O e fermento; depois, a farinha; por último, o sal

Os padeiros chamam isso de *sequência de mistura direta*. Quando apenas quatro ingredientes são usados no preparo da massa, eles sempre são misturados nessa sequência. A baguete francesa, com a sua crosta crocante e o seu miolo saboroso e tenro, é o melhor exemplo de pão que usa somente os quatro ingredientes. Depois que dominar a sequência de mistura direta, você poderá fazer todas as massas similares — pretzels, bagels e grissini, todos seguem a sequência de mistura direta.

Dica do padeiro

Leia *Flatbreads & Flavors: a Baker's Atlas*, de Jeffrey Alford e Naomi Duguid, para uma viagem de dar água na boca por um extenso mundo de pães simples e saborosos.

Uma história bem resumida dos pães fermentados

Farinha, água, fermento e sal: isso é tudo que é preciso para fazer pão. A lista de pães fermentados se desenvolveu por séculos. A paixão da civilização por pães fermentados é baseada na variedade de maneiras como esses quatro ingredientes podem ser combinados. Considere o mundo dos pães chatos — o naan indiano, o pão sírio do Mediterrâneo Oriental, a tortilla da América Central e a injera etíope.

À medida que o cultivo de alimentos se tornou mais comum, os adoçantes, como o mel e o açúcar, começaram a integrar esses pães simples. A Grécia e a Itália acrescentaram o mel, a França adicionou o açúcar. Muito mais tarde, a América do Norte acrescentou o xarope de bordo. Os adoçantes têm a qualidade de absorver umidade, e, assim, os pães ganharam um período maior de armazenamento e assumiram identidades de sabor específicas, associadas à sua região de origem.

A variedade de pães se expandiu mais ainda com a adição de gordura. As gorduras animais foram processadas, os óleos vegetais foram extraídos e o leite animal foi processado para se tornar manteiga e queijo. Toda cultura tem um pão rico que inclui gorduras como manteiga, leite, queijo e ovos. Muitos desses pães são feitos exclusivamente para festas e celebrações.

Hoje, há milhares de pães diferentes. Um dos alimentos mais velhos e conhecidos do homem é agora aquele que possui mais variações. Mas todos os pães pertencem a uma das cinco famílias. Cada família de pão tem o seu método específico de mistura, que orienta o padeiro na sequência em que os ingredientes são combinados e em como a massa se desenvolve.

Parte II | As fases do pão

▶ Adicionando variedade à massa de pão

A massa de pão básica feita anteriormente é classificada como uma massa magra. Ela não contém gordura ou adoçante, como manteiga, açúcar ou mel.

O grupo de *adoçantes* inclui:

- açúcares sólidos, como o açúcar branco refinado, demerara e mascavo;
- açúcares líquidos, como o mel, o xarope de milho e o melaço; e
- outros produtos, como o xarope de bordo e o xarope de cana.

O grupo de *gorduras* inclui:

- laticínios, como a manteiga, o iogurte e o creme de leite azedo (*sour cream*);
- óleos vegetais, como o azeite de oliva e o óleo de milho; e
- ovos inteiros ou gemas de ovos.

Todos esses ingredientes afetam o sabor e a textura da massa de pão. Alguns acrescentam suculência, tornando o pão mais macio e mais fácil de mastigar. Outros acrescentam doçura, dando ao pão uma textura interior mais uniforme. Cada um deles contribui para o perfil de sabor do pão e todos eles alongam sua vida de prateleira. Esses ingredientes são conjuntamente classificados como *amaciantes*.

▶ Os amaciantes afetam o mundo do fermento e o mundo do glúten

Todos os amaciantes afetam de alguma forma tanto a colônia de fermento quanto a estrutura do pão. É importante incorporar amaciantes na sequência adequada. Há um momento certo para isso, assim como há um momento certo e um errado para emulsificar a manteiga a fim de obter um beurre blanc ou uma cobertura de creme manteiga. O modo (como) e o momento (quando) de incorporar os açúcares e as gorduras à massa definem em qual das cinco famílias ela será incluída.

Dica do padeiro

Pode-se pensar na massa de pão como uma próspera colônia de fermento que vive dentro de uma rede elástica de glúten. Os dois mundos representam uma complexa combinação de ingredientes, de técnica e de tempo que colocamos em um forno quente e assamos para obter um alimento chamado *pão*.

Fase 2 | Colônia de fermento

1. As sequências de mistura dos ingredientes são organizadas de acordo com a quantidade de açúcar ou de outros adoçantes que a receita contém.

   Os *adoçantes* afetam a velocidade da atividade do fermento. Um pouquinho de açúcar não representa nenhum problema. Já uma quantidade moderada faz o fermento ficar mais ativo, tornando a massa irregular. É por causa desse efeito ativador do açúcar que você não dá balas às crianças logo antes de elas irem dormir.

   Adicione uma grande quantidade de açúcar à massa e ele absorverá a água desta, roubando do fermento a umidade de que ele necessita para sobreviver. O fermento literalmente se desidrata e desacelera a sua atividade.

2. As sequências de mistura dos ingredientes são organizadas de acordo com a quantidade de manteiga, ou de outra gordura, que a receita contém.

   As *gorduras* afetam a estrutura do glúten da massa. Quando as moléculas de proteína estão escorregadias e cobertas de gordura, elas têm dificuldade de se unirem para formar a estrutura de glúten.

   As técnicas de sova também têm de mudar quando a receita inclui uma grande quantidade de manteiga.

3. As sequências de mistura de ingredientes também são organizadas de acordo com a quantidade de ovos, ou de partes de um ovo, que a massa contém.

   Os *ovos* merecem consideração especial. Eles têm um componente de gordura na gema que amacia a estrutura do glúten. E também têm um componente proteico na clara que fornece estrutura adicional à massa. Em consequência, há diferentes maneiras de incorporar os ovos à massa.

> ## Sumário do padeiro
>
> Toda vez que uma massa de pão é misturada, dois novos mundos são criados. Uma colônia de fermento se estabelece, e uma nova estrutura de glúten se forma. A quantidade de amaciantes na massa determina a família de massa a que ela pertence. Cada família de massa tem a sua própria sequência de mistura dos ingredientes. O padeiro habilidoso inspeciona a porcentagem de todos os adoçantes da receita e depois escolhe a sequência de mistura dos ingredientes que melhor equilibra os dois mundos — o do fermento e o do glúten.

Parte II | As fases do pão

As cinco sequências de mistura dos ingredientes		
Sequência de mistura dos ingredientes	Família de massa	Pão representativo
DIRETA	MASSA MAGRA	BAGUETE
DIRETA MODIFICADA	MASSA MACIA	BALLOONS
MODIFICADA mais EMULSIFICADA	MASSA RICA	PÃO DE MANTEIGA
ESPONJA mais MASSA ÚMIDA	MASSA ÚMIDA	FOCACCIA
CREME mais MASSA PRINCIPAL	MASSA DOCE	PÃES DE CANELA

Eu uso o termo *técnica* como sinônimo de *tática*. Em outras palavras, uma técnica é um conjunto de ações que tem por objetivo alcançar um resultado desejado. O resultado que se deseja em relação a uma massa de pão é incorporar ingredientes de maneira a não prejudicar a colônia de fermento em expansão e a reter da melhor maneira possível a rede de glúten.

Muito tempo atrás, durante a Idade Média, as confrarias de padeiros francesas se preocupavam com o desafio que cada novo ingrediente oferecia à estrutura básica da massa de pão. A questão sempre é: *qual é a maneira mais eficaz de manipular e combinar ingredientes*? A resposta é o termo culinário francês *la technique*.

▶ Controlando os amaciantes

Uma lista das técnicas dos padeiros

As táticas ou técnicas primárias usadas para lidar com os amaciantes na massa de pão são:

1. **Preparar uma pasta de fermento.** Estabeleça a colônia de fermento no início, antes que qualquer outro ingrediente seja adicionado à massa.

2. **Bater.** Misture completamente os ovos e liquidifique o açúcar batendo-o, antes de acrescentá-los à massa.

3. **Liquefazer os adoçantes.** A receita que contém adoçantes quase sempre leva leite. Dissolva açúcar mascavo, mel e outros adoçantes no leite morno antes de adicioná-los à massa.

4. **Empastar gorduras e açúcares.** Seja à mão, seja usando o batedor de massa leve de uma bateira, bata juntos a manteiga e o açúcar, para liquefazer o açúcar e aerar a manteiga, antes de incorporá-los à massa.

5. **Emulsificar.** Incorpore a manteiga empastada à morno, depois que a rede de glúten tiver se desenvolvido.

6. **Fermentar a pasta de fermento.** Para desenvolver uma rede de glúten mais forte antes da adição de outros ingredientes, a pasta de fermento é reservada em um lugar quente (28,33 °C) por 45 minutos.

Fase 2 | Colônia de fermento

Todas as massas deste livro começam pela combinação de água, fermento e um pouco da farinha da receita. Essa mistura é chamada de *pasta de fermento* e é o primeiro passo para criar a colônia de fermento. Depois disso, a sequência de mistura dos ingredientes continua de acordo com a porcentagem de amaciantes da receita. A seguir, há um sumário das sequências de mistura dos ingredientes.

Cada família tem a sua própria sequência de mistura dos ingredientes

1. **Massas magras.** Esta família é representada pelas baguetes. Esse clássico pão francês tem forma de filão, é longo e afilado, tem cortes decorativos (pestanas) e é feito apenas com água, fermento, farinha e sal. Se açúcar ou gordura estiverem presentes, a sua quantidade será muito pequena — tão pequena que não representará um problema para o padeiro.

   A sequência de mistura dos ingredientes é chamada de *sequência direta*. Essa é a sequência usada para combinar a massa básica de pão, mencionada anteriormente. O padeiro começa pela água e pelo fermento. Depois, adiciona a farinha; o sal virá por último. Após os ingredientes terem sido combinados adequadamente, a massa é sovada, para que desenvolva estrutura.

2. **Massas macias.** Esta família é representada pelos pãezinhos para acompanhar refeições, os Balloons. Esses pães usam os mesmos quatro ingredientes — água, fermento, farinha e sal —, mas moderadas quantidades de manteiga e de açúcar na receita os tornam mais macios do que as baguetes.

   A sequência de mistura dos ingredientes das massas macias é chamada de *sequência direta modificada*. A sequência é ligeiramente ajustada, ou modificada, a partir da sequência direta usada para as massas magras. A mistura começa pela água e pelo fermento, como nas massas magras. A essa altura, só um terço da farinha é combinado com o fermento reidratado. Essa mistura é chamada de *pasta de fermento* e é o que muda na sequência de mistura em comparação à das massas magras.

   Na sequência direta modificada, o fermento recebe o seu alimento (a farinha) antes que outros ingredientes (como a manteiga ou o açúcar) sejam adicionados e interfiram na colônia de fermento. Após a pasta de fermento se formar, o açúcar e a manteiga podem ser acrescentados. Depois que os amaciantes forem incorporados, os dois terços de farinha restantes são acrescentados. Por último, adiciona-se o sal.

3. **Massas ricas.** Esta família é representada pelos pães de manteiga. Antes de assar, essa massa tenra e firme é modelada em formas decorativas de rolos e tranças. Ela também pode ter a forma de pãezinhos para sanduíche e pães de forma. As massas ricas contêm uma alta porcentagem de gorduras sólidas, como manteiga ou queijos moles. Elas precisam de um manuseio especial, começando pela sequência direta

Técnica do padeiro

Esponja: é a pasta de fermento fermentada. Para fazer uma esponja, comece normalmente pela pasta de fermento. Não adicione outros ingredientes; pare nesse ponto.

Deixe a pasta de fermento fermentar por 45 minutos, permitindo que a colônia de fermento se expanda. O glúten é suavemente esticado enquanto a esponja cresce. Isso fortalece o glúten, sem, no entanto, deixá-lo duro. A técnica da esponja também adiciona sabor à massa. Ela é o trampolim para o repertório de habilidades intermediárias em panificação.

modificada para todos os ingredientes, *exceto* a manteiga ou o queijo.

A sequência de mistura dos ingredientes das massas ricas é chamada de *sequência emulsificada* mais *modificada*. A estrutura do glúten é desenvolvida de maneira suave *antes* que a manteiga, ou outra gordura, seja adicionada à massa. A manteiga amaciada é incorporada à massa em velocidade média a alta, até que se integre. A técnica de incorporar uma grande porcentagem de manteiga em uma massa de pão é chamada de *emulsão*. É o mesmo procedimento usado para incorporar manteiga no molho beurre blanc ou na cobertura creme manteiga.

4. **Massas úmidas.** Esta família é representada pela focaccia. Esse pão chato italiano contém muito azeite de oliva e muita água. A focaccia se caracteriza por uma estrutura celular aerada, uma rica suculência proveniente do azeite e uma maciez ao ser mastigada, oferecendo apenas uma resistência suficiente à mordida.

A sequência de mistura dos ingredientes das massas úmidas é chamada de *sequência da esponja* mais *massa principal*. A esponja é usada quando a massa precisa de um suporte estrutural adicional, como, por exemplo, para suportar todo o azeite de oliva na massa, sem que ela fique dura e emborrachada. Os pães que têm alto teor de gorduras líquidas, como o azeite de oliva, usam a sequência da esponja mais massa principal para segurar o azeite na massa sem que o pão fique gorduroso. O glúten adicional proveniente da esponja ajuda a massa a manter a forma.

5. **Massas doces.** Esta família é representada pelos pães de canela. Essas especialidades de café da manhã de algumas regiões norte-americanas são ricas em manteiga e adoçadas com açúcar. Elas

Fase 2 | Colônia de fermento

derretem tão suavemente na boca, que quase parecem bolo. A grande quantidade de açúcar na massa torna os pães de canela macios e delicados. O açúcar luta com o fermento e enfraquece a estrutura da massa.

A sequência de mistura dos ingredientes da massa doce é chamada de *sequência da massa principal* mais *creme*. Além de açúcar, as massas doces sempre contêm uma alta porcentagem de gordura, em geral presente em gemas ou manteiga. A gordura e o açúcar devem ser bem misturados, antes de serem adicionados à pasta de fermento.

Quando a gordura é proveniente de gemas ou de ovos inteiros, o açúcar é batido com os ovos até começar a se dissolver. Quando a gordura é proveniente de manteiga integral, o açúcar e a manteiga são batidos na forma de *creme*, juntos. Isso introduz ar dentro da manteiga e começa a dissolver o açúcar. Essa técnica de fazer creme é igual à usada para fazer pães rápidos (*quickbreads**), muffins e bolo branco.

O padeiro então faz a pasta de fermento usual, com água, fermento e um terço da farinha. A mistura cremosa dos amaciantes é adicionada à pasta de fermento. A adição do restante de farinha é o passo seguinte; por último, adiciona-se o sal.

---

* Pão levedado com fermento químico, cremor de tártaro ou bicarbonato de sódio que não requer descanso antes de ser assado. (N. T.)

Sequências de mistura dos ingredientes					
	Pasta de fermento			**Amaciantes**	**Farinha restante + sal**	**Misture até a massa ficar homogênea**
DIRETA	H_2O + fermento				+ Farinha + Sal	Textura final
MODIFICADA	H_2O + fermento	+ 1/3 de farinha		+ Amaciantes	+ 2/3 de farinha e sal	Textura final
EMULSIFICADA mais MODIFICADA	Leite + fermento	+ 1/3 de farinha		+ Amaciantes	+ 2/3 de farinha e sal	Textura final*

* Nota: a manteiga é emulsificada na massa depois que a mistura dos ingredientes fica homogênea.

	Pasta de fermento			Amaciantes	Farinha restante + sal	Misture até a massa ficar homogênea
MASSA PRINCIPAL mais ESPONJA	H2O + fermento	+ 1/3 de farinha	Fermentação da *esponja* 45 min	+ Amaciantes	+ 2/3 de farinha e sal	Textura final
MASSA PRINCIPAL mais CREME	Leite + fermento	+ 1/3 de farinha		Fazer creme + Amaciantes	+ 2/3 de farinha e sal	Textura final

Resumo das sequências de mistura dos ingredientes

Fase 3
Fortalecimento da massa

A fase de desenvolvimento da massa

Depois de os ingredientes terem sido misturados e formado uma massa que pode ser trabalhada, a *fase de desenvolvimento* começa. A colônia de fermento se estabeleceu, e agora o padeiro formará a estrutura da massa.

Se você está usando uma batedeira/amassadeira, esse é o ponto em que deve aumentar a velocidade da máquina, a qual assume o trabalho. À mão, esse é o ponto em que os ingredientes são colocados em uma bancada ligeiramente enfarinhada e a sova começa.

Em ambos os métodos, a massa é dobrada, comprimida e enrolada suavemente e em um padrão rítmico, para se tornar lisa, elástica e flexível. Esse processo, frequentemente mais conhecido como *sova*, é chamado pelos padeiros profissionais de *desenvolvimento da massa*.

> Pense nos seus músculos estomacais como se eles fossem proteínas; de fato, eles o são. Intocados, eles podem ser macios e flácidos. Praticar exercícios abdominais, com movimentos compressores repetitivos, é uma forma comprovada de reforçar esses músculos. Desenvolver ou sovar a massa é, analogamente, uma forma de reforçá-la.

▶ O básico sobre a rede proteica

Há duas proteínas na farinha de trigo: a *glutenina* e a *gliadina*. Quando uumedecidas, essas proteínas se ligam e criam uma rede proteica. Conforme são manipuladas, elas se conectam umas às outras, formando uma estrutura flexível chamada pelos padeiros de *glúten*.

Pegue uma fatia de pão e olhe para a estrutura celular interna dela, o tamanho dos buracos e a sua distribuição. O que você vê é a rede de proteínas que suporta a estrutura do pão — o que você vê é glúten.

▶ Os quatro estágios do glúten

A sova rítmica desenvolve o glúten, o que dá flexibilidade à massa e ajuda a manter a forma dela. Quando desenvolvida de maneira adequada, a estrutura do glúten permite que a massa se expanda uniformemente, sem desabar. A flexibilidade do glúten tensiona a superfície da massa à medida que ela se expande durante os diferentes períodos de descanso.

Quando o glúten não se desenvolve o bastante, os pães produzidos parecem cavados, vazios. Já quando o glúten é desenvolvido além da conta, ele impede que a massa cresça adequadamente e prolonga os tempos de descanso dela. No forno, o glúten desenvolvido demais resiste à expansão. Se isso acontecer, a crosta do pão fica mais grossa do que o esperado e pode até rasgar ou despedaçar.

Características físicas do glúten

O glúten tem duas características físicas que interessam aos padeiros. Primeiro, a *elasticidade*. Você pode percebê-la quando pressiona com o dedo indicador uma bola de massa; ela imediatamente volta a uma forma quase igual à original. Essa característica permite à massa manter a sua forma enquanto cresce. A proteína responsável pela elasticidade da massa é a *glutenina*.

A segunda característica é a *extensibilidade*. Você pode observar a extensibilidade se esticar um pedaço de massa: ela se tornará mais longa, sem se rasgar. A capacidade da massa de se alongar lentamente até formar, por exemplo, uma baguete afilada é o que caracteriza a sua extensibilidade. A proteína responsável pela extensibilidade da massa é a *gliadina*.

Há um equilíbrio delicado entre essas duas características da rede proteica. Se a quantidade de gliadina for pequena demais, a massa não se estica para formar uma baguete e começa a se rasgar e despedaçar. Se a quantidade de

---

Visualização

Imagine pegar um elástico e esticá-lo entre os dedos indicadores. Ele se estica até ficar teso: isso é *extensibilidade*. O elástico está se estendendo e adquirindo uma forma nova e mais longa. Diminua a tensão, e o elástico voltará a sua forma original: isso é *elasticidade*.

Na massa, a gliadina permite que a massa deslize para fora (se estenda), até ganhar uma forma alongada. A glutenina a traz de volta (elastifica), de modo que ela volte à sua forma.

glutenina for pequena demais e a massa se esticar mas não voltar quando comprimida, ela se afunda e escava, perdendo a forma. Encontrar o equilíbrio é a verdadeira arte do desenvolvimento da massa.

Os quatro estágios do glúten

Estágio I: não há glúten formado.
Quando a farinha é inicialmente misturada com água, as proteínas glutenina e gliadina estão dispersas por toda a massa. Nesse estágio, a massa parece úmida e não mantém a sua forma.

Estágio II: glúten subdesenvolvido.
Com a agitação (como ao sovar ou misturar), as proteínas se unem e formam tiras de glúten. Nesse ponto, a superfície da massa não é muito lisa. Se pressionar a massa, que estará úmida, você encontrará pouca resistência.

Estágio III: glúten desenvolvido adequadamente.
Com a sova rítmica, ou o desenvolvimento, a rede de glúten compõe uma estrutura organizada na massa, que agora pode manter a sua forma, e a superfície se torna lisa. Pressione a massa, e você sentirá uma resistência suave quando ela voltar.

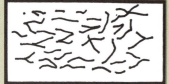

Estágio IV: glúten superdesenvolvido.
Quando a massa é sovada demais, as tiras de glúten tornam-se quebradiças e a estrutura começa a se romper. A massa ainda mantém a forma, mas a sua superfície não está mais lisa. Pressione-a e você a sentirá firme, quase dura.

Os padeiros profissionais algumas vezes usam os termos *glúten elástico* e *glúten plástico*. A massa que é fácil de abrir e de transformar em filões é chamada de *plástica*. Por outro lado, aquela que volta apenas o suficiente e tem uma superfície lisa, com poucos rasgos ou pregas, é chamada de *elástica*. Diz-se que uma massa que exibe equilíbrio entre as propriedades *plástica* e *elástica* tem glúten de alta qualidade.

Fase 3 | Fortalecimento da massa

Picos moles	Picos firmes	Picos duros

Não inteiramente desenvolvidos	Completamente desenvolvidos	Desenvolvidos demais

BATENDO CLARAS: uma analogia culinária

Quando você bate claras, a espuma delas passa por três diferentes fases. A primeira é chamada de *picos moles*; depois, vêm os *picos firmes*; e, finalmente, vêm os *picos duros*. A estrutura do glúten na massa de pão opera da mesma maneira. Inicialmente, ela é macia demais; depois, por um ou dois minutos, ela permanece a ideal; se você continuar e sovar demais, ela fica dura e quebradiça.

No estágio dos picos moles, ao retirar da tigela, devagar, o batedor de claras, restará um monte que forma um pico mole, cuja ponta cai para o lado, comparável ao glúten subdesenvolvido que há na massa quando ela é colocada na bancada antes de ser trabalhada. Nesse ponto, a estrutura proteica está começando a se formar; ela está macia, solta, e ainda não pode suportar outros ingredientes.

Superdesenvolvida, a proteína da clara é esticada demais. Quando isso acontece, as suas tiras se tornam quebradiças e se partem em tiras menores. Pode-se comparar à massa de pão superdesenvolvida; as cadeias de glúten se rompem e a superfície da massa fica áspera.

O equilíbrio entre esses dois extremos se caracteriza por uma textura versátil, ideal para as claras batidas, chamada de *picos firmes*. Um teste visual é verificar se a espuma mantém uma forma firme, que constitui um pico, ao retirar o batedor de claras de dentro da tigela. As claras em picos firmes apresentam equilíbrio entre as propriedades elástica e plástica. Tal estrutura é a mais versátil para ser usada nas claras no suflê, na massa de tempura ou no bolo esponja.

Existe um teste visual semelhante para verificar se o glúten está adequadamente desenvolvido? Sim, existe; os padeiros o chamam de ponto de véu.

Parte II | As fases do pão

Quando se termina de sovar?

Se a massa for desenvolvida à mão ou na batedeira, é importante julgar quando o glúten se desenvolveu o suficiente. A melhor forma de checar isso é por meio do *ponto de véu*.

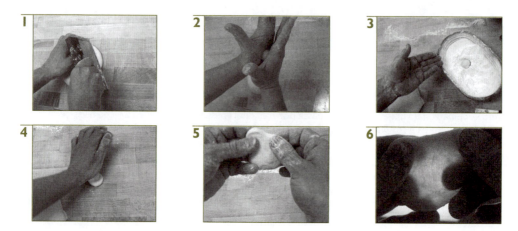

1 e 2. Enrole um pouquinho de massa com as palmas das mãos.

3, 4 e 5. Estique a massa suavemente, formando uma espécie de pizza em miniatura.

6. Continue até que a massa fique fina e translúcida, de modo que a luz possa atravessá-la e que, ao ser comprimida, ela volte igual a uma cama elástica.

Quando a massa exibir essa última característica, pare o desenvolvimento. Ir além superdesenvolverá a massa, tornando-a mais fraca e propensa a se rasgar.

▶ Mistura de ingredientes e desenvolvimento da massa feita à mão

Um pequeno lote de massa, com rendimento de 1 a 2 quilos, é facilmente desenvolvido à mão. Os filões têm sabor mais completo e a textura é mais delicada quando feitos à mão. Além disso, ocorre menos oxidação, de modo que o interior da massa se esfarela menos quando cortado em fatias.

O ritmo de sova da massa é uma experiência sensorial relaxante. Mais importante ainda para o ofício é o fato de que usar as mãos desenvolve o seu sentido de padeiro.

Desenvolver uma conexão com a massa é essencial: ela se comunica com você por meio do seu tato. Se a massa estiver úmida, isso significa que ela está lhe pedindo para enfarinhar as suas mãos e tornar mais fácil a modelagem dela. Se a massa estiver seca, ela lhe pede que umedeça as suas mãos, de modo que você possa fazer uma bola na bancada mais facilmente. A batedeira pode economizar tempo, energia e ajudar a produzir mais produtos dentro da mesma quantidade de tempo, mas desenvolver a massa à mão é a melhor maneira de desenvolver a comunicação com ela.

Todas as massas magras e macias deste livro podem ser misturadas e desenvolvidas confortavelmente à mão. Isso requer uma quantidade mínima de espaço de trabalho na bancada. Massas ricas, como o brioche enriquecido com manteiga ou o pão de manteiga, precisam da força de uma batedeira para incorporar a manteiga de modo adequado. Sempre que o uso da batedeira for mais eficaz do que o da mão, a receita trará tal informação.

Todas as massas da família úmida e da família doce podem ser feitas à mão. No início, isso pode parecer meio confuso, mas, depois que você fizer dois ou três pães dessas famílias, abrindo com facilidade essas massas muito macias para a frente e para trás na bancada, verificará como é simples prepará-las.

Lembre-se: quando você faz pão à mão, a sua conexão com ele é elevada, o seu sentido do tato se desenvolve, a limpeza é mais rápida e você não tem de lavar e guardar a batedeira quando terminar.

▶ A massa macia é feita à mão

(A massa retratada nestas fotos pesa 1,5 quilo.)

1. Separe todos os ingredientes e o equipamento. Primeiro, reidrate o fermento; depois, continue a pesar os outros ingredientes e junte o equipamento.

2. Combine os ingredientes de acordo com a sequência de mistura dos ingredientes indicada na receita (direta modificada).

Parte II | As fases do pão

3. *Adicione o sal com o acréscimo final da farinha.* O sal sempre é misturado à adição final de farinha.

4. Quando a massa se tornar homogênea, passe-a para a bancada, a qual deve estar levemente enfarinhada.

▶ A massa macia é feita à mão

5. Use um raspador de plástico para *abrir* a massa, raspando a farinha seca e os pedacinhos em volta e cortando até o interior umedecido dela, para incorporar toda a farinha.

Fase 3 | Fortalecimento da massa

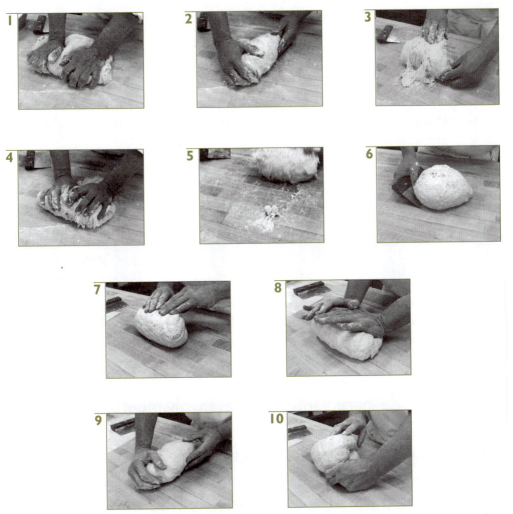

6. Desenvolva a massa através de um movimento rítmico de sova. Enrole-a até formar uma bola.

7. Teste o desenvolvimento usando o ponto de véu.

111

Parte II | As fases do pão

8. Deixe-a bem redonda. Ela está pronta para a fase de fermentação, na qual desenvolverá o sabor.

9. Raspe a tigela de aço inoxidável e revista-a com óleo ou spray. Coloque a massa na tigela, recubra-a com spray. Cubra a tigela e deixe-a descansar sob uma temperatura de 27 °C a 29 °C, ou coloque-a, sem tampa, em uma estufa ou uma câmara de fermentação controlada.

▶ A mistura de ingredientes e o desenvolvimento da massa feita na máquina

Amassadeiras com capacidade de 18,9 litros

Na indústria, há muitos tipos de batedeiras/amassadeiras especificamente desenhadas para desenvolver a massa sem oxidá-la ou superaquecê-la. Se você trabalha em uma padaria de grande produção, é provável que tenha acesso a um desses tipos de máquina.

Em padarias pequenas, escolas e restaurantes, os padeiros em geral têm acesso a amassadeiras com capacidade de 18,9 litros. Embora não sejam as ideais para fazer certos tipos de massa de pão, essas máquinas são resistentes, confiáveis e têm sido usadas repetidamente e com sucesso na produção de todas as receitas deste livro.

A amassadeira de 18,9 litros é uma ferramenta de aprendizado muito boa para o padeiro novato. Uma máquina com essa capacidade pode desenvolver, por exemplo, de 3 a 6 quilos de massa de baguete de cada vez. Se as baguetes pesarem cerca de 454 gramas cada uma, o estudante terá de dez a catorze delas. Esse é um número administrável de peças para trabalhar durante a prática de habilidades de manuseio da massa como dividir, modelar e fazer pestanas. As suas mãos praticam o suficiente e não é preciso muito tempo para completar cada fase.

Todas as receitas deste livro incluem o *peso dos ingredientes* para o desenvolvimento em uma amassadeira de 18,9 litros, assim como incluem as *velocidades* e os *tempos de desenvolvimento*.

Ao usar uma amassadeira com capacidade de 18,9 litros, há três coisas que devem ser consideradas:

1. Quanto mais tempo a massa ficar se desenvolvendo, mais quente ela se tornará. Sempre diminua a temperatura em alguns graus para compensar isso.

2. Em amassadeiras mecânicas, altas temperaturas podem oxidar a massa, o que reduz o seu sabor e confere à sua parte interna uma aparência esbranquiçada, em lugar daquela cor creme que lembra o trigo.

3. Para desenvolver a massa uniformemente, inverta-a na metade da fase de desenvolvimento. Vire a massa em uma bancada enfarinhada; inverta-a e coloque-a de volta na tigela. Devolva a tigela à máquina, para a segunda metade do tempo de desenvolvimento.

Neste livro, as velocidades e os tempos da amassadeira com capacidade de 18,9 litros levam em conta os efeitos negativos do desenvolvimento em alta velocidade. Em comparação a outros livros, as velocidades e os tempos de desenvolvimento aqui indicados são notavelmente mais lentos e mais curtos. Eles podem ser usados com confiança para produzir pães com bom sabor.

Uma última observação sobre o uso de uma amassadeira de 18,9 litros

Combine todos os ingredientes — desde a água e o fermento, até o sal — na tigela da amassadeira de 18,9 litros usando um raspador manual de plástico. O acessório da massa pode não ser eficaz para incorporar os ingredientes se TODOS eles não tiverem sido adicionados à tigela. Por exemplo, o acessório de massa da amassadeira de 18,9 litros não servirá para misturar três ovos em uma pequena pasta de fermento. Use as mãos para todas as sequências de mistura dos ingredientes. Depois que o sal for acrescentado com a última adição de farinha, a tigela pode ser transferida de volta à amassadeira.

Dica do padeiro

PARA OBTER UM PÃO MELHOR, VÁ MAIS DEVAGAR. Seja feito à mão ou com o auxílio de uma máquina, o seu pão terá melhores sabor e textura se você o desenvolver lenta e suavemente.

Dica do padeiro

Quando estiver desenvolvendo uma massa de outra fonte ou de um livro de receitas, lembre-se de diminuir em um ponto a velocidade recomendada da máquina. Se a receita de outro livro pede velocidade #3 por 8 minutos, ela deve ser reduzida para velocidade #2 por 8 minutos.

Parte II | As fases do pão

A sequência de mistura dos ingredientes e a fase de desenvolvimento para uma receita de massa macia em grande escala

(A massa nestas fotos pesa 5,4 quilos.)

1. O fermento *dissolvido* e a água são colocados diretamente na tigela.

2. Essa pasta de fermento é feita adicionando-se um terço da farinha.

3. Amaciantes, como leite e açúcar, são acrescidos à mão.

4. A farinha restante mais o sal são adicionados à tigela.

5. Em velocidade baixa, os ingredientes são misturados até se obter uma massa homogênea, quando toda a farinha estará úmida.

6. Desenvolvimento inicial: velocidade #2 por 2 minutos.

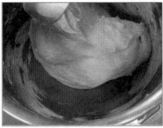

7. A massa se une e começa a estruturação.

8. Em uma bancada enfarinhada, a massa é invertida e devolvida à tigela.

9. Desenvolvimento final: velocidade #1 por 2 minutos.

10. A massa está macia e elástica e não desaba.

11. A massa atinge o ponto de véu. O desenvolvimento está completo.

Fase 3 | Fortalecimento da massa

▶ Amassadeiras de mesa

Todas as receitas deste livro podem ser desenvolvidas usando-se uma amassadeira de mesa. Elas foram ajustadas para indicar pesos de ingredientes para amassadeiras de 4 a 6 litros.

Para encher a tigela de uma amassadeira de 8 litros, dobre os pesos referentes a uma de 4 litros.

Os procedimentos para combinar ingredientes e desenvolver a massa em uma amassadeira de mesa são os mesmos utilizados para a amassadeira com capacidade de 18,9 litros. Os pontos mais importantes são:

1. Combine os ingredientes à mão, diretamente na tigela da amassadeira.
2. Depois de adicionar o sal, transfira a tigela para a amassadeira.
3. Use a velocidade baixa até que todos os ingredientes estejam bem misturados. (Em uma amassadeira de 18,9 litros, use a velocidade #1; em uma amassadeira de mesa, use as velocidades #3 e #4 entre as dez ou doze velocidades disponíveis).
4. Siga as velocidades de desenvolvimento e os tempos indicados na receita.
5. Lembre-se de inverter a massa na metade da fase de desenvolvimento.

Lembre-se, também, de que as velocidades de desenvolvimento e os tempos indicados neste livro já foram ajustados para compensar a oxidação da massa. Velocidades reduzidas — mesmo em uma amassadeira de mesa — produzem pães com textura, cor e sabor melhores.

Entretanto, se você usar uma receita de outra fonte, reduza ligeiramente a velocidade e o tempo. Nenhuma outra mudança será necessária.

A história do pão moderno

O ofício de fazer pão é praticado há milhares de anos. A história do pão revela que os métodos utilizados na Europa eram passados e permaneciam consistentes por muitas gerações. Isso, até a introdução da maquinaria, no início do século XX. Os métodos modernos de fazer pão são baseados na conveniência fornecida pelas amassadeiras.

Usar máquinas em altas velocidades para desenvolver a massa chama-se *desenvolvimento intensivo*. O nome traz à mente o estresse e o movimento rápido aplicados à massa.

Com o *desenvolvimento intensivo*, os ingredientes são combinados em uma tigela, a amassadeira é ajustada para velocidade média ou alta, e a massa é desenvolvida até o estágio ponto de véu. Esse procedimento é rápido e fornece uma textura consistente aos pães. Ele é extremamente eficaz para produtos como baguetes, pãezinhos de jantar e brioches. Em virtude da sua consistência e da sua conveniência, as padarias comerciais confiam no *desenvolvimento intensivo*.

Em meados do século XX, quando passou a haver maior disponibilidade de amassadeiras de grande porte com múltiplas velocidades, os padeiros notaram uma redução na qualidade de seus pães. De repente, os pães tinham menos sabor, não ficavam frescos por tanto tempo e adquiriam uma cor pálida no seu interior.

Para combater esses efeitos colaterais, os padeiros acrescentaram realçadores de sabor, amaciantes e conservantes. Tornou-se possível, então, produzir pão em massa usando-se maquinários e, por meio de aditivos químicos, fazê-lo funcionar e parecer o pão que era feito antigamente. Não era, é claro.

A economia da produção venceu. O sabor e a textura perderam.

O efeito negativo do desenvolvimento intensivo

Oxidação: durante o desenvolvimento intensivo, o oxigênio penetra na massa. Quando isso ocorre, o sabor do grão diminui. Os padeiros dizem que a massa se *oxidou*. A oxidação cria uma dissonância no perfil de sabor do pão e enfraquece a estrutura de glúten.

O que mais é *oxidado*? A oxidação é visível, por exemplo, quando fatias de maçã se tornam marrons. Da mesma forma, cadeiras de praia deixadas a céu aberto se oxidam, ou enferrujam, por conta da umidade.

A massa *oxidada* tende a se rasgar quando se expande no forno. Quando fatiado, o pão revela um interior esfarelado, em vez de macio. A proteína se torna quebradiça e seca, embora a umidade ainda permaneça no pão (como a carne-seca estragada, em lugar de um bife grelhado).

Definição do padeiro

Temperatura desejada da massa (tdm)

Alguns livros usam o termo *temperatura ótima da massa* (tom), frequentemente representada por um intervalo (por exemplo, tom = 25 °C a 28 °C); a tdm geralmente se refere apenas a um número específico (por exemplo, tdm = 27 °C).

▶ Administrando a temperatura da massa

À medida que passa de uma fase a outra, a massa do pão deve ser mantida a uma temperatura específica. Isso dá ao padeiro controle sobre a massa e sobre o cronograma de trabalho. A maior parte das massas é mantida entre 25 °C e 28 °C.

Manter a massa à temperatura correta fornece ao pão um sabor consistente e um perfil de sabor. Se a massa estiver quente demais, a atividade do fermento é acelerada, e o pão, depois de assado, apresenta acidez e álcool destoantes. Quando a massa é fria, a atividade do fermento é desacelerada, e o pão fica com gosto amiláceo e sem graça.

Manter a massa a 27 °C pode ser um desafio para o padeiro. Depois de tirar o balde de massa da amassadeira, a última coisa que o padeiro quer fazer é carregá-lo por toda a cozinha, tentando encontrar um lugar quente para ele. Com um minuto de planejamento antes que a fase de desenvolvimento comece, você poderá ter a sua massa a 27 °C, com certeza.

Cada família de massa tem a sua própria temperatura--alvo, a qual os padeiros chamam de *temperatura desejada da massa*, ou *tdm*. A temperatura da massa é registrada assim que a fase de desenvolvimento estiver completa. Ela é monitorada continuamente, sempre que passa pelas diferentes fases.

Toda vez que prepara uma nova massa, o padeiro considera estes três elementos:

- a temperatura ambiente;
- a temperatura da farinha; e
- a temperatura da água.

O padeiro não tem muito o que fazer para mudar a temperatura ambiente da padaria ou a temperatura da farinha. A temperatura da água tem um efeito mais direto na temperatura da massa; selecionar a temperatura correta da água dá ao padeiro o máximo de flexibilidade. Se a padaria e a farinha estão frias, então você deve usar água mais quente.

Do mesmo modo, quando o verão aquece a padaria e a farinha para além de 27 °C, você deve usar água fria. Se o calor for extremo, os padeiros adicionam lascas de gelo como parte da água total indicada na receita da massa. Para determinarem a temperatura da água com precisão, eles usam um método simples: a *receita da temperatura H_2O*.

Definição do padeiro

Temperatura ambiente
É a temperatura média da sua área de trabalho.

Receita da temperatura H_2O

Levando em conta que:

a temperatura ambiente na padaria é de 21 °C,

a temperatura da farinha é de 21 °C, e

a massa que você está fazendo tem uma tdm de 27 °C, você consegue adivinhar qual é a temperatura correta da água?

1. **Registre as temperaturas do ambiente e da farinha.** Tire o termômetro da caixa, coloque-o *sobre a bancada* e registre a temperatura ambiente da sua área de trabalho. Depois, enterre o termômetro *na farinha* e registre a temperatura dela.

Na tabela a seguir, escreva as duas temperaturas. Por enquanto, deixe a temperatura da água em branco.

	Temp. real
Farinha	21 °C
Ambiente	21 °C
Água	XXXXXXXXX

2. **Escreva a temperatura desejada da massa**, que, neste exemplo, é de 27 °C para os três itens: farinha, ambiente e água. A lógica é a seguinte: se as três temperaturas estiverem a 27 °C, a massa terminará a 27 °C também.

	Temp. real	tdm
Farinha	21 °C	27 °C
Ambiente	21 °C	27 °C
Água	XXXXXXXXX	27 °C

Parte II | As fases do pão

3. **Encontre a diferença entre as temperaturas reais e a tdm.** Qual é a diferença entre o número à esquerda e o número à direita de cada linha? Aqui, a farinha precisa aumentar de temperatura em 6 °C na terceira coluna. O mesmo deve ocorrer quanto à temperatura ambiente.

	Temp. real	tdm	Diferença
Farinha	21 °C	27 °C	+ 6 °C
Ambiente	21 °C	27 °C	+ 6 °C
Água	XXXXXXXX	27 °C	

4. **Some as diferenças** na coluna da direita. Escreva a diferença total de temperatura (**+ 12 °C**) na última linha da coluna, junto à temperatura da água.

	Temp. real	tdm	Diferença
Farinha	21 °C	27 °C	+6 °C
Ambiente	21 °C	27 °C	+6 °C
Água	XXXXXXXX	27 °C	+ 12 °C

5. **Adicione a temperatura da água original e a diferença total de temperatura.** Trabalhe na linha final, adicionando 27 °C a 12 °C, para obter a temperatura real da água.

	Temp. real	tdm	Diferença	
Farinha	21 °C	27 °C	+ 6 °C	
Ambiente	21 °C	27 °C	+ 6 °C	
Água	XXXXXXXXX	27 °C	+ 2 °C	39 °C

Para resumir, a padaria e a farinha estão a 21 °C. Para se chegar à *temperatura desejada da massa*, ou seja, 27 °C, a água precisa estar a 39 °C.

Desenvolva o hábito de usar a receita da temperatura H_2O toda vez que for fazer uma massa. Você terá um melhor controle sobre a fase de fermentação e os seus pães terão um sabor e uma textura consistentes.

Há mais uma coisa a ser considerada quanto à *temperatura desejada da massa*.

O fator de fricção

Durante o desenvolvimento, ocorre fricção entre a massa, a tigela e o acessório que mistura a massa, a qual é aquecida. Quanto mais longo for o tempo de desenvolvimento e quanto mais alta for a velocidade da amassadeira, mais quente a massa fica.

Quando a quantidade de massa a ser produzida é grande, como é o caso das grandes padarias, o cálculo do fator de fricção é vital para manter precisas as temperaturas da massa. Nas instalações de produção, nas quais se preparam grandes quantidades de massa, a *receita da temperatura H_2O* é calculada para cada nova massa.

Para fornadas pequenas, especialmente se feitas à mão, não é necessário medir o fator de fricção. Se você estiver interessado nesse aspecto do desenvolvimento da massa, pode encontrar mais informações visitando o site do fabricante da sua amassadeira.

Você encontrará, para determinado modelo de amassadeira, as rotações por minuto para cada velocidade e o correspondente fator de fricção, baseados em uma massa padrão, como as baguetes. Por exemplo, desenvolver 5,5 quilos de massa de baguete em uma amassadeira com capacidade de 18,9 litros produz os seguintes fatores de fricção:

velocidade #3 por 12 minutos	+ 4 °C
velocidade #2 por 12 minutos	+ 2 °C
velocidade #1 por 12 minutos	+ 1 °C

Para se ajustar ao calor adicional da fricção, a *temperatura da H_2O* deve ser *diminuída*, dependendo da velocidade da amassadeira que será usada. No caso de velocidade #3 por 12 minutos, a *temperatura da H_2O* deve ser reduzida em 4 °C.

Teste você mesmo

Usando as mesmas temperaturas do ambiente e da farinha do exemplo anterior, suponha que você precise fazer uma massa cuja tdm é 16 °C. (Esse seria o caso das massas ricas que têm uma porcentagem maior de manteiga, como os pãezinhos da Filadélfia.)

Você é capaz de calcular a temperatura exata do líquido (leite, no caso dos pãezinhos da Filadélfia)? (Ver resposta no final deste capítulo).

Parte II | As fases do pão

Os fatores de fricção mudam. Eles se tornam mais complicados dependendo do peso da massa, da quantidade de líquido e da porcentagem de amaciantes. Os fabricantes de diferentes amassadeiras listam os resultados das diferentes situações em uma tabela de referência.

Se calcular o fator de fricção parece complicado demais, o que você deve fazer? Primeiro, eu uso a *receita da temperatura H_2O* a fim de obter a temperatura correta da água. Depois, eu olho para a velocidade e o tempo de desenvolvimento e estimo quaisquer ajustamentos.

Se for uma massa magra ou macia, eu não me preocupo com a fricção, porque o tempo de desenvolvimento dessas massas não é longo. Se for uma massa rica, como o brioche, o tempo de desenvolvimento total é longo, de 9 minutos. Então, eu estimo e deixo a temperatura da água de 2 °C a 3 °C mais baixa.

Essa é a minha regra prática e, em geral, ela me dá uma temperatura que varia entre 0,5 °C e 1,0 °C da tdm.

Capacidade da amassadeira

Combinar o volume de massa a uma amassadeira de capacidade apropriada é importante por duas razões. Primeiro, se houver massa demais para a máquina, o motor trabalhará forçadamente, aquecerá a amassadeira e, finalmente, provocará vazamento de óleo. Além disso, a massa não se desenvolverá uniformemente; haverá partes dela que ficarão duras e emborrachadas, enquanto outras estarão moles e úmidas.

Por outro lado, quando a quantidade de massa é pequena demais para a máquina, a pá gira freneticamente e a endurece.

Como você sabe que tamanho de amassadeira de tigela deve usar?

1. *Adicione os pesos de todos os ingredientes importantes da receita.*

Some qualquer ingrediente que pese 50 gramas ou mais, como, por exemplo, água, farinha, açúcar, manteiga e leite. O resultado representa o peso aproximado da massa. Ingredientes cujos pesos são pequenos, como o sal, ou como 30 gramas de farelo de trigo, podem ser deixados de lado, pois não representam grande parte do total. Até o fermento pode ser deixado de lado, pois as receitas quase nunca pedem mais do que 2% dele em toda a massa.

2. *Multiplique o peso aproximado da massa por dois ($\times$ 2).*

O resultado equivale a um quarto da capacidade da amassadeira apropriada para a massa.

Exemplo: veja esta receita de pães de leite:

Água	136 g
Fermento	27 g (muito pouco para somar)
Farinha	680 g
Sal	18 g (muito pouco para somar)
Leite	272 g
Ovo	45 g
Manteiga	113 g
Malte em pó	9 g (muito pouco para somar)
TOTAL	= 1.255 g ou 1,25 kg de massa (aproximadamente)
$\times$ 2	= 2,5 litros (equivale a um quarto da capacidade)
Tamanho da amassadeira	Esta receita caberá na tigela de uma amassadeira com capacidade de 10 litros.

▶ O toque do padeiro

Os padeiros experientes *sentem* a massa. Dê-lhes cinco segundos para manuseá-la, e eles podem dizer a você se ela está adequadamente hidratada, se foi desenvolvida o bastante, ou se contém muita acidez proveniente da fermentação.

Durante o aprendizado de como assar pão, você muitas vezes encontrará instruções as quais gostaria que fossem ligeiramente mais específicas. Por exemplo: "*sove até que se forme uma massa macia*" ou "acrescente mais farinha ou água, conforme necessário, para obter uma massa firme". Como você pode desenvolver o toque do padeiro sem os necessários anos de prática?

Aprenda a sentir as diferentes consistências que um mesmo tipo de massa de pão pode ter. Algumas das coisas que afetam a massa, tornando-a seca em um dia e úmida no dia seguinte, são a temperatura dos ingredientes, a temperatura ambiente e a umidade da padaria. O padeiro está continuamente equilibrando todos esses elementos na loja, para produzir um produto consistente dia após dia. Os mais importantes deles são a quantidade de água e a de gordura.

Consistência da massa é a expressão usada para indicar a condição da massa de pão. Aqui está um teste típico para julgar a consistência da massa; ele é simples e confiável, apesar de poder parecer o contrário.

Mergulhe o dedo indicador na farinha de pão; depois, tente afundá-lo na massa desenvolvida (submergindo o dedo 2,5 centímetros na massa). Se você usar duas massas diferentes, uma delas exigirá uma pressão ligeiramente menor — essa massa é considerada *mais macia* do que a outra.

Treine as suas mãos de modo que você possa confiar no seu sentido do tato. Consulte a tabela de consistência da massa, a seguir. Para começar, você precisa de duas massas diferentes, uma macia (Balloons) e uma firme (baguetes).

1. Pressione o dedo o suficiente para inseri-lo 2,5 centímetros na massa de Balloons.

2. Foque a quantidade de resistência que a massa oferece ao seu dedo. No seu cérebro de padeiro, chame isso de *macio*.

Consistência da massa

Classificada em uma escala que vai de muito macia a muito firme, a *consistência da massa* julga quanta resistência a massa crua oferece quando sobre ela é exercida uma pressão constante com o dedo.

Calibrar

Significa treinar a mão a mensurar consistentemente certo aspecto da massa, como a textura, a temperatura ou a elasticidade, sem confiar em máquinas ou acessórios.

Dica do padeiro

Quando você faz o teste da consistência, a massa pode grudar em seu dedo. Ignore. Isso é viscosidade e é diferente da resistência que a massa oferece ao seu toque. Não importa se o dedo gruda na massa ou não; foque apenas a quantidade de pressão que é necessária para inseri-lo na massa.

Calibre as suas mãos

Consulte a tabela anterior toda vez que você fizer uma massa de pão. Sinta a massa e calibre as suas mãos, associando a consistência da massa aos termos *muito firme*, *firme*, *macio* e *muito macio*.

Em um curto espaço de tempo, você desenvolverá o seu toque de padeiro. Quando você cruzar com uma receita que diga: "gradualmente adicione mais água até formar uma massa macia", as suas mãos saberão que estão procurando por uma consistência semelhante à dos Balloons.

3. Repita o procedimento descrito em 1, mas agora com a massa de baguete.

4. Chame a quantidade de resistência que a baguete oferece de *firme*.

Fazer essa conexão entre o cérebro e as mãos chama-se *calibragem* e é o primeiro passo para desenvolver o toque do padeiro.

Termos da consistência da massa			
Consistência	PP% H$_2$O	PP% AMACIANTES combinados	Exemplo de massa
Muito firme	55%	0%	Bagels
Firme	65%	0%	Baguetes
Macia	60%*	10%	Balloons
Muito macia	60%	30%	Pães de canela

* Note que embora os Balloons contenham menos líquido do que as baguetes, a consistência deles ainda é mais macia. Isso se deve à manteiga e ao açúcar que há neles.

As porcentagens do padeiro (PP%) usadas na tabela se baseiam nas receitas deste livro. Elas são porcentagens médias, similares àquelas que você encontra na produção das padarias.

As cinco famílias de pão estão agrupadas de acordo com as porcentagens do padeiro de água e de amaciante. Qualquer receita da família das massas macias tem a consistência da massa igual à da sua massa representativa, os Balloons. Se você fizer os Balloons antes de qualquer outra receita da família das massas macias, as suas mãos poderão dizer quando uma nova massa está desenvolvida o suficiente e se ela precisa de um pouco mais de farinha ou água.

Resposta do "Teste você mesmo"

No problema da página 119 que envolve os pãezinhos da Filadélfia, o líquido deve estar à temperatura de 5 °C, para que a massa chegue a 16 °C quando houver terminado de se desenvolver. Esse é um forte argumento para usar fermento fresco; ele pode ser adicionado ao leite frio, diretamente do refrigerador.

Fase 4

Desenvolvimento do sabor

A fase da fermentação

▶ **Controlando a colônia de fermento e desenvolvendo sabor na massa**

A fermentação transforma as uvas em vinho; transforma leite em queijo. As batatas se tornam vodca, e o milho se torna uísque. Todos esses são exemplos de *fermentação*, o processo que transforma um alimento doce em azedo e, algumas vezes, em alcoólico. Durante a fermentação, o fermento digere os açúcares disponíveis e muda o caráter e o sabor de alimentos como uvas, laticínios e grãos.

▶ **Controle o tempo e a temperatura para controlar a fermentação**

A fermentação pode ser controlada ou descontrolada. Veja o caso do creme azedo (*sour cream*). Na fermentação *controlada*, o creme desenvolve o delicado equilíbrio de sabor entre doçura e acidez encontrado no creme de leite azedo (*sour cream*) de boa qualidade. A sua textura se modifica, tornando-o grosso o bastante para suster-se em uma colher.

A fermentação *descontrolada* do creme resulta em poças de líquido avinagrado, nas quais flutuam pedaços de coalho de proteína láctea. Provavelmente, você já abriu um recipiente de plástico qualquer no fundo do seu refrigerador e deparou com um exemplo de fermentação descontrolada.

A fermentação controlada cria alimentos ou bebidas com sabores e texturas consistentes. A diferença entre o vinho e o vinagre é o controle. Manter as células de fermento sob controle enquanto elas se alimentam e se multiplicam envolve muita atenção à temperatura da mistura e ao espaço de tempo em que a *fermentação* ocorre.

As regras de *tempo e temperatura* são bem conhecidas pelos chefs profissionais. Os procedimentos seguros de manuseio de alimentos ditam por quanto tempo os alimentos podem permanecer em temperaturas críticas, sem que se tornem nocivos à saúde. Monitorar com cuidado o espaço de tempo que o alimento passa a certas temperaturas, isto é, na *zona de perigo da temperatura*, é instintivo para os profissionais da alimentação.

A *zona de perigo da temperatura* para os alimentos vai de 4 °C a 63 °C. Manter os alimentos dentro desse intervalo de temperatura cria um ambiente favorável para que os patógenos alimentares e microrganismos se multipliquem.

A *regra das 4 horas* exige que qualquer alimento mantido na zona de perigo da temperatura por 4 horas ou mais seja descartado. Esse tempo é suficiente para que os patógenos alimentares e microrganismos causem intoxicação alimentar se o alimento for consumido.

A zona de perigo da temperatura

Os mesmos princípios devem ser seguidos ao se fermentar a massa de pão. A mistura de água, fermento e farinha é mantida a uma temperatura constante, em geral entre 21 °C e 29 °C, tempo suficiente para que o fermento possa digerir o amido da farinha. Isso faz que a farinha perca o seu caráter cru e passe a ter um sabor adocicado, completo, que lembra o do trigo. Como ocorre com qualquer outra mistura fermentada, como o vinho ou o creme de leite azedo (*sour cream*), a massa do pão se torna levemente mais "picante" à medida que o tempo passa. Uma das habilidades do padeiro é administrar bem o processo de fermentação, tornando alguns modestos ingredientes em pães saborosos.

▶ Há quatro estágios de fermentação

Estágio I — estágio Lag ou de adaptação

Dentro da colônia de fermento, o processo de fermentação se inicia devagar. O amido precisa ser quebrado em glicose antes que o fermento possa realizar a sua função. Você notará que, no início, a massa de pão cresce lentamente e que depois, ganhando ímpeto, ela cresce cada vez mais rápido. Essa é a razão pela qual as receitas de pão escritas para o padeiro doméstico adicionam uma pequena quantidade de açúcar ao fermento enquanto ele se dissolve na água. É isso que "ativa" o fermento.

Estágio II — estágio Log ou exponencial

Depois que as células de fermento colonizam a massa, a atividade de fermentação se acelera. O fermento encontra açúcares (glicose) e os digere prontamente, criando mais células de fermento no processo. Enquanto digere o alimento, o fermento libera CO_2. O gás expande a massa, fornecendo ao padeiro um lembrete visual de que a fermentação está caminhando.

No estágio log, o amido da farinha começa a se quebrar mais rapidamente, disponibilizando açúcar para o fermento. Mais células de fermento, mais açúcares prontamente disponíveis, e a velocidade de fermentação da massa aumenta.

Estágio III — estágio estacionário

Neste estágio, o fermento está no máximo da sua atividade. Ele se move livremente pela massa, expandindo o tamanho da colônia. O ecossistema combinado para o fermento se encontra em equilíbrio: o amido está se transformando em açúcares; as células de fermento estão se alimentando diretamente dos açúcares. A colônia de fermento produz ácidos saborosos (mais adiante, falaremos muito a respeito disso), e as bolhas de CO_2 continuam a surgir a uma velocidade constante. O fermento, pensando que essa fonte de alimento é infinita, continua a comer.

Enquanto isso, ocorre também o desenvolvimento de álcool na massa. Assim como o CO_2, o álcool é um resíduo criado pelo fermento. Em muitos produtos fermentados, o álcool é desejável — são bons exemplos o vinho, a cerveja e o saquê. Em outros produtos, especialmente no pão, o aparecimento do álcool não é desejável. Ele deprecia o sabor adocicado de trigo que há no pão. Desenvolvendo-se no ambiente da massa, o álcool passa a interferir no fermento: a velocidade de fermentação começa a diminuir. O equilíbrio entre o número de células do fermento e a quantidade de alimento restante no ambiente da massa parece permanecer.

Estágio IV — estágio de declínio

Perto do final do processo, as células do fermento se multiplicam demais, apinhando-se em seu próprio ambiente. A fonte de açúcar passa a ficar ameaçada. O aumento da acidez desacelera a ação do fermento, e o acúmulo de álcool torna o ambiente tóxico para ele.

Parte II | As fases do pão

É uma verdade inconveniente da panificação que a fermentação, a qual começa como um benefício, pode tornar-se prejudicial se não for controlada. Com a experiência, o padeiro desenvolve a habilidade de *ver* quando o fermento está sendo ameaçado por uma fermentação demasiada. É aí que o padeiro interfere, para eliminar o CO_2 e o álcool.

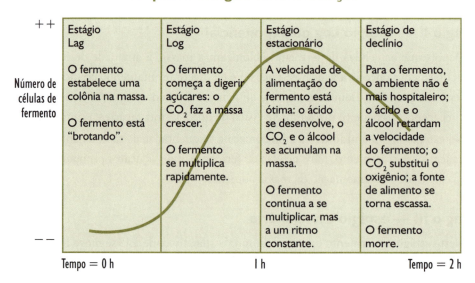

Os quatro estágios da fermentação

	Estágio Lag	Estágio Log	Estágio estacionário	Estágio de declínio
Número de células de fermento	O fermento estabelece uma colônia na massa. O fermento está "brotando".	O fermento começa a digerir açúcares: o CO_2 faz a massa crescer. O fermento se multiplica rapidamente.	A velocidade de alimentação do fermento está ótima: o ácido se desenvolve, o CO_2 e o álcool se acumulam na massa. O fermento continua a se multiplicar, mas a um ritmo constante.	Para o fermento, o ambiente não é mais hospitaleiro; o ácido e o álcool retardam a velocidade do fermento; o CO_2 substitui o oxigênio; a fonte de alimento se torna escassa. O fermento morre.
	Tempo = 0 h	1 h		Tempo = 2 h

▶ Os efeitos colaterais da fermentação: mantenha o bom e livre-se do mau

À medida que a fermentação progride, o fermento produz álcool e dióxido de carbono. Se não forem controlados, esses subprodutos ou efeitos colaterais do processo de fermentação tornam a massa tóxica para o fermento. A massa é periodicamente arejada por meio de um processo que os padeiros chamam de *desgasificar e dobrar*.

Siga os seguintes passos a cada vez que *desgasificar e dobrar* uma massa.

Primeiro, inverta a massa na bancada:

Definição de Desgasificar e de dobrar

Nesse processo, os efeitos colaterais negativos da fermentação são periodicamente removidos da massa.

Desgasificar: remover o CO_2 e o álcool da massa ao amassá-la suavemente.

Dobrar: dar forma novamente à massa achatada ao reunir os seus quatro cantos no centro e invertê-la em seguida.

1. Enfarinhe a bancada com uma leve camada de farinha para pão.

2. Enfarinhe a parte superior da massa e inverta todo o recipiente sobre a bancada enfarinhada.

3. Retire o recipiente e enfarinhe a parte superior da massa.

Agora, desgasifique e dobre a massa:

4. Use as mãos abertas para pressionar suavemente a massa, do centro para as bordas. Isso elimina o CO_2 e o álcool.

5. Dobre a massa em retângulos menores, pegando um canto dela e esticando-o ligeiramente. Bata-a duas ou três vezes contra a bancada, erga-a e deixe-a cair novamente na bancada, sobre o centro da massa.

Vocabulário do estudante
Bater (flubbing)

Enquanto você estica a massa pelos cantos dela, bata-a suavemente duas ou três vezes sobre a bancada. Essa técnica estica o glúten sem rasgá-lo. No interior da massa, as células de ar se dispersam uniformemente. Meus estudantes insistem em dizer que isso é estapear a massa. Eu sugeri outros termos, mas nenhum parece melhor para capturar o gesto e a alegria dessa técnica.

6. Repita o processo com os outros três cantos da massa.

7. Inverta a massa sobre a bancada. Enfie as duas mãos por baixo dela, erga-a e coloque-a de volta no recipiente de fermentação.

Fase 4 | Desenvolvimento do sabor

Suavidade é a resposta

Neste livro, nós usamos a expressão *desgasificar a massa*. Em outros textos, você pode encontrar a terminologia *socar e dobrar* ou *socar e virar*. A sua intenção é a mesma da expressão que nós usamos, mas o rigor sugerido pela palavra *socar* não combina com a delicada rede de proteínas que liga a massa. Nesse caso, a força excessiva pode prejudicar, mais do que ajudar, a estrutura da massa.

As massas magras e as macias são *desgasificadas* uma vez durante a fase de fermentação. A conveniência dita que a massa seja *desgasificada* na metade do tempo total de fermentação. No caso das baguetes, que fermentam por 1 hora (1 h), isso ocorreria 30 minutos (30 min) depois de a fermentação ter começado. Depois de outros trinta minutos, a massa termina de fermentar.

A massa de pão passa por vigorosos exercícios enquanto cresce. Esticar suavemente a proteína durante a fase de fermentação melhora a força e a flexibilidade do glúten. Seja suave.

▶ Use uma etiqueta de fermentação

Monitore a fermentação da sua massa usando uma *etiqueta de fermentação*. A etiqueta registra o início e as pausas da fermentação, mais o tempo para desgasificar a massa. Verifique a temperatura da massa durante essa fase e anote-a na etiqueta de fermentação também.

Uma *etiqueta de fermentação* típica se parece com esta:

Nome/produto	Hora do início$^{(°C)}$ → Desgasificar e dobrar$^{(°C)}$ → Final do tempo$^{(°C)}$

Mike/Balloons	7:30$^{(27\,°C)}$ → 8:00$^{(°C)}$ → 8:30$^{(°C)}$

Afixe a *etiqueta de fermentação* no recipiente plástico de fermentação. Se você alinhar a parte superior da etiqueta com a parte superior da massa, terá uma indicação visual rápida do nível de atividade dela. Assim, você pode ver, de maneira simples, quando a massa *dobrar de volume*, uma instrução comum na panificação.

Parte II | As fases do pão

Guia de fermentação para as famílias de massa			
Família	Representante	Tempo de fermentação	Desgasificar e dobrar
Magra	Baguetes	I h	I × @ 30 min*
Macia	Balloons	I h	I × @ 30 min
Rica	Pão de manteiga	2 h @ 4 °C	Sem desgasificar e dobrar
Úmida	Focaccia	Ih30	2 × desgasificar e dobrar @ 30 min e @ I h
Doce	Pães de canela	De 8 h a I6 h @ 4 °C	I × @ I h

* *I × @ 30 min* significa que você deve *desgasificar e dobrar a massa uma vez depois de 30 minutos de fermentação.* De acordo com a tabela acima, a focaccia é desgasificada e dobrada depois de 30 minutos; e ela é novamente desgasificada e dobrada 30 minutos mais tarde.

▶ O equilíbrio entre tempo e temperatura

Durante a fermentação, o ácido lentamente se acumula na massa, adicionando sabor aos pães assados. A maior parte das receitas deste livro tem quantidades similares de ácido em seus perfis de sabor.

Há duas maneiras de equilibrar *tempo e temperatura* durante a fermentação.

1. **Tempos de fermentação curtos a temperaturas altas:** tempos de fermentação curtos, de 1 hora a 1 hora e 30 minutos, são característicos das massas magras, como as baguetes, e das massas macias, como os Balloons. Elas fermentam a 27 °C por 1 hora.

2. **Tempos de fermentação longos a temperaturas inferiores:** massas ricas e massas doces, como o pão de manteiga e os pães de canela, contêm alta porcentagem de manteiga. Frequentemente, elas são fermentadas a frio no refrigerador, a 4 °C. O tempo de fermentação pode se estender de 8 a 16 horas, quando o turno da noite começa.

▶ O sabor no interior da massa

Farinha

Durante a fermentação, o sabor da farinha muda. No início, o seu gosto é amiláceo e cru. Durante a fermentação, o amido é quebrado e transformado em açúcar, de modo que o fermento possa comê-lo. No processo, a farinha perde aquele caráter farináceo e assume um sabor adocicado e trigueiro.

Ácidos

O desenvolvimento de *ácidos* durante a fermentação ressalta o sabor da massa. Considere esta lista de produtos fermentados: vinagre de maçã, vinho tinto, creme de leite azedo (*sour cream*) e iogurte. Cada um deles tem um *perfil de sabor ácido* único.

Há ácido de caráter azedo, como o do vinagre e de certos vinhos tintos. Esse é o *ácido acético*. A palavra italiana *aceto* significa *vinagre*.

Também há ácido de sabor quase doce, emborrachado, característico de um creme de leite azedo integral ou de um vinho chardonnay amanteigado. Esse é o *ácido lático*, o tipo encontrado em laticínios, como o leite e o sorvete.

Tanto o ácido lático como o acético são combinados em uma característica do pão — o sabor. À medida que a sua habilidade como padeiro se desenvolver, você irá intuitivamente calibrar o seu paladar, reconhecendo a complexidade que esses diferentes ácidos trazem aos seus pães.

▶ O ambiente do fermento torna-se mais amigável

A fermentação desenvolve sabores ácidos na massa, e o fermento cria subprodutos de CO_2 e álcool. Outras coisas interessantes estão ocorrendo dentro da própria colônia de fermento. Na metade da fase de fermentação, há mais células de fermento na massa; a massa está mais úmida, e a sua temperatura sobe. Tudo isso indica uma colônia de fermento que se expande mais rapidamente e uma massa que acelera, crescendo tanto mais rápido quanto mais tempo permanece fermentando.

Observe a tabela "Os quatro estágios de fermentação" (ver p. 126). Você pode ver que, quanto mais tempo a massa fermenta, mais a velocidade da atividade do fermento se acelera.

Parte II | As fases do pão

As massas ficam mais úmidas enquanto fermentam.

Enquanto digere os açúcares, o fermento começa a soltar água. Quanto mais alto o nível de umidade da massa, mais rapidamente o fermento metaboliza os açúcares.

A temperatura da massa aumenta enquanto ela fermenta.

O consumo do amido pelo fermento gera calor no interior da massa. A temperatura do seu corpo sobe depois que você ingere uma grande refeição, e o mesmo acontece com a massa.

Por último, o fermento está se multiplicando.

O fermento encontrou um ambiente hospitaleiro: a pequena colônia está se tornando um mundo florescente de microrganismos.

Esta tabela resume os sete acontecimentos que se dão na massa durante a fermentação.

DESENVOLVIMENTO DO SABOR (coisas que fazem o pão ter um gosto bom)		EFEITOS COLATERAIS (coisas que desaceleram o fermento)		AMBIENTE DO FERMENTO (coisas que aceleram o fermento)		
A farinha ganha sabor de grãos	Os ácidos constroem sabor	Bolhas de CO_2	O álcool se acumula	A água aumenta ligeiramente	As células de fermento se multiplicam	A temperatura da massa aumenta

As duas colunas de "Desenvolvimento do sabor" trazem os elementos responsáveis pelo desenvolvimento do sabor na massa. As duas de "Efeitos colaterais" dizem respeito aos subprodutos. As três de "Ambiente do fermento" trazem as características do ambiente do fermento. Essas condições fazem a massa crescer mais rápido à medida que o tempo passa.

Esses são os princípios básicos da fermentação do pão. Compreenda bem o processo de fermentação, praticando com massas magras e massas macias. As baguetes, os Balloons e o pão de hambúrguer integral desenvolvem a sua compreensão sobre a fermentação suave da massa de pão, assim como um gosto por ela.

Fase 5
Modelagem da massa

A sequência da modelagem

Induzir uma massa fermentada a atingir a sua forma final — sejam pães de forma, baguetes afiladas ou tranças de pão — é um processo que inclui quatro passos separados:

1. dividir;
2. modelar pela primeira vez;
3. descanso na bancada;
4. modelagem final.

▶ Dividir

Pode-se dividir uma quantidade pequena de massa em duas partes iguais a olho nu. Para grandes quantidades, especialmente quando se divide em muitas partes, como no caso dos pãezinhos de jantar, é preferível usar uma balança, seja ela mecânica ou eletrônica, que o fará desenvolver o seu olho e um melhor sentido da massa.

Dicas para dividir a massa

- **Assegure-se de que há espaço suficiente.** Você irá querer tanto espaço quanto for possível obter, para que as suas mãos possam se mover livremente. Retire todos os outros equipamentos e materiais da mesa e raspe bem a área, usando um raspador de metal de bancada.

- **Ao dividir a massa, enfarinhe a bancada.** Enfarinhe a área de trabalho e jogue um pouco de farinha sobre a massa. Vire a massa para o outro lado e enfarinhe-o também. Mantenha as mãos enfarinhadas.

- **Use um modelo.** Depois que tiver o peso apropriado para a primeira peça de massa, modele-a e coloque-a perto da balança, para que ela sirva como modelo. Olhar para esse modelo antes de cortar o próximo pedaço ajuda a calibrar os seus olhos. Você sorrirá quando começar a cortar pedaços que têm exatamente o mesmo peso.
- **Não desgasifique a massa.** Não retire o ar da massa. Faça isso no próximo passo. Manuseie a massa suavemente quando a dividir.

▶ Primeira modelagem

De início, os pedaços da massa dividida são modelados de maneira irregular. Modelar pães uniformemente pode ser um desafio. Colocado de forma simples, é o seguinte: um pedaço de massa encaroçado forma um filão de pão encaroçado. Para corrigir isso, dá-se uma primeira modelada nos pedaços de massa, o que se chama de *primeira modelagem* ou *pré-modelagem*.

Não importa qual seja a forma final do pão, ele se desenvolve a partir de uma entre duas formas: a *bola* e o *cilindro*. Formas finais como o filão, os pães para sanduíche e os pães redondos grandes se originam da bola. As longas e afiladas baguetes e as cordas de massa para pães trançados, como o Challah, se originam da forma cilíndrica.

Para pré-modelar uma bola

1. Coloque um pedaço de massa já pesado sobre a bancada ligeiramente enfarinhada. Com as mãos retas, retire o ar da massa. Não estique a massa; simplesmente pressione-a para baixo, na bancada.
2. Junte as quatro pontas da massa e volteie a peça para o outro lado, de modo que o lado chato fique para cima. Suavemente, enfie os lados para baixo, de modo que a parte superior fique lisa.

Para pré-modelar um cilindro

1. Coloque um pedaço de massa já pesado sobre uma bancada ligeiramente enfarinhada. Com as mãos retas, retire o ar da massa. Não estique a massa; simplesmente a comprima contra a bancada.
2. Traga a borda superior da massa para o centro. Pressione-a para baixo com o lado da mão. Traga a borda inferior da massa para o centro também. Pressione-a novamente, para selá-la.
3. Traga a (nova) borda superior da massa para baixo para encontrar a (nova) borda inferior. Use a base da mão para comprimir essas bordas, de modo a selá-las.

Parte II | As fases do pão

4. Vire o cilindro de modo que a emenda fique para baixo. Use as mãos para esticar os lados da massa, enfiando-os para baixo e esticando um pouco a superfície dela. Tire vantagem da fricção entre a mesa e a massa.

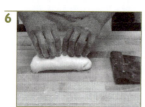 

Para conseguir as melhores formas, a parte exterior da massa precisa ser esticada uniformemente. A coisa mais importante ao modelar a massa é a fricção entre ela e a bancada. O truque é *deixar a mesa fazer a maior parte do trabalho*.

Mantenha a fricção entre a massa e a bancada focando estes três pontos:

1. Mova-se devagar, evitando gestos rápidos.
2. Ao modelar, não erga os pedaços de massa da bancada.
3. Mantenha as mãos em contato com a bancada quando apertar a massa.

Aqui estão mais algumas dicas para modelar massa:

- **Use uma *zona sem farinha*.** Não enfarinhe a bancada enquanto estiver modelando a massa. As boas formas resultam do ato de grudar a massa na bancada, de modo que a superfície dela possa ser esticada. Se as suas mãos grudarem na massa, enfarinhe-as; mas não coloque a farinha diretamente na massa.

Fase 5 | Modelagem da massa

A ergonomia é algo importante de ser considerado durante a sequência de modelagem. Se a bancada for muito alta ou muito baixa para o padeiro, ele será forçado a colocar uma pressão ou pequena demais ou grande demais nos pedaços de massa.

Fazer ajustes em uma mesa de trabalho é bastante simples: coloque blocos de madeira sob cada um dos pés da mesa.

Se a sua mesa é alta demais, pode-se construir uma plataforma de aproximadamente 10 centímetros. Ficando em pé sobre ela, você exercerá menos pressão sobre a massa.

Já se a sua mesa for baixa demais, diminua o ângulo dos seus braços em relação à bancada, dando um passo para trás e exercendo, dessa maneira, menos pressão sobre a massa.

- **Mantenha um spray de água por perto.** Há vezes em que os pedaços de massa deslizam na mesa em vez de grudarem ligeiramente. Use um bom spray de água, e a massa ficará úmida o bastante para grudar na bancada, sem ficar encharcada.
- **Manuseie a massa o menos possível,** para fazer a primeira modelagem. Manuseá-la demais pode rasgar o glúten.
- **A primeira forma não precisa ser perfeita.** Fazer a primeira forma esticada demais aumenta o tempo de descanso dela na bancada. As formas podem parecer boas, mas haverá uma espera mais longa até que você possa lhes dar a sua cara final.
- **Não se apresse.** Este é apenas o primeiro de dois passos de modelagem da massa. Concentre-se em pré-formas uniformes — as formas finais serão naturalmente mais consistentes.

▶ Descanso na bancada

Depois da primeira modelagem, a massa precisa de um breve período para que a rede de proteína relaxe. Esse passo é chamado de ***descanso na bancada***. A maior parte das receitas deste livro pede um descanso na bancada de 30 minutos, com as peças de massa cobertas e sob refrigeração.

Para proteger as peças de massa enquanto elas descansam, os padeiros usam várias técnicas engenhosas:

Dica do padeiro

Em uma padaria, o tempo padrão de descanso na bancada é de 20 minutos; as peças de massa cobertas são em geral mantidas no piso, a 27 °C, ou em um recipiente de fermentação desligado.

Para padeiros novatos, o período de descanso de 20 minutos é frequentemente curto demais para começar e terminar alguma outra tarefa. Isso significa que esse período é longo o bastante para distraí-lo da tarefa atual.

Todos os descansos na bancada contidos neste livro são de 30 minutos. As peças de massa devem ser cobertas e refrigeradas durante esse tempo. Se as suas outras tarefas levarem mais tempo do que você planejou, as peças de massa estarão seguras, desde que elas estejam cobertas e refrigeradas.

Com essa estratégia, você pode ter certeza de que as peças de massa não serão superfermentadas e de que serão mais fáceis de manusear quando geladas.

Depois que você ganhar confiança na sua habilidade de modelar a massa, quaisquer descansos na bancada de 30 minutos no refrigerador podem ser substituídos por um descanso na bancada de 20 minutos, a 27 °C. Para realizar o descanso na bancada, cubra as peças de massa e coloque-as em lugar seguro.

- Coloque a massa modelada em um tabuleiro forrado com papel vegetal, para que ela possa ser removida da área de trabalho durante o período de descanso na bancada.

- O papel vegetal que forra o tabuleiro deve ser untado com óleo ou spray, antes de a massa modelada ser colocada. Depois que a massa estiver nos tabuleiros, a parte superior das peças de massa também deve ser untada com um pouco de spray.

- Os pães modelados agora devem ser colocados em um ambiente fechado ou protegido, a fim de que eles não sequem por causa do ar. As áreas de descanso adequadas podem ser: um recipiente de fermentação desligado; uma prateleira de fermentação coberta com uma tampa plástica; ou a bancada coberta com um filme de plástico. Nesse passo, tanto na cozinha profissional quanto na classe, não é bom ocupar espaço na mesa. Em vez disso, coloque os pedaços de massa em um tabuleiro, borrife-os com spray e cubra-os com plástico. Depois, transfira-os para uma área mais tranquila da cozinha.

Não importa qual seja a técnica, o seu objetivo é manter a massa úmida e protegê-la do meio ambiente. Há um dito na padaria o qual diz que *a única hora em que a massa não precisa estar coberta é quando você a está tocando*.

As peças terão descansado o suficiente quando se encontrarem macias e modeláveis. Então, a massa será fácil de modelar, sem que seja preciso lutar com ela. Se as peças estiverem elásticas e voltarem quando manuseadas, deixe a massa descansar por mais 10 minutos.

Não deixe a massa *descansar na bancada* mais do que 30 minutos, a menos que ela seja refrigerada. Durante essa fase, o fermento ainda está fermentando a massa. Depois de 30 minutos, você descobrirá que a massa ficou cheia de bolhas médias de dióxido de carbono, e manuseá-la a essa altura se torna difícil.

▶ Descanso a frio na bancada

Se o *descanso na bancada* precisa ser mais longo do que 20 ou 30 minutos, as peças que passaram pela primeira modelagem têm de ser conservadas na geladeira sob cobertura plástica. Isso para impedir que elas formem uma camada espessa, provocada pelo ar frio dos refrigeradores que seca a superfície das peças.

O *descanso a frio na bancada* também pode ser usado para desacelerar a fermentação quando a temperatura da massa ficar alta demais. Por exemplo, a tdm das baguetes é 27 °C. Se a temperatura da padaria for de 32 °C, um descanso na bancada de 30 minutos, no piso, aqueceria a massa, fazendo-a crescer ainda mais. Nesse caso, as peças pré-modeladas, protegidas por spray e cobertas, devem ter um descanso de 30 minutos na geladeira.

A massa deve ser ajustada ao ser trazida de volta ao piso depois do *descanso a frio na bancada*. Deixe que ela volte à temperatura ambiente antes de lhe dar a modelagem final. Cinco minutos são suficientes, 10 minutos são o limite. Mantenha a massa coberta enquanto ela se ajusta.

▶ Modelagem final

Modelagem final da baguete

1. Coloque um cilindro pré-modelado sobre a bancada ligeiramente enfarinhada, com a emenda para cima. Com as mãos abertas, achate-o, retirando dele a maior parte do ar. Não puxe ou estique a massa: comprima-a em direção à bancada. A esta altura, não tente deixar a massa mais longa.

Parte II | As fases do pão

2. Dobre o terço superior da massa para baixo, passando da linha central. Aperte-a com a ponta dos dedos, para que ela grude.

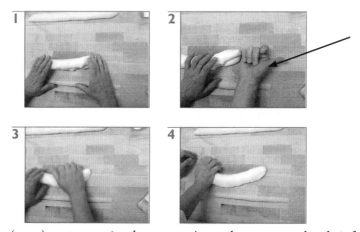

3. Dobre a (nova) parte superior da massa até que ela encontre a borda inferior. Use a parte inferior da mão para comprimir a massa para baixo e selar essas bordas.

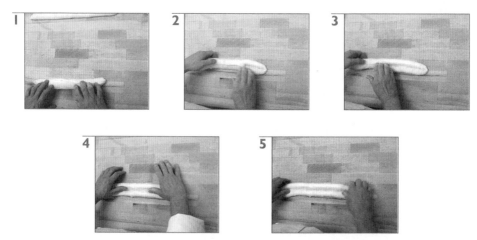

4. Vire a baguete de modo que a emenda fique para cima. Use a ponta dos dedos ou os polegares para comprimir essa emenda em toda a sua extensão, formando uma trincheira ao longo da linha central da baguete.

Fase 5 | Modelagem da massa

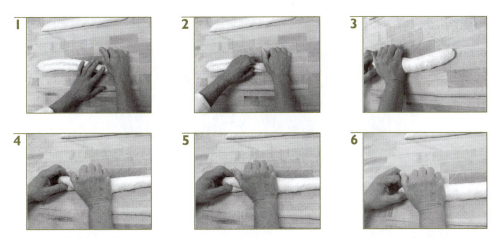

5. Dobre a (nova) parte superior da massa para baixo, para que ela se encontre com a (nova) parte inferior. Use a base da mão para pressioná-la para baixo e selar essa borda. Belisque suavemente a emenda, evitando que ela se abra. Belisque por toda a extensão da baguete, até as suas pontas.

Descanse brevemente a baguete na bancada, com a emenda para baixo, pelo tempo necessário para completar esses passos com o próximo cilindro de massa. Quando a segunda peça for colocada para descansar brevemente na bancada, volte à primeira e dê-lhe o acabamento final.

A habilidade do padeiro

Isto acontece tão depressa, que os seus olhos podem não perceber nada, mas a base da mão não comprime diretamente para baixo ao selar a borda da baguete.

Em vez disso, a base da mão acompanha a curva arredondada da baguete, quase como que traçando o número 2; a base da mão se move da parte superior do cilindro, rolando na sua direção, e vai para baixo, contornando o cilindro. Quando bate na mesa, a base da mão permanece na bancada e empurra a borda inferior do cilindro da baguete para frente.

Esse movimento sela a baguete sem beliscar a emenda. No caso da baguete, o cilindro é liso, diferente daquele que resulta da maneira como se sela um dumpling chinês ou um *pot sticker*.*

   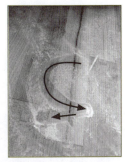

* Bolinho recheado com carne moída, vegetais ou outros ingredientes, tostado de um lado e depois cozido. (N. T.)

Parte II | As fases do pão

Os últimos retoques

6. Coloque uma mão sobre a outra. Posicione-as no meio do cilindro. Comece a rolá-lo para a frente e para trás, suavemente, fazendo isso duas ou três vezes. Agora, coloque as suas mãos uma ao lado da outra, de modo que elas se toquem, no centro do cilindro. De forma suave, role-o para a frente e para trás, duas ou três vezes.

7. Separe as suas mãos, movendo-as a cerca de 10 ou 12 centímetros, trabalhando em direção às extremidades da baguete. Role-a suavemente para a frente e para trás, duas ou três vezes. O centro da baguete fica gradualmente menor e mais redondo, enquanto a massa é pressionada uniformemente em direção às pontas, e a baguete fica mais comprida.

8. Repita a sequência, movendo as mãos gradualmente para uma distância maior. Quando você chegar às pontas da baguete, aperte-as com força para afilá-las.

Fase 5 | Modelagem da massa

9. Transfira essa peça modelada para o tabuleiro preparado (para maiores detalhes sobre a modelagem da baguete, veja o capítulo "Família das massas magras"). Volte à baguete que estava descansando e dê-lhe os últimos retoques. Proceda nesse sistema — duas baguetes de cada vez —, até que todas as peças tenham sido modeladas.

- Mantenha a bancada livre de farinha. A fricção entre a bancada e a massa é necessária para esticar a superfície da baguete e deixá-la lisa.

- Continue tocando a mesa com as mãos e mova-se devagar. Quando as suas mãos perdem contato com a mesa, a fricção sobre a massa se perde, a modelagem não acontece, e você passa a simplesmente empurrar a massa para cá e para lá.

Tour de main:[2] o gesto da ficha de pôquer

Quando eu ensino modelagem de massa a um novo grupo de estudantes, uso a seguinte analogia: faça de conta que você está no cassino, sentado em uma mesa. No centro da mesa está uma enorme pilha de fichas, e você acabou de ganhar a mão.

Estenda as duas mãos sobre a mesa, de modo que elas se juntem e circundem todas as fichas. Coloque os seus antebraços e as mãos sobre a mesa; você pode entrelaçar os dedos, se quiser. Devagar, puxe todas as fichas do centro da mesa, até que elas estejam bem a sua frente.

Esse é o gesto que você usa para modelar a massa na forma de uma bola. Se você se mover depressa demais e abruptamente, ou se erguer as mãos, mesmo que por um segundo, perderá algumas fichas.

 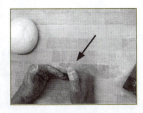 

---

[2] Literalmente, uma "volta da mão". Essa expressão francesa se refere a um dos pequenos truques que o chef confeiteiro e os padeiros usam para fazer os ingredientes se comportarem. É como usar o taco no jogo de bilhar, batendo na bola de modo que ela role de determinada maneira.

Parte II | As fases do pão

▶ Modelando uma bola

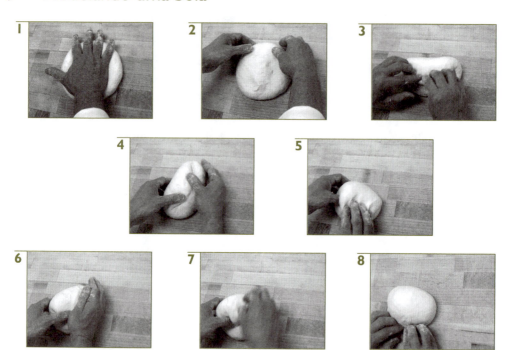

1. Coloque uma bola pré-modelada em uma bancada ligeiramente enfarinhada, com a emenda para cima. Com as mãos retas, elimine dela a maior parte do ar. Não empurre ou estique a massa; comprima-a para baixo na bancada. Junte os quatro lados da massa e vire-a de modo que o lado liso fique para cima.

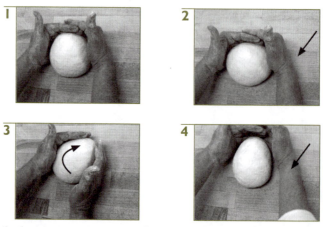

1-2. *Faça a bola* da seguinte maneira: coloque as duas mãos juntas do lado mais distante da massa. Usando o gesto da ficha de pôquer, traga, devagar, a massa para você, e observe que a superfície da massa se estica lentamente. Puxe a massa não mais do que 5 centímetros na sua direção.

3-4. Mantendo as mãos — e a massa — em contato com a bancada, gire a massa 90° no sentido horário. Empurre-a de volta para o ponto de partida, de modo que um novo lado da massa fique visível.

Repita o gesto da ficha de pôquer. A massa se esticará mais à medida que você repetir essa sequência. Estique-a apenas o suficiente para manter a forma dela.

Com o gesto da ficha de pôquer, a massa deve grudar na bancada do lado voltado para você.

▶ Envelhecimento da massa

Durante toda a *sequência de modelagem*, o fermento digere o amido da massa, e a fermentação continua. Monitore a massa em relação ao tempo e à temperatura, especialmente durante o *descanso na bancada*. Há muitas oportunidades para que a qualidade da massa se deteriore. **Envelhecimento da massa** é a expressão que os padeiros usam para se referir a essa deterioração ao longo do tempo.

Tempo

É fácil subestimar a quantidade de tempo necessária para executar os quatro passos da sequência de modelagem. Dividir e pré-modelar uma massa de 1,36 quilo em pedaços de 454 gramas pode levar 5 minutos. A mesma quantidade de massa cortada em 36 pãezinhos de jantar pode, algumas vezes, levar de 10 a 12 minutos. Certifique-se de considerar a quantidade, em quilos, de massa e a quantidade de pedaços que você irá modelar, para conseguir estimar corretamente o tempo de que precisará.

Temperatura

A temperatura ambiente e o nível de umidade do local de trabalho podem interferir na massa. Enquanto descansa em uma cozinha quente, a massa continua a fermentar, tornando-se úmida e cheia de bolhas. Se no local houver uma corrente de ar, a superfície da massa se resseca, a massa não gruda na mesa e se torna quase impossível modelá-la apropriadamente.

Parte II | As fases do pão

Questão	O que fazer
Os pedaços de massa estão quentes e pegajosos.	Nem os cubra. Simplesmente coloque-os no refrigerador. Vinte minutos depois, retire-os e dê-lhes a forma final.
A massa está cheia de bolhas e macia.	Enfarinhe os pedaços de massa. Sove-a. Volte a modelá-la na primeira forma. Deixe-a descansar por 20 minutos no refrigerador, coberta. Depois, passe à modelagem final.
A massa fica seca ou cria uma pele.	Borrife spray de água na parte superior da massa. Deixe-a descansar por 5 minutos. Proceda para a modelagem final. Enfarinhe as mãos de vez em quando, para que a massa úmida não grude nelas.

Dica do padeiro

Lembre-se de que a prática leva à perfeição. Ao aprender qualquer nova habilidade motora, seja descascar cenouras, praticar *snowboarding* ou enviar mensagens de texto, você desenvolve memória muscular. Movimentos pensados e lentos produzem resultados consistentes. A velocidade virá mais tarde.

Aqui está a curta lista de problemas que você provavelmente encontrará durante a *sequência de modelagem* e soluções para eles.

▶ Uma última palavra sobre modelagem da massa

Visualizar uma baguete e modelá-la com as suas mãos são duas coisas bem diferentes. Lembre-se, você está aprendendo uma habilidade motora e cometerá erros enquanto estiver desenvolvendo a sua memória muscular. Esse é um dos aspectos mais desafiadores — e um dos mais agradáveis — ao se tornar padeiro. Comece devagar e metodicamente. Depois que os seus músculos pegarem o jeito de fazê-lo, a sua velocidade aumentará.

Inicialmente, você pode se achar trabalhando demais a massa enquanto a modela. Isso é natural. Frequentemente acontece de as mãos aprenderem novas técnicas mais rápido do que o cérebro acredita. Na fornada seguinte após modelar pequenos pãezinhos de jantar com uma ou duas fornadas de massa, pense um pouquinho menos e simplesmente deixe as suas mãos fazerem o trabalho. Você se surpreenderá ao perceber o quanto as suas mãos se lembram. Os seus pãezinhos serão mais uniformes e mais macios, porque você os manuseará menos.

Fase 6

Acrescentando leveza

A fase do crescimento

Esta deve ser a menos intuitiva das fases do processo de fazer pão. Se você for um chef confeiteiro ou um chef não especialista, fazer *crescer* a massa do pão é, em geral, algo pouco familiar. Bolos amanteigados, brócolis ou contrafilé... nenhum desses alimentos cresce por fermentação. O pão sim. Pode ser que isso cause algumas incertezas ou hesitações nos padeiros novatos.

▶ Por que o crescimento?

Depois que a massa recebeu a sua forma final, ela precisa crescer uma vez mais. Aqui está o que acontece a ela:

1. *A estrutura de glúten relaxa.* Durante a modelagem, a massa é manipulada e se torna elástica novamente. Deixar que a massa relaxe proporciona ao pão uma forma mais uniforme ao assar.

2. *As moléculas de ar se expandem e bolhas de CO_2 se distribuem uniformemente pela massa.* A modelagem final retira muito ar da massa. Deixar que as moléculas de ar se expandam uma última vez dá à massa uma textura mais leve.

Parte II | As fases do pão

Os padeiros chamam essa fase de *crescimento*. Outros livros podem chamá-la de *fermentação final* ou de *crescimento final*. Todas essas expressões significam a mesma coisa. Qualquer que seja o termo usado na sua padaria, a finalidade dessa fase é obter uma textura melhor para o pão — uma mordida macia e tentadora e muitos buracos dentro da massa.

▶ Três condições para o crescimento

Para criar um bom ambiente para o crescimento, o padeiro deve controlar três elementos:

1. Temperatura.
2. Umidade.
3. Tempo.

Os ajustes específicos de temperatura, umidade e tempo mudam para cada família de massa. Por exemplo, massas magras e massas macias têm necessidades semelhantes de temperatura e de umidade. Mas os seus tempos de crescimento total são diferentes: o crescimento final das massas magras leva cerca de 15 minutos a mais do que o das massas macias. Seguindo esse exemplo, as massas ricas levam a mesma quantidade de tempo para crescer que as massas magras, mas a percentagem de manteiga maior das massas ricas exige uma temperatura de *crescimento* 6 °C mais baixa.

Por sorte, todas as massas de uma mesma família têm necessidades semelhantes em relação à temperatura, à umidade e ao tempo de crescimento. Por exemplo, a experiência em crescer os Balloons dá a você uma segurança na hora de crescer qualquer outra massa macia. Depois que se familiarizar com os ajustes e os tempos de crescimento das cinco famílias de massa, você verá que todas as receitas de pães deste livro seguem as mesmas orientações.

O intervalo de temperaturas de crescimento vai de 21 °C a 29 °C. A umidade vai de 50% a 80%. Os tempos vão de 45 minutos a 1 hora e 30 minutos. Essas são generalizações, e todas as receitas deste livro operam dentro desses limites. Para cada massa que você fizer, consulte as instruções específicas para o crescimento.

Temperatura

A temperatura de crescimento de uma massa é, em geral, igual a sua tdm, a temperatura desejada da massa. Para massas magras, macias e úmidas , 27 °C é uma temperatura adequada. As massas ricas e as doces, como o pão de manteiga e os pães de canela, crescem a 21 °C. Sob temperaturas mais altas, a manteiga que há nessas massas começa a perder sua consistência ideal. Quaisquer exceções quanto a isso estão anotadas de forma clara nas receitas específicas das massas.

Dica do padeiro

Esta tabela mostra que quanto mais gordura há em uma massa, mais baixa é a temperatura de fermentação dela.

Família de massa	PP% gordura	Representante	Temperatura de fermentação
Magra	Baixa (menos que 5%)	Baguetes	27 °C
Macia	Moderada (de 5% a 10%)	Balloons	27 °C
Rica	Alta (mais de 15%)	Pão de manteiga	21 °C a 23 °C
Doce	Moderada (11% ou mais)	Pães de canela	21 °C

Umidade

Na fase de crescimento, as bolhas de dióxido de carbono continuam a se expandir, e a forma da massa se estica uma última vez. O amido da superfície da massa precisa ser mantido úmido. Se isso não acontecer, uma "crosta" se formará em torno da massa, impedindo que ela cresça de modo uniforme. O nível de umidade do pão deve controlar a quantidade de umidade no ambiente enquanto a massa modelada cresce.

Umidade de 75% é a média das massas. Use essa quantidade de umidade sempre que diferentes massas tiverem de compartilhar a mesma estufa.

A presença de açúcar na massa muda as exigências de umidade durante o crescimento. Como o açúcar é higroscópico, isto é, absorve umidade do ar, quanto mais alta for a PP% de açúcar na massa, mais baixa será a quantidade necessária de umidade. A tabela a seguir mostra como a umidade varia em relação à PP% de açúcar na massa.

Dica do padeiro

Quanto mais açúcar houver na massa, menor será o nível de umidade necessário para a fermentação final:

Família de massa	PP% açúcar	Representante	Intervalo de umidade (%)
Magra	0%	Baguetes	de 70% a 80%
Macia	de 0% a 5%	Balloons	de 70% a 80%
Rica	5%	Pão de manteiga	de 60% a 70%
Doce	de 5% a 10%	Pães de canela	de 50% a 60%

Parte II | As fases do pão

A umidade varia de acordo com o clima e a época do ano. Durante os meses secos de inverno, a massa requer uma umidade ligeiramente mais alta; já durante os meses úmidos de verão, ela requer umidades mais baixas.

Os padrões de umidade deste livro foram ajustados de acordo com um clima mais seco. O microclima da sua padaria determinará como você deve fazer esses ajustes, se não conseguir os resultados que procura.

Tempo

Não há uma regra segura para determinar o tempo de fermentação final da massa. Muitas variáveis, como a temperatura da massa, a umidade do ambiente e a firmeza usada para modelar a massa, combinadas, afetam o tempo de fermentação final.

Como orientação geral, o tempo de fermentação final de uma massa magra ou macia equivale a dois terços do tempo de fermentação dela. A tabela seguinte indica os tempos esperados de fermentação final neste livro.

Dica do padeiro

Quanto mais gordura houver na massa, mais curto será o tempo de fermentação final dela.

Família de massa	Representante	Tempo (médio) de fermentação final
Magra	Baguetes	50 min a 1 h
Macia	Balloons	35 min para pãezinhos 1 h + para pão de forma
Rica	Pão de manteiga	45 min a 1 h
Doce*	Pães de canela	35 min +

* A única exceção são as massas doces, como os pães de canela. A sua alta PP% de açúcar absorve umidade da massa. Com uma menor quantidade de água na massa, o fermento desacelera, e o tempo de fermentação final se prolonga.

▶ Proteja a massa durante a fermentação final

Preaqueça e umidifique a área de fermentação final

Ligue a estufa antes de começar a modelagem final. A fase de fermentação final começa assim que a massa tiver sido modelada. Transferi-la para uma estufa aquecida e úmida evita que uma pele se forme sobre ela.

Estufas profissionais

As estufas profissionais têm fechos de borracha na porta, para criar um ambiente vedado. As suas prateleiras são ajustáveis, de modo que pães estreitos, como as baguetes, possam compartilhar a estufa com produtos mais altos, como o pão de forma integral de mel. No piso interno da estufa, há uma bandeja de água (aquecida), que gera umidade. O termostato e o medidor de umidade ficam na frente da estufa. Os leitores digitais de temperatura e de umidade permitem monitorar a fermentação final sem que seja necessário abrir a porta.

O dispositivo que você não irá encontrar na estufa é o cronômetro. A função de cronometrar é deixada a cargo do padeiro. Essa é uma habilidade que se aprende com a experiência. Lembre-se de que a massa continua a fermentar até ser colocada no forno; ela fermenta mesmo enquanto é glaçada, decorada ou cortada.

Se você está fazendo um ou dois pães de forma, isso se torna insignificante; agora, se você está fazendo doze bandejas de baguetes fermentadas, isso pode adicionar de 5 a 10 minutos ao seu cronograma. A última bandeja pode fermentar demais antes mesmo de ser decorada. Cronometre o seu trabalho apropriadamente e utilize ajudantes quando for necessário. Armazenar metade das bandejas no refrigerador enquanto você decora a outra metade é uma estratégia útil.

▶ ## Quando é que a massa fermentou o suficiente?

A maior parte dos livros de culinária diz que *a massa fermenta quando praticamente dobra de tamanho*. Isso pode parecer fácil na teoria, mas na prática é difícil, especialmente se se trata dos primeiros e poucos pães que você faz. Mais confiável do que o dito é o *teste da elasticidade*.

Para fazer esse teste, aperte suavemente o lado da massa fermentada. O seu dedo deve penetrar nela cerca de 1 centímetro; retire o dedo e verifique a quantidade de massa que volta à posição inicial.

Se a massa voltar a uma forma praticamente igual à inicial, então a *elasticidade* é forte demais. Como em uma cama elástica, há elasticidade demais. A massa está esticada e precisa de mais tempo de fermentação. Se essa massa fosse assada neste momento, uma casca se formaria rapidamente. O interior da massa continuaria a crescer, rachando a superfície e explodindo o pão ao longo da emenda.

Se a massa não voltar à sua forma original e a depressão continuar com uma profundidade muito parecida, então a *elasticidade* é fraca demais. A massa fermentou além da conta. Se assado a essa altura, o pão desabaria e ficaria com a aparência de ter sido esmagado.

Teste da elasticidade.

Dica do padeiro

Situação: ao assar muitas bandejas de pão, como Balloons, é comum que algumas delas pareçam subfermentadas, enquanto outras parecem fermentadas demais. Todas as bandejas podem ser assadas ao mesmo tempo, assumindo que há espaço suficiente no forno.

Solução: coloque as bandejas subfermentadas nas prateleiras inferiores do forno e as superfermentadas nas prateleiras superiores.

Motivo: o ar quente sobe. As bandejas do alto criarão casca rapidamente. Os pães das bandejas inferiores terão mais tempo para se expandir e atingir o tamanho dos pães maiores, que estão no alto.

Uma fermentação final apropriada é equilibrada entre os dois extremos, com uma *elasticidade* de 50%. A massa fica frouxa o bastante para não voltar totalmente à forma original, mas ainda tem alguma elasticidade, de modo que volta o suficiente para manter a forma.

Dicas:

1. Antes de fazer o teste da elasticidade, mergulhe o dedo em um pouco de farinha. Isso impedirá que ele fique grudado na superfície úmida da massa.

2. Teste a massa em mais de um lugar. Isso é particularmente importante quando você for assar muitas bandejas do mesmo produto. Como a modelagem dura um período de tempo, você obterá resultados diferentes para cada bandeja. Use a média dos resultados.

Na minha experiência, eu constatei que a habilidade de padeiro mais difícil de ser desenvolvida é a de julgar o momento em que a massa tenha fermentado o bastante. Isso se parece com andar na corda bamba. Inicialmente, você cai para um lado. Aí, supercompensa e cai para o outro lado. Com um pouco mais de prática, você conseguirá se equilibrar entre os dois. Enquanto estiver desenvolvendo as suas habilidades com a fermentação, tenha em mente que é melhor subfermentar uma massa do que a fermentar demais.

Quanta *elasticidade* é suficiente?

Em geral, um padeiro experiente pode ver se a massa modelada está pronta para ser decorada e assada. Em outras palavras, se ela já fermentou o bastante. Para um padeiro iniciante, entretanto, julgar se a fermentação está correta é uma questão de tentativa e erro.

Na classe, eu frequentemente uso a analogia de atirar diferentes pedaços de fruta contra a parede como uma maneira de proporcionar a visualização da elasticidade. As maçãs têm uma elasticidade moderadamente alta; os morangos, uma muito mais baixa. Essa analogia funcionou bastante bem, eu suponho, mas lhe faltava uma certa elegância.

Aí, eu encontrei o *The Cartoon Guide to Physics*, publicado pela Harper Perennial, em 1991, e escrito por Larry Gonick e Art Huffman. Larry foi cavaleiro do Conselho Universitário do Jornalismo Científico no Massachussets Institute of Technology; Art administra o programa de demonstrações/palestras de física na Universidade da Califórnia, em Los Angeles. O diagrama *medidas de elasticidade* que os autores criaram tem a elegância que eu procurava e ajudou a inspirar este:

O *continuum* da elasticidade

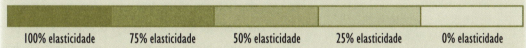

Nós vamos derrubar alguns objetos no chão. A altura que o objeto atinge ao pular de volta indica quanta elasticidade ele tem. A escala vai da *elasticidade* total, à esquerda, a absolutamente nenhuma *elasticidade*, na extrema direita. (Entretanto, a *elasticidade* total nunca acontecerá de fato, por causa da fricção no ar e do fato de que o solo absorve um pouco da energia do objeto quando este bate no chão.)

Imagine que nós iremos derrubar uma bola de massa de modelar, uma de beisebol, uma de tênis, uma esponja ensopada de água e um trapo de tecido molhado. Alinhando as coisas de acordo com o tamanho de seus pulos, o diagrama se parece com isto:

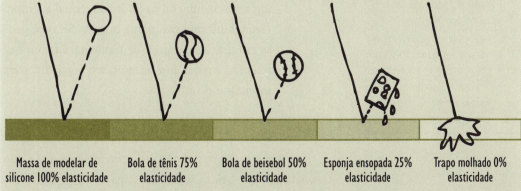

Assim se mede a elasticidade do glúten. Quanto mais tempo a massa fermentar, menos elasticidade ela terá. Quando você pressiona o lado de uma massa fermentada, a elasticidade dela deve ser moderada, de cerca de 50%.

Parte II | As fases do pão

Dica do padeiro

Eu descobri as seguintes maneiras de improvisar ambientes de modo a torná-los uma estufa:

1. Coloque um pequeno recipiente cheio de água quente em uma lavadora de pratos (desligada), para criar vapor. Coloque uma bandeja de massa lá dentro e feche a porta.

2. Se o tabuleiro couber na parte de cima do forno, esvazie-a. Borrife água com um spray sobre a massa, para evitar que uma pele se forme. Mantenha a porta do forno fechada.

3. Coloque a bandeja de massa modelada dentro de um saco plástico grande e feche-o com um arame pequeno. Ponha copos ou xícaras sob os cantos da bandeja, para que sirvam como suporte.

4. Coloque as bandejas sobre a lavadora ou secadora de roupas; elas geralmente estão quentes o bastante para fermentar ali. Cubra-as.

5. Use a sua intuição culinária.

Algumas dicas para a fermentação adequada:

1. **Mantenha úmida a superfície da massa.** Se não houver uma estufa disponível, periodicamente umedeça com água a superfície dos pães já modelados. Em casos extremos, pulverize-os ligeiramente com spray, depois que eles forem umedecidos.

2. **Mantenha a massa coberta,** mas não coloque nada diretamente sobre a superfície dela. Se você cobrir a superfície da massa diretamente com plástico enquanto ela cresce, ao removê-lo, a aparência do pão pode ser prejudicada, ou, pior ainda, o pão pode desabar.

3. **Há espaço suficiente para que a massa cresça?** Tendo a massa crescido, ela pode ser retirada sem ficar prejudicada por um degrau exposto na estufa ou uma barra de suporte na prateleira? Ela irá transbordar?

4. **Mantenha a massa longe de correntes de ar.** As tampas de exaustores e respiradouros criam correntes de ar na cozinha. Encontre um ambiente seguro, longe do trânsito e da circulação de ar, de modo a evitar que uma pele se forme sobre a massa modelada.

5. **Mantenha a temperatura estável.** Encontre um lugar na cozinha ou na padaria no qual a temperatura ambiente não flutue demais. Se você pensa em usar esse espaço de fermentação com frequência, prenda um termômetro à parede, para monitorar o ambiente.

Você não tem uma estufa?

A maioria das cozinhas é suficientemente quente, não necessitando que sejam investidos espaço ou dinheiro em uma estufa. Mas é preciso criar um ambiente controlado e seguro para as massas enquanto elas passam pela fermentação final.

Fase 6 | Acrescentando leveza

Os padeiros dão o nome de *fermentação de piso* para quando os pães modelados fermentam à temperatura ambiente da cozinha. Os formatos finais são feitos em bandejas ou tabuleiros e cobertos, para evitar correntes de ar. Geralmente, na padaria, um ou dois carrinhos são destinados à *fermentação de piso*. As bandejas com o pão modelado são colocadas no carrinho, e, para criar umidade, um recipiente com água quente é colocado na prateleira do fundo, a meia altura. Depois, o conjunto todo é coberto por um plástico reutilizável. Nas cozinhas profissionais, esse tipo de cobertura vem em um rolo.

Se você estiver numa cozinha central, a temperatura ambiente pode se encontrar entre 27 °C e 28 °C, sendo apropriada para a fermentação. Se houver um ou dois caldeirões de sopa cozinhando, é capaz até de haver umidade suficiente para que a massa não forme aquela casca seca enquanto fermenta.

Certifique-se de que há algum tipo de cobertura sobre a massa, de modo que ela não seja danificada por correntes de ar.

Nota sobre o tempo: quando você estiver fazendo a *fermentação de piso*, aumente em 15% o tempo de fermentação recomendado. Por exemplo, os Balloons precisam de 35 minutos em uma estufa, mas precisarão de 40 a 42 minutos na *fermentação de piso*. Confie no teste de elasticidade para determinar se a fermentação está adequada ou não.

Fermentação a frio

As padarias têm o assim chamado *retardador*, que se parece com uma câmara frigorífica, com a diferença de que a temperatura dele é ligeiramente mais elevada — de 7 °C a 10 °C. Quando pães modelados são colocados no retardador, a fermentação continua, mas em um passo muito mais vagaroso. Os padeiros chamam essa técnica de *fermentação a frio*.

A *fermentação a frio* é útil para massas ricas, como os brioches, ou massas doces, como os pães de canela. A temperatura fria origina minúsculas células de CO_2 na massa, dando aos pães assados uma textura fina. Ela também ajuda

---

Dica do padeiro

Corrigindo a massa que fermentou demais

Você só tem uma chance para recuperar a massa que fermentou demais durante a modelagem final. Enfarinhe os pães ligeiramente. Enfarinhe a bancada também. Vire as peças na bancada. Volte à primeira forma, remodelando a massa como bolas ou como cilindros. Em seguida, deixe-as descansar na bancada por 20 minutos. Depois da modelagem final, coloque a massa para fermentar uma última vez. O pão envelheceu desde que você começou essa triagem, portanto, desta vez, espere um tempo de fermentação menor. É comum que o tempo de fermentação revisado leve apenas metade do tempo original.

Dica do padeiro

Consistência do produto

A fermentação pode ser de piso, pode ocorrer em uma estufa ou no refrigerador. Em geral, o padeiro deve manter um procedimento de fermentação consistente para cada família de massa. Cada vez que você fizer uma alteração nos ajustes ou nos tempos de fermentação, o perfil de sabor e a textura dos pães sofrerão mudanças.

Depois que você descobrir o processo que funciona melhor na sua cozinha, não o modifique. Na nossa escola-padaria, por exemplo, as massas doces sempre são *fermentadas a frio*. É simplesmente o jeito que funciona melhor em nosso ambiente.

a manteiga da massa a permanecer emulsificada, pois a manteiga não derrete, e a massa não fica gordurosa ou com as bordas quebradiças depois de assada.

A *fermentação a frio* não é recomendada para todas as famílias de massa. As massas magras e as macias não devem ser *fermentadas a frio*. A fermentação lenta e longa desenvolve um perfil de sabor diferente nessas massas e pode se desequilibrar rapidamente, em virtude de um desenvolvimento ácido mais alto. Isso é particularmente verdadeiro quando guarnições sólidas, como queijo, azeitonas ou frutos secos, são incluídas na massa.

A *fermentação a frio* também muda a textura das migalhas. Com ela, o tamanho das migalhas se reduz, o que torna o pão mais emborrachado do que a receita pode pretender. As migalhas finas e uniformes das massas doces ou das ricas, como o pão de manteiga e os pães de canela, são mais adequadas para a *fermentação a frio*.

Os seus clientes esperam pães com um sabor e uma textura consistentes. Variar os procedimentos de fermentação muda o perfil de sabor da massa e a sua textura. Quando os clientes encontram inconsistência de produto, eles perguntam a si mesmos o que ocorreu com o seu pão favorito. Nesse caso, em vez de tentar compreender, é mais fácil para eles ir comprar em outro lugar.

Analogia culinária

Escalfar

Fermentar a massa é muito parecido com escalfar outros alimentos delicados, como peixes ou peras. Resumidamente, o procedimento da técnica de escalfar é o seguinte:

1. Encha uma panela com água, caldo ou algum líquido saboroso; espere o líquido ferver.
2. Adicione o alimento e espere que o líquido ferva novamente.
3. Reduza a chama, para que o alimento cozinhe lentamente, de modo que ele se aqueça suave e uniformemente. Mantenha a panela tampada.
4. Retire o alimento quando ele estiver pronto.

Fase 6 | Acrescentando leveza

▶ Como operar uma câmara de fermentação

(Meio-dia — lado superior do marcador)

Antes de colocar a massa modelada na câmara, certifique-se de que ela esteja quente e úmida.

1º passo — preaqueça a estufa

Encha de água a bandeja da parte inferior da estufa. Use água quente e encha até dois terços da altura, para reduzir o risco de entornar.

Se necessário, ajuste as prateleiras de acordo com a altura dos pães.

Feche a porta da estufa. Ajuste a temperatura e a umidade no valor mais alto possível.

Ligue a estufa, que se encontrará pronta quando a temperatura estiver entre 27 °C e 32 °C. A umidade é visível do lado de dentro da porta.

2º passo — coloque a massa modelada na estufa preaquecida

Agora, os pães modelados podem ir para a estufa. O ar quente se eleva, por isso você deve colocar as bandejas em sequência, de baixo para cima. Deixe alguns degraus livres, se for possível. Não se esqueça de deixar um espaço na parte superior — depois que o pão crescer quase duas vezes a sua altura original, você conseguirá retirá-los sem que a bandeja acima deles os danifique?

Feche a porta da estufa.

Parte II | As fases do pão

3º passo — ajuste a máquina

Quando massas mais frias são colocadas na estufa, o nível de temperatura e umidade dela abaixa. Espere 4 ou 5 minutos para que a temperatura volte aos 27 °C e a umidade, a aproximadamente 70%. Nesse ponto, ajuste a temperatura e a umidade nos níveis especificados para a sua massa. Se a sua estufa não possuir uma tabela de umidade colada na parte de trás, use a seguinte tabela para se orientar:

	Ajustes*
Umidade	(5) Massa rica e massa doce (6) Massa magra e massa macia
Temperatura	(3) Massa rica e massa doce (4) Massa magra e massa macia

* O ajuste deve estar em "meio-dia", no topo do disco (veja a foto 3 da página 157).

4º passo — estabeleça o cronômetro

Poucas estufas comerciais possuem cronômetro. Uma boa ideia é colocar um pedaço de fita adesiva na porta da estufa indicando o nome do produto, o nome do padeiro e o tempo em que o produto estará pronto. Se você estiver ocupado, é provável que alguém verifique os pães para você ao ver o lembrete.

5º passo — feche a estufa e seque-a

1. No final do turno, retire a bandeja de água e jogue fora toda a água restante — tenha cuidado, pois ela estará quente.
2. Com uma toalha seca, retire o excesso de umidade do interior da estufa, sem se esquecer de secar também o chão e o lado interior da porta.
3. Seque a bandeja de água vazia e recoloque-a no lugar.
4. Deixe a porta ligeiramente aberta, para arejar a estufa. A umidade dentro dela atrai microrganismos e insetos.

Fase 7
Da massa ao pão

As fases de decoração e de assamento

Há mágica na fase de assar o pão.

Uma última pincelada com gema de ovo, ou alguns cortes decorativos usando uma lâmina de barbear, e a massa vai para o forno. Na parte mais quente do forno, as moléculas de ar se expandem rapidamente e dão uma última esticada na massa. A sua forma exterior está estabelecida.

Hipnotizadas, as pessoas se reúnem diante do forno, observando a transformação.

A massa agora é colocada em uma parte mais fria do forno, de modo que o centro dela possa absorver lentamente o calor. A rede de proteínas se firma em torno de pequenas bolhas de ar, vapor e CO_2. A cor da crosta muda, um leque de aromas se espalha pela padaria. Eis o pão pronto.

▶ Preparando o forno

Preaqueça o forno

A primeira coisa que o padeiro faz ao entrar na padaria, todas as manhãs, é acender o forno. Mesmo que o forno já esteja ligado, ele precisa ser ajustado para a próxima fornada assim que o pão modelado esteja na câmara de fermentação.

Parte II | As fases do pão

Dica do padeiro

Preaquecendo o forno: o forno de convecção precisa de aproximadamente 30 minutos para atingir 200 °C internamente. Os termostatos muitas vezes podem indicar que o forno chegou à temperatura desejada em menos tempo — na verdade, eles indicam que o ar no interior do forno está a 200 °C.

Entretanto, o forno em si — as suas paredes, as suas partes inferior e superior — ainda está muito mais frio. Permitir um tempo adicional a fim de que o próprio forno se aqueça é necessário para obter uma boa crosta em seu pão.

Massa termal é a expressão que os padeiros usam quando se referem à temperatura total da câmara do forno e dos materiais físicos que o compõem.

Um forno de lastro, com a sua típica pedra, pode levar 1 hora inteira antes que a temperatura da câmara chegue aos 200°C. Mas as suas paredes e a sua superfície inferior ainda se encontram mais frias. Pode levar até 1 hora a mais para que a massa termal do forno inteiro chegue aos 200 °C.

Ajuste qualquer prateleira, se necessário

Se houver prateleiras removíveis ou ajustáveis no seu forno, coloque-as na posição adequada antes de preaquecê-lo. Se você estiver usando bandejas invertidas ou uma grade de forno para forrar a parte inferior de um forno de lastro, este é o momento de se certificar se esses itens estão nos seus lugares. Você perderá um tempo valioso e muito calor do forno se, com os pães decorados e prontos para enfornar, tiver de deixar a porta aberta enquanto coloca os tabuleiros lá dentro.

Pense antecipadamente

Finalmente, certifique-se de que haja à mão um tabuleiro de esfriamento vazio e um par de luvas para forno. Para o bem do pão e a segurança da sua cozinha, quando for hora de enfornar o pão, todo o processo deve fluir o mais suavemente possível.

▶ A fase de decoração

Antes de ir para o forno, as massas fermentadas são glaçadas, cortadas com uma lâmina de barbear ou uma faca e, algumas vezes, recobertas com ingredientes como queijo, sementes ou açúcar cristal. O glacê impede que o amido endureça rápido demais enquanto a massa cresce no forno. Os cortes permitem que a massa se expanda sem explodir. Tanto o glacê quanto os cortes melhoram a apresentação dos pães. Cada família de massa tem as suas próprias regras de *decoração*, que se aplicam a todas as massas da mesma família.

Glacês

As massas macias e as ricas, como os Balloons e o pão de manteiga, são pinceladas com um glacê com base de gordura. Entre as escolhas estão leite, creme de leite, ovos e manteiga derretida resfriada. Os padeiros podem usar esses ingredientes combinados ou sozinhos. Todas as massas macias e as ricas são glaçadas antes de assar. Há um dito das padarias que prescreve: "se há gordura *na* massa, então coloque gordura *sobre* ela".

160

Se os seus clientes preferirem pães opacos e com superfícies macias, glace a massa com leite ou creme de leite. Claras de ovo ou ovos inteiros produzem uma crosta brilhante. Usar diferentes glacês fornece ao padeiro uma forma fácil de criar grande variedade de apresentações na padaria. Este livro usa o que os meus estudantes aprenderam a chamar de *glacê padrão*.

Quando as massas são glaçadas, não é preciso fazer cortes, mas sempre há exceções. No pão de forma integral de mel, usa-se uma *split top décor*. Nesse caso, uma faca serrilhada corre todo o comprimento do pão, ao longo da parte superior. Dentro desse corte, coloca-se manteiga derretida resfriada.

Cortes

As massas magras, com pouca ou nenhuma gordura ou adoçantes, não são glaçadas. Em vez disso, elas são cortadas usando-se uma ferramenta de corte bem amolada. Sem glaçar, o amido da superfície da massa se solidifica rapidamente no forno. Quando isso acontece, o interior do pão continua a se expandir, até irromper na superfície do pão, em geral ao longo da emenda ou em algum outro ponto fraco.

Se a massa for cortada primeiro, o pão se expande ao longo dos cortes, ampliando-os e criando um padrão. Pode-se usar uma faca serrilhada na maioria dos cortes. Os padeiros profissionais usam uma lâmina para pão, o *lame*.

> ### Dica do padeiro
> O *glacê padrão* é feito de partes iguais de leite e um ovo inteiro. Um ovo inteiro e um quarto de xícara de chá de leite pesam cerca de 56,70 gramas cada um. Essa quantidade rende glacê suficiente para cerca de quatro dúzias de pãezinhos de jantar.
> Ao preparar o glacê, primeiro bata os ovos e depois acrescente o leite. Não faça muita espuma. Passe a mistura por uma peneira fina. Armazenado na geladeira, o glacê tem uma vida de prateleira de um turno de oito horas. Os códigos de segurança alimentar consideram potencialmente perigosos os ovos batidos juntos; é melhor utilizar o glacê fresco, preparando-o no início de cada turno.

Diferentes equipamentos de decoração

Faca serrilhada ou fiambre

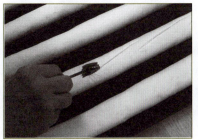

Lame (lâmina de barbear)*

Tesoura de cozinha

Definição de *lame*

Termo francês para a lâmina de barbear fixada a um cabo curto de madeira, de plástico ou de metal, usada para entalhar massas antes de assá-las.

* Também conhecido como *lâmina para cortar pães*, *cortador de pestana* e *bisturi de barbeiro*.

Parte II | As fases do pão

Dois estágios do assamento

O assamento é uma operação de dois estágios. Durante o *estágio I*, o pão se expande até chegar ao seu tamanho total. Durante o *estágio II*, o interior do pão assa completamente e a rica tonalidade da crosta se forma. Os dois *estágios* formam o *tempo total de assamento*.

O estágio I do assamento **é responsável pela expansão final da massa no forno.** O *estágio I* representa de 20% a 30% do tempo total de assamento do pão. Por exemplo, as baguetes levam de 20 a 22 minutos para ficarem prontas. O estágio I do assamento das baguetes é de 6 minutos (aproximadamente 25%).

O estágio II do assamento **é responsável por assar o interior da massa.** Quando a parte interior da massa chega a temperaturas entre 77 °C e 99 °C, a proteína e o amido se tornam firmes.

O estágio II **também é responsável pelo douramento da crosta.** A parte externa do pão pode chegar a temperaturas entre 177 °C e 218 °C — algumas vezes, pode chegar a temperaturas ainda mais elevadas.

Juntos, o *estágio I* mais o *estágio II* formam o tempo total de assamento.

▶ Estágio I

No estágio I do assamento, usam-se temperaturas mais altas, para ajudar o pão a crescer ao máximo. Dentro da massa, as moléculas de dióxido de carbono se expandem. Ao mesmo tempo, a água e outros líquidos presentes na massa se transformam em vapor. Juntos, eles provocam a expansão de último minuto da massa, chamada de *salto de forno*.

O glúten se estica pela última vez, dando ao pão o seu volume máximo. A expansão continua até que o amido da superfície externa comece a secar. Nesse ponto, uma crosta fina se forma e impede que a massa continue a se expandir.

As massas macias e as ricas são cobertas por um glacê protetor, que pode ser a mistura de ovo e leite. A gordura e o líquido do glacê mantêm a parte exterior da massa macia por um período de tempo mais longo. Isso permite que a massa se expanda facilmente e sem secar, de modo que não é preciso fazer cortes nela.

Massas magras, como as baguetes, são decorativamente cortadas usando-se uma lâmina. Os cortes controlam o modo como a superfície da baguete se expande, permitindo que isso ocorra sem que ela se parta.

Dica: alguns fornos podem criar uma crosta mais escura do que se deseja. O padeiro pode remediar isso ao colocar uma folha de papel-manteiga ou de alumínio por cima dos pães enquanto eles assam. Se você usar esse procedimento, lembre-se de esperar até que o estágio I do assamento tenha terminado — e uma ligeira pele sobre a superfície do pão tenha se formado — para cobri-lo.

Ventilando o forno

Durante todo o estágio I do assamento, a água que há dentro da massa se transforma em vapor. À medida que escapa do pão, esse vapor se acumula no forno e contribui para o salto de forno. No final do estágio I, o forno está *ventilado*, liberando o vapor que se formou lá dentro.

Alguns fornos têm respiradouros operados mecanicamente, os quais se abrem quando determinado botão é pressionado ou determinada manivela é acionada. Se o seu forno não possuir respiradouros, você pode fazer o seguinte: proteja a sua mão com uma luva para forno, role as mangas da sua jaqueta de chef para baixo e abra cuidadosamente a porta do forno até a metade. Depois de contar 3 segundos inteiros, feche a porta. Isso costuma fazer que o vapor acumulado escape, além de diminuir um pouco a temperatura do forno, antecipando o *estágio II*.

> **Definição de *ventilado***
>
> O vapor acumulado deve ser removido do forno depois que o pão assar por cerca de 25% do tempo total de assamento. Ao usar fornos comerciais, o padeiro pode abrir os respiradouros embutidos, liberando o vapor acumulado. Depois que o forno for ventilado, o respiradouro fica aberto pelo resto do tempo de assamento.

▶ Estágio II

No estágio II, a temperatura do forno é em geral reduzida em 7 °C até 10 °C. A uma temperatura mais baixa, o pão assa mais completamente, sem que a crosta se queime.

No estágio II, o amido e a rede de proteínas do interior da massa se solidificam. A formação da crosta se completa, e o assamento continua até que ela doure e os aromas do pão se tornem evidentes.

Antes de examinarmos o estágio II detalhadamente, focalizemos o papel do vapor no estágio I do assamento.

▶ Qual a importância do vapor?

Injetando vapor durante o estágio I do assamento

As massas magras contêm baixa percentagem de amaciantes. Elas são assadas com vapor durante o *estágio I*.

Parte II | As fases do pão

O vapor umedece a superfície dos pães, o que impede que o amido seque e permite que ele se expanda ao máximo.

Em geral, as massas macias e as ricas não precisam de vapor, mas precisam de glacê. As condições meteorológicas mudam, de modo que, em um dia seco, ao assar pães como Balloons e brioches, você pode fazer uma curta inserção de vapor no início do assamento. Isso os umedece, reduz a quebra da superfície e colabora para que os pães tenham uma completa expansão.

Em todos os casos, o vapor é injetado e mantido no forno apenas durante o *estágio I do assamento*. No final desse estágio, o vapor é removido do forno abrindo-se o respiradouro ou a porta do forno, rapidamente (e com cuidado).

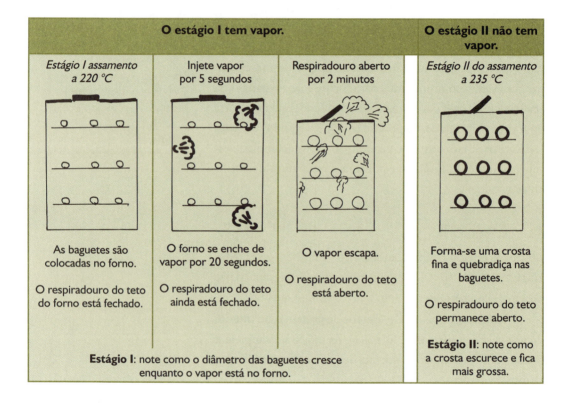

▶ Operando o vapor em um forno de lastro

Em um forno de lastro, demora cerca de uma hora para que se forme pressão de vapor suficiente para assar pão. Quando você estiver fazendo o preaquecimento, certifique-se de que o gerador de vapor está ligado. Procure pelo ícone do vapor, que muitas vezes se parece com o desenho de uma rajada de vento.

A maior parte dos fornos usa um sistema para indicar se há vapor suficiente à disposição (isso varia de fabricante para fabricante).

O interruptor do gerador de vapor em geral se encontra perto do piso, no painel frontal do forno. Em alguns casos, o gerador é anexado externamente. Verifique com o seu chef.

Depois que o gerador de vapor for ligado, feche os respiradouros. Os fornos de lastro têm um respiradouro de vapor para cada câmara. Normalmente, o respiradouro é acionado por um botão preto, sem etiqueta, aproximadamente do tamanho de uma bola de golfe, situado na parte frontal do forno. Esse botão opera um respiradouro mecânico na parte superior do fundo da câmara do forno. Quando o botão é puxado para fora, o respiradouro é aberto. Certifique-se de ligar o gerador de vapor e feche todos os respiradouros quando você estiver preaquecendo o forno.

Para injetar vapor no forno, o padeiro deve ligar manualmente um cronômetro ou pressionar o botão do vapor. Isso é feito apenas uma vez, para abrir a válvula do vapor e permitir que a câmara fique cheia dele.

Livrando-se do vapor

No final do *estágio I do assamento*, o vapor que se formou no forno deve ser retirado. Para ventilar o forno e permitir que o vapor saia, é simples: apenas puxe o botão da ventilação. *Depois de aberto o respiradouro, mantenha-o assim pelo resto do tempo de assamento.*

Abrir o respiradouro elimina a maior parte do vapor que havia se formado.

É possível que algum vapor permaneça no teto do interior da câmara. Você pode eliminar esse vapor restante abrindo a porta do forno e fechando-a após contar, devagar, até três. Proteja a mão e o braço usando uma luva de forno e abaixando a manga da sua jaqueta de chef. O braço exposto pode se queimar muito rapidamente com o vapor. Como medida de segurança, grite que você está ventilando o forno, para alertar os colegas de trabalho que estiverem próximos.

Dica do padeiro

O forno de lastro pode ser programado para liberar a mesma quantidade de vapor na câmara do forno cada vez que você assa. O gerador de vapor do forno inclui um cronômetro que permite trabalhar em ciclos. Ele funciona de modo bem semelhante ao do cronômetro de um refrigerador, que se liga e desliga conforme a temperatura. O padeiro determina o ciclo baseando-se no número de pães e de assamentos que costuma fazer durante o dia. Isso facilita a vida do padeiro; tudo o que ele deve fazer é comprimir o êmbolo para injetar vapor no forno. O resto é feito automaticamente.

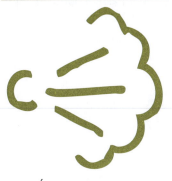

Ícone do vapor do forno

Parte II | As fases do pão

▶ Operando o vapor em um forno rack*

Alguns fornos rack rotatórios, ou fornos de convecção, já vêm com mecanismos de vapor. O gerador de vapor desse aparelho normalmente se conecta ao botão *liga/desliga* do forno. No preaquecimento, o forno automaticamente começa a produzir vapor. Com esse modelo, o padeiro pode regular, para cada tipo de pão, a quantidade de vapor que é injetada.

Algumas massas precisam de uma pequena quantidade de vapor, por um período curto; outras precisam de muito vapor, por um período longo. Ao assar Balloons, por exemplo, injeta-se vapor no forno por apenas 10 segundos, no início do assamento. Depois de 2 minutos, o *respiradouro* do forno é aberto, e o vapor escapa.

Por outro lado, os pães de centeio precisam, em geral, de uma injeção de vapor de 15 segundos, dentro do forno, o qual não é ventilado até que se tenham passado 10 minutos.

Os fornos rack têm dois indicadores LED (Light Emitting Diode, ou Diodo Emissor de Luz), para controlar o vapor. Um controla a quantidade de vapor injetada no forno. O outro, um cronômetro, controla quanto tempo o vapor deve ficar dentro do forno antes de ele ser ventilado.

Ventilar um forno rack é simples, bastando comprimir o botão que abre o *respiradouro*. Normalmente, quando o respiradouro de um forno rack rotatório é aberto, se ouve um som metálico. Não abra a porta do forno para permitir que o vapor escape, pois isso viola os padrões de segurança do forno e pode causar queimaduras.

Em muitos fornos rack, o respiradouro se fecha automaticamente quando a porta do forno é aberta. Perto do final do *estágio II do assamento*, quando você abre a porta para checar os pães, certifique-se de tornar a abrir o *respiradouro* se for necessário devolver os pães à prateleira para que assem por mais alguns minutos.

---

* Forno que permite grande produção de pães. (N. E.)

Operando um forno de convecção com vapor injetado

Neste exemplo, o forno acabou de ser ligado. A sua temperatura atual é de 13,33 °C (56 °F), e ele foi programado para 185 °C (365 °F).

Fase I

- Assim que o forno preaquecido chegar aos 185 °C, os pães podem ser colocados nos tabuleiros. Feche a porta do forno rapidamente. Aperte o botão ligar para começar a *fase I do assamento*.
- O vapor será injetado no forno por 5 segundos, o suficiente para três tabuleiros de pãezinhos de jantar, por exemplo.
- O cronômetro está programado para tocar depois dos primeiros 2 minutos de assamento. É esse o momento em que o padeiro abrirá o respiradouro, liberando o vapor que se formou.
- Quando o cronômetro tocar, aperte o botão parar.

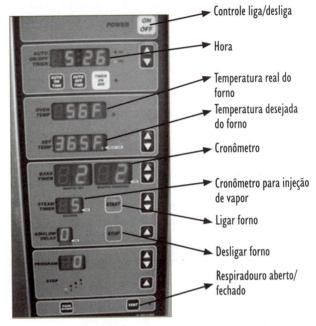

Fase II

- Reprograme a temperatura e o tempo para a *fase II do assamento*, como indicado em sua receita.
- Aperte o botão ligar.
- Abra o respiradouro apertando o botão respiradouro. A luz vermelha indica que o respiradouro está aberto.
- O cronômetro tocará quando o ciclo da *fase II do assamento* terminar.

(Fase do ajuste)

- Os pãezinhos talvez precisem ficar mais 1 minuto no forno para atingir o dourado desejado.
- Reajuste o cronômetro para 1 minuto.
- Aperte o botão ligar. Novamente, certifique-se de que o RESPIRADOURO está aberto.

▶ Usando fornos sem injeção de vapor

Forno de lastro

Preaquecendo o forno

É possível conseguir bons resultados injetando vapor manualmente em um forno de lastro. Quinze minutos antes de colocar os pães no forno, ponha ali um tabuleiro com água até

167

Parte II | As fases do pão

a metade do recipiente. Se o espaço permitir, use dois tabuleiros, um em cada um dos cantos posteriores da câmara do forno. Isso proporciona a distribuição uniforme do vapor. Se houver um respiradouro, certifique-se de que ele está fechado.

Por questão de segurança, não empurre o tabuleiro com o braço. Para isso, use uma pá de madeira, uma colher de pau ou outro tabuleiro.

Enfornando a massa

Cubra a sua mão com uma luva e espere que uma nuvem de vapor saia quando você abrir a porta do forno. Coloque os pães rapidamente e depois feche a porta.

Seja extremamente cuidadoso com o vapor que escapar.

Ventilando o forno

De novo, cuidado com o vapor que escapar quando a porta do forno for aberta. Coloque uma pá de madeira sob os tabuleiros com água que estiverem nos cantos e manobre-os, trazen-do-os até a frente do forno. Usando luvas nas duas mãos, retire-os cuidadosamente: tenha por perto um balde vazio, para não ter de andar muito segurando os tabuleiros quentes.

Coloque os tabuleiros em um lugar seguro, para que eles esfriem — deixe um pegador de panelas sobre os tabuleiros, para lembrá-lo de que eles estão quentes.

Se o forno tiver botões de *respiradouros*, puxe-os para abri-los.

Continue o *estágio II do assamento* normalmente.

Forno rack

Se o seu forno não tiver vapor, não use o método do tabuleiro com água. Neste caso, ele não é seguro nem eficaz. Um forno rack rotativo não é um local prático para um tabuleiro cheio de água. O melhor truque é umedecer a massa crescida com um spray de água, pouco antes de colocá-la no forno.

O estágio II do assamento
▶ Dentro do pão

O *estágio II do assamento* foca o interior do pão. Nele, o vapor é retirado da câmara do forno e a temperatura deste é ligeiramente reduzida. Dentro do pão, muitas mudanças precisam ocorrer antes que ele esteja inteiramente assado.

1. Embora tenha sido necessária para que a massa crescesse e desenvolvesse sabor, a colônia de fermento agora tem de morrer. As orientações sobre segurança na

manipulação de produtos alimentícios indicam que todos os microrganismos morrem a temperaturas iguais ou maiores do que 60 °C. Quando o interior do pão chegar a 60 °C, morrerá o fermento.

Mais tarde, à medida que esfria, o pão desprende um aroma de álcool ou de fermentação. Isso é natural, e, em geral, o aroma desaparece depois de 30 minutos de esfriamento do pão.

2. A rede de proteínas deve ser estabilizada. Visualize a diferença entre uma clara de ovo crua e uma cozida. Quando crua, a clara pode ser manipulada, batida e esticada. Depois de cozida, ela endurece, e as suas proteínas se coagulam, limitando sua flexibilidade. O interior do pão deve chegar a pelo menos 77 °C para que a rede de proteína endureça. Se nós estivéssemos grelhando um bife, esse seria o estágio em que a carne estaria bem passada.

3. As moléculas de amido devem ser firmadas ou gelificadas.

As moléculas de amido da farinha absorveram o líquido da massa. Elas estão úmidas, inchadas e literalmente espalhadas sobre a rede de proteínas à medida que esta se firma — de modo muito semelhante ao jeito como o reboco se espalha sobre uma parede seca, preenchendo as rachaduras e uniformizando a superfície.

No caso do pão, esses amidos carregam consigo quaisquer gorduras e adoçantes que estiverem na massa, de modo que também são responsáveis por uma grande parte do perfil de sabor do pão.

As moléculas de amido começam a gelificar a temperaturas entre 70 °C e 82 °C. Dentro desse intervalo de temperatura, os amidos estão firmes, mas continuam flexíveis. Eles são opacos e de cor creme.

> ### A analogia do chef: *a proteína do glúten é como a proteína da carne*
>
> As orientações sobre temperaturas de cozimento das proteínas da carne se aplicam às das proteínas do glúten. Assim como as proteínas animais tais quais as das claras de ovo, as do frango e as da carne estão *bem passadas* entre 70 °C e 77 °C, o mesmo ocorre com a proteína do glúten.

Parte II | As fases do pão

A analogia do chef: *molhos engrossados com roux*

Na linha de produção dos restaurantes, os chefs muitas vezes fazem molhos engrossados com partes iguais de manteiga e de farinha, mistura essa chamada de *roux*. Quando líquidos quentes, como leite temperado ou caldo de galinha aromatizado, são adicionados ao roux, as moléculas de amido absorvem o líquido e se incham. Desse modo, o molho engrossa.

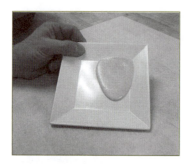

No início do processo, o molho pode estar grosso, mas tem aparência turva. À medida que o molho cozinha lentamente (por 10 a 15 minutos), as moléculas de amido se tornam claras e o molho, *translúcido*, o que significa que é quase possível enxergar através dele. Nesse ponto, *o amido clareou*.

O mesmo ocorre com o pão depois que a sua temperatura interna passa dos 77 °C.

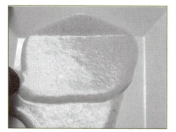
Molho que não cozeu o suficiente — fino demais e aguado.

Fluindo, mas não aguado — textura de molho nappé.

Este molho cozinhou além da conta e ficou grosso demais.

O interior do pão é como um molho roux

Se cozinhar lentamente até a textura apropriada, um molho roux flui facilmente da concha ou da colher de molho, reveste o alimento e depois descansa suavemente, com ombros macios e arredondados. Os chefs chamam isso de *textura nappé*.

Quando o amido do pão endurece, a sua textura é como a de um molho nappé. Ela é firme o suficiente para manter a forma, mas ainda está bastante líquida. Se nós cortarmos em fatias um pão superquente, que acaba de sair do forno, o pão se comprime, parecendo úmido, grudento e malcozido.

Com o assamento contínuo, os amidos incham e ficam ligeiramente translúcidos. Quando você segura uma fatia fina de pão contra a luz, pode literalmente ver a pasta de amido translúcida.

Esta tabela mostra o que ocorre dentro da massa à medida que ela assa	
Aos 60 °C	O fermento morre.
Aos 70 °C	A rede de proteínas coagula, em torno das bolhas de CO_2.
Aos 77 °C	O amido incha, espalhando-se como uma camada de reboco sobre as paredes da rede de proteínas.
Aos 82 °C	O amido endurece, como um molho roux já engrossado.

Termo culinário
Molho-mãe

Na glória do seu projeto e da execução, a cozinha francesa tradicional classificou todos os molhos (salgados) em cinco categorias. Chamados de *grandes molhos* ou *molhos-mãe*, eles são o fundamento de milhares de outros molhos.

Por exemplo, o *grande molho bechamel* é um molho roux engrossado, baseado em leite aromatizado. Ele se transforma em *molho mornay* pela adição de queijos ralados.

O sistema dos *grandes molhos* não só fornece padronização à cozinha, como também versatilidade e adaptabilidade ao chef.

▶ Na parte externa do pão

A umidade continua a evaporar do pão, e a sua crosta fica mais grossa. Os amidos e açúcares da crosta começam a caramelizar; como ocorre com a crosta de açúcar derretido de um crème brulée, isso dá à crosta do pão uma cor marrom-dourado.

Açúcares liquidificados não contêm umidade a temperaturas iguais ou maiores do que 150 °C. À medida que eles continuam a se aquecer, a sua cor muda de marrom-claro (154 °C) para marrom médio (168 °C) e, finalmente, para marrom-avermelhado-escuro (177 °C). A temperaturas mais altas, eles escurecem e se queimam.

Parte II | As fases do pão

O *insight* do chef
A reação de Maillard

Há outra reação acontecendo. Os padeiros e os chefs falam também da "caramelização das proteínas", e não apenas da caramelização dos açúcares. São as proteínas escurecidas do lado externo do seu bife grelhado que conferem o sabor rico, profundo e adocicado que o seu paladar associa à *carne grelhada*. Eis o que acontece na crosta do pão: há proteínas de glúten expostas na superfície dela, e essas proteínas não podem suportar a alta temperatura do forno por muito tempo.

Ao atingir determinado ponto, o glúten se desnatura e expõe sua cadeia de aminoácidos. Esses aminoácidos se combinam com moléculas de açúcar e formam os seus próprios e pequenos híbridos aminoácidos de açúcar.

As moléculas híbridas assumem cores diferentes, dependendo do arranjo aminoácidos-açúcar, mas todas elas são atraentes ao olhar — marrom-dourado, marrom-escuro e vermelhos.

Cada uma dessas moléculas híbridas também tem um aroma distinto, como o de avelãs tostadas, de manteiga sauté, de bordas de torradas queimadas ou de melaço. A combinação desses aromas com o açúcar caramelizado é o que faz o pão recém-assado tão cativante.

A misteriosa química que funciona aqui é chamada de *reação de Maillard*. A (igualmente misteriosa) descrição do processo é do próprio autor. Para uma explicação mais precisa sobre o dourado da crosta, leia *Comida & cozinha - ciência e cultura da culinária*, de Harold McGee.

▶ O pão está pronto

Quando o pão termina de assar, ele avisa o padeiro de muitas maneiras. A sua cor, a sua estrutura e o seu aroma falam diretamente aos sentidos do padeiro. Alguns profissionais podem perceber isso apenas olhando; outros, apenas ouvindo; e outros ainda; apenas cheirando. Usar as mãos, os olhos e o nariz para determinar se o pão já está completamente assado é uma habilidade aprendida com o tempo. É preciso ter muita experiência em assar pães antes de ser capaz de *ouvir* de outra parte da padaria os pães assados te chamando.

Por questão de convenção, muitos livros sobre panificação instruem a *bater na parte inferior do pão e procurar ouvir um barulho oco*. Mas, se nunca ninguém lhe mostrou o que você deve procurar ouvir, é provável que tente predizê-lo e deixe o pão assar demais.

Com a ajuda de um termômetro de leitura instantânea bem calibrado, você pode desenvolver a sua habilidade como padeiro. Treine-se a si mesmo seguindo estes passos toda vez que assar pão.

Lendo a tabela de assamento

Na padaria, todos vão de uma praça à outra, dependendo do cronograma de produção do dia. Os misturadores de massa ajudam na bancada de modelagem, e todo mundo dá uma mão na área de distribuição, embrulhando e separando pedidos. Todo mundo, com exceção do padeiro.

O padeiro fica na frente dos fornos e assa. Isso é tudo o que ele faz. Há tantos pães diferentes para cá e para lá, que às vezes o padeiro parece um controlador de tráfego aéreo, fazendo malabarismos a partir de uma torre situada acima das pistas do aeroporto.

A tabela de assamento — espécie de padrão de voo — para cada tipo de pão deve ficar por perto. Todas as padarias de produção mantêm alguma versão da tabela em lugar claramente visível, organizando a informação do assamento de cada um dos seus pães. Nos "Apêndices", há um sumário da tabela de assamento, em "A sua tabela de padeiro".

A tabela a seguir corresponde ao assamento das baguetes e está escrita seguindo a linguagem do padeiro.

(1)	(2)	(3)	(4)	(5)	(6)	(7)	(8)
Produto	Forno	Estágio I	Vapor	Respiradouro	Estágio II	Tempo (duração)	Temp. interna
Baguetes	Rack	220 °C	5 s	2 min	235 °C	11 a 12 min	93 °C

(1) Produto Baguetes	Esta coluna indica o nome do pão que está sendo assado.
(2) Forno rack	Indica o tipo de forno preferível, isto é, aquele que pode produzir os melhores resultados no caso. O calor forte combinado com o ventilador de convecção de um forno rack rotatório desenvolvem uma crosta fina, crocante, desejável no caso da baguete. Note que diferentes tipos de fornos podem ser usados para assar as baguetes, mas a temperatura programada mudará para cada um. Por exemplo, se as baguetes forem assadas em um forno de lastro, a temperatura do estágio I aumenta de 220 °C para 254 °C. Quando possível, informações alternativas para o assamento em diferentes tipos de forno são fornecidas.
(3) Estágio I 220 °C	Preaqueça o forno. Para as baguetes, a temperatura inicial deve ser de 220 °C.
(4) Vapor 5 s	Este produto requer vapor durante o estágio I do assamento? No caso das baguetes, o vapor é injetado na câmara por 10 segundos, depois que a massa é colocada no forno. Se o seu forno tiver um medidor de vapor, programe-o para injetar vapor continuamente por 5 segundos.

(5) Respiradouro 2 min	Depois que as baguetes assarem por 2 minutos, o estágio I do assamento estará completo. Este é o ponto em que o forno é *ventilado*, ou aberto, de modo que o vapor possa escapar. (No forno de lastro, este passo inclui abrir a porta do forno por 3 segundos e depois fechá-la.) Lembre-se: depois que o respiradouro do forno for aberto, ele deve permanecer assim pelo resto do tempo de assamento.
(6) Estágio II 237,78 °C	É comum que a temperatura do forno mude no estágio II do assamento. Neste exemplo, a temperatura do forno sobe, para que as baguetes dourem antes de ficarem secas demais. Assim que o forno tiver sido ventilado com segurança, a temperatura deve ser mudada. Nota: não é importante que o forno registre a nova temperatura de imediato. Por exemplo, não há necessidade de manter a porta do forno aberta para esfriá-lo, se o estágio II do assamento pedir um ajuste de temperatura mais baixo. Simplesmente reduzir esse ajuste é suficiente para começar o processo de esfriamento dentro da câmara do forno.
(7) Tempo (duração) 11 a 12 min	Esta coluna indica o tempo estimado do estágio II do assamento. Esse tempo é aproximado. Use o valor como orientação, especialmente na primeira vez em que for assar baguetes. Não há dois fornos que assem de maneira igual. Em um forno mais quente, as baguetes podem ficar prontas até 2 minutos mais cedo; em um mais frio, elas podem precisar de 1 ou 2 minutos a mais. Escreva todas as mudanças de temperatura e de tempo na sua *tabela de padeiro*, nos "Apêndices". Essa prática ajuda a afinar a sua habilidade de lidar com o forno.
(8) Temp. interna 93,33 °C	Esta coluna indica a temperatura interna do pão depois de ele ter sido assado adequadamente. Lembre-se: isso não indica que o pão está pronto para ser retirado do forno. Você ainda precisa avaliar a cor do pão, a firmeza da crosta e a intensidade do aroma. Essas avaliações são feitas pelo padeiro segundo as preferências do cliente. Quando as baguetes chegam à temperatura interna de 93 °C, elas estão prontas para serem avaliadas quanto à aparência, à textura e ao aroma.

1. **Cheque a *temperatura interna***

Tenha um termômetro de leitura instantânea na padaria e calibre-o diariamente; use-o para treinar a si próprio a julgar o momento em que os seus pães terminam de assar. Insira o termômetro na parte mais grossa do pão. Sempre que possível, vire o pão do outro lado, para não prejudicar a crosta superior dele.

As *temperaturas internas* são apenas orientações, e não verdades absolutas. Mesmo que o pão, pela aparência, pelo cheiro e pelo toque, dê a impressão de estar pronto (e na maioria das vezes está), a temperatura ainda pode estar 12 °C abaixo da *temperatura interna* da tabela.

Cada família de massa termina de assar a uma temperatura específica.

Família de massa	Temp. interna
Massas magras, como as baguetes	93 °C
Massas macias, como os Balloons	88 °C
Massas ricas, como o pão de manteiga	82 °C
Massas doces, como os pães de canela	77 °C

Fase 7 | Da massa ao pão

2. **Verifique a estrutura e a cor**

A cor da crosta deve ser escura o bastante para atrair o consumidor. Os Balloons podem ficar no forno pelo tempo determinado e ainda assim não ficar dourados. Então, o padeiro acrescenta 1 ou 2 minutos ao assamento, de modo que o pão possa obter a cor adequada.

Há uma infinidade de variáveis na padaria, como a temperatura das massas, a quantidade de massa que há no forno, ou, algumas vezes, a hora do dia, simplesmente. Qualquer uma delas pode fazer que os seus pães precisem de mais 1 ou 2 minutos no estágio II do assamento. Nesse caso, devolva o pão ao forno, aumente a temperatura deste em 4 °C e asse o pão por mais 1 ou 2 minutos, para que ele obtenha a cor dourada que os seus clientes desejam.

3. **Cheire o pão**

Quando o pão está completamente assado, a intensidade do seu aroma é pronunciada. O caráter do aroma deixa de ser cru e amiláceo e passa a ser como um conjunto complexo de notas — há aromas de caramelo e de torrada e uma acidez agradável. Mesmo que a temperatura interna do pão indique que ele está pronto, se você deixá-lo assar por mais 30 segundos, para evocar esses aromas, obterá um pão com melhor sabor.

4. **Finalmente, bata no pão com o "nó" do dedo**

Vire o pão, bata levemente na parte inferior dele algumas vezes e escute o som. Treine o seu ouvido para reconhecer esse som toda vez que você assar pão. Depois de algum tempo, avaliar a cor, o aroma e a estrutura de um pão se tornará automático para você. Continue praticando, e você calibrará o seu ouvido para o som adequado.

Calibre os seus sentidos

Os padeiros sempre dizem que é preciso desenvolver o olho, a orelha, o nariz e o toque para poder dizer o momento em que o pão termina de assar. Mas, se você não tem, na cozinha da sua casa ou na sua padaria, a orientação de um padeiro experiente para lhe mostrar o que isso realmente significa, no que você pode confiar?

Você pode se calibrar. Tome a temperatura interna do pão usando o seu termômetro de leitura instantânea. Agora, dê uma boa olhada na cor da crosta, sinta-a e inale o aroma do pão. Olhe outra vez o termômetro, e você começará a associar aquele número àquilo que os seus sentidos estão lhe dizendo. É como aprender a dizer as horas, quando se é criança.

Use o termômetro para ensinar a si mesmo o que você deve procurar e cheirar. Mas não permita que isso se torne uma muleta.

Furar o pão com um termômetro de metal não faz você parecer exatamente um padeiro profissional. Depois que assar baguetes umas três ou quatro vezes, pare de furá-las. Primeiro, verifique manualmente a temperatura interna delas; depois, verifique usando o termômetro, para ver se você chegou perto.

Se usar essa técnica de autoaprendizagem, quando estiver na metade das receitas deste livro você já não precisará mais do termômetro. Você andará até o forno, abrirá a porta, espiará dentro, e já saberá. O pão está pronto.

Fase 8

Realçando o sabor e a textura do pão

A fase de esfriamento e amadurecimento

Talvez seja o aroma dos açúcares caramelizados na crosta, as notas adocicadas do leite e da manteiga ou o caráter tostado do próprio grão — quem não gosta de pão fresquinho, que acabou de sair do forno? Não é sem muita disciplina que o padeiro não cede às tentações do pão — ele o deixa de lado, em repouso, para que a desenvolva a sua melhor textura e atinja o seu sabor completo.

O *esfriamento* firma a estrutura do pão. O *amadurecimento* salienta o seu sabor e a sua textura. Na pressa de comê-lo ou vendê-lo, o padeiro pode saltar esta fase e, assim, desarranjar o caráter completo do pão que acabou de assar. Pense nos objetivos das fases de desenvolvimento e de fermentação da massa — criar a estrutura do pão em uma fase, sublinhar o seu sabor na outra. Agora, é hora de fazer esses dois objetivos se unirem em um só.

Como padeiro, você não precisa fazer muito durante as fases de esfriamento e de amadurecimento. Simplesmente dê ao pão tempo suficiente para que ele possa evoluir de um pão bom para um pão ótimo.

Fase 8 | Realçando o sabor e a textura do pão

▶ Esfriando o pão recém-assado

O pão precisa esfriar rapidamente e na ventilação apropriada, para evitar vários efeitos negativos. Por exemplo, a parte inferior do filão pode suar, deixando a crosta encharcada. Uma cobertura de açúcar ou de queijo pode grudar no papel-manteiga ou no tabuleiro. Se houver má ventilação em um carrinho rack cheio de pães, o vapor que escapa poderá se condensar na bandeja acima do pão e pingar sobre os filões. Dentro do pão, o amido poderá se transformar em uma massa viscosa.

Ao esfriar o pão, considere o seguinte:

- Transfira os tabuleiros quentes diretamente para um carrinho rack, para que eles esfriem. Deixe uma prateleira vazia entre eles, a fim de que o ar circule.

- Procure um lugar na cozinha ou na padaria onde haja corrente de ar. Coloque o carrinho rack de pão ali, para que esfrie rapidamente.

- Cheque o pão a cada 15 minutos, mais ou menos. Quando ele esfriar o suficiente, coloque-o em um recipiente fechado. Ficar exposto ao ar faz bem no início do resfriamento. Se for deixado por muito tempo, o pão torna-se muito seco.

- O pão assado em uma forma, como o pão de forma integral de mel, deve ser desenformado assim que sai do forno. Se esfriar completamente dentro da forma, o filão de pão fica úmido. O pão assimila algo da forma. (Note que esse procedimento é diferente ao se esfriar um bolo. Um produto macio, como um bolo de manteiga, deve esfriar completamente na forma antes de ser desenformado.)

- Ao esfriar o pão para sanduíche, deixe-o na posição de lado. A superfície mais firme de um pão para sanduíche é a sua crosta superior. Se ele for colocado de lado, essa crosta superior mantém o filão de pão alto durante o processo de resfriamento.

- Depois de 15 minutos, vire o filão de pão, de modo que o outro lado dele possa esfriar, e mantenha a crosta superior na vertical.

- Se os racks de resfriamento* não estiverem disponíveis, esfrie o pão em uma superfície de madeira, como uma bancada de trabalho ou uma tábua. A madeira absorve o vapor que escapa, permitindo que o pão fique com uma crosta firme, mesmo na parte de baixo.

Não faça

- Não coloque tabuleiros de pães quentes em um carrinho rack que contenha produtos que já esfriaram. Além de ser perigoso, o vapor que escapa dos pães quentes é absorvido pelos frios, deixando estes encharcados.

---

* Tabuleiros ou assadeiras com vários furos (viradas ao contrário) permitem o resfriamento do pão sobre a superfície de trabalho. Dessa maneira, o pão não sua e amolece, e sim resfria em partes iguais. Essa é uma alternativa à madeira, que não é permitida pela legislação brasileira. (N.E)

Parte II | As fases do pão

- Não deixe pães quentes esfriarem diretamente sobre uma superfície de metal, como um tabuleiro não forrado com papel. Forre os tabuleiros com papel-manteiga, para que o pão não sue nem se oxide. Tabuleiros perfurados não são boas prateleiras de esfriamento; eles foram feitos para assar, não para esfriar.

▶ Amadurecendo o pão que acaba de sair do forno

Quando sai do forno, o pão está bem frágil. A sua parte interna está irregularmente úmida, a crosta, mais firme do que deveria, e as bolhas de ar dentro dele estão expandidas ao máximo.

Quando você fatia um pão que não esfriou completamente, as moléculas de amido que há nele grudam na lâmina da faca. E as moléculas de proteína úmidas tampouco se cortam; em vez disso, elas se comprimem sob a lâmina da faca. Se mastigá-lo, você sentirá uma massa grudenta que adere aos dentes. O pão pode estar completamente assado, mas caso o coma quente você terá a impressão contrária.

Aqui estão algumas coisas que ocorrem com as moléculas de proteína e de amido dentro do pão enquanto ele esfria e amadurece.

Analogia

Assim como você deixa um rosbife de aproximadamente 2 quilos descansar por 15 minutos antes de fatiá-lo, deve deixar o pão esfriar completamente antes de ele ser fatiado e servido.

Proteína

Quando ficaram molhadas na sequência de mistura de ingredientes, as proteínas da farinha se uniram para formar uma rede elástica na massa. Por causa do vapor e da expansão do ar quente decorrentes do calor do forno, essa cadeia se estica ao máximo. Ela se torna tão fina, que você quase pode enxergar através dela; nesse ponto, ela se rasga facilmente.

À medida que o vapor é eliminado do pão assado, as cadeias de glúten perdem o excesso de umidade. Elas gradualmente se firmam, dando ao pão uma estrutura que você pode fatiar com a faca de pão.

Amido

Lembre-se da analogia do molho-mãe, vista no capítulo anterior. Quando a farinha é combinada com um líquido, as moléculas de amido dela aumentam de tamanho.

Quando o pão se expande no forno, o amido hidratado se estica junto com as proteínas, distribuídas uniformemente por todo o filão. O amido do lado externo do pão perde umidade por causa do calor direto do forno. Dentro do pão, o amido é tão mais úmido quanto mais próximo estiver do centro.

À medida que o pão esfria, a umidade se distribui igualmente por todo ele. A crosta seca e dura se amacia, e o interior úmido fica firme. Quando a umidade é distribuída por igual, o pão pode ser fatiado sem que fique grudento ou esfarele.

Sabor

Os sabores do pão precisam de tempo para se desenvolverem e casarem — não apenas o sabor da farinha tostada e dos açúcares caramelizados da crosta, mas também os sabores de ácidos e e de grãos desenvolvidos na massa durante a fase de fermentação. Os sabores da fase de fermentação precisam de tempo para se desenvolverem e se misturarem aos pães assados.

Todos os produtos fermentados precisam de tempo para amadurecer, de modo a desenvolver o seu sabor único. O vinho e o queijo são envelhecidos ou amadurecidos. Do mesmo modo, o sabor do pão não está totalmente desenvolvido até que os sabores se misturem e perfumem todo o filão.

CO_2 e álcool

Há ainda alguns sabores indesejados no pão que acabou de assar. O CO_2 não tem gosto, mas mascara os outros sabores e faz o pão parecer enfadonho e sem graça. Tanto o álcool como o fermento morto têm gosto amargo. Esses sabores voláteis escapam durante o esfriamento, enquanto o pão amadurece.

Transformando ingredientes em alimento

Os ingredientes do pão passaram pelo processo de fermentação juntos. O açúcar mudou, digerido parcial ou totalmente pelo fermento. O leite já não é mais apenas leite: a lactose se tornou ácido lático. Parte desse ácido se ligou a açúcares, para dar sabor e cor à crosta. Todo o perfil de sabor da massa mudou.

Como analogia, um molho de tomate cozido lentamente pode ficar pronto para servir em duas horas; mas ele se torna muito mais gostoso se ficar na geladeira durante a noite, de modo que os sabores se vinculem.

Como padeiro, você cria algo novo. Já não são apenas ingredientes: é pão. É um produto diferente, com sabores próprios. Esses novos sabores levam tempo para se unirem e criarem o perfil único de sabor do pão.

Armazenagem do pão

À s vezes, você precisa assar pão com antecedência e congelá-lo para uso posterior. Ao preparar um jantar para, digamos, 24 convidados, não é razoável se programar para assar o pão no mesmo dia da festa. Você precisa de todos os seus esforços — físicos e mentais — concentrados no evento. Em casos como esse, é melhor assar os pães com antecedência e congelá-los.

Aos pães deste livro não foram adicionados conservantes com o fim de estender a sua vida de prateleira. Eles, os pães, dependem de mel e de outros açúcares para reter a umidade. A presença de manteiga, azeite de oliva e outras gorduras ajuda a manter os pães macios e mastigáveis. De maneira preferencial, esses pães devem ser consumidos dentro de um ou dois dias após assados.

A armazenagem apropriada, tanto de curto como de longo prazo, é importante para reter o melhor sabor e a melhor textura do pão. A tabela seguinte indica a vida esperada de armazenagem dos pães deste livro.

Armazenagem do pão

Tabela de armazenagem do pão		
Pão	**Vida de prateleira (1)** **temp. ambiente**	**Vida de prateleira (2)** **congelador**
Baguetes	6-8 horas, desembrulhadas 12-18 horas, embrulhadas	3 dias, desembrulhadas 1 semana, embrulhadas
Pão de forma integral de mel	12-18 horas, desembrulhado 36-48 horas, embrulhado	1 ½ semana, embrulhado
Pães de manteiga	2 dias, embrulhados	2 semanas, embrulhados
Pães de canela	2 dias, embrulhados	Massas doces não congelam bem
Focaccia	2-3 dias, embrulhada	2 semanas, embrulhada

Compreendendo a tabela de armazenagem do pão

1. *Vida de prateleira temp. ambiente*: assume 23 °C; 70% de umidade.
2. *Vida de prateleira congelador*: leva em conta congeladores domésticos, com temperaturas entre - 18 °C e - 7 °C.
   - *Embrulhado*: embrulhado por uma camada de plástico justa (com exceção do pão de centeio, como se verá adiante).
   - Os *tempos* são medidos para o clima da área da baía de São Francisco, na Califórnia. Em outros lugares, os resultados variam. Duas orientações são:
     - Em climas frios e secos, os pães magros e os macios ficam mais frescos.
     - Em climas quentes e úmidos, os pães ricos e os doces ficam mais frescos.

▶ Armazenamento de curto prazo à temperatura ambiente

Em geral, uma vida de prateleira de dois ou três dias é o máximo que se pode esperar dos pães deste livro. Quanto mais amaciantes houver no pão, como mel e manteiga, mais ele reterá o seu frescor. O pão armazenado por mais de três dias torna-se melhor para *torradas francesas* ou *pudim de pão*.

Os *pães magros* e os *pães macios* em geral são deixados desembrulhados para uma armazenagem de curto prazo (de 8 a 12 horas). Embrulhados firmemente em plástico, eles duram um ou dois dias.

Dica do padeiro

Quanto mais amaciantes houver no pão, mais longa será a vida de prateleira dele.

Parte II | As fases do pão

Usando sobras de pão

As *torradas francesas* não são realmente francesas. Esse desjejum deve a sua herança a Nova Orleans, onde é chamado de *pain perdu*, que significa *pão perdido*. Aí, fatias de pão amanhecido eram demolhadas em uma mistura de ovo e leite e depois cozidas na chapa ou no forno.

Quanto mais você assar pão, mais deparará, na sua cozinha, com fatias de pão que sobraram. Não as deixe envelhecer; em vez disso, junte-as em um saco plástico para congelador. Um tempo depois, você irá perguntar a si mesmo o que estava planejando fazer com essas fatias de pão. Então, vá para o fim deste livro, e lá você encontrará a melhor receita de pudim de pão que eu conheço, junto com uma história de sua herança crioula.

Os *pães ricos* e os *pães doces* devem ser embrulhados em plástico para armazenagem de curto prazo. À temperatura ambiente, eles duram dois dias. Armazenar pães embrulhados em um recipiente tampado prolonga o seu o frescor.

Embrulhar o pão em papel-manteiga dá a ele uma bela apresentação, mas isso não preserva a sua umidade. Os únicos pães que devem ser embrulhados em papel-manteiga são de centeio. A farinha de centeio retém a umidade por mais tempo do que ocorre com a farinha de trigo. Quando embrulhados apenas em plástico, os pães de centeio criam mofo na superfície. Embrulhar primeiro em papel-manteiga e depois em plástico cria um espaço de ar no qual a umidade que escapa pode se acumular, sem contribuir para o desenvolvimento do mofo. Pense em janelas com vidros duplos e em como elas algumas vezes ficam embaçadas entre os dois painéis de vidro. A umidade fica presa entre eles.

Não mantenha o pão no refrigerador, mesmo se ele estiver muito bem embrulhado. Os pães comerciais podem aguentar esse ambiente úmido porque são fortificados com conservantes. Os pães deste livro perdem a umidade e se esfarelam com facilidade quando guardados no refrigerador.

▶ Armazenamento de longo prazo no congelador

Se for necessário armazenar os pães por um longo tempo, eles podem ser congelados. Embrulhe-os duas vezes em plástico assim que eles tiverem esfriado. Etiquete-os e identifique-os. Não use papel-alumínio — com ele, você não consegue ver o que está dentro do pacote.

Se fatiar os pães antes de congelá-los, você terá a possibilidade de usar apenas algumas fatias sem precisar descongelar e congelar novamente o pão inteiro.

Se você estiver congelando muitos filões de pão, não os embrulhe juntos. Deixe-os congelar primeiro, sob boa circulação de ar. Depois de congelados, eles podem ser colocados juntos.

Armazenagem do pão

▶ Descongelando

À temperatura ambiente, as fatias de pão descongelam rapidamente. Pães inteiriços podem levar de uma a duas horas para descongelar, dependendo do peso deles.

Sempre descongele o pão à temperatura ambiente. Mantenha o pão fortemente embrulhado em plástico próprio para freezer. Com o aquecimento do pão congelado, ocorre condensação. A umidade do ar se acumula na superfície dele. Mantendo a cobertura plástica no pão, toda a umidade se acumula no plástico, e o pão não fica umedecido. Depois de descongelado, o pão pode ser desembrulhado e fatiado.

▶ Recuperando o pão

Obtendo a aparência *de que acabou de sair do forno*

Qualquer pão pode ser recuperado, restaurando-se o seu aroma e o sabor de pão recém--saído do forno.

Os pães de 454 gramas ou menores devem ser descongelados primeiro e depois recuperados. Preaqueça o forno a 190 °C. Retire o pão descongelado do embrulho. Coloque-o em um tabuleiro forrado com papel-manteiga e ligeiramente umedecido com água. Aqueça o pão por 5 ou 10 minutos, ou até que a crosta dele fique crocante e você possa sentir o caráter tostado do grão novamente.

Os pães com mais de 454 gramas levam mais tempo para aquecer. Nesse caso, umedeça o pão com água e embrulhe-o em papel-alumínio. Coloque-o em um tabuleiro no forno, que deve estar a 190 °C, por algo entre 12 e 14 minutos. Retire o pão do forno e desembrulhe-o. Ele estará quente, mas a sua crosta estará macia. Devolva o pão ao forno, no tabuleiro, por mais 5 minutos, mais ou menos, até que a crosta fique crocante.

▶ Orientações para as famílias de pão

Pães magros e pães macios — desembrulhados a 176 °C

Os pães magros e os macios (descongelados) podem ser recuperados usando-se um spray de água e um forno preaquecido a 176 °C.

1. Desembrulhe o produto e coloque-o em um tabuleiro forrado com papel-manteiga. Espirre água generosamente na superfície do pão (e um pouco no tabuleiro), de modo que o pão possa reaver um pouco da sua umidade perdida.

2. Coloque o pão no forno por 3 a 4 minutos. Abra a porta do forno cuidadosamente, para ventilar, eliminando o vapor residual.

3. Feche a porta do forno e permita que a crosta ganhe novamente a sua textura crocante. O tempo para isso varia de acordo com o peso e o número de pães. Depois que

183

Parte II | As fases do pão

o forno for ventilado, as baguetes, por exemplo, precisam, em geral, de 4 a 5 minutos. Filões de pão para sanduíche, como o pão de forma integral de mel, precisam de 7 a 8 minutos a mais depois da ventilação do forno.

4. Retire o pão recuperado do forno.

Pães ricos e pães doces – embrulhados a 190 °C

Esses pães devem ser cobertos com papel-alumínio enquanto se reaquecem. As quantidades mais altas de açúcar e de manteiga que esses pães possuem fazem a sua crosta queimar ou as deixam crocantes demais.

1. Retire o plástico do pão descongelado. Espirre água em sua superfície. Embrulhe o pão em papel-alumínio, mas deixe o embrulho folgado, e não justo. Coloque o pão em um tabuleiro.

2. Ponha o pão no forno preaquecido por 10 a 12 minutos. Retire-o do forno, desembrulhe-o e, usando um termômetro de leitura instantânea, verifique se o pão reaqueceu completamente. Se não, volte a embrulhá-lo e devolva-o ao forno por mais 5 ou 6 minutos. (Pães densos e com muito açúcar, como os pãezinhos da Filadélfia, podem levar até 15 minutos para se reaquecer totalmente e suavizar o seu *grude*.)

3. Quando o pão estiver completamente reaquecido, retire-o do forno e desembrulhe-o.

4. Com esse procedimento, as crostas de pães ricos, como o pão de manteiga e o brioche, podem se encharcar um pouco. Depois de remover o papel-alumínio, você poderá devolver esses pães ao forno por mais 1 ou 2 minutos: a crosta ficará mais crocante, acentuando o caráter amanteigado dela. (Por causa da alta porcentagem de gordura, esses pães podem ficar surpreendentemente quentes ao toque. Tenha cuidado ao manuseá-los logo após retirá-los do forno.)

Pães pegajosos – embrulhados ou desembrulhados, de acordo com a cobertura

A focaccia pode ser recuperada tanto embrulhada como desembrulhada. A quantidade e o tipo de cobertura do pão chato são os fatores determinantes aqui.

Se a guarnição é mínima — uma pitada de alecrim fresco e de sal marinho —, trate a focaccia como uma baguete. Recupere-a usando um pouco de spray de água e colocando-a, desembrulhada, no forno a 175 °C.

Se a cobertura inclui itens mais pesados — queijo ou vegetais —, trate a focaccia como um pão rico. Use o spray de água, embrulhe o pão em papel-alumínio e coloque-o no forno a 190 °C. Depois que a focaccia estiver completamente quente, você poderá desembrulhá-la e devolvê-la ao forno, para a cobertura ou a crosta tostarem.

Juntando tudo

Como ler as páginas Rx

A *receita* lista os ingredientes na ordem em que eles são adicionados à massa.

O *modo de fazer* lista informações específicas sobre como manusear a massa em cada uma das oito fases do pão.

A sigla *Rx* é usada para indicar tanto *os ingredientes* como o *modo de fazer*.

▶ Considerações gerais

Na indústria, os padeiros não têm muito tempo para ler páginas de instruções detalhadas. Eles confiam no treinamento visual e manual — tudo o mais é resumido em um cartão de notas ou mantido em um caderno de receitas.

O padeiro experiente tem a habilidade de aplicar e de combinar de maneiras variadas as técnicas básicas de assamento e, com isso, produzir diferentes tipos de pão. Depois que um chef especialista em pratos quentes aprende como saltear um peito de frango desossado, por exemplo, ele realmente não precisa de informações adicionais por escrito sobre como saltear medalhões de porco. A habilidade é transferível. O mesmo vale para assar pão.

Parte II | As fases do pão

O padeiro acompanha cada massa enquanto ela passa pelas fases. Ao longo do caminho, ele muda as sequências de mistura dos ingredientes, desenvolve cada massa de um modo diferente, e muda as velocidades, os tempos e as temperaturas da amassadeira, para adequá-la a ela.

Grudadas nas paredes das padarias, há instruções abreviadas do tipo:

Baguetes: desenvolva por 4 minutos na velocidade #2

4 minutos na velocidade #1, ou

Pesagem: baguetes — 400 gramas; Balloons — 55 gramas; brioche — 110 gramas

Para o padeiro treinado, essa linguagem diz tudo o que ele precisa saber, sem superfluidades.

A beleza desse sistema está na simplicidade. A mesma receita pode ser usada para misturar 24 pretzels ou 240 pretzels. Listar ingredientes em PP% permite que o padeiro ajuste a receita para mais ou para menos, de acordo com a variação das necessidades de produção durante a semana.

A beleza também está na versatilidade. Os passos usados para fazer baguetes se aplicam diretamente aos pretzels: ambos são massas magras. Os seus tamanhos e as suas formas são diferentes, mas a massa de pretzel é misturada, fermentada, dividida e aberta na mesma sequência de passos que a massa das baguetes.

Todas as receitas deste livro são escritas em estilo abreviado. Elas se parecem de perto com versões tipicamente encontradas em padarias profissionais. Aqui está um exemplo:

Pretzels

Receita

Ingrediente	PP%	Amassadeira de 4,3 ℓ Gramas	5,68 ℓ	18,9 ℓ	Δ
Água	65%	425 g	595,75 g	1,785 kg	
Fermento fresco	2%	15 g	18,9 g	56,70 g	
Farinha para doces	50%	340 g	454 g	1,36 kg	
Farinha para pão	50%	315 g	454 g	1,36 kg	
Açúcar	1,5%	10 g	14,18 g	42,53 g	
Sal	2%	14 g	18,9 g	56,70 g	
Rendimento		1.110 g	1,587 kg	4,767 kg	
Número de peças		10 pretzels	14 pretzels	43 pretzels	

Modo de fazer

1	Mise en place	Combine as farinhas	tdm = 27 °C
2	Mistura dos ingredientes	Direta	Acrescente o açúcar e o sal depois das farinhas
3	Desenvolvimento	Velocidade #2, 3 min; + velocidade #1, 2 min	OU (à mão) 6 min
4	Fermentação	30 min @ 27 °C; 1 × desgasificar e dobrar; + 30 min @ 4 °C	
5	Modelagem	Divida: @ peças de 110 g; bancada: 30 min @ 4 °C; final: rolos de 60 cm ou 1 m; molde como pretzels	Mergulhe em uma solução de bicarbonato de sódio; seque; 3 × 4 em papel-manteiga untado. Lave: 2# H_2O @ 38 °C + 1½ colher (sopa) de bicarbonato de sódio
6	Crescimento	10 min @ 27 °C (60% umid.)	
7	Decoração e assamento	Distribua no topo sementes ou sal grosso	

Produto	Forno	Estágio I	Vapor	Vent @	Estágio II	Tempo	Temp. int.
Pretzels	Rack	218 °C	5 s	2 min	200 °C (nota)	10 min*	Cor
	De lastro (com grade) (7.7.7)	246 °C	Sim, se disponível	2 min	246 °C	8 a 9 min	Cor

* Para fazer pretzels finos, no estágio II, asse @ 218 °C por + 8 minutos.

Parte II | As fases do pão

Neste capítulo, nós examinaremos com detalhes a Rx (as *receitas* e o *modo de fazer*) dos pretzels.

À primeira vista, esta página de modo de fazer pode parecer escassa de informações. Quando você ler cada uma das fases seguintes, pare por um minuto para visualizar o que está acontecendo. Usando essa técnica, ao ler uma Rx, você verá como é fácil descobrir o que se esconde sob a linguagem do padeiro.

| 1 | Mise en place | Combine as farinhas | tdm = 27 °C |

Organizando

Depois que forem pesadas, a farinha para doces e a farinha para pão podem ser misturadas.

A temperatura desejada da massa é de 27 °C. Se a padaria e a farinha já estão nessa temperatura, então a temperatura da água deve ser 27 °C. Você deverá usar água mais quente ou mais fria para compensar qualquer temperatura (da padaria ou da farinha) que não seja a ideal.

| 2 | Mistura dos ingredientes | Direta | Acrescente o açúcar e o sal depois das farinhas |

Construindo a colônia de fermento

Sequência direta

O pretzel é uma massa magra, como as baguetes. A sequência de mistura de ingredientes para essa família de massas é chamada de *direta*:

1. Água e fermento são adicionados à tigela.
2. Acrescenta-se toda a farinha.
3. Em seguida, acrescenta-se açúcar e sal.
4. Os ingredientes são misturados, à mão ou na velocidade mais baixa da máquina, até o ponto em que se juntam e formam uma massa manuseável.

Tanto o sal como o açúcar afetam o fermento. Por essa razão, eles são os últimos ingredientes acrescentados ao ambiente do fermento, isto é, à massa.

| 3 | Desenvolvimento | Velocidade #2, 3 min; + velocidade #1, 2 min | OU | (à mão) 6 min |

188

Reforçando a massa

A massa é trabalhada, à mão ou à máquina, para que a sua estrutura seja desenvolvida. Esse trabalho também é chamado de *sovar*.

As velocidades da máquina são dadas como #1 (baixa), #2 (média), ou #3 (alta), que correspondem às três velocidades de uma amassadeira (ou masseira) com capacidade de 18,9 litros. Uma amassadeira de mesa como a KitchenAid™* possui velocidades diferentes, que se equiparam às da amassadeira de 18,9 litros da seguinte maneira:

18,9 litros	KitchenAid™
Velocidade #1	#1 a #3
Velocidade #2	#4 a #7
Velocidade #3	#8 a #10

1. Velocidade #2, 3 min. Use uma amassadeira de mesa com o acessório para massa, sove a massa por *3 minutos na velocidade média* (velocidades da máquina de #4 a #7).
2. Desligue a máquina e retire a tigela. Inverta a massa na tigela, para redistribuí-la. Recoloque a tigela e continue.
3. Velocidade #1, 2 min. Sove a massa por mais *2 minutos na velocidade baixa (velocidades da máquina de #1 a #3)*. Usando o ponto de véu, verifique a elasticidade da massa. Experimente-a, para verificar se o sal está adequado.

 | Fermentação | 30 min @ 27 °C; 1 × desgasificar e dobrar; + 30 min @ 4 °C

Desenvolvendo sabor

1. A massa é colocada em um recipiente plástico ligeiramente untado e grande o bastante para conter *três vezes* o volume dela. A parte superior da massa também é ligeiramente untada.
2. 30 min @ 27 °C significa que você deve *colocar o recipiente da fermentação em um lugar no qual a temperatura da massa permaneça a 27 °C por um período de 30 minutos*.
3. 1 × desgasificar e dobrar. Exatamente 30 minutos depois, retire a massa do recipiente e, à mão, pressione as bolhas de ar para fora. Novamente modele a massa na forma de uma bola.

---

* Marca de batedeira que não é específica para panificação. É possível usar uma batedeira para fazer pão, no entanto isso não pode ser feito constantemente, pois o equipamento não é suficientemente resistente para trabalhar uma massa de pão. (N. E.)

Parte II | As fases do pão

4. 30 min @ 4 °C. Devolva a massa ao recipiente e deixe-a fermentar por mais 30 minutos. Desta vez, no refrigerador, a 4 °C.

5	Modelagem	Divida: @ peças de 110 g; bancada: 30 min @ 4 °C; final: rolos de 60 cm ou 1 m; molde como pretzels	Mergulhe em uma solução de bicarbonato de sódio; seque; 3 × 4 em papel-manteiga untado. Lave: 2# H_2O @ 38 °C + 1½ colher (sopa) de bicarbonato de sódio

Formando a massa

1. @ 110 g. Usando uma balança, divida a massa em pedaços de 110 g.

2. Bolas. De modo suave, dê a esses pedaços uma forma redonda.

3. 30 min @ 4 °C. Coloque essas bolas em uma travessa forrada com papel-manteiga untado. Cubra-as com óleo e embrulhe-as em plástico. As bolas de massa cobertas descansam por um período de *30 minutos, no refrigerador.*

4. Rolos de 60 cm ou 1 m. Modele cada bola na forma de um rolo, com o comprimento total de 60 centímetros ou 1 metro.

5. Modele como pretzels. Começando pelo primeiro pedaço de massa que foi enrolado, dê a cada rolo *a forma de pretzel.*

6. Mergulhe numa solução de bicarbonato de sódio. Dissolva o bicarbonato na água morna; use as mãos para mergulhar os pretzels, um de cada vez.

7. Seque. Usando as mãos como uma grande colher cheia de furos, seque cada pretzel em muitas camadas de toalhas de papel absorvente, de modo que os pretzels fiquem úmidos, mas não molhados.

8. 3 × 4 em papel-manteiga untado. Arrume os pretzels úmidos em um padrão de 3 × 4, sobre um tabuleiro forrado com papel-manteiga. Unte ou use o spray sobre o papel-manteiga, de modo que os pretzels não grudem.

6	Crescimento	10 min @ 27 °C (60% umid)

Acrescentando leveza

10 min @ 27 °C. O tabuleiro com os pretzels, envolto em um pedaço de plástico, é colocado em um lugar da cozinha onde não haja corrente de ar, a uma temperatura de *26 °C a 29 °C, por 10 minutos*, para que os pretzels possam crescer, tornando-se mais leves por dentro.

Juntando tudo

| 7 | Decoração e assamento | Distribua no topo sementes ou sal grosso |

Transformando a massa em pão

Decorar e...

(Cubra com sementes ou sal grosso) Aplique *coberturas*. Para que sementes pesadas ou coberturas possam aderir melhor aos pretzels, espalhe sobre eles uma mistura feita com a clara opcional e 28 gramas de água fria e ligeiramente batida.

Produto	Forno	Estágio I	Vapor	Vent @	Estágio II	Tempo	Temp. int.
Pretzels	Rack	218 °C	5 s	2 min	200 °C (nota)	10 min*	cor
	De lastro (com grade) (7.7.7)	246 °C	Sim, se disponível	2 min	246 °C	8 a 9 min	cor

*Para pretzels finos, use o Estágio II assando @ 218,33 °C, por + 8 minutos.

... Assando (este exemplo segue os tempos e as temperaturas do forno rack)

1 e 2. Rack. Os pretzels assam melhor em um forno rack (chamado de *forno de convecção*, se for equipado com um ventilador).

3. Estágio I 218 °C. O forno foi preaquecido a 218 °C, para começar a assar.

4. Vapor 5 s. O vapor é injetado no forno durante os primeiros *5 segundos* do assamento. Se o seu forno não for equipado com um gerador de vapor, umedeça bem os pretzels com água DEPOIS de decorá-los e antes de os colocar no forno.

5. Vent @ 2 min. *Depois dos primeiros 2 minutos de assamento, abra o respiradouro do forno*, liberando o vapor que se formou. Mantenha o respiradouro aberto pelo resto do assamento. Se o seu forno não tiver um respiradouro, abra cuidadosamente a porta do forno por 3 segundos. Libere o vapor; feche a porta do forno firmemente.

6. Estágio II 200 °C. Reduza a temperatura do forno para 200 °C.

Parte II | As fases do pão

7. Tempo + 10 min. A tabela de assamento indica *10 minutos adicionais* de assamento, uma vez que o respiradouro tenha sido aberto aos 2 minutos. Isso significa um *tempo de assamento total de 12 minutos para os pretzels*. Note que esses *+ 10 min* constituem um tempo adicional médio. O seu forno pode assar os pretzels em um tempo ligeiramente maior ou ligeiramente menor.

8. Cor. Continue a assar os pretzels, deixando o respiradouro do forno aberto. Quando terminarem de assar, eles apresentarão uma atraente cor marrom-dourado. Retire-os do forno e coloque-os em uma prateleira até que esfriem (cerca de 15 minutos).

Agora que você leu os detalhes de feitura dos pretzels, volte ao *modo de fazer* (p. 187) e a releia-o. Você conseguirá visualizar o processo, um passo de cada vez?

É assim que um padeiro trabalha. Treine para ler uma Rx dessa maneira, e você extrairá o máximo deste livro.

Parte III
As famílias de massas

Massas de desenvolvimento intensivo*

- **Famílias das massas magras**

- **Famílias das massas macias**

- **Famílias das massas ricas**

---

* Também conhecido como *mistura intensiva* (quando usada uma velocidade alta ou média, com desenvolvimento total do glúten); *mistura aprimorada* (ao utilizar duas velocidades diferentes durante a produção) ou *mistura básica* (quando a massa atinge o seu desenvolvimento pela sova manual).

Família das massas magras

Representante	BAGUETES
Outros pães	Bagels Baguetes de queijo Pão do kaiser Torpedo italiano Pretzels
Características dos pães	As massas magras demoram um tempo ligeiramente mais longo do que o normal para serem mastigadas. O tamanho das suas migalhas vai de moderado a pequeno; a sua estrutura alveolar pode ir de variada (como a das baguetes) a muito uniforme (como a dos bagels). Para fatiar as massas magras é preciso exercer pressão moderada.
Reconhecendo as Rxs	Baixa quantidade de adoçantes — PP% 0% a 4%. Baixa quantidade de gorduras — PP% 0% a 4%. O líquido é H_2O. A farinha é altamente proteica, como a farinha para pão ou a semolina.
Considerações sobre o fermento e o glúten	O tempo de fermentação vai de 1 hora a 1 hora e 30 minutos. A colônia de fermento é estabelecida de pronto. O glúten se desenvolve facilmente.
Manuseio da massa	*Mistura direta.* As massas magras usam o *desenvolvimento intensivo*. O tempo de desenvolvimento varia de 8 a 12 minutos.
Armazenamento do pão	Curta vida de prateleira. Embrulhar em plástico para reter a umidade; mas a crosta se torna espessa. Quanto a pães finos, como os grissinis e os crackers, o assamento completo prolonga a vida de prateleira.

Parte III | As famílias de massas

BAGUETES: a massa representativa
Família: massa magra
Sequência de mistura dos ingredientes: direta

Este capítulo apresenta ingredientes para doze baguetes usando uma amassadeira de mesa com capacidade de 18,9 litros. Se você pretende obter um rendimento menor, consulte o item "Mistura de ingredientes e desenvolvimento da massa feita à mão" antes de ler este capítulo.

▶ Fase 1: mise en place

| 1 | Mise en place | H_2O @ 32 °C | tdm = 27 °C |

Os padeiros usam balança, e não xícaras ou colheres. Para que haja consistência e controle, todos os ingredientes são pesados (até a água), especialmente o sal. Todas as medidas deste livro são dadas em peso, a menos que sejam pequenas demais para serem pesadas de modo confiável, como um oitavo de colher (chá) de canela.

Certifique-se de que a sua balança é precisa. Se usar uma balança eletrônica, teste a função *tara* — você deve ter certeza de que a balança pode ser zerada mesmo quando ainda haja algo sobre ela, como uma tigela ou um pequeno recipiente plástico usado para o fermento ou o sal. Cada ingrediente individual deve ser pesado e reservado.

Depois que a sua habilidade e a sua confiança em manusear a balança se desenvolverem, você pode pesar os ingredientes diretamente na tigela de mistura. Simplesmente pressione *tara* depois que cada ingrediente for adicionado à tigela e passe para o ingrediente seguinte.

Água

Abra a torneira e deixe a água correr por 10 segundos inteiros, para você se livrar de quaisquer minerais ou impurezas que existam no cano. Já se escreveu muito a respeito da qualidade da água no processo de assar pão. Alguns livros pedem água de fonte; outros, água filtrada. A ideia é que uma água mais pura permita que o sabor do trigo passe para o pão de modo mais completo.

Família das massas magras

O problema é de disponibilidade e de custo. A água da torneira normalmente tem boa qualidade, especialmente em grandes áreas metropolitanas. Todas as receitas deste livro foram feitas com água da torneira. Se no seu município a água for motivo de qualquer preocupação — talvez ela possua alto conteúdo mineral ou de flúor —, faça um teste. Asse uma fornada de baguetes usando água da torneira e outra fornada usando água filtrada. Avalie as diferenças nos produtos finais, para ver se vale a pena filtrar a água.

Fermento

Neste livro, nós usamos fermento fresco nas receitas, e o guardamos. O fermento fresco é armazenado hermeticamente fechado, no refrigerador. Ele tem uma vida de prateleira de sete a dez dias quando armazenado adequadamente.

Assim que obtido, o fermento fresco deve ser datado e colocado no refrigerador. A rotação de estoque deve ser feita usando o princípio *Peps*. Se o fermento fresco está sempre presente na sua cozinha, use um pequeno recipiente plástico para a sua armazenagem. Pedaços de fermento não utilizados podem ser guardados nesse recipiente tampado, eliminando-se a necessidade de embrulhar pedaços pequenos um por um. Lave o recipiente uma vez por semana.

Definição de Peps

É um acrônimo para a expressão "primeiro que entra, primeiro que sai" que diz respeito à prática alimentícia segura para a administração do estoque.

Quando você for preparar uma mise en place que inclua fermento fresco, assegure-se de embrulhar o fermento em plástico para armazená-lo durante a noite. Embrulhar o fermento fresco em papel-manteiga pode fazer que ele seque.

Quando você estiver pronto para começar a misturar os ingredientes do pão, deve dissolver o fermento fresco em água, logo após tê-lo retirado do refrigerador e tê-lo medido. Depois de dissolvido em água, o fermento fresco pode ficar à temperatura ambiente de 21 °C por 30 minutos, enquanto você termina a mise en place. Depois disso, se ele não tiver farinha para comer, descarte-o e pese outro, para obter resultados mais confiáveis.

Farinha

Neste livro, nós usamos nas receitas a farinha para pão. O conteúdo de proteína da farinha para pão é de aproximadamente 12%. Isso é suficiente para fornecer uma estrutura de suporte ao pão enquanto ele cresce e para proporcionar uma resistência moderada à mastigação.

A farinha para pão está disponível como farinha branca ou como farinha de trigo integral. A versão branca é a mais versátil e é a que nós utilizamos nesta receita.

199

Parte III | As famílias de massas

Sal

Nas receitas deste livro, nós usamos sal marinho fino. O sabor dele é limpo, e ele se dissolve bem na massa, não forma grumos nem gruda nos dedos. Se não houver sal marinho de qualidade à sua disposição, você pode usar sal marinho grosso moído. O sal de mesa iodado pode ser usado, mas deixa no pão um toque levemente salgado.* Se o único tipo de sal disponível for o iodado, reduza a quantidade dele em 10% em comparação à pedida na receita.

Nota: quando substituir qualquer sal por sal marinho fino, você deve usar o peso, e não colheres medidoras. Uma colher de sopa de sal kosher, por exemplo, pesa apenas metade do que uma colher de sopa de sal marinho fino.

Insight

Na última década, a indústria da farinha se tornou responsiva às necessidades dos padeiros artesãos. Moleiros especializados oferecem grande variedade de grãos, muitos deles orgânicos, e triturados em diferentes tamanhos, para uso dos artesãos. Depois que se tornar competente nas habilidades de panificação apresentadas neste livro, você encontrará saídas criativas ao explorar essas opções. Procure na internet uma lista de micromoleiros selecionados.

"Industry Assured"

Originária do Kansas, essa rede norte-americana de agricultores orgânicos e de moleiros segue o lema: "das nossas mãos para as suas". Trigo de que se conhece a origem e grãos especiais são pessoalmente transferidos em cada passo da cadeia de fornecimento. Os padeiros que compram dessa rede podem confiar na alta qualidade dessa farinha.

▶ Fase 2: sequência de mistura dos ingredientes

2	Mistura dos ingredientes	Direta

Encha a tigela com água

Sempre que possível, coloque a tigela diretamente sobre a balança. Ajuste a balança para *zero*, ou desconte a *tara*, e adicione a água à tigela.

Dissolva o fermento na água

Ajuste a balança novamente para zero. Use um batedor, um raspador de plástico ou as mãos para dissolver o fermento. O líquido ficará opaco e bege, semelhante ao *chai*.

O chai é originário da Índia. Ele tem uma aparência leitosa e bronzeada. A bebida adoçada é feita de chá (em geral, chá preto) e aromatizada com cardamomo, cravos-da-índia e leite. Quando inteiramente dissolvido na água, o fermento tem uma aparência semelhante à do chai.

---

* No Brasil, a adição de iodo ao sal e sua quantidade ideal são determinadas pela Agência Nacional de Vigilância Sanitária (Anvisa) – Ministério da Saúde, segundo a Resolução nº 130, de 26 de maio de 2003. (N. E.)

Família das massas magras

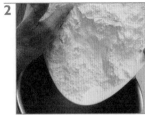

Adicione toda a farinha

Ponha toda a farinha na tigela. Não a peneire e não a acrescente aos poucos.

Adicione o sal

O último ingrediente adicionado à massa é o sal. Espalhe o sal uniformemente por cima da farinha.

Misture na velocidade #1

Transfira a tigela para a amassadeira e prenda-a. Com o batedor de massas ligado na velocidade #1, bata até chegar ao ponto desejado.

Esse ponto pode ser reconhecido quando:

a. toda a farinha está molhada;
b. a massa começa a seguir o batedor, tentando grudar nele. Ela não conseguirá, porque o batedor se move devagar demais, e neste ponto a estrutura da massa não é forte o suficiente. Mas você pode ver as marcas onde a massa está tentando agarrar-se no batedor;
c. a massa se afasta da parede da tigela.

Na padaria, nós usamos um spray para ajudar a umedecer a parte superior da farinha, porque isso ajuda a reduzir a quantidade de partículas de farinha que flutuam no ar. O spray ajuda a massa a se formar rapidamente, sem que certas partes dela sejam trabalhadas demais (como a massa que gruda no batedor). Quando reconhecer o ponto certo, então a massa estará pronta para ser sovada ou desenvolvida.

Todos esses passos, desde colocar a água e o fermento na tigela até obter uma massa uniformemente umedecida e pronta para ser sovada, podem ser resumidos pela expressão *sequência de mistura direta*, ou simplesmente *direta*. Esses passos são os mesmos usados para todas as massas magras.

Dê uma olhada na Rx de baguetes no final deste capítulo e você verá a linguagem do padeiro que resume todos esses passos. O padeiro escreve *direta*, simplesmente, para indicar esta *sequência de mistura dos ingredientes*.

201

Parte III | As famílias de massas

Chef, esta massa não parece boa! O que devo fazer?

Se a massa parecer muito úmida e aguada, ou seca e farelenta, isso significa que algum erro ocorreu na pesagem.

Pare. Jogue a massa fora. Corte as perdas. Leve a tigela ao lixo e despeje tudo.

Certifique-se de ajustar a balança no ZERO cada vez que você pesar um novo ingrediente. Arranje alguém para checar o seu trabalho. Um par diferente de olhos pode ajudá-lo a localizar o problema.

Dica do padeiro

A farinha se assenta no fundo da tigela de uma amassadeira. Mergulhe um raspador de plástico na farinha e cave até o fundo. Empurre a massa para um lado e borrife água no fundo — mesmo que você não veja nenhuma farinha seca.

a

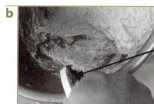
b
Spray de H_2O

▶ Fase 3: desenvolvimento

Desenvolva a massa: velocidade #2; 4 min

| 3 | Desenvolvimento | Desenvolvimento
Velocidade #2, 4 min;
+ velocidade #1, 2 min | OU | (à mão) 8 min |

Os padeiros profissionais usam o termo *sovar*, que enfatiza a rede proteica de suporte que há dentro da massa e ajuda a manter a forma enquanto cresce. O modo como se dá o desenvolvimento da estrutura proteica determina quão bom será o pão. (Haverá muito ainda sobre isso mais adiante, pode acreditar.)

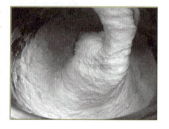

Enquanto a massa se desenvolve na amassadeira, verifique se não há sobrecarga na máquina ou na própria massa. O volume da massa deve preencher de 50% a 60% da tigela; o batedor deve se mover livremente, sem engasgo ou esforço, e você deve ouvir um leve som de palmada, decorrente do trabalho da massa contra a lateral da tigela. Satisfeitas essas condições, você poderá desenvolver a massa por 4 minutos na velocidade #2.

Segurança em primeiro lugar

⚠️ Verifique todos os mecanismos de segurança:

a. desligue a máquina;
b. desligue o timer;
c. ajuste na velocidade mais baixa;
d. abra a gaiola de segurança e;
e. abaixe a tigela da amassadeira.

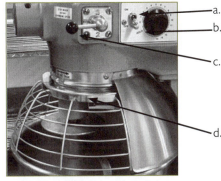

a. Botão Liga/desliga
b. Timer: ajustar em HOLD desliga o timer
c. Ajuste da velocidade:
   1 = baixa
   2 = moderada
   3 = alta
d. Gaiola de segurança: empurre para a esquerda para abrir

Algumas vezes, a amassadeira pode ter problemas na velocidade #2. Se isso acontecer, pare a máquina; então, reduza a velocidade e termine o desenvolvimento na velocidade #1, pelo mesmo tempo.

Misturar a massa à máquina é como um casamento de sucesso: cada um cumpre o seu próprio papel e um equilíbrio se estabelece entre os dois parceiros.

Não é porque todas essas instruções funcionam na máquina de outro estudante que a sua não precisará de alguma regulagem.

Inverta a massa

Provavelmente, a amassadeira que você usa é uma amassadeira vertical. A maior parte das amassadeiras, de mesa e de chão, é vertical. O acessório da massa é acoplado à máquina ao longo de uma linha vertical que vai do alto até embaixo da tigela de mistura. Essas amassadeiras de uso geral são úteis para o desenvolvimento de volumes maiores de massa à máquina em vez de à mão. Elas são confiáveis e robustas e constituem um recurso valioso.

As amassadeiras verticais *nem sempre* misturam a massa uniformemente. A massa que está no perímetro da tigela pode ser mais manipulada do que aquela que gruda no misturador, ou seja a massa que está na lateral do bowl tem mais contato (manipulação) do que a massa que está grudada no gancho*. Com isso, alguns ingredientes, como o sal, podem ⚠️ se concentrar em uma parte da massa, em vez de se misturarem igualmente por toda ela.

Para evitar isso, uma boa prática é inverter a massa na metade do período de desenvolvimento. Passados 4 minutos para o desenvolvimento da baguete, inverta a massa. Use os procedimentos de manuseio seguro quando for transferir a massa da máquina para a bancada.

---

* Gancho é o utensílio utilizado para sovar a massa. (N. E.)

Parte III | As famílias de massas

Dica do padeiro

Enfarinhe a bancada e a massa três vezes, nesta sequência:

Primeiro, enfarinhe a bancada com farinha.

Segundo, enfarinhe a parte superior da massa enquanto ela ainda estiver na tigela. Use um raspador manual de plástico para voltear a massa sobre a bancada.

Terceiro, enfarinhe novamente a parte superior da massa.

Inverta a massa na metade do desenvolvimento

204

Ponto de véu

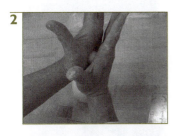

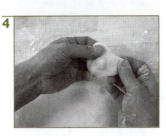

Polvilhe a bancada com farinha; coloque a massa sobre a bancada usando um raspador de plástico manual. Dobre a massa como se vê na página anterior.

Velocidade #1; 2 min

Devolva a tigela à máquina. Desenvolva a massa à velocidade #1 por mais 2 minutos.

Ponto de véu/verifique o sal

Verifique na própria massa se o *glúten se desenvolveu adequadamente*. Você pode seguir todas as instruções e desenvolver a massa exatamente conforme a receita diz; mas o desenvolvimento só pode ser verdadeiramente testado na própria massa. Eu sempre digo aos meus estudantes: "Não me pergunte se a sua massa está pronta. Pergunte a ela mesma".

O *ponto de véu* vai dizer a você a verdade sobre a estrutura apropriada da massa. Mergulhe os dedos em um pouco de farinha para pão, depois mergulhe-os na massa e retire um pedaço com aproximadamente metade do tamanho de uma bola de golfe. Enrole suavemente a massa entre as palmas das mãos, sem pressionar muito, para que ela não grude. Se grudar, enfarinhe-as um pouco e tente novamente, pressionando menos desta vez.

Mergulhe a bola de massa em um pouco de farinha para pão como se fosse um bolinho de chuva ou um brigadeiro. Usando os polegares e o indicador e o médio de cada mão, achate a bola entre os dedos como se fosse fazer uma minipizza. Trabalhando a partir do centro, estique a massa suavemente para fora. Muitas vezes, a ação de virá-la, simplesmente, deixa-a mais uniforme.

Você começará a ver uma fina membrana de massa cuja elasticidade sugere uma pequena cama elástica. Pressione-a suavemente e veja como ela retorna. Essa é a rede de proteínas que mantém as baguetes inteiras enquanto crescem. Essa é a estrutura de glúten. Esse é o ponto de véu.

Uma última checagem. *Experimente a massa*. Você pode lamber a minipizza ou morder um pedacinho dela. Es-

Parte III | As famílias de massas

palhe-a pelo palato e experimente o sal. Você deverá senti-lo na parte anterior do céu da boca, quase na ponta da língua. O nível de salga poderá parecer ligeiramente mais alto do que você preferiria — é o nível correto de sal na massa. À medida que a massa fermenta, desenvolvendo mais sabor, a intensidade do salgado diminui.

Calibre a língua para reconhecer esse nível de salga na massa crua. Se depois de modelada, crescida e assada, a massa apresentar sal insuficiente, você terá desperdiçado muito da sua energia à toa. O momento de tirar do forno as baguetes quentes e já assadas certamente não é melhor para você descobrir que a massa não recebeu sal suficiente (ou recebeu sal demais).

Todos esses passos — desde a adição dos ingredientes até o ponto de véu — são iguais para todas as massas da família magra. Na receita completa de baguetes (no final desta parte), você verá todos os estágios que acabou de executar escritos em versão abreviada. Essas etapas são chamadas pelos padeiros de *desenvolvimento*.

As massas magras representam atualmente cerca de 15% de todos os pães nos Estados Unidos. Aprendendo a fazer baguetes, você também aprendeu a fazer diversas outras massas magras, como pão 100% integral, pretzels macios e bagels.

Levando em conta a sequência em que os ingredientes são incorporados à massa, e não a variedade dos ingredientes, o padeiro pode reunir diversos pães numa mesma família.

Depois que você fizer três ou quatro massas magras, o procedimento se tornará automático. Alguma dúvida sobre misturar qualquer das massas magras? Consulte os detalhes sobre baguetes deste capítulo e as suas perguntas serão respondidas.

▶ Fase 4: fermentação

4	Fermentação	1 h @ 27 °C (70% umid.) 1 × **desgasificar e dobrar**

Pegue um recipiente de plástico cuja capacidade seja aproximadamente três vezes o tamanho da massa das baguetes.

Família das massas magras

Extraoficial

Os meus estudantes apelidaram esse processo de *flubbing*, e eu não consigo pensar em uma expressão mais inoficial em termos de panificação. Mas a palavra *flubbing* remete exatamente ao movimento da massa enquanto ela é esticada e sovada, para cima e para baixo, na bancada. Pode não ser uma palavra muito apropriada para uma padaria artesanal, mas isso certamente é compensado pela imagem a que ela remete.

Dica do padeiro

O tempo e a temperatura de fermentação das baguetes são de 1 h @ 27 °C. Depois de 30 minutos, a massa deve ser desgasificada e dobrada. Isso para que se obtenha um produto de qualidade em cerca de 4½ horas.

Se você tiver mais tempo, digamos 6 horas, então a fermentação recomendada para as baguetes é de 1h30 @ 27 °C, desgasificando-se e dobrando-se a massa aos 45 minutos.

Quando a massa é fermentada a uma temperatura menos elevada e por um período mais longo, as baguetes, depois de assadas, desenvolvem um sabor mais completo, que lembra melhor o trigo.

Dica do padeiro

Se a sua massa estiver quente demais ou fria demais, leia novamente o item "Administrando a temperatura da massa" (p. 116).

Isso assegura que a tampa permaneça no lugar se a massa mais do que dobrar de tamanho ao crescer. Passe óleo sem sabor ou borrife spray para panelas no interior do recipiente.

Faça uma bola

Vire a massa na bancada, polvilhando-a com farinha por três vezes, como você aprendeu anteriormente.

Com as mãos enfarinhadas, agarre a borda superior da massa que estiver mais longe de você. Simultaneamente, estique a massa ao longo da mesa, puxando a borda superior para longe do centro da massa. Dobre a massa na bancada, para que ela se estique com facilidade e sem se romper. Erga e estique a borda superior da massa sobre a parte central dela e solte-a.

Execute esse procedimento com a borda esquerda da massa e depois com a direita. Finalmente, estique a borda inferior em direção ao seu corpo e depois dobre-a sobre o centro dela.

Coloque as mãos enfarinhadas sob a massa, erga-a e transfira-a para o recipiente plástico coberto de spray. Use o spray ou o óleo na parte superior da massa. Tampe o recipiente.

Parabéns, você acaba de fazer a sua primeira dobra em uma massa! Mesmo que ela não esteja perfeita, você deu um passo à frente no desenvolvimento de gestos profissionais na bancada do padeiro.

Etiquete a massa

Finque um termômetro calibrado no centro da massa, para registrar a temperatura interna dela. Enquanto você espera, coloque um pedaço de fita-crepe na tampa do recipiente de fermentação e escreva o seu nome e o nome da massa.

Parte III | As famílias de massas

(É surpreendente como todas as massas ficam parecidas umas com as outras quando começam a crescer nos recipientes.)

A fermentação se inicia no minuto em que você faz o ponto de véu com a massa. Escreva a hora na etiqueta, juntamente com a temperatura — o ideal é que esta seja de 27 °C. Alguns graus a mais ou a menos são aceitáveis na primeira vez.

Nome e produto	Hora começo(t) → Desgasificar e dobrar(t) → Fim(t)
Mike — Balloons	7h30(27 °C) → 8h00(°C) → 8h30(°C)

A massa da baguete fermenta por 1 hora. Calcule o horário do término e escreva-o na ponta direita da sua etiqueta de fita-crepe. Deixe um espaço para colocar a temperatura da massa no final da fase de fermentação. Assim:

Finalmente, a massa deve ser desgasificada na metade do período de fermentação. Calcule 30 minutos a partir do início e escreva isso na sua etiqueta. Novamente, deixe espaço para escrever a temperatura da massa.

Use o spray sobre a massa, tampe o recipiente e deixe-a fermentar. Procure uma área quente na cozinha, algum lugar com temperatura entre 26 °C e 29 °C. Meça a temperatura do lugar usando o termômetro e certifique-se de que a temperatura ambiente é aceitável.

▶ O passo de desgasificação e dobra

4	Fermentação	1 h @ 27 °C (70% umid.) 1 × desgasificar e dobrar

Depois de 30 minutos de fermentação, desgasifique e dobre a massa da seguinte maneira:

1. Tome a temperatura usando o mesmo termômetro que você usou inicialmente. Registre-a na etiqueta de fermentação. Vire a massa na bancada, enfarinhando-a três vezes.
2. Com as mãos enfarinhadas, comprima suavemente a massa para baixo, de modo uniforme, a fim de liberar o dióxido de carbono e o álcool que há nela.

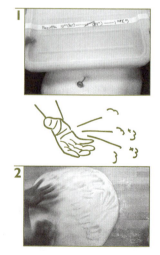

Família das massas magras

3-4. Modele novamente a massa na forma de uma bola, usando o processo de antes: estique, rebole e vire.

5. Devolva a massa ao recipiente de plástico, jogue spray por cima dela e tampe o recipiente novamente.

Lembre-se de que você quer a massa a 27 °C. Se ela ficar quente demais, coloque-a em um lugar mais frio durante a segunda metade da fermentação. Da mesma maneira, se a temperatura cair, coloque a massa em um lugar mais quente. Se ela ainda estiver com 27 °C, então você encontrou um excelente lugar para fermentar as suas massas — pelo menos por hoje, com as condições atmosféricas do dia. Amanhã é outra história, como você aprenderá conforme fizer mais pães.

▶ **Fase 5: a sequência de modelagem**

5	Modelagem	Divida em pedaços de 340 a 370 g; modele-os como cilindros; descanso na bancada 30 min no RFG; **modele como baguetes**

Quando a segunda metade da fase de fermentação se completar, a massa da baguete estará pronta para ser modelada. *Não desgasifique a massa a esta altura.*

Divida @ 370 gramas

Volte a massa à bancada, enfarinhando-a três vezes. *Não desgasifique a massa.*

Com as mãos enfarinhadas ou com a faca de bancada, empurre os quatro lados da massa, para formar um quadrado com ela. Use o raspador para dividi-la, no sentido do comprimento, em quatro tiras iguais. Se as partes lhe parecerem bastante semelhantes, corte a massa com a faca de bancada. Enfarinhe as tiras novamente.

Corte pedaços menores de massa, com 370 gramas. Cada uma das tiras de massa deve render três pães. Arrume as peças menores ao lado da sua área de trabalho, na ordem em que elas foram cortadas.

Veja fotos detalhadas da modelagem de uma baguete em "A sequência da modelagem".

Modele cilindros

Antes de enrolar a massa na forma final de baguete, as peças são modeladas na forma de cilindros e descansam, para que a modelagem seja mais uniforme. Não há dimensões precisas para esses cilindros, mas 7,5 centímetros de diâmetro por 18 centímetros de comprimento são medidas razoáveis.

A modelagem é feita em uma *zona sem farinha*. Se a massa for enfarinhada nesse estágio, ela não se selará completamente, e as emendas se abrirão durante o assamento.

Situe o pedaço de massa de modo que o lado mais curto vá da esquerda para a direita. Com as mãos abertas e esticadas, comprima um pouco do gás que há na peça de massa. Pegue a sua borda superior e dobre-a na linha central da massa. Use o lado da sua mão e o dedo mínimo para fazer pressão e fechar essa emenda. Pegue a borda do fundo e traga-a para cima, de maneira que ela encontre a outra borda ao longo da linha central. Pressione essa nova emenda para baixo, a fim de fechá-la.

Agora, dobre a massa ao meio, até que a borda superior encontre a borda inferior. Sele essa borda usando aquela almofada grossa que há logo embaixo do seu polegar e a parte inferior da palma das mãos. Vire o cilindro de modo que a emenda fique para cima. Belisque o comprimento da emenda, para fechá-la.

À medida que você modelar os cilindros, transfira-os para uma assadeira forrada com papel-manteiga ligeiramente untada com óleo ou spray. Coloque em cada assadeira tantos cilindros quanto for possível, mas certifique-se de que um cilindro esteja sempre separado do seguinte por uma largura de pelo menos três dedos. Se ficarem mais próximas do que isso, as peças de massa, ao se espalharem, grudarão umas nas outras.

Unte os cilindros com spray ou óleo e cubra-os, para impedir que eles sequem por causa do ar. Folhas e forros de plástico ou coberturas de prateleiras são escolhas adequadas. Transfira as assadeiras para um carrinho e leve-as ao refrigerador, para que os cilindros descansem.

Descanso na bancada de 30 minutos

Deixe que os cilindros pré-moldados descansem por 30 minutos no refrigerador. *Dica do padeiro*: este é o momento de ligar a estufa — 27 °C e 60% de umidade.

Família das massas magras

▶ Modelando baguetes

Primeira modelagem

Modelagem final

211

Parte III | As famílias de massas

Vale lembrar que as baguetes podem ficar no refrigerador por até 1 hora, caso você não consiga trabalhá-las em 30 minutos.

Modelagem final

| Modelagem 5 | Divida em pedaços de 340 g a 370 g; modele-os como cilindros; descanso na bancada 30 min no RFG; modele como baguetes com 55 cm de comprimento e 4 cm de diâmetro |

Trabalhando em uma zona sem farinha, coloque na bancada um dos cilindros de massa já descansados, com a emenda para cima. Desta vez, oriente o lado longo da massa da esquerda para a direita, de modo que você possa rolar a massa de dentro para fora, até chegar ao comprimento de 55 centímetros.

Pressione a massa para tirar um pouco do ar que há nela, mas não a amasse completamente. Pegue a borda superior dela e traga-a para baixo, de modo que essa borda encontre a massa 2,5 centímetros acima da borda inferior. Pressione-a com a lateral da mão, selando-a.

Agora, puxe a nova borda superior para baixo, para que ela se encontre com a borda inferior, formando um cilindro apertado e ligeiramente mais longo. Sele a borda usando a parte inferior da palma da mão. Vire o cilindro de modo que a emenda fique para cima e você possa beliscá-la.

Ainda com a emenda para cima, pressione-a com a lateral da mão, para criar uma fenda que vá de uma ponta à outra do cilindro.

Trabalhando da borda direita para a esquerda (se você for destro), puxe a borda superior, para que ela se encontre com a inferior; sele a emenda com a parte inferior da palma da mão direita. Repita esse procedimento até que o cilindro da baguete esteja bem fechado. Belisque a emenda uma última vez.

212

Coloque o cilindro de baguete de lado, para que ele descanse (por não mais do que 5 minutos) enquanto você trabalha com outro cilindro. Assim que esse segundo cilindro de baguete for emendado, deixe-o descansar na bancada, também.

Volte ao primeiro cilindro de baguete. Voltando a emenda para baixo, role-o para fora, até que ele atinja 55 centímetros. Coloque-o em um recipiente ligeiramente untado com spray ou óleo ou em uma assadeira forrada com papel-manteiga e enfarinhada com semolina (coloque três ou quatro cilindros em cada assadeira).

Deixe as baguetes modeladas na estufa por 40 minutos.

 Fase 6: crescimento

6	Crescimento	40 min @ 27 °C (60% umid.); + 10 min FERMENTAÇÃO DE PISO, para formar uma crosta

A estufa ou câmara de fermentação é um ambiente fechado e umidificado em que a massa de pão pode crescer até a sua forma final. A operação de uma estufa é dada em detalhes em "A fase do crescimento" (p. 147).

Se a sua cozinha não tem uma estufa, você pode fazer uma usando um rack (esqueleto ou carrinho) com rodas. Coloque assadeiras que possam acomodar um recipiente retangular com água quente nas prateleiras de baixo e do meio do rack. Encha os recipientes com 2,5 centímetros de água fervente. Ponha as assadeiras com as baguetes nas prateleiras superiores. Cubra tudo com um plástico e estacione o carrinho em um canto no qual não haja movimento.

A única desvantagem dessa adaptação é que a umidade pode não ser alta o bastante para todo o período de fermentação. Verifique as baguetes na metade do tempo de fermentação, para se certificar de que elas não estão secando e formando uma casca. Se elas estiverem, substitua a água quente primeiro. Depois, pegue um spray de água e umedeça-as suavemente. Isso deve deixar tudo em ordem.

Dica do padeiro

Dê continuidade ao trabalho com as outras peças de massa, deixando que cada cilindro de baguete descanse por 3 ou 4 minutos antes de ser estendido até alcançar 55 centímetros. Mesmo um período curto de descanso como esse é capaz de proporcionar o relaxamento da superfície da massa, tornando as formas finais mais uniformes.

Dica do padeiro

Agora é o momento de preaquecer o forno: forno de convecção @ 226 °C e forno de lastro @ 260 °C.

Parte III | As famílias de massas

▶ Fase 7: decoração...

| 7 | Decoração e assamento | Faça cortes cinco vezes com lâmina |

As baguetes são cortadas usando-se uma lâmina (*lame*), ou facas serrilhadas, mas a lâmina é a melhor ferramenta. Para serem cortadas com facilidade, as baguetes devem secar ao ar brevemente, formando uma textura muito fina e sedosa na superfície delas. Isso pode ser feito transferindo-as da umidade da estufa para um carrinho aberto, deixando um espaço entre as bandejas para que o ar circule melhor. Se você usar a estufa adaptada que nós descrevemos anteriormente, simplesmente remova a cobertura do pão e descarte os recipientes com água. Leva cerca de 10 minutos até que a superfície seque o bastante para que a lâmina não grude na massa enquanto a corta.

Faça cortes nas baguetes usando uma lâmina

Coloque as assadeiras com as baguetes fermentadas sobre a bancada, de modo que elas apontem para a sua barriga. Segurando a lâmina com a mão direita e começando do topo, faça um corte diagonal de 7,5 centímetros de comprimento na superfície da massa, indo da parte superior esquerda à parte inferior direita. Faça cinco cortes desses, de modo que um esteja próximo do outro. Decore as baguetes restantes da mesma maneira (ver fotos na fase "Decoração e assamento").

Ponha a lâmina à esquerda da linha central da baguete. Mova-a ao longo do comprimento da baguete, terminando o movimento logo à direita da linha central.

Faça o próximo corte — vá para a esquerda da linha central e posicione a lâmina a cerca de 2,5 centímetros do último corte. Continue os cortes — você deve obter algo parecido com uma costura.

Família das massas magras

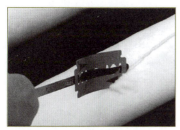

Use a ponta da lâmina.

Dica do padeiro

Quando retiradas da estufa, as baguetes apresentam uma superfície úmida e úmida. Fica difícil cortá-las a essa altura. Por isso, você deve colocá-las em um lugar mais frio e com corrente de ar, de modo que a superfície delas possa secar e formar uma pele suave. Então, será mais fácil cortá-las. Em geral, nós as deixamos secar por 5 a 7 minutos.

Use a ponta da lâmina. Não corte em direção ao interior da massa. Incline a lâmina ligeiramente para a esquerda e depois corte.

▶ Fase 7: ... e assamento

| 7 | Decoração e assamento | Faça cortes cinco vezes com lâmina |

Produto	Forno	Estágio I	Vapor	Vent @	Estágio II	Tempo	Temp. int.
Baguetes	Rack	220 °C	5 s	2 min	235 °C	11 a 12 min	93 °C
	De lastro (com grade)	260 °C (7.7.7)	Sim	2 min	230 °C	11 a 12 min	93 °C

Forno rack

Peça a um companheiro que lhe passe as assadeiras enquanto você coloca nelas os pães. O ar quente sobe, por isso sempre transfira os pães da parte de baixo do forno para a de cima. Se possível, deixe um espaço entre as prateleiras, para ter maior segurança sobre o resultado. Feche a porta do forno e injete o vapor. Observe o esqueleto ou carrinho rotativo, para se assegurar de que ele gira livremente neste ponto.

Depois de 2 minutos, abra o respiradouro do forno para remover o vapor residual. Eleve o termostato até 235 °C e reprograme o timer para 10 minutos adicionais.

Quando assadas adequadamente, as baguetes ficam douradas por igual. Retire uma baguete-teste. Certifique-se de que os lados dela estão firmes, sem umidade. Se eles não estiverem, devolva a baguete ao forno por 1 ou 2 minutos a mais. A temperatura interna da baguete deve ser 93 °C.

Tratando-se de massas magras, o intervalo de temperaturas do forno vai de 200 °C a 230 °C em um forno de convecção e de 218 °C a 260 °C em um forno de lastro. As massas magras podem ser assadas com eficácia tanto no forno de convecção como no forno de lastro. Se todas as condições forem iguais para os dois tipos de forno, os pães produzidos em um forno de lastro possuem uma crosta mais seca e são ligeiramente mais grossos.

Segurança em primeiro lugar

Como medida de precaução, sempre anuncie que você está tirando o vapor dos pães. Ele pode sair por qualquer das aberturas do forno. Certifique-se de que os seus colegas de trabalho estejam bem longe da área do forno quando você estiver removendo o vapor.

> Lembre-se da *regra dos 10%*: a temperatura do forno de lastro deve ser 10% mais alta do que a do forno rack.

Forno de lastro

O *tempo total de assamento* das baguetes é de 13 a 14 minutos. Em um forno de lastro, você precisa proteger os pães magros do calor direto que provém do piso do forno. Inverta as assadeiras do piso do forno de lastro aproximadamente 10 minutos antes de começar a assar. Existem grades de forno comerciais desenhadas para essa finalidade.

Pãezinhos e outros pães pequenos, como os pretzels macios, cujo tempo total de assamento é de 10 a 12 minutos, podem ser assados em assadeiras colocadas diretamente no piso do forno. Pães de tamanhos maiores, com 110 gramas ou mais, ficam mais bem protegidos se a assadeira do piso do forno for invertida.

▶ Fase 8: esfriamento e amadurecimento

Retire as assadeiras do forno, coloque-as separadas em um carrinho e ponha, na parte da frente e na parte de trás do carrinho, uma luva de forno, para indicar que aquele produto está quente. Deixe que as baguetes esfriem por pelo menos 30 minutos.

Baguetes

Receita

Ingrediente	PP%	Amassadeira de 4,3 ℓ	5,68 ℓ	18,9 ℓ	Δ
		Gramas			
Água	63%	285 g	567,40 g	1,702 kg	
Fermento fresco	3,3%	15 g	28,35 g	92,14 g	
Farinha	100%	450 g	907,18 g	2,722 kg	
Sal	2,2%	10 g	21,27 g	56,70 g	
Rendimento		760 g	1,362 kg	4,54 kg	
Unidades		2 unid.	4 unid.	12 unid.	

Modo de fazer

1	Mise en place	H_2O @ 32 °C		tdm = 27 °C
2	Mistura de ingredientes	Direta		
3	Desenvolvimento	Velocidade #2, 4 min; + velocidade #1, 2 min	OU	(à mão) 8 min
4	Fermentação	1 h @ 27 °C; (70% umid.) 1 × desgasificar e dobrar		
5	Modelagem	Divida @ peças de 340 g a 380 g; modele cilindros; descanso na bancada 30 min no RFG; molde como baguetes		
6	Crescimento	40 min @ 27 °C (60% umid.); + 10 min NO PISO para formar pele		
7	Decoração e assamento	Corte 5 vezes com lâmina		

Produto	Forno	Estágio I	Vapor	Vent @	Estágio II	Tempo	Temp. int.
Baguetes	Rack	220 °C	5 s	2 min	235 °C	11 a 12 min	93 °C
	De lastro (com grade)	260 °C (7.7.7)	Sim	2 min	230 °C	11 a 12 min	93 °C

Parte III | As famílias de massas

Dica valiosa para resolver problemas

De vez em quando, você depara com uma tigela de aço inox cheia de ingredientes que se "recusam" a se unir de modo a formar uma massa ou atingir o ponto ideal. Ou, então, com uma tigela cheia de farinha esfarelada, ou de algo que se parece com mingau aguado.

Você *sabe* que todos os ingredientes foram medidos da maneira adequada. Então, *o que aconteceu?*

Aprenda a resolver os problemas do trabalho. Mesmo que tudo tenha sido medido com precisão, há situações que fazem você duvidar de si mesmo ou da receita.

***DICA**: se a massa não parecer correta no início do desenvolvimento, provavelmente ela não esteja mesmo correta. DESLIGUE A AMASSADEIRA!*

Continuar a misturar os ingredientes não resolverá o seu problema. Uma massa aguada não irá endurecer de repente, assim como uma porção seca e farelenta de farinha não irá milagrosamente se tornar uma massa macia e flexível.

Você pode jogar tudo fora, mas, se o fizer, perderá uma das melhores oportunidades de aprender que uma padaria pode oferecer. Alguma coisa não está funcionando, e você tem de investigar. Mas desligue a amassadeira no instante em que perceber que a massa não está correta.

Aqui está a resposta

O peso ou da farinha ou da água não estava correto. Esses são os dois maiores ingredientes da massa, então o problema se refere a um ou ao outro.

1. Use uma calculadora para somar os pesos de todos os ingredientes da receita. (Não confie no rendimento da receita impressa.) Neste exemplo, digamos que o peso total de todos os ingredientes seja de 4,5 quilos.

2. Pegue uma tigela grande o bastante para que todos os ingredientes caibam nela. Coloque a tigela na balança e zere-a.

3. Transfira a massa ruim para a nova tigela e leia o peso.

4. Agora, há duas possibilidades diferentes. Siga os passos do fluxograma.

Como resolver problemas ao misturar ingredientes

A massa parece úmida e aguada ou seca e farelenta — o que fazer:

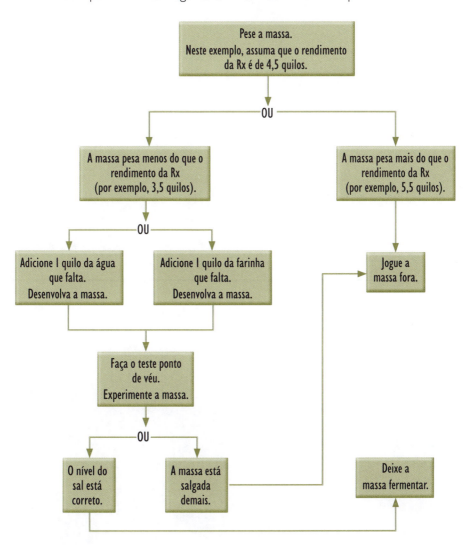

Qualquer que seja o resultado, tome nota de que você deve prestar muita atenção ao peso dos ingredientes no futuro. Não seja severo demais consigo mesmo. Aprenda a lição. Esse tipo de coisa pode acontecer mesmo em padarias profissionais. Ninguém é perfeito.

Família das massas macias

Representante	BALLOONS (pãezinhos)
Outros pães	Challah (pão de ovo) Challah da Esther Donuts de purê Grissinis recheados Pãezinhos de aveia crocante Pãezinhos de leite (*pains au lait*) Pãezinhos de queijo e pimenta Pão de aveia Pão de batata Pão de forma integral de mel Pão de gergelim tostado Pão de hambúrguer de cebola e centeio Pão de leitelho para sanduíches Pão de trigo integral Pão de trigo integral com passas e avelãs Pão rústico de centeio Pizza
Características dos pães	As massas macias apresentam maciez moderada e mastigação perceptível. Os pães se derretem ligeiramente à medida que as gorduras e os adoçantes se liquidificam no palato. O tamanho das suas migalhas é de moderado a pequeno; a sua estrutura alveolar é moderadamente uniforme. Os pães macios são fáceis de fatiar e não se rasgam.
Reconhecendo as Rxs	Quantidade moderada de adoçantes — PP% de 5% a 8%. Quantidade moderada de gorduras — PP% de 5% a 8%. O líquido é leite ou leite e H_2O. A farinha pode ser farinha para pão, farinha comum, ou uma mistura das duas.
Considerações sobre o fermento e o glúten	Os adoçantes aceleram a atividade do fermento. A gordura estrutura o glúten, fazendo que a massa se expanda e cresça mais rapidamente. Os tempos de fermentação são mais curtos do que os das massas magras.
Manuseio da massa	Combine os ingredientes usando a sequência de mistura modificada. As massas macias usam o desenvolvimento intensivo. Os seus tempos de desenvolvimento são mais curtos do que os das massas magras.
Armazenamento do pão	Vida de prateleira moderada. Embrulhe em plástico, para reter o frescor, embora a crosta amoleça.

Parte III | As famílias de massas

BALLOONS: a massa representativa
Família: massas macias
Sequência de mistura de ingredientes: modificada

Este capítulo demonstra como fazer aproximadamente nove dúzias de pãezinhos de jantar usando uma amassadeira vertical com capacidade de 18,9 litros. Se você pretende obter um rendimento menor, consulte o tópico "Mistura dos ingredientes e desenvolvimento da massa feita à mão" antes de prosseguir.

▶ Fase 1: mise en place

1	Mise en place	H_2O e leite @ 32 °C; manteiga @ 26 °C

Gorduras

Com frequência, usa-se manteiga sem sal nas massas macias. Óleos, como o de milho e o azeite de oliva, são comuns. Queijos macios, como o cottage, o cheddar ralado e o cream cheese também podem ser incorporados a essas massas.

Selecione uma manteiga sem sal. Para misturar melhor, a manteiga deve estar a 16 °C e não pode estar derretida. A manteiga derretida se separa em três componentes: sólidos do leite, gordura da manteiga e água; essas três partes não ficam suspensas de maneira uniforme pela estrutura proteica da massa, o que faz que a cor da crosta fique desigual, com pontos escuros, muitas vezes. Dentro da massa, o miolo pode apresentar uma grande quantidade de alvéolos, grandes e pequenos, o que não é apropriado para uma massa macia.

Leite

O leite pode ser usado no lugar da água, para amaciar ainda mais os pães normais e os pães de forma para sanduíche.

Selecione leite integral fresco, com conteúdo de gordura de 3% a 4%. *Esquente* o leite deixando-o a 71 °C e mantendo essa temperatura por 15 segundos. Esfrie-o até 32 °C, antes de adicioná-lo à massa. Você pode usar um forno de micro-ondas.

Se você aquecer o leite diretamente no fogão, comece com uma quantidade um pouco maior do que precisa. Pese o leite depois de ele ter sido aquecido, para compensar a evaporação ou pequenos derramamentos. (Para informações técnicas sobre aquecimento de leite, ver o capítulo "Ingredientes do pão".)

Adoçantes

Os adoçantes contidos em receitas de pão podem ser cristalizados, como o açúcar refinado branco ou mascavo. Os adoçantes líquidos, como mel, xarope de bordo ou melaço, são bastante usados e reforçam o sabor da massa.

É melhor adicionar os adoçantes diretamente ao leite, já aquecido, para ajudá-los a se dissolver. Quando você pesar um adoçante líquido, como mel ou melaço, não o despeje em um recipiente plástico separado para a mise en place. Em vez disso, pese o leite aquecido primeiro, zere a balança e cuidadosamente despeje o adoçante diretamente no leite quente.

▶ Fase 2: sequência de mistura dos ingredientes

2	Mistura dos ingredientes	Modificada

Encha a tigela de mistura com água

Selecione uma tigela de mistura de aço inox. Se possível, coloque essa tigela na balança. Zere a balança e acrescente a água diretamente na tigela.

Faça uma *pasta de fermento*

1. **Dissolva o fermento na água**

    Zere a balança novamente. Esmigalhe o fermento fresco. Use um batedor, um raspador de plástico

Parte III | As famílias de massas

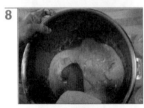

ou a mão para dissolver o fermento. O líquido ficará parecido com a cor do chai.

2. **Adicione um terço da farinha e misture à mão**

    Esta é a parte modificada. Em lugar de acrescentar toda a farinha, como fizemos ao assarmos baguetes, agora você deve adicionar apenas *um terço* da farinha à tigela. Simplesmente estime um terço da farinha e lembre-se de que não é preciso peneirá-la. Misture-a com a água e o fermento usando um raspador de plástico ou a mão. Não se preocupe com os pequenos grumos de farinha. Eles irão se desfazer quando a massa for desenvolvida ou sovada.

Esta mistura é chamada *pasta de fermento*

Adicione as gorduras (leite, manteiga) e os adoçantes (açúcar) à *pasta de fermento*; misture à mão

Depois que a pasta de fermento se formou, os amaciantes são adicionados. O leite, a manteiga amolecida e o açúcar são acrescentados diretamente à pasta de fermento. Junte os amaciantes à massa usando um raspador de plástico ou a mão. Não se preocupe se a mistura ainda não estiver macia; a esta altura, é normal que ela esteja muito solta e líquida para se combinar uniformemente.

Adicione os dois terços restantes de farinha; acrescente o sal

Adicione o restante da farinha. Jogue o sal de maneira homogênea e diretamente sobre a farinha recém-adicionada.

Misture na velocidade #1

Leve a tigela à amassadeira e prenda-a. Coloque o acessório de massas na máquina. Ligue-a na velocidade #1, até que se atinja o ponto desejado. Lembre-se de que esse ponto é atingido quando toda a farinha estiver úmida e a mistura de massa se formar facilmente, seja à mão ou à máquina.

Use a o spray para umedecer a parte superior da farinha. Isso ajuda a massa a se unir rapidamente, sem que seja necessário trabalhá-la demais. Depois que chegar ao ponto, ela estará pronta para ser desenvolvida.

Todos esses passos, desde o enchimento da tigela com água e a preparação da pasta de fermento até a obtenção de uma massa umedecida por igual, pronta para ser sovada, podem ser resumidos pela expressão *sequência de mistura dos ingredientes modificada*, ou *modificada*. Os passos são os mesmos para todos os pães da família das massas macias.

Dê uma olhada na Rx de Balloons no final desta seção e você verá a linguagem do padeiro que resume todos esses passos. O padeiro simplesmente escreve *modificada* para indicar essa *sequência de mistura dos ingredientes*.

Dica do padeiro

Os Balloons e outras massas macias apresentam uma hidratação inferior à das massas magras, como as baguetes. Isso significa que eles contêm menos líquido por quilo de farinha do que as baguetes. Então, leva um pouco mais de tempo para que uma massa macia chegue ao ponto homogêneo.

▶ Fase 3: desenvolvimento

3	Desenvolvimento	Velocidade #2, 2 min; + velocidade #1, 2 min	OU	(à mão) 6 a 8 min

A. Desenvolva a massa: velocidade #2; 2 min

Ligue a máquina na velocidade #2 e desenvolva a massa por 4 minutos. Verifique se não há estresse indevido na máquina ou na própria massa. Como no caso das baguetes, aqui o volume de massa deve preencher de 50% a 60% da tigela de mistura, e o acessório deve se mover livremente, sem se engasgar ou se esforçar demais. Pode-se ouvir um ligeiro som de *palmada* quando a massa bate contra a parede da tigela. Satisfeitas essas condições, desenvolva a massa por 2 minutos.

⚠ B. Inverta a massa

Desligue a máquina. Atente para todos os procedimentos de segurança: programe a máquina na velocidade mais baixa; *desligue o timer*; abaixe a tigela da amassadeira; abra a gaiola de segurança. Retire da máquina a tigela e coloque-a na bancada mais próxima.

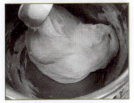

Parte III | As famílias de massas

Vire a massa. Use o mesmo procedimento descrito para as baguetes. Ou seja, enfarinhe a bancada com farinha para pão; enfarinhe a massa na tigela de mistura. Vire a tigela sobre a bancada e enfarinhe o topo da massa.

Trabalhando um lado da massa de cada vez, agarre uma borda, rebole a massa por duas ou três vezes sobre a bancada enquanto suavemente estica essa borda para longe do centro da massa. Sem hesitação, levante e derrube essa borda sobre a massa. Repita o procedimento com as três bordas restantes da massa (ver p. 227).

C. Velocidade #1; 2 min

Devolva a tigela à máquina. Desenvolva a massa na velocidade #1 por mais 2 minutos.

Família das massas macias

Invertendo a massa

Tour de main

Reduza o esforço dos seus pulsos. Quando as bolas de massa pesarem mais do que 2,3 quilos, pegue a massa da seguinte maneira: curve os dedos de modo que eles quase fechem, junte as mãos e pegue a massa entre os pulsos e os antebraços.

227

Parte III | As famílias de massas

Ponto de véu/verifique o sal

Use o ponto de véu para checar se a estrutura do glúten é adequada. Isso é ligeiramente mais fácil de fazer com uma massa macia do que com uma massa magra, pois o açúcar dissolvido e a manteiga amaciam a estrutura proteica e facilitam o esticamento da massa sem rasgá-la.

Lembre-se de experimentar a massa espalhando os sabores pelo seu palato. Certifique-se de que o nível de salga é ligeiramente mais alto do que o preferível. Recorde-se de que a massa desenvolve mais sabor à medida que fermenta e a intensidade da salga decresce.

Todos esses passos — sovar, inverter a massa, ponto de véu e teste do sabor — formam o que se chama de *desenvolvimento*. Os passos são os mesmos para todas as massas macias. Já os tempos podem variar, dependendo da massa. Leia novamente a Rx completa dos Balloons. Em sua linguagem, o padeiro usa a palavra *desenvolvimento* para resumir todos esses passos.

▶ Fase 4: fermentação

4	Fermentação	1 h @ 27 °C
		1 × desgasificar e dobrar

Selecione um recipiente plástico grande o bastante para acomodar a massa quando ela dobrar de volume. Forre o interior do recipiente com óleo sem sabor ou spray de gordura.

Faça uma bola sobre a bancada ligeiramente enfarinhada.

Transfira a massa do Balloon para o recipiente plástico. Cubra levemente a parte superior da massa com óleo ou spray sem sabor. Tampe o recipiente.

Etiquete a massa

A massa dos Balloons fermenta por 1 h @ 27 °C e é virada uma vez depois de 30 minutos. A tdm dela é de 27 °C.

Família das massas macias

Escreva do lado esquerdo da etiqueta de fermentação o tempo e a temperatura da massa. Cubra ligeiramente a parte superior da massa com óleo ou spray sem sabor; tampe o recipiente.

Deixe que a massa fermente em uma área quente da cozinha, com temperatura entre 25 °C e 29 °C. A temperatura de uma massa macia pode ser tão baixa quanto 24 °C, mas não deve ser mais alta do que 29 °C.

A desgasificação e dobra

| 4 | Fermentação | 1 h @ 27 °C
1 × desgasificar e dobrar |

Depois de 30 minutos, na metade da fase de fermentação, cheque a temperatura da massa. Desgasifique-a e dobre-a (veja capítulo anterior para maiores detalhes).

Retorne a massa, ligeiramente coberta com óleo ou spray, ao seu recipiente. Tampe-o e devolva-o a uma área quente para os 30 minutos restantes da fermentação.

▶ Fase 5: a sequência de modelagem

| 5 | Modelagem | Divida à mão ou use a divisora de massa; proceda diretamente para a forma final. | Arranje os pãezinhos, no padrão 5 × 7, em uma assadeira grande (45 cm × 60 cm) e forrada com papel-manteiga. |

Quando a segunda metade da fase de fermentação tiver terminado, a massa de Balloons estará pronta para ser modelada.

Usando uma máquina divisora em uma padaria de grande produção

Uma máquina divisora, ou prensa, é um equipamento mecânico utilizado para criar porções menores e uniformes a partir de uma grande quantidade de massa. A maioria das divisoras rende 36 peças; algumas rendem 48.
Quanta massa cabe no recipiente da divisora?
Comece pelo final, partindo do tamanho do pãozinho que você quer obter.
Para pãezinhos de 55 gramas, a tabela mostra que você deve começar com 2,4 ou 3 quilos de massa, dependendo de quantas peças a sua divisora rende.

Tamanho dos pãezinhos	× (vezes) número de pães no recipiente (depende da sua divisora)	=	(dividido por) 1.000 g	= PESO TOTAL DA MASSA NA DIVISORA
55 g	× 36	1.980	: 1.000 g	1,98 Kg
55 g	× 48	2.640	: 1.000 g	2,64 kg
55 g é um peso padrão para pãezinhos de jantar	Quantas unidades a sua divisora corta?		Há 1.000 g em 1 kg	Peso da massa necessário na divisora.

229

Parte III | As famílias de massas

Divida

Coloque a massa fermentada sobre a bancada, enfarinhando-a três vezes. *Não desgasifique a massa a esta altura.*

Use um raspador para dividir a massa em três pedaços grandes, com cerca de 2,4 quilos cada um.

Usando a divisora de massa

1. Quando a fermentação estiver completa, não desgasifique a massa.
2. Unte o recipiente da divisora com óleo ou spray sem sabor. Coloque a massa no recipiente e pressione-a suavemente em direção às bordas dele.
3. Unte a parte superior da massa com óleo ou spray. Com o cabo à sua frente, coloque o recipiente na prensa de massa.

4. Empurre a alavanca para baixo, a fim de comprimir a massa no recipiente.
5. Mantendo a pressão sobre a alavanca, aperte rapidamente o mecanismo das lâminas, que as empurra para dentro da massa. Tenha cuidado para que a alavanca não escorregue de sua mão.

6. Para cortar a massa corretamente, mantenha a pressão tanto sobre a alavanca como sobre o mecanismo que libera as lâminas. Depois, solte ambos e devolva-os a sua posição inicial. Segure o recipiente da divisora pelo cabo, sacuda-o algumas vezes, para soltar quaisquer peças de massa que tenham grudado, e tire-o da máquina.

7. A massa estará dividida em 36 ou 48 peças, prontas para a modelagem.

Estas fotos mostram um rendimento menor da massa de Balloons: um rendimento de 1,81 quilo, feito na amassadeira de mesa de capacidade de 5,68 litros.

230

Família das massas macias

Primeira forma

1. Traga a borda superior da massa para a inferior.
2. Gire a massa em 90°.
3. Traga a borda superior da massa para a inferior, formando uma bola.
4. Vire a massa para o outro lado, de modo que a parte arredondada fique para cima.
5. Alinhe os pães na ordem em que você os faz.

Usando a técnica demonstrada nas fotos, forme uma bola com cada peça de massa. Evite usar a farinha da bancada ao formar os pãezinhos, pois isso pode fazer as bordas dos pãezinhos se abrirem durante a fermentação ou o assamento.

Descanso de bancada

Os pãezinhos macios não requerem um período oficial de descanso na bancada. Depois que você começar a moldá-los, vá em frente, simplesmente. Alinhe os pãezinhos já moldados na ordem em que você os faz; quando você chegar às últimas peças, as primeiras já terão relaxado o suficiente e estarão prontas para a forma final.

Forma final

Faça um movimento circular com a mão, afastando-a do centro do seu corpo — no sentido horário para os destros; no sentido anti-horário para os canhotos. É algo meio estranho, mas esse movimento empurra o pão para a parte inferior da sua mão, e não na direção dos seus dedos, tornando mais fácil a modelagem da bola. Essa parte da sua mão tem uma superfície lisa e cria mais tensão no pãozinho do que a superfície irregular formada pelos seus dedos. Tente das duas maneiras, e você confirmará isso.

Demonstração

Ao apresentar esse movimento rotativo aos meus estudantes, demonstrei-o por mais duas vezes usando simplesmente a minha mão sobre uma bancada enfarinhada. A farinha indica quais partes da mão devem tocar a bancada quando os pãezinhos são moldados.

Parte III | As famílias de massas

Moldagem final

Repita o mesmo processo circular por duas ou três vezes para cada pãozinho, ajustando as formas. Quando a bancada ficar seca, passe nela um papel-toalha úmido, para que os pãezinhos se agarrem à bancada ao serem moldados.

Aqui estão algumas técnicas intermediárias para enrolar pães com as mãos:

- *Pressione* o pedaço de massa suavemente *para baixo* enquanto você o enrola, quase que o empurrando para dentro da mesa.
- Enquanto você enrola o pãozinho, empurre-o *para longe* de você, *em direção ao topo da bancada*. Forçando-o para longe de você, a tensão na parte inferior da palma da sua mão aumenta. Isso amacia a superfície do pãozinho ainda mais rapidamente.
- *Não tenha pressa*. É preciso praticar; tomando o tempo necessário no início, a sua habilidade de modelar se desenvolverá com rapidez e eficiência.

Coloque os pãezinhos em assadeiras forradas com papel-manteiga. Uma assadeira cheia pode acomodar 35 pãezinhos de 55 gramas modelados, dependendo do tamanho dela. Com um espaço aproximado de 5 centímetros entre os pãezinhos, eles dourarão por inteiro. Esse *espaço aberto* entre os pães também pode ser usado quando se assam pães mais duros, que exigem uma crosta ligeiramente mais grossa, como os torpedos italianos.

Os pãezinhos para jantar podem ser colocados na assadeira deixando-se o *espaço aberto* entre eles, eles podem ser colocados bem próximos uns dos outros, de modo que se unam, formando *junções*. A *junção* produz pãezinhos com lados macios e tenros, que se unem aos vizinhos, e é recomendada quando eles têm de ser assados com antecedência, para depois serem embrulhados e armazenados à temperatura ambiente ou congelados. Assim, eles permanecem frescos por mais tempo do que os pãezinhos assados utilizando-se o *espaço aberto*.

Dica do padeiro

Ao moldar muitos pãezinhos, os meus estudantes usam este mantra de meditação: *farinha para a sua mão, pano de prato úmido para a mesa*.

Um dos maiores problemas na moldagem dos pãezinhos é o uso excessivo da farinha de bancada. Para embolar adequadamente, a massa tem de se agarrar à bancada. Se ela escorregar por causa da farinha, passe um pano de prato molhado sobre a superfície da bancada, e você sentirá a diferença imediatamente.

A massa também não deve grudar nas suas mãos. Se ela estiver ligeiramente úmida, mergulhe uma das suas mãos na farinha e depois esfregue-a na outra. Elimine o excesso de farinha com um tapinha e volte a modelar os pães. Haverá nas suas mãos farinha na quantidade ideal para impedir que a massa grude em você.

Família das massas macias

Quanto aos pãezinhos separados à mão, coloque na assadeira peças de 55 gramas.

Assadeira pequena (30 cm × 40 cm)		Assadeira grande (45 cm × 60 cm)	
Espaço aberto	Junção*	Espaço aberto	Junção*
5 × 3		7 × 5	9 × 6
900 g de massa	1,4 kg de massa	1,8 kg a 2,0 kg de massa	2,8 kg de massa

*No estágio II do assamento com junções, a temperatura do forno é reduzida de 180 °C para 175 °C e o tempo adicional de assamento é aumentado em 2 ou 3 minutos.

Truque de padeiro: espaçando os pãezinhos por igual

Exemplo: colocando balloons em uma assadeira grande, no padrão 5 × 7.
Forre uma assadeira com papel-manteiga.

1
Encha o lado esquerdo:
a) Um pãozinho em cada canto e um no meio;

2
b) encha os espaços com um pãozinho em cada um.

3
Encha a parte inferior:
a) Um em cada canto e um no meio;

4
b) preencha os espaços com dois pãezinhos em cada um.

5
Complete as fileiras e colunas como em uma planilha ou em um jogo de batalha naval.

233

Parte III | As famílias de massas

▶ Fase 6: crescimento

6	Crescimento	Deixe crescer 35 min @ 27 °C

Preaqueça a estufa a 27 °C, com 60% de umidade. Deixe os Balloons na estufa por 35 minutos. Coloque na estufa diversas assadeiras, de baixo para cima. Os primeiros pãezinhos moldados devem ficar nas prateleiras mais baixas; os últimos, perto do topo. O ar quente sobe — arranjar as assadeiras nessa sequência compensa o tempo total de fermentação dos pãezinhos.

As massas macias devem fermentar até que apresentem uma elasticidade moderada ao serem pressionadas suavemente pelo dedo enfarinhado. Lembre-se de que os seus pãezinhos continuam a fermentar enquanto são glaçados e leve em conta esse tempo adicional quando houver muitas assadeiras. Retire a primeira assadeira da estufa os pãezinhos estiverem *quase* prontos. Desse modo, você terá um pouco mais de tempo para glaçá-los antes que fermentem demais.

Se a sua cozinha não contar com uma estufa, coloque a assadeira cheia de Balloons em um lugar quente e úmido. Cubra a assadeira, mas não deixe que a cobertura toque os Balloons. Verifique os pãezinhos ocasionalmente, para ver se uma pele não está se formando sobre eles. Se estiver, espalhe um spray de água generosamente sobre os pãezinhos e a assadeira. Cubra-a bem.

Preaqueça o forno neste ponto do processo.

A regra dos 10% do forno

A temperatura de um forno de convecção deve ser 10% inferior à de um forno de lastro, para o mesmo tipo de pão. Em um forno de convecção, os pães assam a 180 °C; em um forno de lastro, a 200 °C. O ar em movimento do forno de convecção ou rack assa a massa mais rapidamente do que o ar estacionário de um forno de lastro. A crosta pode dourar antes que o interior da massa esteja completamente assado.

Adicione 10%
para aumentar a temperatura ao converter de um forno de convecção para um forno de lastro

conv. + 10%	= de lastro
180 °C + 18 °C	= 198 °C
	= 200 °C (arredondando)

Subtraia 10%
para reduzir a temperatura ao converter de um forno de lastro para um forno de convecção

de lastro − 10%	= conv.
200 °C − 20 °C	= 180 °C

Família das massas macias

▶ Fase 7: decoração...

| 7 | Decoração e **assamento** | Glacê padrão; coberturas opcionais: sementes, queijo ralado ou sal grosso |

Ao aplicar a cobertura usando um pincel de confeitaria, siga estes passos:

- Certifique-se de que o pincel está limpo.
- Coloque-o sob água corrente quente, para que as cerdas dele se abram; retire o excesso de água, sacudindo o pincel.
- Mergulhe o pincel no glacê e retire o excesso de um dos seus lados.
- Glace os pãezinhos de baixo para cima. Depois que os lados estiverem prontos, pincele a parte superior, suavemente. O glacê aplicado de cima para baixo corre pelos lados, se acumula na assadeira e tem uma aparência desagradável depois que a massa é assada.

Glacê padrão

2 ovos grandes
½ xícara de chá de leite

Bata os ovos, juntos, em uma tigela pequena. Acrescente o leite.

Dica do padeiro

Para obter uma aplicação uniforme, os glacês que contêm ovos devem ser peneirados. Cubra-os e conserve-os na geladeira por até 8 horas.

▶ Fase 7: ... e assamento

| 7 | **Decoração e assamento** | **Glacê padrão; coberturas opcionais: sementes, queijo ralado ou sal grosso** |

Produto	Forno	Estágio I	Vapor	Vent @	Estágio II	Tempo	Temp. int.
Balloons	Rack	180 °C	10 s	2 min	180 °C	10 a 12 min	Cor
	De lastro (com grade)	200 °C (6.6.6)	Se não houver, umedeça a mão depois de glaçar e antes de assar	4 min	200 °C	12 a 13 min	Cor

Preparação do forno

A temperatura do forno das massas macias vai de 175 °C a 190 °C no forno de convecção e de 190 °C a 200 °C no forno de lastro. Em temperaturas mais altas, as gorduras e

Parte III | As famílias de massas

Convecção *versus* confecção

Não tropece no termo *confecção*. Uma confecção é um doce, um petit-four, um chocolate ou alguma outra guloseima pequena. Quando se referir ao método de assar, use o termo *convecção*.

Dica do padeiro
Fornos de assar

Você pode usar um forno convencional de assar com quatro, seis ou oito queimadores). Use as prateleiras do meio e a mesma programação do forno de convecção.

Certifique-se de virar as assadeiras depois de 7 ou 8 minutos. Cuidado para não deixar queimar os pães que estiverem na parte superior; retire-os antes de retirar os outros recipientes, se necessário.

Nota: não coloque três ou mais assadeiras de pão em um forno de assar — se você fizer isso, eles se queimarão. É melhor assá-los em dois ou mais turnos. Mantenha na geladeira os pães que estiverem esperando, para que eles não fermentem demais.

os adoçantes de uma massa macia podem dourar e queimar. Pães grandes, como os pães de forma para sanduíche, assam melhor em um forno de lastro, ou a convecção, pois o calor é dispersado de maneira mais uniforme, e a crosta doura suavemente. Pãezinhos pequenos, como os Balloons, podem ser assados tanto no forno rack como no de lastro.

Antes de usar um forno de lastro, converse com o seu chef. Se os seus pães tiverem meio quilo ou mais, a baixa altura das câmaras, característica de muitos fornos de lastro, pode não fornecer espaço suficiente entre o topo da massa e o teto do forno. Nesses casos, o exterior fica crocante e dourado, enquanto o interior permanece cru.

As temperaturas dos fornos rack e de lastro são diferentes. Com frequência, o primeiro usa um ventilador para fazer o ar circular por igual durante o assamento. Quando possui esse ventilador, o forno rack se torna o que os padeiros chamam de *forno de convecção*.

Forno de lastro (com grade)

Em um forno com grade, você precisa proteger os pães grandes e pequenos do calor direto que vem do piso do fogão. Os pãezinhos pequenos, que pesam 40 gramas ou menos, podem ser assados com sucesso em assadeiras colocadas diretamente no forno de lastro. Eles assam rápido o bastante para não se queimarem na sua parte inferior.

Pães maiores, como pães de hambúrguer, com peso de 110 gramas ou mais, ficam dourados demais quando assados diretamente sobre o fogo ou no piso do forno. Proteja esses pães invertendo as assadeiras no forno de lastro aproximadamente 10 minutos antes do assamento. No comércio, existem grades para forno desenhadas especificamente para esse propósito.

Vapor

As massas macias frequentemente recebem uma quantidade pequena de vapor no início do assamento. Se o seu forno não tiver vapor, mantenha o *respiradouro fechado* no início do processo. A própria umidade que escapa do cria vapor no forno. Depois de 2 minutos, abra o respiradouro e mantenha-o aberto até que os balloons estejam assados.

Mesmo que o seu forno não tenha vapor nem respiradouros, ainda há como conseguir bons resultados usando um spray de água manual:

1. Coloque a cobertura nos pãezinhos.
2. Com um spray, borrife água neles uniformemente.
3. Ponha os pãezinhos no forno e feche bem a porta.
4. Depois de 2 minutos, abra a porta do forno por 3 segundos inteiros, tomando cuidado com o vapor que escapa. (Se houver um respiradouro no forno, abra-o e mantenha-o aberto.)
5. Feche a porta do forno e mantenha-a fechada até que os pãezinhos estejam assados.

Posicionando pãezinhos no forno

Forno de lastro

Mantenha as massas macias longe das partes mais quentes do forno de lastro, como os cantos traseiros e os lados. Vire as assadeiras depois de eles terem sido assados por 7 ou 8 minutos.

Forno de convecção

Se estiver usando muitas assadeiras ao mesmo tempo, peça a algum colega que lhe passe os recipientes enquanto você as coloca no forno. O piso do forno é mais frio; por isso, coloque-as da parte inferior do forno para a superior, a fim de obter uma cor dos pães mais uniforme. Se possível, pule um espaço entre uma assadeira e outra, para obter um assamento por igual. Empurre-as para se certificar de que elas estão bem presas. Feche a porta e injete o vapor. Observe o rack giratório — confira se ele se move livremente.

Depois de 2 minutos, abra o respiradouro do forno.

Mantenha o termostato em 180 °C (a menos que você esteja usando duas ou mais técnicas de assamento); se estiver, a temperatura deve ser reduzida para 175 °C). Reprograme o timer para 10 minutos adicionais. Os pãezinhos estarão prontos quando a crosta apresentar uma cor dourada e eles estiverem assados por igual.

Duas assadeiras nunca assam à mesma velocidade. O ar quente sobe, e a que está mais ao alto doura mais depressa do que as de baixo, em geral. É um procedimento normal tirar uma ou duas assadeiras do forno antes que o resto esteja pronto.

Para fazer isso com segurança, abra ligeiramente a porta do forno e pare o rack giratório. Ao abrir a porta do forno, tome muito cuidado com o vapor que escapar. Retire as assadeiras que estiverem prontas. Rearranje as restantes, movendo os pãezinhos menos dourados para uma das

Parte III | As famílias de massas

prateleiras que assam mais depressa (a prateleira mais ao topo, por exemplo). Feche a porta do forno e asse os pães por mais 1 ou 2 minutos.

▶ Fase 8: esfriamento e amadurecimento

Distribua as assadeiras quentes em um rack com rodas e coloque uma luva de forno na frente e outra atrás do carrinho, para indicar que ali há produto quente. Deixe que os Balloons esfriem por 30 minutos.

Os Balloons são melhores quando consumidos no mesmo dia em que foram assados. Se você precisar mantê-los por mais tempo, congele-os assim que eles esfriarem. Primeiro, embrulhe-os bem juntinhos em uma assadeira forrada com papel-manteiga; depois, embrulhe-as em plástico e coloque-as no congelador.

Consulte a seção "Armazenagem do pão" para ver dicas sobre descongelamento e reaquecimento.

Balloons (pãezinhos de jantar)

Receita

Ingrediente	PP%	À mão ou na amassadeira de 4,3 ℓ Gramas	5,68 ℓ	18,9 ℓ	Δ
Água	40%	315 g	454 g	1,36 kg	
Fermento fresco	2,4%	20 g	28,35 g	85,05 g	
Leite	20%	170 g	226,80 g	680,40 g	
Manteiga	6,7%	60 g	85,05 g	226,80 g	
Açúcar	3,3%	30 g	35,44 g	113,40 g	
Farinha	100%	790 g	1,34 kg	3,407 kg	
Sal	2%	16 g	24,81	66,15 g	
Rendimento		1.400 g	1,8 kg	5,45 kg	
Unidades		2 dúzias de pãezinhos	32 pãezinhos	96 pãezinhos	

Modo de fazer

1	Mise en place	H_2O e leite @ 32 °C	Manteiga @ 16 °C
2	Mistura dos ingredientes	Modificada	
3	Desenvolvimento	Velocidade #2, 2 min; + velocidade #1, 2 min	OU · (à mão) 6 a 8 min
4	Fermentação	1 h @ 27 °C; 1 × desgasificar e dobrar	
5	Modelagem	Divida à mão ou use a divisora de massa; proceda diretamente para a forma final. Arranje os pãezinhos, no padrão 5 × 7, em uma assadeira grande (45 cm × 60 cm) e forrada com papel-manteiga.	
6	Crescimento	Deixe crescer 35 min @ 27 °C	
7	Decoração e assamento	Cobertura padrão; coberturas opcionais: sementes, queijo ralado ou sal grosso	

Produto	Forno	Estágio I	Vapor	Vent @	Estágio II	Tempo	Temp. int.
Balloons	Rack	180 °C	10 s	2 min	180 °C	10 a 12 min	Cor
	De lastro (com grade)	200 °C (6.6.6)	Se não houver, umedeça à mão depois de glaçar e antes de assar	4 min	200 °C	12 a 13 min	Cor

Família das massas ricas

Representante	**PÃO DE MANTEIGA**
Outros pães	Brioche de modelar Brioche do Pierre Pains aux raisins
Características dos pães	As massas ricas têm maciez de moderada a alta e mastigação perceptível. Os pães dessa família possuem uma dissolução moderada à medida que as gorduras se liquidificam no palato. As suas migalhas são pequenas; a sua estrutura celular é uniforme. Os pães ricos são fatiados facilmente e não se rompem. Essas massas são boas para trançar e para fazer desenhos decorativos.
Reconhecendo as Rxs	Baixa quantidade de adoçantes — PP% de 0% a 4%. Alta quantidade de gorduras — PP% 15% ou mais. Com frequência, elas incluem ovos inteiros ou gemas. O líquido é leite ou leite e H_2O. A farinha pode ser farinha para pão, farinha comum, ou uma mistura das duas.
Considerações sobre o fermento e o glúten	A rede de glúten precisa ser desenvolvida *antes* da adição da manteiga. O glúten fica pegajoso à medida que a temperatura da massa sobe. Uma fermentação lenta e fria torna essas massas mais fáceis de serem modeladas.
Manuseio da massa	As massas ricas usam *desenvolvimento intensivo*. Os tempos de desenvolvimento delas são mais longos do que os das massas magras. A sequência de mistura de ingredientes é feita em dois passos: *modificada* mais *emulsificada*. I. Use a sequência de mistura modificada, exceto para a manteiga ou a gordura sólida. II. A manteiga ou a gordura sólida é incorporada usando-se a técnica de emulsão.
Armazenamento do pão	Longa vida de prateleira. Embrulhe em plástico, para reter a umidade. Armazene à temperatura ambiente.

Parte III | As famílias de massas

Introdução

As massas ricas contêm alta porcentagem de gordura. Como orientação, a porcentagem do padeiro de gordura sólida delas é 15% ou maior. A gordura usada com maior frequência é a manteiga sem sal. Também podem ser usados outros laticínios, como creme de leite azedo (*sour cream*) ou queijos cremosos. Note que essa família não inclui gorduras líquidas, como azeite de oliva ou óleo de milho. Uma moderada porcentagem de óleo é usada na chamada família de massas úmidas (falaremos dela mais adiante).

A preocupação do padeiro em relação a uma massa rica é o pronunciado efeito de amolecimento que a manteiga tem sobre a estrutura do glúten. Se, na sequência de mistura dos ingredientes, a gordura for adicionada cedo demais, as proteínas ficarão revestidas e não conseguirão se unir para formar uma rede forte. Já se a manteiga for adicionada tarde demais, o glúten já terá se desenvolvido, tornando difícil que a massa aceite a manteiga.

▶ Os ovos desempenham um papel importante nas massas ricas

Há duas diferentes proteínas no ovo. A proteína *lecitina* é encontrada na gema; a proteína *albumina* é encontrada na clara. As massas ricas contam com as duas para produzir um pão que é *al dente* e tenro ao mesmo tempo.

A gema representa cerca de 30% do peso do ovo. Cerca de um terço disso é formado por gordura, o que amacia a massa ainda mais.

A *lecitina* é o agente emulsificante que estabiliza a mistura de água, leite e manteiga em uma massa rica. Ela funciona como um "adesivo" que se espalha sobre a rede proteica da massa. Quan-

Dica do padeiro

A técnica de emulsão é usada para distribuir adequadamente uma alta porcentagem de gordura na massa.

Chef, o que é emulsão?

Na *emulsão*, você pega duas coisas que não se misturam, como água e óleo, e as faz misturarem-se e permanecerem unidas.

A água e o óleo não se misturam. Isso é facilmente percebido em dias de chuva, quando as estradas ficam escorregadias. Voltando ao mundo da gastronomia, pense a respeito de vinagre e óleo. Coloque-os juntos em um recipiente, feche a tampa e sacuda bem. Eles se misturam e permanecem assim por um tempo. Depois de uns 10 minutos, mais ou menos, eles se separam.

Esse tipo de mistura é chamado de *suspensão*. Não é estável, não dura. O vinagrete é um exemplo de *suspensão*.

Tente repetir o experimento de água e óleo de novo, desta vez acrescentando um emulsificante, como uma gema de ovo. A gema contém lecitina, uma proteína que funciona como uma "cola" e mantém as moléculas de água e de óleo juntas.

Agora, use vinagre de vinho tinto como água e azeite de oliva como óleo. Combine o vinagre e a gema no recipiente. Sacuda o recipiente até que eles se misturem. Depois, acrescente cerca de um terço do azeite. Sacuda novamente o recipiente. Adicione o próximo terço; sacuda. E, depois, o terço final. Desta vez, a mistura de vinagre e azeite é mais grossa. Ela não se separa. Esse tipo de mistura é chamado de *emulsão* e é estável.

Chefs, pensem na maionese e no molho beurre blanc. Chefs confeiteiros, pensem na cobertura de creme manteiga. A estabilidade de todas essas preparações vem das emulsões.

Definição de *al dente*

Esse é um termo que denota a delicada resistência que o pão oferece quando é mordido pela primeira vez. A palavra é usada com o mesmo sentido para descrever o *al dente* do macarrão ou os vegetais cozidos até o ponto em que se encontram macios e firmes ao mesmo tempo.

do a manteiga entra em contato com a lecitina, ela se une à rede proteica e não se separa. Em uma massa macia, como os Balloons, o glúten pode sustentar cerca de 5% a 8% de manteiga. Com o acréscimo da lecitina da gema de ovo, a receita de uma massa rica tem, em geral, uma alta porcentagem de ovos.

A clara representa 60% do peso do ovo. (Se você está fazendo as contas, os 10% de peso faltantes são da casca.) Grande parte da clara é formada por água, mas cerca de 20% dela é proteína. A proteína *albumina* da clara se combina com o glúten da massa, acrescentando mais estrutura à rede. (Pense em como as claras aumentam e se firmam à medida que você as bate.) Em uma massa rica, as claras reforçam a rede de glúten, tornando-a mais forte e mais estendível, mas sem torná-la mais dura.

Enquanto a *lecitina* da gema ajuda a emulsificar a manteiga, a *albumina* da clara reforça a rede de glúten. Somando essas duas ações, obtém-se uma massa mais forte e mais firme. Ao mesmo tempo, a manteiga ou a gordura adicionada torna o pão mais macio de ser mastigado.

O truque para obter uma emulsão de sucesso em uma massa rica é combinar *todos os ingredientes exceto a manteiga* para fazer a massa. Desenvolva um pouco da rede de glúten antes. Depois, emulsifique a manteiga na massa.

Em seguida, nós daremos uma olhada rápida na sequência.

Parte III | As famílias de massas

Sumário das massas ricas

MODIFICADA	+	EMULSIFICADA

MODIFICADA

Modificadas (exceto a manteiga)

A. Primeiro, o fermento é dissolvido em líquido. Acrescenta-se então um terço da farinha. Os ovos são misturados à massa. Finalmente, os dois terços restantes de farinha são acrescentados à massa. O sal é adicionado por último.

B. A massa é trabalhada até ser obtido o ponto desejado.

Desenvolvimento I (velocidade baixa)

1. A massa é desenvolvida à velocidade #1 por 1 minuto, o suficiente para que uma estrutura macia de glúten se construa.

EMULSIFICADA

(A gordura é incorporada)
EMULSIFICAR
(velocidade moderada)

2. Então, acrescente a manteiga. Emulsifique-a à velocidade #2 por 4 minutos.

Desenvolvimento II
(velocidade baixa)

3. Assim que a manteiga for incorporada, reduza a velocidade e termine de desenvolver o restante do glúten, uniformizando a massa. Velocidade #1 por 4 minutos.

Família das massas ricas

> **Massa representativa: PÃO DE MANTEIGA**
> *Família*: massas ricas
> *Sequência de mistura dos ingredientes*: modificada mais emulsificada

Este capítulo pressupõe que você irá usar uma amassadeira, ou de mesa ou vertical — qualquer uma delas é apropriada. Como precisam ser sovadas vigorosamente para emulsificar a manteiga, as massas ricas são feitas, em geral, usando-se amassadeiras.

▶ Fase 1: mise en place

	Mise en place	Leite frio; ovos @ 16 °C; manteiga @ 16 °C	tdm 21 °C
1			

Manteiga

Selecione manteiga sem sal. Para fazer massas ricas, a manteiga deve estar entre 16 °C e 21 °C. A textura dela deve ser macia o bastante para moldar na mão, com ligeira resistência. A manteiga não deve ser derretida, especialmente as bordas.

Em pequenas quantidades, a manteiga que sai do refrigerador pode ser amaciada no micro-ondas. Use a faca de mesa para picar a manteiga em cubos grandes, com aproximadamente 2,5 centímetros de lado. Coloque esses cubos no micro-ondas em intervalos de 10 a 15 segundos, até que a manteiga fique macia, mas não derretida.

Na padaria, nós colocamos na estufa, por cerca de 15 minutos, cerca de 5,5 quilos de manteiga para preaquecer todas as manhãs, embrulhada em uma assadeira forrada. Os chefs treinados na Europa podem deixar uma caixa de manteiga em uma temperatura entre 16 °C e 21 °C durante a noite inteira. Isso faz que, no turno da manhã, a manteiga esteja com a textura de trabalho ideal. Se você trabalha em uma instalação de produção comercial, verifique os códigos locais de higiene alimentar.*

---

* No Brasil, não é recomendável deixar a manteiga fora da geladeira durante a noite toda. Para o clima brasileiro, a manteiga pode ser colocada em temperatura ambiente pouco antes de ser utilizada. (N. E.)

Parte III | As famílias de massas

Leite

Selecione leite integral com 3% a 4% de gordura. As massas ricas podem usar leite frio, saído diretamente do refrigerador.

Ovos

Escolha ovos frescos classe A, grandes. Nas massas ricas, você pode usar ovos saídos diretamente do refrigerador. Teste o frescor de um ovo submergindo-o em água fria — se afundar e ficar no fundo, ele está fresco.

Antes de serem adicionados à massa, os ovos devem ser quebrados em uma tigela separada. Misture-os usando um batedor ou um garfo. Certifique-se de que não há pedaços de casca nos ovos acrescentados à massa: peneire-os se necessário.

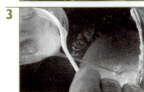

▶ ## Fase 2: sequência de mistura dos ingredientes

2	Mistura dos ingredientes	MODIFICADA (para todos os ingredientes COM EXCEÇÃO da manteiga) mais EMULSIFICADA

As massas ricas começam pela sequência de mistura dos ingredientes modificada, na qual se usam todos os ingredientes *exceto* a manteiga.

Coloque o leite na tigela

Escolha uma tigela de aço inoxidável. Se possível, coloque-a diretamente na balança. Zere a balança e coloque o leite frio na tigela.

Faça uma pasta de fermento

1. **Dissolva o fermento no leite**

    Zere a balança de novo. Esfarele o fermento dentro dela. Use um batedor, um raspador de plástico ou as mãos para dissolver o fermento.

Família das massas ricas

2. **Um terço da farinha; misture à mão**

Adicione à tigela cerca de um terço da farinha: não é necessário peneirá-la antes. Use as mãos ou um raspador de plástico para misturar. Não se preocupe se alguns grumos se formarem a essa altura. Lembre-se de que essa é a *pasta de fermento*.

Acrescente os ovos ligeiramente batidos

Bata ligeiramente os ovos em uma tigela separada, com um batedor ou um garfo. Acrescente-os à pasta de fermento e misture.

Adicione os dois terços de farinha restantes; junte o sal

Adicione o resto da farinha. Espalhe o sal diretamente sobre a farinha e de maneira uniforme.

Mistura na velocidade #1

Leve a tigela de mistura de volta à amassadeira e prenda-a. Coloque o acessório de massa. Ligue a amassadeira à velocidade #1 e misture até chegar ao ponto desejado.

A hidratação da massa do pão de manteiga é mais baixa do que a dos Balloons. Umedecer o topo da farinha com um spray faz que se chegue ao ponto rapidamente sem que a rede de glúten endureça.

Lembre-se de que todos esses passos, desde fazer a pasta de fermento, passando pela adição dos ovos, do restante da farinha e do sal, até a mistura que gera uma massa umedecida uniformemente e que pode ser sovada facilmente, podem ser resumidos pela expressão *sequência de mistura dos ingredientes modificada*, ou *modificada*. A não ser pela adição de uma grande quantidade de manteiga, as massas ricas seguem os mesmos passos iniciais das massas macias, como os Balloons.

Nota

Em uma massa rica, a manteiga não é considerada parte dos amaciantes. Ela é o último dos ingredientes na sequência de mistura.

Depois que os dois terços finais de farinha e o sal são adicionados à massa, a rede proteica se desenvolve suavemente. A manteiga só pode emulsificar se a estrutura de glúten tiver se formado.

▶ Fase 3: desenvolvimento

3	Desenvolvimento (EMULSIFICAR)	Velocidade #1; 1 min Adicione a manteiga toda de uma vez; velocidade #2; 4 min	Desenvolvimento à mão não recomendado para a técnica de emulsão
	Desenvolvimento II	Velocidade #1; 4 min	

A manteiga é emulsificada DEPOIS que os outros ingredientes são combinados para formar a massa.

Quando você atingir o ponto, a massa estará pronta para ser desenvolvida. Programe o timer para um minuto, deixando a velocidade em #1.

Enquanto a massa se desenvolve, verifique se não há estresse tanto na própria amassadeira como na massa. O volume de massa deve chegar a 40% da capacidade da tigela de mistura; o acessório deve se mover livremente, sem que haja qualquer engasgo ou esforço, e seja possível ouvir um barulho leve quando a massa bater nas paredes da tigela. Se tudo estiver em ordem, você pode desenvolver a massa por 1 minuto na velocidade #1.

Não é necessário inverter a massa após 30 segundos de desenvolvimento. Uma massa firme, como a do pão de manteiga, se mistura de modo uniforme em uma amassadeira vertical.

3	Desenvolvimento (**EMULSIFICAR**) Desenvolvimento II	Velocidade #1; 1 min **Adicione a manteiga toda de uma vez; velocidade #2; 4 min** Velocidade #1; 4 min	**Desenvolvimento à mão não recomendado para a técnica de emulsão**

Adicione a manteiga toda de uma vez

Acrescente a manteiga amolecida

Desligue a amassadeira. Abaixe a tigela e abra a gaiola de segurança.

Acrescente os cubos de manteiga amolecida *todos de uma vez*. Feche a gaiola de segurança e devolva a tigela à posição de uso.

Família das massas ricas

Velocidade #2; 4 min

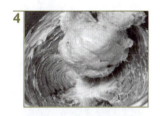

Emulsifique a manteiga à velocidade #2 por 4 minutos

Certifique-se de que não há tensão na máquina e de que a massa está se movendo livremente na tigela. Se você tiver qualquer dúvida, desligue a amassadeira e volte à velocidade #1; não ajuste o tempo, entretanto.

No início, a massa se rompe em pequenos pedaços, empurrando a manteiga para os lados da tigela — nesse estágio, ela se parece com um queijo cottage cheio de grandes coalhos, e não com massa de pão. Se você não tiver alguém para lhe dizer que tudo irá funcionar, poderá pensar que algo está errado. Simplesmente deixe que a máquina faça o trabalho dela.

Pouco a pouco, como em qualquer emulsão, a manteiga é incorporada. De repente, tudo se junta. A massa adquire uma textura mais leve e ganha uma aparência aveludada.

Desligue a máquina após 4 minutos na velocidade #2. Raspe os pedaços de manteiga e misture-os à massa. Eles emulsificarão no passo seguinte. Não ultrapasse o tempo de 4 minutos.

3	Desenvolvimento (EMULSIFICAR) Desenvolvimento II	Velocidade #1; 1 min Adicione a manteiga toda de uma vez; velocidade #2; 4 min Velocidade #1; 4 min	Desenvolvimento à mão não recomendado para a técnica de emulsão

Desligue a máquina e reduza para a velocidade #1

Desenvolva a massa emulsionada por mais 4 minutos. Pare o procedimento para raspar os pedaços de manteiga não incorporados à massa, se necessário. A essa altura, você não precisará invertê-la.

Ponto de véu/verifique o sal

Por meio do ponto de véu, verifique se o desenvolvimento do glúten ocorreu de maneira adequada. É bem provável que você não precise usar farinha nas mãos, pois a manteiga impede

249

que a massa grude nelas. Entretanto, se a massa estiver com temperatura maior do que 21 °C, um pouco de farinha nas mãos ajuda bastante.

Experimente a massa, espalhando os sabores pelo seu palato. Certifique-se de que o nível de sal é ligeiramente mais alto do que você preferiria.

Velocidade #1; 4 min

Todos os passos do desenvolvimento — a partir da adição dos ingredientes, passando pelo desenvolvimento de um pouco de glúten, até a emulsificação da manteiga — formam a técnica de emulsificação. Examine a receita completa dos pães de manteiga no final deste capítulo. Você verá que os padeiros escrevem o termo *emulsificada* para resumir todos esses passos.

Para tornar as massas ricas mais fáceis de serem manuseadas, divida-as e faça bolas ANTES da fase de fermentação.

▶ Fase 4: fermentação

4	Fermentação	Divida @ 225 g 2 h @ 4 °C; não é necessário desgasificar e dobrar

Inverta a massa sobre a bancada

Enfarinhe a bancada e o topo da massa. Inverta a tigela na bancada e raspe a massa da tigela usando um raspador de plástico. Enfarinhe o topo da massa na bancada.

Divida

Em um lugar da bancada que não tenha farinha, faça bolas com os pedaços de massa usando o mesmo procedimento dos Balloons.

Forre uma assadeira com papel-manteiga e unte-a com óleo ou spray. Coloque aí as bolas de massa. Revista-as com spray ou óleo.

Envolva os pedaços de massa e toda a assadeira.

Nas massas ricas, pode-se formar uma pele rapidamente. Para fermentar a frio, cubra a massa com plástico.

Família das massas ricas

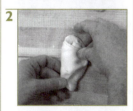

Faça bolas com os pedaços de massa, exatamente como se faz com os Balloons.
Umedeça a bancada com água.
Movimente a mão no sentido horário (a); a bola de massa se movimenta no sentido anti-horário (b).
Continue tocando a bancada com a mão.

Definição de embalar

Quando se embala uma assadeira cheia de massa, você sela hermeticamente toda a superfície e, assim, o conteúdo dela. Para isso, puxe um pedaço de plástico PVC e coloque-o sobre a bancada; não o corte do rolo.

Coloque a assadeira cheia de bolas de massa sobre o plástico. Puxe as bordas do plástico sobre o recipiente. Corte o plástico em um tamanho grande o bastante para o sobrepor à outra borda.

Repita esse processo de embrulhar de baixo para cima, sobrepondo as bordas de cada novo pedaço de plástico.

Feche hermeticamente as assadeiras de baixo para cima. Puxe o plástico sobre a bancada e coloque a assadeira por cima dele.

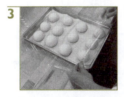  

Se o plástico ficar pendurado sobre a borda da assadeira, dobre-o sobre ele mesmo, de modo que a emenda fique por cima da assadeira embrulhada. Sele hermeticamente o topo do recipiente e o da massa.

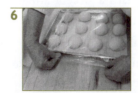 

Acompanhando a lateral, sele hermeticamente entre as duas camadas de filme. Dobre POR CIMA da assadeira o plástico que ficar pendurado. Sele bem firme as bordas. Repita o procedimento, agora do outro lado.

251

Parte III | As famílias de massas

| 4 | Fermentação | **Divida @ 225 g**
2 h @ 4 °C; não é necessário desgasificar e dobrar |

Etiquete a massa

Preencha a etiqueta de fermentação com a data e a hora. Você não precisa medir a temperatura de uma massa que irá diretamente para o refrigerador. Também não há o passo da desgasificação, na metade do processo de fermentação.

Deixe fermentar por 2 h @ 4 °C

Deixe a massa fermentar no refrigerador por 2 horas ou por toda a noite. O pão de manteiga e outras massas ricas são fermentados na geladeira. A temperatura fria mantém a manteiga da massa emulsionada, e, no refrigerador, a taxa de fermentação é desacelerada. Isso desenvolve um sabor mais completo na massa e sublinha a suculência da manteiga.

 Fase 5: a sequência de modelagem

| 5 | Modelagem | Forme cordões de 45 a 55 cm de comprimento.
Descanso na bancada a frio: 20 min @ 4 °C; trance como desejar |

Não há necessidade de *temperagem*, ou aquecer, as bolas de massa fermentada quando elas saem do refrigerador. Você pode passar diretamente para a sequência de modelagem da massa rica, pois as suas mãos aquecem a massa o suficiente à medida que você a modela.

Para formar rolos para as tranças, enfarinhe a bancada com farinha para pão e desembrulhe as bolas fermentadas de massa de pão de manteiga. Trabalhando uma de cada vez sobre a bancada, achate as bolas de massa. Enfarinhe a bancada ligeiramente, conforme necessário. Depois que todas as peças forem achatadas, use uma faca para raspar a farinha da bancada. De agora em diante, trabalhe em um *zona sem farinha*. (ver fotos de 1 a 3 da p. 253).

Dica do padeiro

O método de fermentação a frio apresenta uma vantagem de tempo. Mais tarde, quando outros pães estiverem assando ou esfriando, você poderá misturar e desenvolver o pão de manteiga. Divida e envolva a massa.

No dia seguinte, molde e trance os seus pães logo de manhã cedo. Você terá mais controle sobre a sua agenda de trabalho.

Como a massa estará bem gelada e mais fácil de manusear, as tranças terão uma aparência mais profissional.

Definição de Temperagem

Significa mudar gradualmente a temperatura de uma massa, ou de qualquer ingrediente, tornando-a mais fácil de manusear.

Por exemplo: despejar leite quente, aos poucos, sobre gemas de ovo batidas antes de incorporá-las em um molho, ou deixar a massa à temperatura ambiente, para que ela chegue à temperatura apropriada de trabalho (12 °C a 16 °C). Se você for temperar massa fria, mantenha-a embrulhada.

Formando tranças

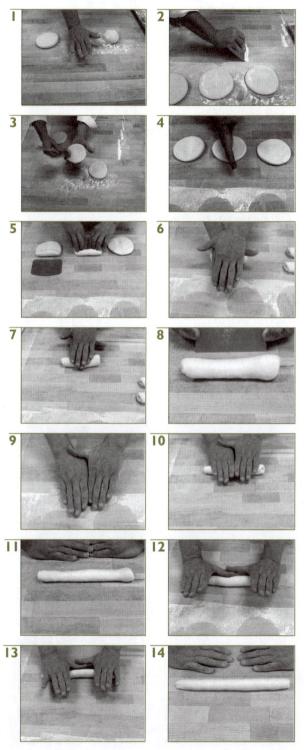

Primeira modelagem

Use a lateral da mão para fazer um pequeno entalhe na linha central da massa (*fotos 4 e 5*). (Os meus estudantes deram a isso o apelido de *espinha*.) Começando do topo, role a massa firmemente na sua direção. Modele a massa como um cordão, deixando a emenda para baixo.

Com as mãos sobrepostas, role o cordão duas ou três vezes na direção da sua barriga, pressionando-o firmemente para baixo, para ajudar a fechar a emenda (*fotos 6, 7 e 8*).

Devolva o cordão de massa à bancada. Posicione as mãos de modo que os seus dedos indicadores se toquem, criando uma área grande e plana sob as duas mãos. Usando o mesmo gesto, rolando apenas do topo da bancada na sua direção, pressione firmemente o cordão de massa, para selá-lo (*fotos 9, 10 e 11*).

Devolva o cordão de massa à bancada pela última vez. Separe as mãos de modo que cada uma fique em contato com uma ponta do cordão. Role o cordão duas ou três vezes na sua direção, pressionando-o para selar (*fotos 12, 13 e 14*).

Inverta o cordão de massa de modo que a emenda fique para cima. Belisque firmemente a emenda usando a parte da sua mão entre o polegar e o indicador. Depois que a emenda estiver fechada, você poderá fazer o movimento de rolar para a frente e para trás, exatamente como ao fazer baguetes.

253

Agora, role o cordão de massa até que ele atinja aproximadamente 30 centímetros de comprimento. Separe-o em uma assadeira forrada com papel-manteiga e ligeiramente untada com óleo ou spray.

Dê continuidade às peças de massa restantes, modelando cordões selados de 30 centímetros de comprimento. Deixe espaço entre eles, de modo que não se toquem. Cubra-os com plástico; eles não precisam ser untados com óleo ou spray neste momento.

Dica do padeiro

A esta altura, não role a massa para a frente e para trás na bancada. Puxe ou role a massa na sua direção – em uma direção, apenas. Esse movimento reduz as bolhas de ar que podem aparecer na superfície da massa.

Continue rolando...

Cada cilindro descansa rapidamente enquanto você trabalha com as outras peças de massa. Exatamente como acontece ao rolar Balloons, quando você terminar a última peça de massa, a primeira terá descansado o suficiente para continuar rolando.

Role os cordões até que eles atinjam 55 centímetros de comprimento. Ao contrário do que você faz com as baguetes, não afile as bordas. Para que você desenvolva memória muscular e produza tranças uniformes, ao rolar os cordões, é melhor deixá-los com uma espessura uniforme, sem pontas afiladas; com isso, você conseguirá maior versatilidade na modelagem.

Há casos em que afilar as pontas é importante, como o do Challah e de algumas tranças típicas de festividades. Entretanto, para que haja mais versatilidade no trabalho decorativo, as pontas devem ter o mesmo diâmetro que o centro do cordão.

Truque do padeiro

Ao manusear massas ricas, mantenha as mãos enfarinhadas. Para obter a quantidade exata de farinha nas mãos, mergulhe cada uma delas na farinha da bancada e depois bata palmas.

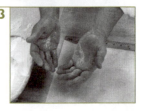

Esta é a primeira modelagem dos cordões de massa.

Descanso na bancada

Mantenha os cordões já enrolados em uma assadeira forrada com papel-manteiga. Cubra-os com plástico e os

Família das massas ricas

Dica do padeiro

Depois de modelados na sua primeira forma, esses cordões de 55 centímetros não podem ser refrigerados por mais de 45 minutos. Depois desse tempo, eles fermentam mais do que o suficiente e se tornam difíceis de manusear; além disso, as tranças finais apresentarão bolhas de ar sobre a superfície da massa depois de assadas.

Por essa mesma razão, os cordões enrolados não devem ser congelados.

refrigere por 15 a 20 minutos, mas não mais do que isso. Usar massa gelada facilita na hora de fazer as tranças e produz pães mais uniformes, com aparência mais profissional.

Truque do padeiro
Enrolando cordões de massa rica

Quando você observa um padeiro enrolando cordões de massa, tudo é muito rápido e parece bastante fácil. O truque é separar o movimento em dois passos.

1. *As mãos movem-se para os lados:* começando no centro do cordão, as mãos se dirigem às pontas dele.
2. *A massa move-se para cima e para baixo:* role a massa para cima e para baixo, pressionando-a contra a bancada.

Em câmara lenta, o movimento é mais ou menos assim:

a. Sobreponha as mãos; comece no centro do cordão.
b. Role-o para cima e para baixo por três vezes. Não separe as mãos.
c. Retire as mãos da massa. Sobreponha os polegares, fazendo que os seus dedos formem uma área achatada.
d. Role o cordão para cima e para baixo por três vezes.
e. Retire as mãos da massa. Junte as pontas dos seus polegares.
f. Role a massa para cima e para baixo três vezes. Mantenha os polegares juntos.

Continue a sequência a seguir até que os cordões cheguem ao comprimento especificado.

g. Tire as mãos da massa. Coloque as mãos no cordão, deixando-as separadas pelo comprimento de dois raspadores (22 cm a 25 cm).
h. Role a massa para cima e para baixo por mais três vezes.

Parte III | As famílias de massas

Modelagem final

As tranças básicas de três

Transfira três cordões gelados da geladeira para um pedaço de papel-manteiga, alinhando-os de norte a sul, diante de você. A trança básica é formada a partir do centro dos cordões para as extremidades.

Este é o padrão:

> Cordão da direita SOBRE o do centro
> Cordão da esquerda SOBRE o do centro
> Repita

Dica de montagem

Mantenha um ângulo reto entre os dois cordões externos. Se for útil, visualize-os como a linha do telhado de uma casa. Não importa como você move os cordões, focalize o ângulo reto formado pelos dois cordões de fora. Manter esse ângulo correto é o melhor truque para criar uma trança uniforme.

Dica do padeiro

Enquanto os cordões de massa estão descansando na bancada, prepare um molde de trança. No centro de uma folha de papel-manteiga, desenhe dois ângulos retos, como na foto.

1. Comece trazendo o *cordão da direita sobre o do centro*. Posicione-o de modo que ele toque ligeiramente o cordão da esquerda. O cordão que estava no centro agora está à direita. Ajuste-o de modo a manter um ângulo reto em relação ao cordão da esquerda.

2. Traga o *cordão da esquerda sobre o do centro*. Coloque-o de modo que ele toque suavemente o cordão da direita. Mantenha um ângulo reto em relação às peças da direita e da esquerda.

3. *Repita*. Alterne entre os cordões da extrema direita e da extrema esquerda. Repita o padrão até terminar. Não puxe

A montagem das TRANÇAS de três

1

2
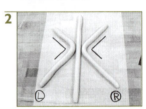

O padrão começa...

1

2
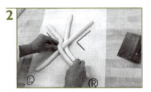

3
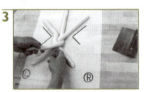

4

5

Família das massas ricas

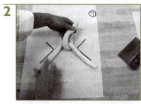

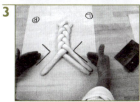

Selando o pão

ou estique os cordões quando você chegar mais perto das extremidades. Deixe as pontas inacabadas, por enquanto.

4. Pegue o papel-manteiga (e não a massa) e gire a trança já montada, para que você possa completar a outra extremidade.
5. Rearranje o ângulo reto formado pelas duas peças de fora.

Agora, você está trabalhando na direção oposta. Assim, em vez de ficar POR CIMA do cordão central, você tem de ficar POR BAIXO dele.

Eis como:

> **Cordão da direita SOB o do centro**
> **Cordão da esquerda SOB o do centro**
> **Repita**

1a-b. Use a mão esquerda para erguer o cordão central direto. Use a mão livre para trazer o cordão da direita para BAIXO do cordão central. Ponha-o em baixo, de modo que ele toque suavemente o cordão da esquerda, e solte-o. Coloque o cordão da sua mão esquerda sobre o da direita e solte-o.

2. Agora, levante o cordão do centro. Traga o cordão da esquerda para BAIXO do cordão do centro. Ponha-o para baixo, de modo que ele toque suavemente o cordão da direita, e solte-o. Coloque o cordão da mão direita à esquerda e solte-o.

3. Repita. Alterne entre os cordões da direita e da esquerda. Repita o padrão até terminar. Não puxe ou estique os cordões quando você chegar perto das extremidades.

Verifique a trança, para se assegurar de que o padrão é consistente. Se for preciso arrumá-la, você poderá desmanchar uma das duas pontas. Manuseie a massa suavemente. À medida que se aquece, ela perde a forma e começa a parecer desigual.

Parte III | As famílias de massas

1. Para selar a trança, olhe para as três pontas da peça. Selecione a mais longa e achate a extremidade desse cordão, deixando-a como a aba de um boné. Essa extremidade será usada para segurar as outras duas pontas. Junte-as e coloque um pouco de água em uma delas, para fixá-las. Elas não precisam ser pressionadas.

2. Agora, pegue a ponta restante e posicione-a de modo que esconda a emenda das outras duas. Umedeça a "borda do boné" e use-a como uma aba, dobrando-a por baixo da extremidade da trança.

3. Deixe que o peso da trança pressione a borda, que assim permanecerá fechada. Termine o outro lado da mesma maneira.

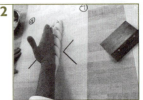

Transfira a trança para uma assadeira forrada com papel-manteiga; uma assadeira grande comporta três tranças. Coloque-as no refrigerador até que as demais estejam prontas. Se elas forem descansar na geladeira por 20 minutos ou menos, não é necessário cobri-las com plástico. Transfira todas as tranças para a estufa ao mesmo tempo.

A trança básica de três é o alicerce. Depois de estar prático com ela, você poderá expandir o seu repertório. As instruções para as tranças de quatro, de cinco e de seis estão nos "Apêndices".

▶ Fase 6: crescimento

| 6 | Crescimento | Sobre papel-manteiga, 45 min @ 27 °C |

Deixe o pão de manteiga crescer por 45 minutos @ 27 °C, com 60% de umidade. Ponha as assadeiras na estufa, de baixo para cima. Se for possível, pule um espaço entre uma e outra. A boa circulação de ar e a umidade fazem que as massas ricas cresçam melhor e tenham uma cor uniforme ao assarem.

As massas ricas são crescidas até o momento do teste de elasticidade usado para os Balloons e as baguetes. Mergulhe a ponta do dedo em um pouco de farinha da ban-

Família das massas ricas

cada, para que a massa não grude nele quando for testada. Lembre-se de que os produtos continuam a crescer enquanto você os glaça e decora. Leve em conta esse tempo adicional quando estiver verificando se as suas tranças estão prontas.

Um rack provisório de crescimento, coberto com plástico como aquele usado no procedimento das baguetes, funciona para as tranças de manteiga também. Mas a superfície das massas ricas seca mais depressa. Verifique as bandejas de água com frequência, quando as usar para deixar crescer massas ricas. Se observar que há uma pele se desenvolvendo na superfície das tranças, umedeça-as com água, usando um spray, e volte a encher os recipientes com água.

Dica do padeiro

Não use especiarias moídas e secas, como canela, na sua forma pura, isto é, na forma como vêm nas embalagens. Elas se queimarão. Misture-as com açúcar refinado ou demerara. Uma proporção padrão é uma colher de sopa de canela para uma xícara de chá de açúcar.

Preparação do forno

O intervalo de temperaturas para massas ricas vai de 160 °C a 170 °C em um forno de convecção ou rack. Por causa da alta percentagem de gordura, a temperatura do forno para as massas ricas é mais baixa do que para as massas macias, como os Balloons.

Forno de lastro

As tranças de manteiga também podem ser assadas em um forno de lastro. Você precisará de assadeiras invertidas ou de uma grade comercial no piso do forno, para impedir que as tranças de baixo se queimem. Programe a temperatura do forno de lastro em 190 °C; o elemento de aquecimento (se disponível) deve ser programado em 6.4.7. "Abra" o respiradouro do forno, se houver. Coloque a grade de forno ou a assadeira invertida no piso do forno nesse momento.

▶ Fase 7: decoração...

7	Decoração e assamento	Glaçado padrão Coberturas opcionais: sementes ou sal grosso

Use o mesmo glacê usado nos Balloons (dois ovos, mais 110 gramas de leite; bata e peneire). Coloque em água quente um pincel de confeiteiro limpo para umedecê-lo.

259

Parte III | As famílias de massas

Mergulhe o pincel no glacê e retire o excesso. Glace as tranças de baixo para cima, certificando-se de cobrir o lado em que a trança encosta no papel-manteiga. Depois que os lados forem glaçados, pincele suavemente o topo das tranças.

Os pães glaçados podem ser cobertos com queijo ralado ou sementes, como gergelim, papoula ou anis. Para uma cobertura doce, use açúcar cristal. Use açúcar com canela com cuidado — não deixe a crosta muito escura. Não guarneça a massa com itens secos, como uvas-passas, chips de chocolate ou ervas desidratadas; eles queimam.

▶ Fase 7: ... e assamento

7	Decoração e assamento	Glaçado padrão Coberturas opcionais: sementes ou sal grosso

Produto	Forno	Estágio I	Vapor	Vent @	Estágio II	+ Tempo	Temp. int.
Pão de manteiga	Rack	170 °C	Não necessário	Sempre aberto	170 °C	21 a 24 min	82 °C
	de lastro (com grade)	190 °C (6.4.7)	Não necessário	5 min	190 °C	+ 15 a 18 min ou mais	82 °C

Forno rack

Peça a um colega que lhe passe as assadeiras enquanto você as organiza. O ar quente sobe; por isso, sempre carregue o forno de baixo para cima. Se possível, deixe um espaço entre assadeiras, para obter um assamento mais uniforme. Ao fazer massas ricas em um forno de convecção, não use a prateleira superior, pois o alto conteúdo de manteiga que há nessas massas deixaria a crosta delas escura demais.

Programe o timer para 22 minutos. Não se usa vapor nas massas ricas, por isso mantenha o respiradouro do forno aberto. Certifique-se de que todas as assadeiras estão presas nas prateleiras. Feche a porta. Se você estiver usando um forno rack rotatório, assegure-se de que ele se move livremente.

Quando assados da maneira apropriada, os pães de manteiga ficam dourados por igual. Certifique-se de que os

260

Família das massas ricas

lados deles estão firmes, não estão claros nem macios demais. Quando o assamento de uma massa rica termina, a temperatura interna dela é de 82 °C.

Forno de lastro

Se você estiver usando um forno de lastro, gire a massa rica na metade do cozimento, para impedir que ela se queime. A parte posterior do forno de lastro é mais quente do que a da frente, e o centro dele assa mais devagar do que o perímetro.

Se a cobertura for de queijo ou de açúcar, as tranças podem ficar escuras demais antes que o pão esteja inteiramente assado. Para resolver esse problema, asse as tranças por 12 a 15 minutos, para firmar a crosta; depois, coloque uma folha de papel-manteiga sobre elas, a fim de protegê-las do calor que vem de cima. Você pode diminuir ou até desligar o elemento de aquecimento superior, se achar que os pães se queimarão.

▶ Fase 8: esfriamento e amadurecimento

Retire as assadeiras do forno e distribua-as em um carrinho giratório. Coloque uma luva de forno na frente do carrinho e outra na parte de trás, para indicar que ali há um produto quente. Deixe que os pães de manteiga esfriem por 1 hora antes de serem fatiados ou armazenados.

Pão de manteiga

Receita

Ingrediente	PP%	Amassadeira de 4,3 ℓ Gramas	5,68 ℓ	18,9 ℓ	Δ
Leite	57%	340g	510,7 g	1,34 kg	
Fermento fresco	4%	30g	37,80 g	85,05 g	
Ovos	5%	45 g	1 de cada	2 de cada	
Farinha para pão	100%	625 g	907,18 g	1,98 kg	
Sal	1,8%	10 g	14,18 g	37,80 g	
Manteiga	19%	115 g	170,1 g	368,54 g	
Rendimento		1.170 g	1,59 kg	3,63 kg	
Unidades		2 tranças de três (peso cordões @ 195 g)	4 tranças de três	5 tranças de três	

Modo de fazer

1	Mise en place	Leite frio; ovos @ 16 °C; manteiga @ 16 °C	tdm 21 °C
2	Mistura dos ingredientes	MODIFICADA (para todos os ingredientes COM EXCEÇÃO da manteiga) mais EMULSIFICADA	
3	Desenvolvimento (EMULSIFICAR) \n\n Desenvolvimento II	Velocidade #1; 1 min \n Adicione a manteiga toda de uma vez; velocidade #2; 4 min \n Velocidade #1; 4 min	Desenvolvimento à mão não recomendado para a técnica de emulsão
4	Fermentação	Divida @ 195 g \n 2 h @ 4 °C; não é necessário desgasificar e dobrar	
5	Modelagem	Forme cordões de 45 cm a 55 cm de comprimento. \n Descanso na bancada a frio: 20 min @ 4 °C; trance como desejar	
6	Crescimento	Sobre papel-manteiga, 45 min @ 27 °C	
7	Decoração e assamento	Glaçado padrão \n Coberturas opcionais: sementes ou sal grosso	

Produto	Forno	Estágio I	Vapor	Vent @	Estágio II	Tempo	Temp. int.
Pão de manteiga	Rack	170 °C	Não necessário	Sempre aberto	170 °C	21 a 24 min	82 °C
	De lastro (com grade)	190 °C (6.4.7)	Não necessário	5 min	190 °C	+ 15 a 18 min ou mais	82 °C

Massas de desenvolvimento curto

- **Famílias das massas úmidas**

- **Famílias das massas doces**

Fazendo um balanço das suas habilidades de padeiro

A esta altura, vale a pena interromper a sua leitura para fazer um balanço do quanto você já caminhou em nossa viagem através do mundo do pão.

Para resumir, você agora conhece três famílias de massas: a magra, a macia e a rica. Você é capaz de identificar cada família com base na percentagem de amaciantes dela. Além disso, você sabe como combinar os ingredientes usando três diferentes sequências de mistura dos ingredientes: a direta, a modificada e a emulsificada.

Mais importante ainda, você sabe que todas essas massas usam o desenvolvimento intensivo para criar a rede proteica. O desenvolvimento intensivo é uma técnica típica. As revistas de gastronomia, a maior parte dos livros e a internet estão cheias de receitas de pão que usam essa técnica.

Você aprendeu que todas as massas de uma determinada família são combinadas e desenvolvidas da mesma maneira que a massa representativa dessa família. Por exemplo, o *pão de forma integral de mel* é misturado e desenvolvido da mesma maneira que os *Balloons*. Você sabe como testar o desenvolvimento do glúten em qualquer massa usando o

Parte III | As famílias de massas

ponto de véu. Em suma, você sabe bastante. Mais ainda, está começando a pensar como um padeiro.

Você tem uma base sólida de conhecimentos sobre o pão e a necessária habilidade. Agora, é hora de trabalhar sobre essas habilidades, explorando o nível intermediário da confecção de pães.

As famílias da massas úmidas e das massas doces

As duas famílias restantes são a das *massas úmidas* e a das *massas doces*.

Essas duas famílias apresentam um traço em comum — a massa crua tem consistência muito macia —, mas por razões diferentes.

A alta quantidade de líquido que há em uma massa úmida lhe confere consistência macia. Algumas vezes, a massa crua é quase aguada.

Do mesmo modo, a alta quantidade de adoçantes que há em uma massa doce lhe confere uma consistência muito macia. A massa doce algumas vezes pode parecer mais uma massa de bolo ou de muffin, e não tanto uma massa de pão.

É difícil desenvolver uma estrutura de glúten nessas massas. Usar uma máquina em velocidade média a alta, ou mesmo sovar essas massas à mão, pode fazer muita sujeira.

> ## Definição de massa úmida e massa doce
>
> A massa úmida tem alta percentagem de líquido, de 70% a 80%.
>
> A massa doce tem alta percentagem de adoçantes, cerca de 15%, e, em geral, moderada percentagem de manteiga, aproximadamente 10%.

▶ Desenvolvimento curto

Para manusear essas famílias de massa, o padeiro usa uma combinação de baixa velocidade na amassadeira e tempo curto de desenvolvimento. Os padeiros chamam isso de técnica de *desenvolvimento curto*.

Na técnica de *desenvolvimento curto*, o movimento mais vagaroso e mais suave da amassadeira permite que o padeiro reproduza os efeitos da sova à mão. Usa-se baixa velocidade para fazer que os ingredientes cheguem ao ponto desejado e para desenvolver o glúten. As proteínas se conectam em um padrão mais ordenado quando a massa principal é desenvolvida em velocidade baixa. Lembre-se, se você usa

Desenvolvimento intensivo *versus* desenvolvimento curto

Com o *desenvolvimento intensivo*, as baguetes se desenvolvem na velocidade #2 e na velocidade #1. O tempo de desenvolvimento total é de 8 minutos.

Com o *desenvolvimento curto*, uma massa úmida ou doce se desenvolve por todo o tempo na velocidade #1. O tempo total de desenvolvimento é de cerca de 6 minutos.

uma amassadeira vertical, tem de parar o desenvolvimento na metade, raspar a massa e invertê-la na tigela.

As receitas para as duas famílias certamente podem ser feitas em uma amassadeira de mesa, mas, se misturar e desenvolver essas massas à mão e trabalhar diretamente na bancada, você poderá refinar com bastante rapidez o seu toque de padeiro em relação a massas muito macias.

Família das massas úmidas

Representante	FOCACCIA
Outros pães	Pão chato de farinha de milho Fougasse (pão folha) Massa de pizza (fina)
Características dos pães	As massas úmidas possuem uma firmeza, mas não são borrachudas. Elas ficam flexíveis e maleáveis quando assadas. O tamanho do miolo é variado, com alvéolos que vão de pequenos a grandes. A estrutura alveolar não é uniforme.
Reconhecendo as Rxs	Baixa quantidade de adoçantes — PP% de 0% a 4%. Quantidade moderada de gorduras líquidas — PP% de 5% a 10%. Alta hidratação — PP% 70% ou mais. Os líquidos são H_2O e óleo. A farinha é farinha para pão.
Considerações sobre o fermento e o glúten	A alta hidratação estressa a rede de glúten.
Manuseio da massa	Sequência de esponja mais massa principal. 1. A pasta de fermento é pré-fermentada, para que o glúten se forme. 2. Os ingredientes restantes são combinados usando-se a sequência modificada. As massas úmidas usam o *desenvolvimento curto*, com velocidades mais lentas do que as massas magras.
Armazenamento do pão	Longa vida de prateleira. Embrulhe em plástico, para reter a umidade.

Parte III | As famílias de massas

Introdução

O representante da família das massas úmidas é a focaccia. Assada em uma assadeira, a focaccia algumas vezes é classificada como um *pão chato*.

A massa dela é altamente hidratada, com moderada porcentagem de azeite de oliva. Quando assada, a focaccia tem o miolo aberto. Isso significa que os alvéolos de dentro da massa são maiores do que os encontrados em uma baguete. Os alvéolos variam em tamanho, de pequenos a grandes.

Manusear uma massa úmida é um desafio. A massa é muito macia, quase aguada, e não assume uma forma quando se tenta modelá-la como uma bola. Por isso, ela é colocada em uma assadeira untada, na qual logo cresce, preenchendo a forma.

A focaccia assada é flexível. Você pode tirá-la da forma com as duas mãos e transportá-la para a tábua de cortar, para fatiá-la, sem medo de rompê-la. A estrutura de glúten dela é firme, mas ainda assim macia. O pão é firme quando mordido, mas fácil de mastigar — como macarrão *al dente*.

▶ Examinando a hidratação (h) de perto

Lembre-se de que o termo *hidratação* refere-se à porcentagem de líquido da massa. A hidratação das massas úmidas é mais alta do que a das massas das outras famílias.

Para encontrar a *hidratação* de qualquer massa, divida a quantidade total de líquido da receita pela quantidade total de farinha. Depois, multiplique a resposta por 100%.

Para as baguetes, a *hidratação* é

$$h = \frac{\text{total de líquido}}{\text{total de farinha}} = 0{,}63 \times 100\% = 63\%$$

Na página seguinte, eis os valores de hidratação das massas representativas de cada uma das três primeiras famílias de massa. Compare-os com o valor da focaccia:

Definição de pães chatos

Algumas vezes, os pães são agrupados segundo a forma que possuem. As massas fracas, úmidas, podem ser espalhadas em superfícies lisas e aquecidas para assarem. As panquecas de massa azeda, o pão sírio mediterrâneo e o naan indiano são exemplos de pães chatos. Como é modelada e assada em uma forma, a focaccia muitas vezes é classificada como um pão chato.

Definição de hidratação

A PP% de líquido de uma massa é chamada de *hidratação*. O símbolo da hidratação é *h*.

Família das massas úmidas

Família da massa	Representante	Hidratação
Magra	Baguetes	63%
Macia	Balloons	60%
Rica	Pães de manteiga	57%
Úmida	Focaccia	72%

▶ Pensando como padeiro

Gordura sólida *versus* gordura líquida

Para um chef, a manteiga e o óleo são considerados ingredientes similares. Os dois são gorduras. Para o padeiro, eles são duas coisas inteiramente diferentes. A manteiga é sólida, o óleo é líquido.

Em vez de ser emulsionado na massa, como a gordura no pão de manteiga, o azeite de oliva, na focaccia, só pode ser suspendido. Essa suspensão não é estável: com o tempo, o óleo separa-se. A massa perde a suculência, tornando-se gordurenta e pesada: ela escorrega pela bancada e torna-se difícil de manusear.

A massa da focaccia exibe todas as dificuldades de manuseio de uma massa super hidratada — uma massa com bastante água (mesmo que algumas dessas dificuldades sejam causadas pelo azeite de oliva, e não pela água). O padeiro considera o azeite como parte do líquido misturado em uma Rx de massa: ele adiciona o peso do azeite juntamente com o da água ao calcular a hidratação da focaccia.

Definição de massa úmida

A massa úmida tem uma PP% de líquido de 70% ou mais. Isso significa que, para fazer a massa, a cada 10 quilos de farinha são necessários 7 quilos de líquido.

Analogia

Pense na massa de panqueca. Quando ela está grossa e não pode ser despejada com facilidade, pode-se adicionar água ou leite para afiná-la. Ela se torna *úmida*. Você também pode adicionar óleo vegetal ou manteiga derretida — que é como se faz a massa de crepe.

A massa de crepe é *muito úmida*. É muito mais fácil controlar a massa de panqueca do que a de crepe. Essa é a razão pela qual os crepes são cozidos em uma frigideira de bordas arredondadas, as quais mantêm a massa no lugar. Também é por isso que a massa de focaccia é assada em uma assadeira, e não moldada em filões.

A h da focaccia é

$$\frac{\text{Total de líquido}}{\text{Total de farinha}} = \frac{H_2O}{\text{Farinha I} + \text{Farinha II}}$$

$$\frac{505\,g + 45\,g}{320\,g + 450\,g} = \frac{550\,g}{770\,g} = 0,714 \times 100\% = 71,4\%$$

Arredondar para 72%.

Como o padeiro desenvolve glúten suficiente para manter a focaccia úmida, sem tornar o pão duro e borrachudo? É aí que entra a *técnica da esponja*.

Técnica da esponja

Chef, o que é uma esponja?

A esponja é uma pasta de fermento fermentada. Comece pela mistura de sempre de água, fermento e farinha. Cubra a pasta de fermento e coloque-a em um local quente da padaria, por 45 minutos, antes de adicionar o restante dos ingredientes.

Enquanto a esponja descansa por 45 minutos, o fermento digere o amido da farinha e libera bolhas de CO_2. Isso acontece rapidamente, pois não há sal na esponja para desacelerar o fermento. As bolhas esticam a rede proteica, o que a torna mais forte e fornece mais estrutura à massa principal.

Depois que a esponja é combinada com os ingredientes restantes, a estrutura da esponja ajuda o glúten da massa principal a suspender o azeite de oliva. Isso impede que a massa fique gordurosa.

A textura da pasta de fermento pode variar. As famílias de massas magras, macias e ricas apresentam pastas de fermento com texturas semelhantes. Comparada a elas, a pasta de fermento da focaccia é fina e aguada, parecendo-se mais com uma massa de panqueca do que com uma massa de pão. Mas, ainda assim, ela é espessa o suficiente para que se construa a rede de proteínas.

Todos esses passos formam a quarta sequência de mistura dos ingredientes: *sequência da esponja mais massa principal*.

Dica do padeiro

Além de desenvolver o glúten, a *esponja* traz outros benefícios:

- A fermentação desenvolve mais sabor na pasta de fermento antes de ela ser adicionada à massa principal.
- O fermento multiplica-se, fazendo que a massa principal cresça de modo uniforme, independentemente da alta percentagem de azeite.

Família das massas úmidas

Sumário das massas úmidas

Sequência de mistura dos ingredientes ESPONJA mais MASSA PRINCIPAL

Esponja	+	Massa principal
A. O fermento é reidratado em um líquido; um terço da farinha é misturado ao fermento, para fazer a pasta de fermento. B. A pasta fermenta por 45 min @ 27 °C.		A. Os ingredientes restantes são combinados com a esponja. B. A massa principal é misturada até chegar ao ponto desejado.

Insight do padeiro: os termos da indústria

Pré-fermento	Massa indireta
A esponja é classificada como um *pré-fermento*. Isso significa que uma parte da farinha (mas não toda ela) da receita da focaccia é fermentada ANTES que o padeiro misture a massa principal. Há muitos tipos de pré-fermentos. Alguns são finos como a esponja da focaccia, outros são tão espessos quanto o reboco. Os tempos para os pré-fermentos também são variados, de 30 minutos a 18 horas. Comparada aos outros pré-fermentos, a esponja fermenta relativamente rápido, 45 minutos. Alguns pré-fermentos de pães Sourdough levam dois dias para fermentar. O termo *pré-fermento* é uma classificação técnica. Ele não tem fins mercadológicos nem é um termo de menu. Não é muito provável que o seu cliente dê pulos de alegria por causa da possibilidade de adquirir uma *baguete pré-fermentada*. A indústria panificadora varejista usa o termo *artesanal* para caracterizar a categoria de pães pré-fermentados. *Artesanal* é mais poético, evocando técnicas de fabricação de pães do mundo antigo.	Quando a massa principal do pão inclui algum tipo de *pré-fermento*, os padeiros chamam-na de *massa indireta*. A sequência de mistura dos ingredientes dessas massas é interrompida por um período de fermentação, antes que a massa toda seja misturada e desenvolvida. No caso da esponja da focaccia, o período é de 45 minutos. Quando essa fermentação preliminar está completa, a esponja e os ingredientes restantes são combinados para gerar a massa principal. A massa principal ainda deve passar por todas as *fases da massa*, começando pela *fase de desenvolvimento* e pela *fase de fermentação*. A focaccia é uma massa indireta? Ela é, assim como a ciabatta, a massa azeda (*sourdough*) e qualquer outro pão que seja feito em dois ou mais estágios, separados por um período de tempo significativo.

Parte III | As famílias de massas

FOCACCIA: massa representativa

Família: massas úmidas

Sequência de mistura dos ingredientes: esponja mais massa principal

Este capítulo considera um rendimento de 1,41 quilos de focaccia.

▶ Fase 1: mise en place

| I | Mise en place | H_2O @ 35 °C | tdm = 27 °C |

Azeites

O azeite de oliva é usado para conferir suculência à focaccia. Selecione um que seja fresco, sem qualquer traço de ranço. Os azeites virgem e extravirgem têm sabor completo e frutado.

A focaccia é assada em uma assadeira forrada com papel-manteiga e preparada com azeite adicional. O azeite de oliva extravirgem não é necessário para este passo. Selecione um azeite de oliva mais leve ou uma mistura de azeite de oliva com óleo de canola; o produto assará bem, e o azeite usado para cobrir a assadeira não terá gosto oxidado.

Armazene o azeite em um ambiente frio, escuro e seco. O azeite fica rançoso quando exposto ao calor, à luz do sol ou em ambiente muito aberto. Se armazenado adequadamente, ele terá uma vida de prateleira mais longa. Não é necessário guardá-lo na geladeira. Antes de usar qualquer óleo, experimente um pouquinho dele, para ver se o seu paladar detecta algum ranço.

Para misturar melhor, a temperatura do azeite deve estar entre 16 °C e 21 °C. Para maior precisão, em vez de usar medidas de volume, como xícaras, por exemplo, pese o azeite.

Coberturas de focaccia

A focaccia pode ser coberta com ervas aromáticas frescas como o alecrim e o orégano: corte-as com uma faca

---

Dica do padeiro

Se a temperatura da sua cozinha exceder os 28 °C, você deve armazenar o azeite no refrigerador. Ele endurecerá e parecerá solidificado. Tudo bem. Deixe-o ficar à temperatura ambiente por 10 minutos antes de usá-lo, e ele voltará ao estado líquido, fácil de despejar.

Família das massas úmidas

ou tesoura no último minuto antes de usá-las, para que elas retenham o sabor. As ervas aromáticas também podem ser incorporadas à massa da focaccia durante os 2 minutos finais do desenvolvimento.

Evite usar ervas desidratadas, principalmente em cima da massa. Se você tiver apenas essa opção, pode reconstituir as ervas secas fervendo-as suavemente, por 5 minutos, em uma pequena quantidade de vinho branco ou mesmo de água. Quando elas esfriarem, incorpore-as à massa, mas não as use na cobertura, pois elas ficam quebradiças quando cozidas.

Ingredientes conservados em óleo, como azeitonas, tomates secos e alho assado podem ser usados como cobertura ou incorporados à massa.

Lembre-se de manter a guarnição da focaccia ao mínimo. Quando a massa é benfeita, pimenta-do-reino moída na hora e sal grosso constituem tudo de que é preciso para realçá-la. Quando a focaccia é coberta com molho, queijo e fatias de carne, o sabor e a textura dela são sufocados. Se o que você quer é pizza, então faça pizza.

▶ Fase 2: sequência de mistura dos ingredientes

2	Mistura dos ingredientes	ESPONJA mais MASSA PRINCIPAL	(45 min @ 27 °C)

I. Esponja

A. Faça uma esponja

1. Coloque água na tigela

    Esta receita deve ser feita à mão. Coloque uma tigela de aço inoxidável diretamente na balança. Zere a balança e acrescente a água à tigela.

2. Dissolva o fermento na água

    Zere a balança novamente. Esfarele o fermento na água. Use um batedor, um raspador de plástico ou os dedos para dissolver o fermento.

Dica do padeiro

Farinha I e *farinha II*

Quando o pão utiliza o método da esponja, com frequência a receita pré-divide o peso total da farinha para o padeiro.

O primeiro terço é chamado de *farinha I* e é usado para fazer a esponja. A esponja é uma pasta de fermento que fermenta por 45 minutos @ 27 °C.

Os dois terços restantes da farinha são acrescentados mais tarde à massa. Na receita, eles são chamados de *farinha II*.

Parte III | As famílias de massas

3. Adicione um terço da farinha
   Use um raspador de plástico, uma colher de pau ou as mãos.
4. Desenvolva a rede de proteínas
   Usando uma colher de pau ou uma espátula de plástico, bata metodicamente a massa de fermento por 1 minuto. A mistura obtida se parece com massa de panqueca e é mais fina do que se esperaria de uma receita de pão.

Transfira a massa para um recipiente plástico cuja capacidade seja três a quatro vezes superior ao volume da massa. Não é necessário usar spray de gordura aqui, porque a esponja fermentada é facilmente retirada do recipiente usando-se um raspador de plástico manual.

B. Deixe a esponja fermentar por 45 min @ 27 °C

A temperatura-alvo para a esponja é 27 °C. Escreva a hora e a temperatura da massa de esponja na fita-crepe (etiqueta de fermentação). Calcule 45 minutos a partir dessa hora de início e anote o resultado na etiqueta. Deixe espaço para registrar a temperatura da esponja no final dessa fase de fermentação. Coloque o recipiente em local quente, entre 25 °C e 29 °C.

Tampe (mas sem ajustar demais) o recipiente da esponja, para impedir a entrada de substâncias estranhas. Uma musselina umedecida colocada sobre o recipiente funciona bem para isso. A esponja pode ser literalmente abandonada pelos 45 minutos inteiros. Entretanto, a sua curiosidade será premiada se você ocasionalmente checar a atividade da esponja e notar como a pasta de fermento borbulha rapidamente.

Nota: durante os 45 minutos de pré-fermentação, de forma alguma mexa no recipiente e no fermento.

Todos esses passos, desde misturar a pasta de fermento, batê-la para originar o glúten e depois pré-fermentar a mistura, constituem a *técnica da esponja*. A receita completa da focaccia encontra-se no final deste capítulo. Na linguagem do padeiro, tudo isso se escreve como *esponja*, na sequência de mistura dos ingredientes.

> **Dica do padeiro**
> A sequência de mistura dos ingredientes para as massas úmidas tem duas partes:
> I. Esponja: faça a pasta de fermento; deixe-a fermentar por 45 minutos a 27 °C;
> II. Mais massa principal: combine os ingredientes restantes com a esponja, para formar a massa principal da focaccia.

Enquanto isso, prepare uma assadeira: com um pano limpo ou uma toalha de papel, esfregue o interior da assadeira. Certifique-se de que ela esteja seca e limpa. Despeje uma colher de sopa de mistura de azeite de oliva e óleo de canola, ou apenas de azeite de oliva leve. Forre a assadeira com papel-manteiga. Despeje mais duas colheres de sopa de azeite de oliva sobre o papel-manteiga. Use os dedos para espalhar o azeite uniformemente. Reserve a assadeira até o momento de usá-la.

II. Mais MASSA PRINCIPAL

Combine os ingredientes restantes, para formar a massa principal da focaccia.

1. **Adicione açúcar e azeite à esponja**

   Polvilhe o açúcar diretamente sobre a esponja. Despeje o azeite de oliva. Com a mão, rompa a esponja da tigela. Tente segurá-la e deixe-a correr por entre os dedos. Isso ajudará o açúcar a dissolver-se e combinar-se com a esponja, impedindo que ela fique dura e viscosa.

2. **Adicione os dois terços de farinha restantes e o sal**

   Junte a farinha restante. Polvilhe o sal uniformemente sobre a farinha.

3. **Misture até o ponto desejado**

   Use a mão ou um raspador de plástico para misturar os ingredientes até o ponto desejado. Uma massa úmida liga-se facilmente, mas é hidratada demais para se soltar das laterais da tigela de mistura. Certifique-se de que não há grumos de farinha seca na massa. Verifique o centro da parte inferior da tigela em que a farinha seca pode se acumular. A massa da focaccia é úmida, macia e quase aguada. Ela não se parece com qualquer das massas magras, macias ou ricas que você já fez.

Todos esses passos, do acréscimo de amaciantes, passando pela pré-fermentação da esponja, até o ponto ideal, são resumidos na linguagem do padeiro por *sequência de esponja*

Dica do padeiro

Quando você usar a técnica da esponja, deverá sempre combinar os ingredientes restantes da receita na sequência modificada, do mesmo modo que ao fazer ballons.

Dica do padeiro

Qual é a proporção de farinha em relação ao líquido da pasta de fermento? Essa proporção varia, mas a farinha nunca excede o leite por mais que a metade. Por exemplo, em uma receita que pede 454 gramas de leite, o máximo de farinha que você pode usar para fazer a pasta de fermento é 227 gramas.

mais massa principal. Esses passos são sempre os mesmos para todas as massas que usam a técnica da esponja.

Dê uma espiada na receita de focaccia, no final desta seção. Você verá que o padeiro simplesmente escreve *esponja mais massa principal* para indicar a *técnica de mistura dos ingredientes* completa.

▶ Fase 3: desenvolvimento

3	Desenvolvimento	Desenvolvimento curto Velocidade #2; 2 min; + velocidade #1; 2 min	OU	6 min (à mão)

Desenvolva a massa

Vire a massa na bancada usando a mão ou o raspador de plástico. Não enfarinhe a bancada nem acrescente qualquer farinha à massa. Inicialmente, a massa úmida é aguada; ela absorve prontamente toda e qualquer farinha adicional que você colocar. Então, não lhe dê nenhuma, ou você tornará a massa densa e dura.

1. Trabalhe diretamente na bancada. Pegue o seu raspador (de metal).
2a, b. Mantendo o raspador em contato com a bancada, movimente-o em zigue-zague, para a esquerda e para a direita, por toda a massa.
3a, b, c. Depois de passar o raspador por toda a massa, forme um monte e, ainda usando o raspador, vire-a para o outro lado.
4. Passe o raspador de bancada pela massa, como antes.
5. Quando terminar de passar o raspador por toda a massa, novamente forme um montinho e vire-a.

Repita esse procedimento por 6 minutos. Trabalhe uniforme e suavemente, pretendendo desenvolver longas cadeias de proteína que você possa enxergar na massa. Se as cadeias estiverem ali, mas parecerem se rasgar ou se romper, reduza a pressão e diminua o alcance dos seus movimentos para a esquerda e para a direita. Aplicar muita força no raspador ou cobrir uma superfície muito grande da bancada durante o desenvolvimento da massa são coisas que ferem a estrutura do glúten mais do que ajudam a desenvolvê-la. Torne a sua mão mais leve.

1

2a

2b

3a

3b

3c

4

5

Ponto de véu para a massa da focaccia

Antes da invenção das amassadeiras, essa técnica de bancada era muito comum. Ela só parece extraordinária aos olhos modernos, acostumados a ver as máquinas fazendo o serviço.

Confidencial: a técnica do rabo de peixe

A técnica de desenvolvimento de uma massa úmida na bancada é um pouco inusitada. Os meus estudantes chamam-na de *técnica do rabo de peixe*. Eu acho que o movimento do raspador pela massa faz lembrar uma barbatana de peixe ao ir para a frente e para trás. Experimente e veja você mesmo.

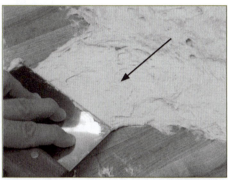

Examine de perto e *compare*
Um estresse demasiado rompe as fibras de glúten, como mostra a primeira foto. Já movimentos suaves de esticar desenvolvem cadeias de glúten mais longas na massa, como mostra a segunda foto.

Ponto de véu/verifique o sal

Verifique se a proteína desenvolveu-se adequadamente por meio do ponto de véu. Com uma massa úmida como a focaccia, não dá para puxar um pouco de massa e tentar enrolá-la nas mãos. Você deve colocar um pouco de azeite de oliva nas pontas dos dedos. (Procure aquela xícara de azeite da mise en place e use o que sobrou nela.)

Trabalhando com um pouquinho de massa, erga-a e permita que ela se estique por dois ou três dos seus dedos untados. Depois que a massa se assentar e parar de fluir, abra os dedos suavemente, esticando a rede proteica. O resultado do teste não será tão óbvio como no caso das baguetes. Agora, você deve sentir que aquela massa elástica e escorregadia é suficiente para manter a focaccia coesa. Se você estiver inseguro, desenvolva a massa por mais 2 minutos na bancada, mas não passe disso. Cheque novamente a massa usando o ponto de véu e veja se houve qualquer mudança. Experimente a massa e certifique-se de que o nível de sal é apropriado.

Dica do padeiro

Depois de 6 minutos de desenvolvimento na bancada, não se preocupe demais se você não conseguir ver muito glúten. As massas úmidas são uma classe à parte. Elas assemelham-se muito pouco a qualquer coisa que você tenha feito com base neste livro. Lembre-se de que você criou uma forte base de proteína com a esponja. Você pode prosseguir, com segurança, para a próxima fase.

Parte III | As famílias de massas

Esse procedimento vagaroso e metódico de desenvolvimento do glúten da massa úmida é chamado de *desenvolvimento curto*. Ele é muito mais suave do que o desenvolvimento intensivo usado para as massas magras, macias e ricas. Com muita frequência, as massas que usam a *técnica da esponja* apoiam-se no *desenvolvimento curto* para terminarem a estrutura de glúten iniciada pela esponja.

Leia a receita completa da focaccia, no final desta parte. Você verá que o padeiro indica esse procedimento mais suave e mais vagaroso pela expressão *desenvolvimento curto*.

▶ Fase 4: fermentação

4	Fermentação	Proceda diretamente para a sequência de modelagem. Veja as fotos da p. 284.

Os passos de fermentação e desgasificação têm lugar enquanto a massa da focaccia passa pela fase de modelagem. Então, vá diretamente para a fase seguinte.

▶ Fase 5: modelagem...

5	Modelagem e **decoração**	Fo	Coloque a massa na assadeira preparada; arredonde-a. Descanso de 30 min @ 27 °C, pela segunda vez.
	(Nota: no preparo da focaccia, a fase de decoração precede a fase de fermentação.)	CA	Abra mais a massa, em direção às bordas da assadeira. Descanso de 30 min @ 27 °C **Aplique a cobertura;**
		CCIA	**Faça covinhas na massa.**

Divida a massa e coloque-a na primeira forma

A massa da focaccia é dividida e colocada diretamente na sua primeira forma, antes de a fase de fermentação começar.

Uma assadeira pode conter de 1,34 a 1,36 quilo de massa de focaccia.

280

Arredonde a massa usando a *técnica das 11 às 5*. Essa técnica artesanal, usada para manusear massas úmidas, baseia-se no *gesto da ficha de pôquer*, com exceção do fato de que você usa o raspador de bancada em vez de usar as mãos.

1. Se a parte superior da massa estiver em 12 horas, posicione o raspador em 1 hora, escorregando-o cerca de 2,5 centímetros para baixo da massa.

2. Puxe a massa na sua direção, movendo o raspador em torno do relógio da massa de focaccia, até que o raspador esteja em 5 horas. O raspador deve tocar a massa e a bancada todo o tempo.

3. Empurre a massa, deixando-a em 11 horas. Esse é o passo que torna a massa redonda e é o gesto da ficha de pôquer, com a diferença de que na nova técnica você empurra a massa para longe, em vez de puxá-la na sua direção.

4. Empurre a massa aproximadamente 10 a 12 centímetros em direção às 11 horas. O raspador deve estar em contato com a massa e a bancada todo o tempo.

5. Agora, puxe o raspador para longe da massa, em direção às 5 horas. Esse é o único gesto que você faz rapidamente. Mas você ainda deve manter o raspador em contato com a bancada. A ideia é tirar a massa do raspador e não estragar a forma redonda que você deu a ela.

6. Agora, erga o raspador.

- Volte para as 11 horas.

- Repita a *técnica das 11 às 5* inteirinha, por três ou quatro vezes. Ao final, a massa da focaccia estará arredondada o *bastante* para ser transferida para a assadeira preparada.

Dica do padeiro

Se você tem de encher muitas assadeiras, divida a massa usando a seguinte técnica:

- Coloque a assadeira preparada em uma balança. Zere a balança.

- Use o raspador de bancada e as mãos, que devem estar ligeiramente untadas, para transferir porções da massa diretamente à assadeira. Adicione ou subtraia massa conforme necessário para conseguir o peso desejado.

- Repita o procedimento com as assadeiras restantes, até que toda a massa tenha sido pesada.

- Uma de cada vez, dê a cada massa a sua primeira forma.

Parte III | As famílias de massas

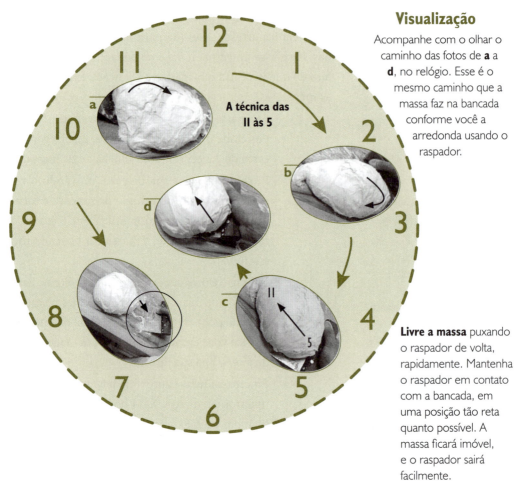

Visualização

Acompanhe com o olhar o caminho das fotos de **a** a **d**, no relógio. Esse é o mesmo caminho que a massa faz na bancada conforme você a arredonda usando o raspador.

Livre a massa puxando o raspador de volta, rapidamente. Mantenha o raspador em contato com a bancada, em uma posição tão reta quanto possível. A massa ficará imóvel, e o raspador sairá facilmente.

Descanso na bancada I @ 27 °C

Deixe a massa descansar por 30 minutos, coberta e longe de correntes de ar. Não é necessário qualquer spray. Uma estufa desligada ou um rack com rodas e uma cobertura são bons lugares para o descanso da massa. Não ocupe espaço nas prateleiras.

Abra mais a focaccia

Depois de 30 minutos, com as pontas dos dedos untadas, comprima suavemente a massa em direção aos cantos da assadeira. Espalhe a massa de modo tão uniforme quanto possível, mas não a manuseie demais. Empurrar a massa em direção aos cantos deixa a forma dela mais ajustada e provoca a liberação de dióxido de carbono e álcool.

Família das massas úmidas

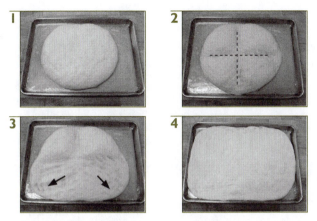

Para obter uniformidade, empurre a massa da focaccia para fora em quatro passos.

Descanso na bancada II @ 27 °C por 30 minutos

Se você tem intenção de assar a focaccia hoje, deixe a massa descansar por mais 30 minutos. Agora, prepare a cobertura.

Se for assá-la amanhã, embrulhe as assadeiras com plástico e coloque-as na geladeira. No dia seguinte, ajuste a focaccia no piso por 30 minutos. A focaccia estará pronta para a fase de decoração depois de ajustada.

▶ Fase 5: ...e decoração

| 5 | Modelagem e decoração

(Nota: no preparo da focaccia, a fase de decoração precede a fase de fermentação.) | Fo

CA

CCIA | Coloque a massa na assadeira preparada; arredonde-a. Descanso de 30 min @ 27 °C.
Abra mais a massa, em direção às bordas da assadeira. Descanso de 30 min @ 27 °C, pela segunda vez.
Aplique a cobertura.
Faça covinhas na massa. |

Decoração

Com as pontas dos dedos untadas, faça covinhas na massa, criando um padrão uniforme na superfície. Nesse estágio, não polvilhe sal na massa. O sal derrete e assa de maneira pouco atraente.

Polvilhe o sal no momento em que a massa estiver indo para o forno, depois de fermentada.

Parte III | As famílias de massas

Confidencial

Para acompanhar o progresso da massa por meio da sequência de modelagem, os meus estudantes batizaram os três diferentes passos de Fo, CA e CCIA.

"Fo"		**Primeira forma** Massa quadrada em assadeira untada **Descanso na bancada I** 30 min @ 27 °C; 60% umidade
"CA"		**Abra a massa um pouco mais** Desgasifique a massa; pressione-a na direção das bordas **Descanso na bancada II** 30 min @ 27 °C; 60% umidade
"CCIA"		**Covinhas** (Decoração e forma final) Aplique a cobertura; faça covinhas na massa **Crescimento (ver nota)** 30 min @ 27 °C; 60% umidade

Nota: depois desse crescimento de 30 minutos, a focaccia está pronta para assar.

Tipicamente, a focaccia é polvilhada com alecrim fresco. Também são coberturas apropriadas: queijos ralados ou vegetais cortados em fatias bem finas; maçãs, nozes e queijo azul formando um trio; ervas aromáticas frescas e grãos de pimenta quebrados grosseiramente. Use as coberturas com moderação e espalhe-as uniformemente sobre a massa.

▶ Fase 6: crescimento

6	**Crescimento**	30 min @ 27 °C; o terceiro e último **descanso de 30 min**.

Deixe crescer (fermentar) a focaccia por 30 minutos @ 27 °C e 60% de umidade

Nesta fase, use uma estufa umidificada. Deixe uma prateleira vazia entre as assadeiras, se for possível. O rack provisório de crescimento (descrito no procedimento das baguetes)

Família das massas úmidas

também pode ser usado com a focaccia. A alta porcentagem de azeite impedirá que as massas sequem; assim, você não precisa colocar um pequeno recipiente de água quente sob a tampa da caixa de plástico.

A focaccia é fermentada com elasticidade moderada. Mergulhe a ponta do dedo na farinha da bancada, para que a massa não grude quando você for testá-la.

▶ Fase 7: assamento

7	Assamento

Produto	Forno	Estágio I	Vapor	Vent @	Estágio II	Tempo	Temp. int.
Assamento leve	Rack	170 °C	10 s	4 min	170 °C	12 a 15 min	Cor e toque
Assamento crocante	De lastro (sem grade)	218 °C (8.8.8)	—	Sempre aberto. Retire o papel-manteiga @ 15 min	218 °C	7 a 9 min	Cor e toque

Preparo do forno

A focaccia pode ser assada de duas maneiras diferentes, _leve_ ou _crocante_.

Assamento leve

Se a focaccia tiver de esperar por muitas horas antes do serviço, recomenda-se o assamento leve. Se ela for receber cozimento adicional, como no caso do sanduíche panino grelhado, o uso do assamento leve no forno rack oferece maior flexibilidade à cozinha e ao menu.

Se se tratar de uma focaccia leve, asse-a no forno rack. Esse método é mais suave e proporciona um interior do pão mais leve, com o miolo distribuído de modo mais uniforme. O fundo do pão chato retém mais umidade.

Forno rack: assamento leve

Usando um spray, borrife água no topo da focaccia decorada e fermentada. Coloque-a no forno de convecção, pulando uma prateleira entre as assadeiras ou escalonando-as dentro de um padrão de degraus, para que o ar circule melhor. Feche a porta e injete o vapor. Certifique-se de que o rack giratório movimenta-se livremente.

Depois de 4 minutos, abra o respiradouro, para remover o vapor residual. Mantenha o termostato a 170 °C e programe o timer para 12 a 15 minutos adicionais.

Parte III | As famílias de massas

A temperatura interna não serve para verificar se pães chatos estão prontos. Para isso, deve-se verificar se a cor do pão é dourada por igual e se a resistência na superfície é uniforme.

Para medir essa resistência, retire uma assadeira de focaccia do forno e coloque-a na bancada. Sinta a resistência (elasticidade) do pão em todo o seu perímetro e a cerca de 5 centímetros distante das bordas. Agora, pressione suavemente o centro da focaccia, mas tenha cuidado, pois o centro do pão tem vapor e pode estar bem mais quente. Toda a focaccia deve oferecer a mesma resistência quando tocada. Não foque a crosta superior ou se ela está crocante ou não — isso varia de acordo com a quantidade e o tipo de cobertura que você usa. O queijo parecerá dourado, mas a massa embaixo dele pode estar macia demais para fornecer a elasticidade apropriada quando pressionada, por exemplo. Concentre-se na quantidade de resistência que a massa oferece ao seu dedo quando você a pressiona.

Se o centro da focaccia lhe parecer igual ao perímetro dela, então ela está pronta, e o calor interno acabará com quaisquer incertezas que você possa ter. Se você sentir que o centro está macio demais, ou se a massa desabar ao seu toque em vez de voltar à posição inicial, devolva a assadeira ao forno por mais alguns minutos.

Determinar o momento em que a focaccia fica pronta é semelhante a julgar uma genoise* ou outro bolo do tipo esponja. Confie nos seus sentidos. Se você for um chef de cozinha, use aquele teste manual de "malpassado-ao ponto-bem passado" que serve para verificar um bife. Quando a focaccia é assada da maneira adequada, o centro dela parece estar "ao ponto".

Retire as assadeiras do forno, acomode-as em um carro aberto e coloque uma luva de forno na parte da frente dele e outra na parte de trás, para indicar que ali há produto quente.

Assamento crocante

Assar em assadeira diretamente no lastro faz que a crosta do fundo da focaccia fique crocante. Isso proporciona

---

Dica do padeiro

Se a sua ordem de produção inclui muitas assadeiras de focaccia, não carregue o forno de lastro com mais de dois terços da capacidade dele de cada vez. Se no forno couberem seis assadeiras, por exemplo, asse apenas quatro de cada vez. Dessa maneira, as assadeiras múltiplas assarão de maneira mais uniforme. Se o tempo permitir, programe dois assamentos, um depois do outro; reserve os recipientes não assados enquanto elas esperam.

Dica do padeiro

Não corte os pães diretamente na superfície de madeira da área de trabalho. Com o tempo, a superfície torna-se irregular, deixando a modelagem dos pães menos uniforme.

---

* Bolo de massa leve e aerada, sem adição de fermento. (N. T.)

Dica do padeiro

No forno de lastro, asse a focaccia por 15 minutos; depois, retire cuidadosamente as coberturas de papel-manteiga. Devolva a focaccia ao forno e asse-a por mais 8 a 10 minutos. Use o teste de resistência descrito anteriormente para determinar se a focaccia assou adequadamente. Retire as assadeiras do forno, espaceje-as em um carro aberto e coloque uma luva de forno na parte da frente dele e outra na parte de trás, para indicar que ali há produto quente. Deixe que a focaccia esfrie por 45 minutos, pelo menos.

um contraste na textura do pão e torna o fatiamento mais fácil. Os pães chatos crocantes, como a focaccia, são apropriados para acompanhar sopas e saladas e para serem servidos em uma cesta de pão.

Forno de lastro: assamento crocante

O calor é mais intenso no forno de lastro do que no forno rack. O primeiro diminui a margem de erro do padeiro e aumenta a possibilidade de queimar a cobertura da focaccia.

Pouco antes de assá-la, borrife água no topo da focaccia. Pegue uma folha de papel-manteiga, unte-a ligeiramente com óleo ou água e coloque-a sobre a focaccia. Espaceje as assadeiras uniformemente no lastro, evitando lugares mais quentes, como os cantos posteriores e a parte de trás.

▶ Fase 8: esfriamento e amadurecimento

Deixe que a focaccia esfrie por 45 minutos, pelo menos. Use uma pequena espátula de metal para soltar a focaccia dos cantos da assadeira e transfira-a para uma tábua. Usando uma faca serrilhada, apare as bordas dela, se necessário.

Focaccia

Receita

Ingrediente	PP%	À mão ou amassadeira de 4,3 Gramas	5,68 ℓ *	18,9 ℓ	Δ
Água	66%	505 g		2,04 kg	
Fermento fresco	3%	22 g		85,05 g	
Farinha I	40%	320 g		1,25 kg	
Azeite de oliva	6%	45 g		170,10 g	
Açúcar	7%	50 g		198,44 g	
Farinha II	60%	450 g		1,81 kg	
Sal	2,4%	20 g		37,80 g	
Rendimento		1 assadeira	1 assadeira	4 assadeiras	

* Use as mesmas medidas referentes à amassadeira com capacidade de 4,3 litros.

Modo de fazer

1	Mise en place	H_2O @ 35 °C		tdm = 27 °C
2	Mistura dos ingredientes	ESPONJA mais MASSA PRINCIPAL		(45 min @ 27 °C)
3	Desenvolvimento	Desenvolvimento curto Velocidade #2; 2 min; + velocidade #1; 2 min	OU	6 min (à mão)
4	Fermentação	Proceda diretamente para a sequência de modelagem. Ver fotos da p. 284.		
5	Modelagem e decoração (Nota: no preparo da focaccia, a fase de decoração precede a fase de fermentação.)	**FO** Coloque a massa na assadeira untada; enrole-a. Descanso de 30 min @ 27 °C. **CA** Abra mais a massa, em direção às bordas da assadeira. Descanso de 30 min @ 27 °C, pela segunda vez. **CCIA** Aplique a cobertura; faça covinhas na massa.		Pesando: 1,15 a 1,35 kg por assadeira.
6	Crescimento	30 min @ 27 °C; o terceiro e último descanso de 30 min.		
7	Assamento			

Produto	Forno	Estágio I	Vapor	Vent @	Estágio II	Tempo	Temp. int.
Assamento leve	Rack	170 °C	10 s	4 min	170 °C	12 a 15 min	Cor e toque
Assamento crocante	De lastro (sem grade)	218 °C (8.8.8)	—	Sempre aberto. Retire o papel-manteiga @ 15 min	218 °C	7 a 9 min	Cor e toque

Família das massas doces

Representante	PÃES DE CANELA (Cinnamon rolls)
Outros pães	Babka (rosca de páscoa polonesa) Chocotone Panetone Monkey bread Pãezinhos da Filadélfia Stollen Massa doce para pães de canela
Características dos pães	As massas doces são muito macias, quase não oferecendo resistência à mastigação. Os pães derretem-se com facilidade, pois as gorduras e os adoçantes liquidificam-se na boca. O tamanho das migalhas vai de pequeno a moderado; a estrutura alveolar é uniforme.
Reconhecendo as Rxs	Altas quantidades de adoçantes — PP% de 10% a 15%. Quantidade de gordura de moderada a alta — PP% de 10% a 15%. O líquido é o leite. A farinha é uma combinação de farinha para pão e farinha para doces ou bolos.
Considerações sobre o fermento e o glúten	A alta quantidade de adoçantes desacelera a atividade do fermento. A gordura estrutura o glúten, permitindo que a massa expanda-se e cresça mais rapidamente. A fermentação a frio requer um período de tempo mais longo.
Manuseio da massa	Os ingredientes são combinados usando-se a sequência creme mais massa principal. As massas doces usam o desenvolvimento curto. Os seus tempos de desenvolvimento são mais curtos (cerca de 75%) do que os das massas magras.
Armazenamento do pão	Longa vida de prateleira. Embrulhe em plástico, para reter a umidade.

Parte III | As famílias de massas

Introdução

Quando se pergunta às pessoas qual o produto de panificação preferido delas, a maioria escolhe algum integrante da família da massa doce. Ricos pela manteiga, cobertos de açúcar e algumas vezes salpicados com frutas e frutos secos, esses pães aparecem nos bufês de brunch, nas festas, nas celebrações e em grandes desjejuns domingueiros.

A massa representativa dessa família são os pães de canela, massa doce que tem o tamanho de um punho fechado e é feita com açúcar mascavo e canela. Depois de assados, os pães de canela são glaçados com uma cobertura de açúcar refinado. O monkey bread e os pãezinhos da Filadélfia também pertencem a essa família.

As massas doces contêm alta percentagem de adoçantes. Usa-se açúcar refinado branco com maior frequência, mas o açúcar demerara também é uma opção. Adoçantes líquidos, como mel e xarope de milho, fornecem uma doçura menos intensa e, ao mesmo tempo, oferecem os seus sabores característicos. Os adoçantes absorvem umidade do ambiente e, por isso, prolongam a vida de prateleira dos produtos assados.

Nas massas doces, pode-se adicionar leite gordo em quantidade moderada. Para acrescentar suculência, é possível usar manteiga doce, sem sal, e creme de leite azedo. Ovos, em quantidade pequena a moderada, também são usados com frequência, acrescentando suculência à textura — as proteínas emulsificantes do ovo impedem que a gordura se separe da massa.

Algumas vezes, são colocados na massa enfeites sólidos, como chips de chocolate, frutas secas tostadas ou cranberries desidratadas, que dão a ela um caráter festivo; eles são apropriados para pães típicos de celebrações e festas religiosas.

A massa doce tem o miolo mais macio entre todos os pães fermentados. Ela é de pouca resistência à mastigação — algumas vezes, o pão simplesmente se desmancha no palato. Os alvéolos da massa doce são distribuídos uni-

---

Dica do padeiro

O açúcar absorve água. Isso confere aos pãezinhos da Filadélfia e aos bolos de café uma extensa vida de prateleira, mas acaba agindo contra a rede de glúten.

O açúcar retira umidade das proteínas. Lutando com o açúcar, para ganharem controle sobre a água, as proteínas do glúten perdem.

Se há menos H_2O para as proteínas, elas terão maior dificuldade para ligar e criar uma rede de glúten. A massa então ficará macia. Algumas vezes, ela nem parecerá massa de pão, e sim uma massa pastosa de bolo. Para mais informações sobre como o açúcar afeta as proteínas na massa de pão, consulte o capítulo "Ingredientes do pão".

Definição de método cremoso

Essa é uma técnica básica de panificação, embora seja normalmente usada para fazer bolos de manteiga e certos *pães rápidos (quickbreads**), como os muffins. Misturando-se altas quantidades de gordura e de açúcar em uma receita de massa, os dois ingredientes tornam-se mais leves, mais arejados e combinam-se melhor com o bolo de fermento da massa de pão.

---

* Tipo de pão levedado com outro agente que não o fermento, como o cremor de tártaro ou o bicarbonato de sódio. [N. T.]

formemente, como os da massa rica — mas os alvéolos da massa doce são ligeiramente maiores e não ficam tão juntos uns dos outros.

A preocupação do padeiro em relação a uma massa doce é o efeito amaciante pronunciado que o açúcar tem sobre a rede de glúten. A alta quantidade de açúcar fragiliza a rede de glúten. A proteína, ao se esticar, tende a se romper.

A gordura da manteiga e dos ovos amacia ainda mais a rede de glúten. Isso faz que a massa seja difícil de se administrar na bancada. A textura interna do produto assado pode desabar, tornando-se densa e emborrachada. Pães muito grandes, como o panetone de 1 quilo do norte da Itália, devem ficar suspensos de ponta-cabeça enquanto esfriam, para impedir que a rede de glúten desabe.

Para obter resultados consistentes, o padeiro "amolece" o açúcar, quase dissolvendo-o, ANTES de adicioná-lo à massa. O açúcar pode ser amaciado sendo *batido em creme* (método cremoso), com a manteiga, até que ele fique leve e macio.

A temperatura desejada da massa doce é mais baixa do que a de qualquer outro tipo de massa deste livro. A tdm de uma massa doce vai de 16 °C a 21 °C. Assim que é desenvolvida, a massa é espalhada em uma assadeira forrada, embrulhada e retardada. A massa fica pronta para modelar em apenas 2 horas. A maioria das lojas de produção usa um período de fermentação que vai de 8 a 16 horas no retardador. Isso é chamado de *fermentação a frio*.

A fermentação a frio cria um sabor suave na massa, apropriado ao perfil do gosto doce desses pães. Resfriar a massa também a torna mais fácil de manusear.

Em geral, todas as especificações das massas doces são cerca de 10% a 15% menores do que as de qualquer outra família de massas. Por exemplo, a tdm das massas doces é pelo menos 6 °C menor do que a das massas macias. O tempo de desenvolvimento, a temperatura de fermentação, o tempo de fermentação e a temperatura do forno das massas doces são menores do que os de qualquer outra família de pães.

Definição de Fermentação a frio

De 8 a 16 h @ 4 °C — bem embrulhado

Lembre-se de que o fermento digere os açúcares e amidos da massa de pão, em um processo chamado *fermentação*. As massas magras e as macias desenvolvem sabor e textura mais consistentes quando fermentam à temperatura de 27 °C, por um período que vai de 1 hora a 1 hora e 30 minutos. As massas doces tornam-se mais difíceis de manusear quando são fermentadas por esse tempo e a essa temperatura.

Elas devem fermentar por um período mais longo de tempo e a uma temperatura mais baixa — isso é o que se chama de *fermentação a frio*. A *fermentação a frio* de massas doces dá ao padeiro muitas vantagens:

- A massa gelada é muito mais fácil de manusear e moldar.
- O sabor e a textura desenvolvidos são mais consistentes.
- No final de um turno, o padeiro pode misturar e desenvolver várias massas doces e levá-las diretamente para o retardador. Assim, enquanto outros pães terminam de assar, o padeiro pode se manter produtivo.

Dica do padeiro

Com as massas doces, vá devagar e tenha cuidado. Todas as instruções e os ingredientes das massas doces podem dar a impressão de se estar fazendo um bolo cremoso, e não um pão fermentado. São necessárias delicadeza e leveza nos gestos da mão para manter a massa leve e arejada.

O fermento faz a parte dele, criando bolhas de ar na massa, mas a estrutura em si não deve ser trabalhada demais, pois isso tira ar da massa.

Chefs confeiteiros, visualizem-se colocando farinha em uma massa de genoise — suavemente erguendo a massa e voltando-a à tigela. Chefs, imaginem-se misturando claras em neve em um suflê de espinafre — de modo suave, com força suficiente para obter o resultado, e não mais. É assim que se manuseia toda a família de massas doces.

A família das massas doces

Pães de canela: massa representativa
Família: massas doces
Sequência de mistura dos ingredientes: creme mais massa principal

O tempo de desenvolvimento, a temperatura de fermentação, o tempo de fermentação e a temperatura do forno das massas doces são menores do que os de qualquer outra família de pães deste livro.

Família das massas doces

▶ Fase 1: mise en place

| 1 | Mise en place | Leite @ 28 °C; manteiga e ovos @ 16 °C | tdm = 21 °C Leite morno, não ferva. |

Este capítulo demonstra como fazer uma dúzia de pães de canela grandes. A massa pode ser feita à mão, diretamente na bancada, usando-se um raspador de metal de bancada.

Manteiga

Selecione manteiga sem sal. A temperatura da manteiga adequada para misturar deve ser de 16 °C. Em pequenas quantidades, a manteiga embrulhada pode ser amaciada no micro-ondas. Tenha cuidado para não derretê-la.

Ovos

Selecione ovos frescos e grandes. Use-os imediatamente após retirá-los do refrigerador. Antes de adicioná-los à massa, verifique se eles não contêm restos de casca.

Extrato de baunilha

Os extratos variam conforme o fabricante (ver p. 305). Em sua primeira fornada de pães de canela, use a quantidade indicada. Se a quantidade tiver de ser ajustada, anote isso para a próxima vez.

Não desperdice a baunilha! Despeje-a da colher medidora diretamente sobre o açúcar. Mergulhe a colher no açúcar, de modo que todo o extrato seja absorvido. Use o dedo para limpar a colher.

Leite

Selecione leite integral (3% a 4% de gordura) doce. Pese o leite, em vez de usar xícaras medidoras. O leite para as massas doces não é fervido. Mantenha-o frio e use-o diretamente da geladeira.

Fermento seco ativo

A família de massas doces é popular, e você encontrará muitas receitas de pães dessa família em revistas e na internet. Na maioria dos casos, as receitas usam fermento seco ativo. O padeiro pode mudar, sem medo, de fermento seco ativo para fermento fresco ou fermento instantâneo. Ver o capítulo "Ingredientes do pão" para saber mais sobre como substituir um tipo de fermento por outro.

293

Parte III | As famílias de massas

Farinha para doces

A farinha para doces proporciona produtos mais macios quando assados, como carolinas, bombas e tortas de fruta fresca. O conteúdo proteico dessa farinha é de 8,5% a 9%, cerca de um quarto menor do que o da farinha para pão. A farinha para confeitaria tem proteína suficiente para fornecer estrutura a um produto, mas não a ponto de emborrachá-lo.

Se você não tiver farinha para doces à disposição, substitua-a por farinha para bolos, em igual peso. Para impedir a formação de grumos, peneire a farinha para bolos antes de adicioná-la à massa de pão.

Açúcar canela

Açúcar não refinado (demerara ou mascavo) — 170 g

Canela — três colheres de chá

Misture uniformemente.

Cobertura lisa

Açúcar de confeiteiro — 454 g

Água (@ 38 °C) — 70 g

Xarope de milho light — uma colher de chá

Óleo de canola — uma colher de chá

1. Peneire o açúcar em uma tigela.
2. Adicione a água, o xarope e o óleo diretamente na tigela.
3. Bata com um misturador, até que a mistura fique uniforme.
4. Ajuste a textura da cobertura: adicione mais açúcar peneirado se você quiser engrossar; ou água se você quiser afinar.
5. Tampada, a cobertura lisa é mantida na geladeira por uma semana. Para colocá-la mais facilmente sobre os pães, aqueça a cobertura a 38 °C antes de usá-la.

Dica do padeiro

Se você for substituir o fermento seco ativo nesta receita, lembre-se de que o leite é aquecido a 38 °C. Morno, ele faz a tdm da massa doce subir, tornando-a mais difícil de manusear.

Eis o que fazem os padeiros... Aqueça apenas METADE do leite a 43 °C; use essa metade para reidratar o fermento seco ativo por 10 minutos.

Depois que o fermento estiver reidratado, adicione o leite restante, FRIO. A partir daí, adicione a farinha para pão e faça a pasta de fermento.

Dica do padeiro

Substitua o açúcar refinado branco por açúcar mascavo ou demerara, quando você quiser obter um recheio condimentado para uma massa doce ou *wienerbrøds* (massas de Danish).

O açúcar não refinado retém mais umidade do que o branco, e o sabor suculento e intenso do primeiro adiciona complexidade ao perfil de sabor dos pães.*

---

* Meu agradecimento à chef Holly pela dica.

Família das massas doces

▶ **Fase 2: sequência de mistura dos ingredientes**

| 2 | Mistura dos ingredientes | **CREME** **mais** **MASSA PRINCIPAL** |

Batendo a manteiga, o açúcar e os ovos em creme, à mão

Esta receita deve ser feita à mão. Também se pode usar uma amassadeira de mesa, com o acessório em remo.

I. Batendo em creme

A. À mão

1. *Bata em creme* a manteiga, o açúcar e a baunilha, juntos (fotos de 1 a 4)

    Use o raspador de plástico e trabalhe diretamente na bancada. Bata a mistura para a frente e para trás, da esquerda para a direita. Junte os ingredientes e repita a operação uma vez mais. Quando a cor da manteiga ficar mais clara e mais branca, a mistura estará pronta para o próximo passo.

2. Adicione o ovo à mistura de manteiga e açúcar (fotos 5 e 6)

    Faça um buraco no centro da mistura de manteiga. Misture os ovos. Adicione-os gradualmente à mistura de manteiga e açúcar sobre a bancada, usando a mesma técnica. No início, a massa pode se parecer com coalhos de queijo cottage.

Todo o conjunto de passos, desde amolecer a manteiga, misturá-la com o açúcar, até acrescentar os ovos e o sabor, é chamado de *método cremoso* ou *bater em creme*. Examine a receita completa de pães de canela no final deste capítulo. Na linguagem do padeiro, todos esses passos da primeira parte da *sequência de mistura dos ingredientes* são resumidos pela palavra *creme*.

295

Dica do padeiro

A sequência de mistura dos ingredientes das massas doces tem duas partes:

I. Creme:
Todos os amaciantes são combinados usando-se a técnica de bater em creme: manteiga e açúcar são batidos juntos. Os ovos e o elemento de sabor, como a baunilha, são acrescentados e batidos, juntos, em creme.

II. Mais massa principal:
Os ingredientes restantes são combinados na sequência modificada, a mesma dos Balloons.
1. Faça uma pasta de fermento.
2. Adicione a mistura de manteiga, açúcar, ovos e elemento de sabor *batida em creme*.
3. Acrescente a farinha restante e o sal.
4. Misture até o ponto desejado, para formar a massa principal do pão de canela.

Dica do padeiro

Use a *técnica de Liaison* quando você for combinar a pasta de fermento com a mistura de manteiga batida em creme. Para tanto, combine de duas a quatro colheres de sopa bem cheias de farinha para doces com a mistura de manteiga, açúcar e ovo batida em creme. Junte farinha para doces em quantidade suficiente apenas para que a consistência da mistura em creme seja semelhante à da pasta de fermento. Depois, misture as duas. O amido da farinha para doces liga os ingredientes, sem endurecer o glúten.

2 Mistura dos ingredientes — **CREME** Mais **MASSA PRINCIPAL**

II. Mais MASSA PRINCIPAL

B. Faça a *pasta de fermento*

1. Coloque o leite na tigela

   Use leite frio. Selecione uma tigela de aço inoxidável com capacidade de 11 litros. Coloque-a diretamente sobre a balança. Zere a balança e ponha o leite na tigela.

2. Dissolva o fermento no leite

   Zere a balança de novo. Esmigalhe o bolo de fermento. Use um batedor, um raspador de plástico ou as mãos para dissolver o fermento.

3. Adicione um terço do *total* de farinha

   Adicione aproximadamente um terço da farinha e misture-o com o leite e o fermento (página seguinte, foto 1).

C. Adicione a mistura de ovo, açúcar e manteiga à pasta de fermento

Use as mãos ou um raspador de plástico para misturar tudo. Não se preocupe se alguns grumos aparecerem a esta altura (página seguinte, foto 2).

Família das massas doces

MASSA PRINCIPAL
passos para as massas doces

D. **Junte os dois terços de farinha restantes; acrescente o sal**

Em uma receita que use tanto a farinha para pão quanto a farinha para doces, os dois terços restantes de farinha são compostos inteiramente de farinha para doces. Adicione-a agora. Espalhe o sal uniformemente por cima da farinha (foto 4).

Ponto ideal à mão

Misture até o ponto ideal

Use um raspador de plástico para misturar os ingredientes até o ponto. Certifique-se de que não haja qualquer farinha seca na massa. As massas doces não se unem com tanta firmeza como as massas magras ou as macias. Elas podem ser mais parecidas com a massa mole de muffins ou com bolos do que com massa de pão. Simplesmente tenha certeza de que toda a farinha foi umedecida e integrou-se à massa.

Ponto ideal à máquina

Misture na velocidade #1

Transfira a tigela para a máquina, prendendo-a bem. Coloque na máquina o acessório *na forma de folha*. Ligue-a na velocidade #1 e espere o ponto ser atingido. Raspe os lados da mistura se ela não estiver homogênea ou se você vir farinha seca.

Todos esses passos — desde *bater em creme* todos os amaciantes, combiná-los com uma pasta de fermento e trazê-los para a massa principal até que se atinja o ponto ideal — são resumidos na linguagem do padeiro por *creme mais massa principal*.

Dê uma espiada na receita de pães de canela, no final deste capítulo. Você verá que um padeiro escreve simplesmente *creme mais massa principal* para indicar a sequência de mistura dos ingredientes completa.

297

Parte III | As famílias de massas

Depois que você chegar ao ponto da massa, limpe as mãos. Esfregue um pouco mais da farinha da bancada nas mãos, para secá-las e remover pedaços pequenos de massa. (Ver a dica do padeiro da p. 48.)

▶ Fase 3: desenvolvimento

3	Desenvolvimento	Desenvolvimento curto Velocidade #1; 4 min; (raspe os lados uma vez durante o desenvolvimento)	OU	(à mão) Rabo de peixe por 3 min; + sovar com as mãos por mais 2 min

À mão: desenvolva por 5 minutos

Vire a massa sobre a bancada, usando o raspador de plástico. Não adicione farinha à bancada ou à massa. Com uma faca de metal, use a técnica do *rabo de peixe*, mostrada no capítulo "Família das massas úmidas" (p. 269), para desenvolver a massa por 3 minutos. Leve a faca de bancada para a frente e para trás ao movê-la pela massa. Raspe a massa, forme um monte e vire-a para o outro lado. Repita esses movimentos, desenvolvendo a massa suavemente, por 5 minutos.

A técnica do *rabo de peixe* nem sempre é necessária para desenvolver uma massa doce. Se a massa estiver fria, a cerca de 16 °C, você pode desenvolver a massa à mão, sobre a bancada.

Enfarinhe ligeiramente a bancada E TAMBÉM as mãos, mas não a massa. Dobre, empurre e volte a massa como no procedimento padrão de sovar à mão.

Quando a massa grudar na bancada, raspe-a e transfira-a para outro lugar da bancada (foto 4). Esse novo lugar da bancada deve estar frio e seco (foto 5); enfarinhe-o, assim como suas mãos, ligeiramente. Continue a desenvolver a massa à mão. Exerça uma pressão suave.

Se a massa doce estiver fria, desenvolva-a à mão, sobre a bancada

Família das massas doces

A temperatura da massa doce dirá o que é melhor no caso, se sovar à mão ou usar a técnica do *rabo de peixe*. Tente as duas e veja qual é a mais fácil. De qualquer modo, o tempo de desenvolvimento total é de 5 minutos.

À máquina: desenvolva por 4 minutos (raspe os lados uma vez)

Com o acessório em forma de remo, desenvolva a massa na *velocidade #1 por 2 minutos*. O volume de massa deve preencher de 50% a 60% da capacidade da tigela, e o batedor tem de se mover livremente. Você não irá ouvir a massa batendo contra as paredes da tigela. As massas doces são macias demais para isso.

A amassadeira desenvolve uma massa doce em um espaço curto de tempo. Aqui, o seu objetivo é distribuir os ingredientes uniformemente, sem desenvolver demais a proteína. Em uma amassadeira de mesa com 10 velocidades, use a velocidade #3 ou a #4.

Desligue a máquina, baixe a tigela e raspe os lados com uma espátula plástica de cabo longo. Desenvolva a massa na *velocidade #1 por* mais *2 minutos*.

Ponto de véu/verifique o sal

Verifique se o glúten desenvolveu-se adequadamente. A massa doce tem consistência muito macia, por isso faça o teste do ponto de véu da mesma maneira que você faria ao assar uma focaccia. Enfarinhe os dedos e pegue um pouco da massa. Deixe que ela se firme nos seus dedos e, depois, separe lentamente os dedos, até que você veja a rede de glúten.

Nesse ponto de véu, você não terá mais do que uma pequena evidência. Mas isso é tudo de que você precisa. Não exagere, ou a massa ficará dura. Experimente-a e certifique-se de que o nível de sal é ligeiramente mais alto do que o preferível.

Todos esses passos — de virar a massa na bancada, trabalhando-a com o raspador de metal, até o ponto de véu — formam a técnica do **desenvolvimento curto**. Veja a receita completa do pão de canela no final deste capítulo. A linguagem do padeiro usa a expressão *desenvolvimento curto* para resumir todos esses passos.

▶ Fase 4: fermentação

| | Fermentação | *Fermentação a frio:*
De 8 h a 16 h @ 4 °C;
1 × desgasificar @ 1 h;
Pressione a massa sobre a assadeira, para desgasificar | OU | Para moldar e assar em um dia, deixe fermentar por 1h30 @ 4 °C.
Depois de 30 min, pressione a massa sobre a assadeira para desgasificar. |

Deixe a massa fermentar a frio no refrigerador

Forre uma assadeira com papel-manteiga e unte-a com manteiga. Coloque a massa do pão de canela na assadeira preparada. Mergulhe os dedos na farinha e use-os para limpar a massa do lado da lâmina da faca. Enfarinhe os dedos mais uma vez e achate a massa na assadeira, deixando-a uniforme.

Enfarinhe a parte superior da massa com farinha para pão. Cubra a massa com plástico; leve-a à geladeira.

Não há necessidade de tomar a temperatura de uma massa que será colocada diretamente na geladeira. Registre a data e a hora na etiqueta de fermentação. Marque na etiqueta a desgasificação após uma hora.

Mesmo no refrigerador, a massa irá crescer. Depois da primeira hora de fermentação, achate a massa na assadeira novamente. Não há necessidade de retirar o plástico. Devolva o recipiente ao refrigerador para o restante do tempo de fermentação.

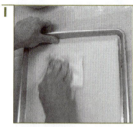
1

2

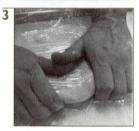
3

▶ Fase 5: a sequência de modelagem

| | Modelagem | Veja as ilustrações da sequência de modelagem na página 307. | Não ajuste a massa; use-a imediatamente após tirá-la do refrigerador. |

Todas as massas doces são mais fáceis de manusear quando geladas. As suas mãos aquecerão a massa o suficiente durante a fase de modelagem.

Dica do padeiro

Se o seu cronograma não permite uma *fermentação a frio* completa, isto é, de 8 horas, você ainda pode produzir massas doces de sucesso com uma fermentação de 2 h @ 4 °C. O sabor da massa não será tão "arredondado", mas ainda assim será bom.

Família das massas doces

Enfarinhe a bancada com farinha para pão. Desembrulhe a massa fermentada e enfarinhe-a. Inverta a assadeira na bancada; retire o papel-manteiga da massa. Enfarinhe a massa novamente.

Formando os pães de canela

Para 12 pães grandes, pese a massa @ 1,36 quilo.

Se a temperatura ambiente da sua cozinha for de 21 °C ou menor, você poderá modelar a massa diretamente na bancada enfarinhada. Se for mais alta, trabalhe sobre um pedaço de papel-manteiga untado com spray, para impedir que a massa grude na bancada enquanto você a modela.

Forme um retângulo de 30 centímetros por 45 centímetros com a massa, usando as mãos enfarinhadas ou um pau de macarrão e exercendo uma pressão suave. Enfarinhe ligeiramente a bancada sob a massa.

Umedeça o topo da massa com água. Espalhe, de maneira uniforme, 85 gramas de açúcar canela (ver p. 294) sobre a massa. Para pressionar o açúcar para dentro da massa, use o pau de macarrão, exercendo uma pressão leve.

Role a massa na sua direção, como se ela fosse um tronco, começando pelo lado de 30 centímetros. Exerça uma pressão moderada. Se você rolar com força demais, os pães de canela não irão crescer por igual. Se você rolar com força de menos, haverá buracos de ar dentro deles.

Pressione suavemente a massa ao longo da emenda. Vire a emenda para baixo. Ajuste o comprimento do tronco para 30 centímetros. Iguale tudo, certificando-se de que as pontas do tronco não estejam mais finas do que o restante.

Corte o cilindro em doze pedaços. Forre uma assadeira com papel-manteiga. Mantendo os lados cortados para baixo, disponha os pães de canela em um padrão de três por quatro.

Dica do padeiro

No padrão de espaçamento de três por quatro, os _pães de canela_ irão apresentar uma crosta dourada por todos os lados.

A receita pode ser dobrada, e os pães podem ser dispostos em padrão de quatro por seis, na mesma assadeira. Quando eles fermentarem, irão tocar uns nos outros, enchendo o recipiente quase completamente. Eles assarão como pãezinhos com junções, e os lados deles ficarão macios.

Parte III | As famílias de massas

▶ Fase 6: crescimento

| 6 | Fermentação | De 30 a 35 min @ 27 °C |

O tempo de crescimento das massas doces é relativamente mais curto do que os tempos das outras famílias. O desenvolvimento curto cria uma estrutura de glúten ligeiramente subdesenvolvida. As massas doces não retêm tanto CO_2 como as massas magras, macias ou ricas. Se uma massa doce fosse crescida até atingir 50% da elasticidade de uma massa magra ou macia, a estrutura macia do glúten desabaria. As massas doces são crescidas até cerca de dois terços do volume de uma massa magra ou macia completamente fermentada, como as baguetes ou os balloons.

Deixe os pães de canela crescerem na bancada. Para obter uma boa circulação de ar, deixe um espaço entre as assadeiras. Mantenha a cobertura dos pães folgada, para que eles não sequem ao ar.

O rack provisório de fermentação usado no procedimento das baguetes pode também ser usado para as massas doces. Normalmente, não serão necessários recipientes com água quente para obter umidade. O açúcar absorve a umidade do ambiente; por isso, as massas doces raramente formam uma pele ao crescerem. Mas, se isso ocorrer, umedeça-as usando um spray de água.

Se você usar uma estufa, reduza a temperatura para 21 °C e a umidade para 60%. Os níveis de temperatura e de umidade das massas magras e macias são altos demais para as massas doces. Para que tenham um crescimento uniforme e para reduzir a condensação sobre a superfície da massa, as massas possuem níveis de temperatura e de umidade mais baixos ao crescerem.

As massas doces não crescem tão completamente como as massas das outras famílias. O açúcar torna o glúten macio demais, o que impede que ele se estique muito. Ao testar a elasticidade de uma massa doce, você deve sentir a superfície da massa úmida. Mergulhe a ponta do dedo em um pouco de farinha da bancada, para que a massa não grude nele.

Preaqueça o forno de convecção a 170 °C.

Dica do padeiro*

Você pode conseguir uma fermentação perfeita para as massas doces todas as vezes. Use o *teste da coxa do bebê*. Pressione a massa suavemente em dois ou três lugares diferentes. O seu dedo detectará duas texturas diferentes. A superfície superior será macia, gordurosa e tenra. Abaixo dela, o seu dedo irá detectar uma porção mais firme, menos tenra e mais densa. Você percebe exatamente a mesma coisa quando aperta a coxa de um bebê — há muita gordura, mas, logo abaixo, você pode sentir o pequeno osso da coxa. Se houver qualquer dúvida quanto à fermentação da massa doce, é sempre melhor pouca fermentação do que uma superfermentação, ou seja, não ultrapasse o tempo previsto.

---

* Agradeço ao chef Drew por esta dica.

Família das massas doces

▶ Fase 7: decoração...

7	Decoração e assamento	**Nenhuma decoração antes de assar.** **Quando a massa esfriar, decore-a com cobertura lisa.**

Não é necessária nenhuma decoração adicional para os pães de canela a essa altura. Depois que forem assados, espere até que esfriem e espalhe cobertura lisa por cima deles (ver a parte do mise en place da receita dos pães de canela).

▶ Fase 7: ...e assamento

7	Decoração e assamento	Nenhuma decoração antes de assar. Quando a massa esfriar, decore-a com cobertura lisa.

Produto	Forno	Estágio I	Vapor	Vent @	Estágio II	Tempo	Temp. int.
Pães de canela	Rack	170 °C	10 s	2 min	170 °C	8 a 10 min	toque

Dica do padeiro

As massas doces feitas em grandes quantidades — como uma assadeira cheia de pãezinhos da Filadélfia ou uma forma para pão de forma de monkey bread — devem ser testadas pelo método da temperatura interna. As massas doces devem ser retiradas do forno quando a temperatura interna delas for de 77 °C. A alta quantidade de açúcar e de gordura que há nas massas doces contribui para que o assamento continue. A temperatura interna das massas doces atinge 79 °C antes que os pães esfriem, o que é apropriado.

Os pães de canela não devem se apinhar no forno rack. Para que eles assem completamente, É NECESSÁRIO deixar uma prateleira vazia entre as assadeiras. Programe o vapor para 10 segundos e o timer para 2 minutos. Certifique-se de que todas as telas estejam bem presas. Verifique se o rack rotativo gira livremente.

As massas doces não assam bem no forno de lastro. O açúcar queima antes de a massa assar, mesmo quando protegido por uma cobertura de papel-manteiga ou alumínio. As massas doces assadas no forno de lastro apresentam um miolo mais áspero e um sabor farináceo.

Depois de 2 minutos, abra o respiradouro do forno

Mantenha o termostato em 170 °C e reprograme o *timer* para 8 minutos adicionais. Os pães de canela estarão prontos quando se apresentarem elásticos ao toque.

Não se verifica a temperatura interna de pães pequenos, como os pães de canela. Em vez disso, confie no seu toque de padeiro. Quando assados adequadamente, os pães de canela ficam elásticos ao toque, como a focaccia. Teste a

Parte III | As famílias de massas

superfície do pão e veja se ela é toda elástica. Foque os pães que se encontrem no centro da assadeira, e não aqueles que estejam próximos às bordas. O topo dos pães do centro será mais macio do que os da borda; mas esses pães ainda se tornarão elásticos quando assados, e não macios.

Vapor

As massas doces recebem com frequência uma pequena quantidade de vapor, no início do assamento. Se o seu forno não possuir vapor, simplesmente mantenha o *respiradouro do forno fechado* no início do assamento. A umidade que escapa do pão cria um vapor próprio no forno. Depois de 2 minutos, abra o respiradouro e mantenha-o aberto até que os pães de canela estejam assados.

Se o seu forno não tiver vapor nem respiradouros, você pode obter bons resultados utilizando um spray de água:

1. Borrife com água de modo uniforme.
2. Coloque os pães de canela no forno e feche bem a porta.
3. Depois de 2 minutos, abra a porta do forno por 3 segundos inteiros, tomando cuidado com o vapor que escapa.
4. Feche a porta do forno e mantenha-a fechada até que os pães de canela estejam assados.

> ### Dica do padeiro
>
> Todas as massas doces devem ser esfriadas completamente nos recipientes em que foram assadas. A manteiga tem de se firmar, ou então o pão desabará enquanto esfria. A estrutura macia da proteína rompe-se se o pão for desenformado enquanto ele ainda está quente. Pãezinhos da Filadélfia, monkey bread e babka são exemplos de massas doces que devem esfriar completamente antes de serem desenformadas.

▶ Fase 8: esfriamento e amadurecimento

Espaceje as assadeiras quentes no rack com rodas e coloque luvas de forno na parte da frente e na parte de trás do carrinho, para indicar que ali há produto quente. Deixe que os pães de canela esfriem por 30 minutos.

Quando eles estiverem frios o bastante para serem manuseados, use uma espátula de confeiteiro para espalhar a cobertura lisa por cima dos pães. Deixe-os descansar por 15 minutos.

Os pães de canela devem ser servidos no mesmo dia em que forem assados. Se você precisar mantê-los por mais tempo, congele-os (sem a cobertura lisa) assim que eles esfriarem. Embrulhe os pães bem próximos uns dos outros, em uma assadeira forrada com papel-manteiga. Embrulhe-os em plástico e coloque-os no congelador. Deixe-os descongelar ainda cobertos com o plástico; depois decore-os com a cobertura lisa.

Extratos de baunilha

Devo usar extratos naturais ou artificiais nos meus pães?

Do ponto de vista sensorial, a baunilha é conhecida como um *intensificador de sabor*, sublinhando o gosto dos outros ingredientes em um cookie, um bolo ou um creme. O extrato de baunilha natural tem mais de duzentos compostos de aroma e sabor (notas como especiarias, frutos secos e caramelo). A baunilha artificial só tem um.

As complexas notas da baunilha natural, que segundo a legislação norte-americana possui 35% de álcool; evaporam-se com o álcool quando os produtos assados chegam a temperaturas superiores a 132 °C.

Os degustadores profissionais não conseguem diferenciar a baunilha natural da artificial em um cookie (que fica realmente quente enquanto assa). Por essa razão, e porque o preço da baunilha artificial é bem menor, ela é preferida pelos chefs confeiteiros profissionais para cookies e petit-fours.

Por outro lado, as massas doces apresentam uma temperatura interna de 79 °C quando assadas. Essa temperatura não é alta o bastante para fazer evaporarem os compostos de sabor e aroma. Tratando-se de produtos como os pãezinhos da Filadélfia e o babka, o investimento na baunilha real vale a pena, pois confere ao pão um perfil de sabor complexo.

Massa doce para pães de canela

Receita

Ingrediente	PP%	Amassadeira de 4,3 ℓ Gramas	5,68 ℓ *	18,9 ℓ	Δ
Leite	40%	285 g	—	1,34 kg	
Fermento fresco	8%	50 g	—	198,44 g	
Farinha para pão	50%	350 g	—	1,36 kg	
Manteiga	20%	140 g	—	567,4 g	
Açúcar	20%	140 g	—	567,4 g	
Ovos	15%	100 g	—	396,89 g	
Farinha para bolos	50%	340 g	—	1,36 kg	
Sal	2,4%	20 g	—	75,6 g	
Rendimento		1,42 kg	—	5,44 kg	
Unidades		12 pães		4 dúzias de pães	

* Use pesos de ingredientes a partir do rendimento de 1,36 quilo.

Modo de fazer

1	Mise en place	Leite @ 28 °C; manteiga e ovos @ 16 °C		tdm = 21 °C Leite morno, não ferva.
2	Mistura dos ingredientes	CREME mais MASSA PRINCIPAL		
3	Desenvolvimento	Desenvolvimento curto Velocidade #1; 4 min (raspe os lados uma vez durante o desenvolvimento)	OU	(à mão) Rabo de peixe por 3 min; + sovar com as mãos por mais 2 min
4	Fermentação	*Fermentação a frio*: De 8 h a 16 h @ 4 °C; 1 × desgasificar @ 1 h; pressione a massa sobre a assadeira, para desgasificar	OU	Para moldar e assar em um dia, deixe fermentar por 1h30 @ 4 °C. Depois de 30 min, pressione a massa sobre a assadeira, para desgasificar.
5	Modelagem	Veja as ilustrações da sequência de modelagem na página 307.		Não ajuste a massa; use-a imediatamente após tirar do refrigerador.
6	Crescimento	De 30 a 35 min @ 27 °C		
7	Decoração e assamento	Nenhuma decoração antes de assar. Quando a massa esfriar, decore-a com cobertura lisa.		

Produto	Forno	Estágio I	Vapor	Vent @	Estágio II	Tempo	Temp. int.
Pães de canela	Rack	170 °C	10 s	2 min	170 °C	8 a 10 min	Toque

Pães de canela

▶ **Sequência de modelagem**

A1

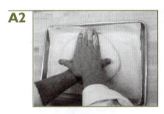 

A2　A3

B1

B2　B3

C1　C2

C3　C4

A. Enquanto a massa doce ainda estiver na assadeira, enfarinhe-a e, com as mãos retas, desgasifique-a.
B. Inverta a massa sobre a bancada enfarinhada. Enfarinhe a parte superior da massa e achate-a novamente.
C. Enfarinhe e role a massa usando um rolo de massa. Essa técnica faz que a grossura da massa seja uniforme e que a sua forma seja retangular:
- Comece pelo meio da massa, rolando para cima.
- Posicione o pau de macarrão no meio da massa novamente e role para baixo.

O *tour de main* do padeiro

Esta é, na verdade, uma técnica de confeitaria, mas funciona muito bem com as massas doces:

role, erga e role. Para obter resultados melhores, sem endurecer nem aquecer a massa, use essa técnica de *rolar, erguer e rolar* para as massas doces:

Coloque o rolo de massa sobre a massa.

Passe o rolo de massa por 7 a 10 centímetros para a frente, exercendo sempre a mesma pressão, e role de volta até o ponto de partida.

Erga o rolo de massa completamente; coloque-o de volta, posicionando-o exatamente na borda da qual o retirou e

role para a frente, por 7 a 10 centímetros, exercendo sempre a mesma pressão; retorne ao ponto de partida.

Parte III | As famílias de massas

C. 1) Gire o seu corpo — quadril esquerdo contra a bancada — e role a massa, a partir do centro, para a direita; 2) coloque o quadril direito contra a bancada e role a massa, a partir do centro, para a esquerda.

D. Cheque o tamanho da massa usando um pedaço de papel-manteiga cortado do tamanho da assadeira. Esquadre os cantos da massa usando apenas a ponta do rolo de massa.

E. Esquadre as bordas esticando-as suavemente com as mãos. Não é necessário que o esquadramento fique perfeito. Trabalhar demais a massa torna-a gordurosa e difícil de modelar.

F. Borrife água na massa. Espalhe nela, de modo uniforme, o açúcar de canela, deixando uma margem de 2,5 centímetros na borda inferior. Ou, então, espalhe-o até o limite das bordas.

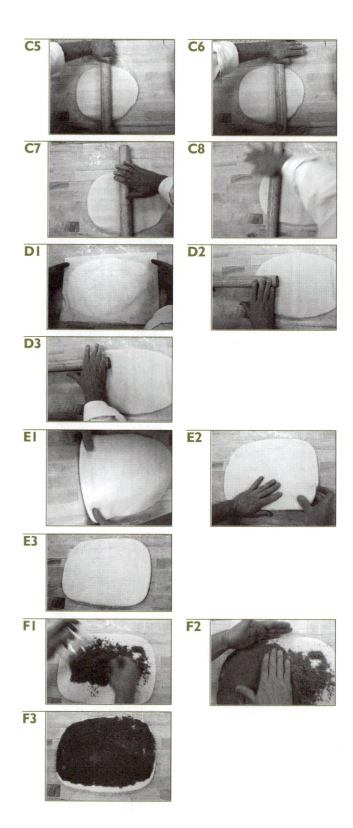

308

Família das massas doces

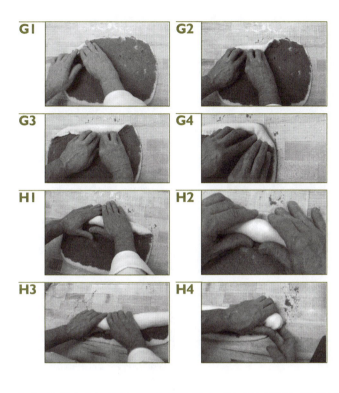

G. Dobre o canto superior esquerdo como se fosse um envelope. Dobre a borda superior para baixo, apertando-a ligeiramente ao se mover da esquerda para a direita. Dobre a borda direita como se fosse um envelope.

H. Trabalhe a massa para a esquerda e depois para a direita. Isso mantém a tensão uniforme durante o rolamento.

Pães de canela

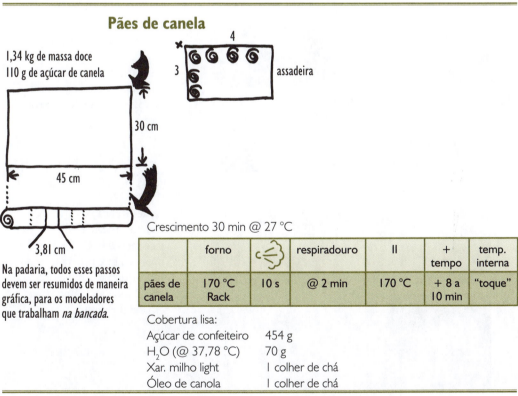

1,34 kg de massa doce
110 g de açúcar de canela

30 cm
45 cm
3,81 cm

Na padaria, todos esses passos devem ser resumidos de maneira gráfica, para os modeladores que trabalham *na bancada*.

Crescimento 30 min @ 27 °C

	forno		respiradouro	II	+ tempo	temp. interna
pães de canela	170 °C Rack	10 s	@ 2 min	170 °C	+ 8 a 10 min	"toque"

Cobertura lisa:
Açúcar de confeiteiro   454 g
H_2O (@ 37,78 °C)   70 g
Xar. milho light   1 colher de chá
Óleo de canola   1 colher de chá

Parte III | As famílias de massas

I. Quando você rolar a massa na sua direção, use as palmas das mãos e mantenha os dedos retos. Quando dobrar a massa, use os dois polegares, deixando a superfície tão longa e achatada quanto possível. Continue a dobrar os cantos para dentro. Emendas para baixo. Coloque as mãos sobre o rolo. Uniformize a massa, dando-lhe uma espessura consistente. Empurre as bordas um pouquinho para dentro. O "tronco" de massa deve ter, em cada ponta, aproximadamente 1,3 centímetro a mais do que o especificado (45 centímetros). Isso serve para compensar o fato de que as fatias das pontas são, em geral, um pouco mais finas do que as do centro.

J. Faça cortes definidos usando uma faca serrilhada; corte quase todo o "cilindro". Divida cada uma das seções criadas em três. Os pedaços das pontas não serão tão uniformes quanto os outros, mas eles devem pesar o mesmo.

K. Corte os pedaços até o fim, usando uma faca de bancada enfarinhada. Coloque os pães na assadeira forrada com papel-manteiga, com o lado bonito para cima, dispondo-os em três por quatro.

Família das massas doces

Dica do padeiro

Ao trabalhar com massas doces, você consegue obter cortes mais definidos se mergulhar o raspador na farinha.

L. Coloque um pedaço de papel-manteiga sobre os pães, cubra o papel com outra assadeira e pressione, para que os pães fiquem com a mesma altura. A uniformidade faz as coisas terem um gosto melhor.

Parte IV
Coleção de receitas de pão

Kristie adora fougasse.

Pães da família das massas magras

Bagels 315
Baguetes 318
Baguetes de queijo 319

Hard rolls 321
Torpedo italiano 325
Pretzels 327

Bagels

Descrição

O bagel é modelado como um anel de donut. A massa do bagel é dura, feita com uma farinha forte (como a farinha para pão) e leva água o suficiente apenas para tornar a massa mais fácil de ser trabalhada. A massa do bagel é uma massa magra, com pequena porcentagem de açúcar e gordura. É o que se chama de *bagel de água*.

Os *bagels de ovo* incluem ovos inteiros ou gemas e são tratados, adequadamente, diga-se, como uma massa macia.

Compreendendo

A massa do bagel é adicionada na sequência de mistura direta dos ingredientes. O óleo e o açúcar, em porcentagens muito pequenas, são colocados na massa depois da farinha, juntamente com o sal.

Com 56%, a massa de bagel tem a mais baixa hidratação entre todas as receitas deste livro. Ao desenvolver a massa, você deve exercer uma pressão suave e metódica. Se ela começar a se rasgar, use um spray de água. A massa de bagel tende a secar rapidamente e, por isso, deve ser mantida untada e bem coberta quando não estiver sendo manuseada.

Produção

Depois de fermentarem por 20 a 30 minutos, e antes de serem assados, os bagels são escalfados. Para escalfá-los:

- Encha uma assadeira ou outro recipiente raso com uma quantidade de água suficiente para que os bagels possam flutuar — aproximadamente 10 centímetros. Para cada 4 litros de água, adicione meia colher de chá de mel (ou xarope de malte) e uma pitada de sal.
- Ferva a água e depois reduza a temperatura dela para 85 °C. Trabalhe em lotes, escalfando três ou quatro bagels de cada vez.
- Use as mãos para transferir os bagels para a água. Com o auxílio de uma escumadeira ou colheres perfuradas, inverta os bagels com cuidado depois de 20 segundos.
- Escalfe-os por mais 20 segundos. Retire-os e seque-os sobre um papel absorvente. Transfira-os para um tabuleiro grande, forrado com papel-manteiga untado. Disponha-os no padrão três por quatro.
- Enquanto os bagels estiverem úmidos, coloque a respectiva cobertura.

Parte IV | Coleção de receitas de pão

Especificação

Faça bagels com 110 gramas e dê a eles uma forma suavemente arredondada.

Para *bagels de açúcar de canela*: o açúcar de canela tende a se queimar; por isso, ele não deve ser aplicado antes do assamento. Em vez disso, enquanto os bagels já assados ainda estiverem quentes, pincele manteiga derretida neles e depois passe-os sobre açúcar de canela. Espere 10 minutos até que eles fiquem prontos. (Outra opção é usar uma mistura de claras de ovos pasteurizada e batida com água, para que o açúcar não se solte.)

Receita

		Amassadeira de 4,3 ℓ	5,68 ℓ	18,9 ℓ	
Ingrediente	PP%	Gramas			Δ
Água	56%	505 g	765,84 g	—	
Fermento fresco	1%	10 g	14,18 g	—	
Açúcar	2%	20 g	37,80 g	—	
Óleo de canola	1,5%	15 g	21,26 g	—	
Farinha para pão	100%	900 g	1,36 kg	—	
Sal	1,5%	15 g	21,26 g	—	
Rendimento		1,46 kg	2,15 kg	—	
Unidades		13 unid.	19 unid.		

Pães da família das massas magras

Modo de fazer

1	Mise en place	H_2O @ 32 °C		tdm = 27 °C
2	Mistura dos ingredientes	Direta		Acrescente o açúcar, o óleo e o sal juntos, depois da farinha.
3	Desenvolvimento	Velocidade #2, 4 min; + velocidade #1, 5 min	OU	(à mão) 10 min
4	Fermentação	1 h @ 27 °C; (80% umid.) 1 × desgasificar e dobrar.	OU	Para obter bagels mais fortes, fermente de 8 a 16 h @ 4 °C.
5	Modelagem	Divida: @ peças de 110 g; modele bolas; Descanso na bancada: 20 min no piso; modele como bagels (ver fotos na p. 330).		Mantenha a bancada sem farinha. Use um spray de água para aplainar.
6	Crescimento	Em tabuleiro forrado com papel-manteiga, 30 min no piso. Cubra.		
7	Decoração e assamento	Escalfe os bagels (Ver nota PRODUÇÃO).		Seque; assadeira padrão 3 × 4.

Produto	Forno	Estágio I	Vapor	Vent @	Estágio II	Tempo	Temp. int.
Bagels	Rack	200 °C	10 s	2 min	200 °C	8 a 10 min*	Cor
	De lastro (com grade)	218 °C (7.7.5)	Sim, se houver	2 min	218 °C	8 a 10 min*	Cor

* Na metade do tempo, vire os bagels no tabuleiro.

Baguetes

Este é um pão representativo. Veja instruções detalhadas no capítulo sobre a família das massas magras na Parte III.

Receita

Ingrediente	PP%	Amassadeira de 4,3 ℓ	5,68 ℓ	18,9 ℓ	
		Gramas			Δ
Água	63%	285 g	567,40 g	1,702 kg	
Fermento fresco	3,3%	15 g	28,35 g	92,14 g	
Farinha	100%	450 g	907,18 g	2,722 kg	
Sal	2,2%	10 g	21,27 g	56,70 g	
Rendimento		760 g	1,362 kg	4,54 kg	
Unidades		2 unid.	4 unid.	12 unid.	

Modo de fazer

1	Mise en place	H_2O @ 32 °C		tdm = 27 °C
2	Mistura dos ingredientes	Direta		
3	Desenvolvimento	Velocidade #2, 4 min; + velocidade #1, 2 min	OU	(à mão) 8 min
4	Fermentação	1 h @ 27 °C; (70% umid.) 1 × desgasificar e dobrar.		
5	Modelagem	Divida @ peças de 340 a 370 g; modele cilindros; descanso na bancada 30 min no RFG; molde como baguetes.		
6	Crescimento	40 min @ 27 °C (60% umid.); + 10 min NO PISO para formar pele		
7	Decoração e assamento	Corte 5 vezes com lâmina.		

Produto	Forno	Estágio I	Vapor	Vent @	Estágio II	Tempo	Temp. int.
Baguetes	Rack	260 °C	5 s	2 min	235 °C	11 a 12 min	93 °C
	De lastro (com grade)	260 °C (7.7.7)	Sim	2 min	230 °C	11 a 12 min	93 °C

Baguetes de queijo

Descrição

O padeiro pode ampliar a sua linha de produtos ao acrescentar sólidos à massa do pão. Essa é uma estratégia semelhante à que se usa na cozinha de pratos quentes quando se adiciona mostarda a um molho-mãe, como o bechamel, para fazer molho de mostarda.

Para você obter uma nota mais acre no sabor das baguetes, mas sem que se perca a textura reforçada delas, selecione queijos duros, de ralar. Para obter uma nota adocicada de queijo no perfil de sabor e também uma textura interna mais cremosa, selecione queijos macios, de fatiar.

Compreendendo

Deve-se incorporar sólidos em baixa velocidade, depois de o glúten já ter começado a se desenvolver.

Na massa de pão, os sólidos lutam com a estrutura de glúten. Se eles forem adicionados cedo demais na fase de desenvolvimento, a união das proteínas será dificultada. Adicioná-los tarde demais faz que os sólidos sejam distribuídos de modo desuniforme e que a proteína formada se rasgue.

O melhor momento para adicionar sólidos é a metade do processo de desenvolvimento — na sequência de mistura direta, isso significa DEPOIS de a massa ter sido desenvolvida por 4 minutos na velocidade #2.

Retire a massa da tigela e transfira-a para a bancada enfarinhada.

Espalhe o queijo sobre a massa. Enrole-a, encobrindo os sólidos, e devolva-a à tigela.

Termine a massa na velocidade #1, pelos 2 minutos restantes do tempo de desenvolvimento.

Outro exemplo: acrescente nozes tostadas ao pão de forma integral de mel. As nozes frias e picadas grosseiramente são incorporadas à massa durante os 2 minutos finais do desenvolvimento. Isso minimiza os prejuízos à estrutura de glúten e evita que as nozes se despedacem.

Produção

No caso de queijos duros, de ralar, como o parmesão e o pecorino, adicione 20% do peso da farinha. Em outras palavras, 100 gramas de queijo para cada 500 gramas de farinha. Rale o queijo de modo que ele fique bem fino.

No caso de queijos macios, de fatiar, como cheddar, suíço ou gouda, adicione 35% do peso da farinha. Ou seja, 175 gramas de queijo para cada 500 gramas de farinha. Os pedaços desses queijos podem ser mais grossos.

Especificação

- No caso de queijos duros, divida a massa da baguete @ 340 gramas.
- No caso de queijos mais macios, divida a massa da baguete @ 400 a 425 gramas.
- Siga todos os procedimentos e as temperaturas da receita de baguete; o tempo de cozimento é aproximadamente 2 ou 3 minutos (mais longo para as baguetes maiores).

Hard rolls (nozinhos)

A crosta desse pão é dura e ligeiramente mais grossa do que a de uma massa macia, como os balloons. A categoria de hard rools inclui os crescent rolls, water rolls e pães do kaiser.

Compreendendo

A massa do pão do kaiser varia de magra para macia, dependendo da padaria e da preferência do consumidor. O pão de água é uma massa magra, como as baguetes, e, ao assar, apresenta uma crosta dura e grossa.

Produção

Esta receita apresenta os chamados *pães de água*. A baixa porcentagem de clara de ovo da receita enriquece a crocância inicial da crosta e prolonga a vida de prateleira do pãozinho.

Esse tipo de massa seca mais depressa do que os balloons; portanto, use farinha de centeio como a farinha de bancada enquanto você estiver manuseando a massa e formando bolas. O centeio não seca a superfície da massa tão rapidamente.

Especificação

Siga a orientação para modelar pãezinhos que há no capítulo que trata dos Balloons.

Os Estados Unidos descobrem os sanduíches

No início do século XX, as cidades norte-americanas revezavam-se para promover grande festivais culturais, chamados de *feiras mundiais*. Esses festivais eram eventos sociais que ressaltavam os avanços na tecnologia, na arte e na arquitetura. Chicago, St. Louis e São Francisco eram as cidades que sediavam os melhores eventos.

Os profissionais do serviço de alimentação que participavam dessas feiras apareceram com a ideia de recipientes comestíveis, feitos de pão, para alimentos quentes. Ao mesmo tempo, os imigrantes alemães apresentavam as suas especialidades de carne, chamando-as por nomes de cidades alemãs como Frankfurt e Hamburgo. Os pães para cachorro-quente e os pães de hambúrguer foram apresentados aos norte-americanos em grande escala.

Não é difícil imaginar a população italiana acompanhando essa tendência. Mas que nome dar aos pães pontudos dos italianos? O *filone*, um pão alongado e com pontas afiladas, apresenta uma forma comum entre os pães regionais italianos. Algumas fontes sugerem que esse nome vem da palavra italiana *filo*, que significa *fio*. O caminho do pão afilado levou os imigrantes italianos do início do século XX até a coleção norte-americana de formas de pão.

A expressão *pão torpedo* vem da Costa Leste dos Estados Unidos. Nova York, Nova Jersey, Filadélfia e Baltimore têm as suas próprias versões desses pães para sanduíche.

Parte IV | Coleção de receitas de pão

Receita

		Amassadeira de 4,3 ℓ	5,68 ℓ	18,9 ℓ	
Ingrediente	PP%	Gramas			Δ
Água	59%	530 g	737,50 g	1,98 kg	
Fermento fresco	3%	30 g	37,80 g	99,23 g	
Açúcar	2%	20 g	22,26 g	63,79 g	
Clara de ovo	3%	30 g	1 cada	3 cada	
Óleo de canola	2%	20 g	28,35 g	63,79 g	
Farinha	100%	900 g	794,19 g	3,32 kg	
Sal	2,25%	22 g	28,35 g	75,60 g	
Rendimento		1,55 kg	2,15 kg	5,58 kg	
Unidades		2 dúzias @ 64 g	3 dúzias	8 dúzias	

Modo de fazer

1	Mise en place	H_2O @ 33 °C		tdm = 27 °C
2	Mistura dos ingredientes	Direta		
3	Desenvolvimento	Velocidade #2, 4 min; + velocidade #1, 3 min	OU	(à mão) 8 min
4	Fermentação	1 h @ 27 °C (70% umid.)		1 × desgasificar e dobrar.
5	Modelagem	Divida: @ peças de 64 g; modele os pãezinhos.		
6	Crescimento	35 min @ 27 °C (70% umid.)		
7	Decoração e assamento	Umedeça com H_2O e polvilhe farinha.		

Produto	Forno	Estágio I	Vapor	Vent @	Estágio II	Tempo	Temp. int.
Pão do kaiser	Rack	190 °C	10 s	2 min	190 °C	10 a 12 min	Cor
	De lastro (com grade)	218 °C (7.7.7)	Se não houver, passe água com as mãos antes de assar.	4 min	218 °C	10 a 12 min	Cor

▶ O que é semolina?

Há dois tipos de trigo, o macio e o duro. O trigo macio contém baixa porcentagem de proteína; a do trigo duro é maior. A farinha para bolos e confeitaria é proveniente do trigo macio. A farinha para pão tem origem no trigo duro.

Há, ainda, uma terceira categoria, chamada de trigo durum, cujo conteúdo de proteína é mais alto do que o das anteriores. A farinha do trigo macio contém cerca de 9% de proteínas; a do duro, cerca de 12%; já o durum contém, em média, 14% de proteína, o que é bastante.

A *semolina* é o trigo durum moído. Ela é amarela, e os seus grãos são maiores, especialmente quando comparados aos de uma farinha branca, como a farinha para pão. A semolina se parece com farinha de milho, e não com uma farinha de trigo típica. Ainda assim, ela é trigo.

Se você ler a lista de ingredientes que consta da caixa de espaguete seco, por exemplo, verá que a semolina durum está no topo. O alto conteúdo de proteínas que ela possui produz uma massa durável, que pode passar através de cortadores de massa para formar rigatoni, penne ou conchiglione. Em italiano, essas formas pertencem à categoria de alimentos chamada de *maccheroni*. A categoria inclui numerosas formas de massa seca, feitas somente com farinha dura e água — e que, em geral, apresentam forma tubular (Gho, 2008). Esse é o tipo de cereal encontrado com maior frequência no sul da Itália.

A *pasta*, por sua vez, é uma massa mais macia, feita com farinha de trigo e ovo. Ela não é firme o bastante quando se trata de formas intrincadas, mas funciona de modo excelente para formas achatadas, como fettuccini, e macarrão largo, como o tagliatelle. O lasagne clássico é feito com esse tipo de massa.

Para a finalidade do padeiro, a semolina durum, altamente proteica, é usada nas receitas de pãezinhos e de pães que mantêm bem a forma durante a fermentação e o assamento. Para que a massa possa ser sovada, pequenas quantidades de amaciantes, como azeite de oliva e mel, são frequentemente acrescentadas à receita. Esses ingredientes são associados ao palato da Itália meridional e aos sabores do Mediterrâneo.

Fazendo pães com semolina

A semolina faz exigências peculiares ao padeiro. Sim, há amaciantes nas massas que levam semolina, de modo que os ingredientes são combinados na sequência de mistura modificada, assim como as massas macias, mas todas as outras características delas — tempo de fermentação, tempo de crescimento e tempo e temperaturas de assamento — obrigam-nos a tratá-las como massas magras. Essas massas são mais como baguetes do que como Balloons.

Especificamente, a massa de semolina requer uma tdm mais alta. O desenvolvimento dela é mais longo do que o de uma massa macia; a fermentação dela também é mais longa. Quando se trata de fermentar uma massa de semolina, o tempo esperado para que o glúten relaxe e estique é maior.

Os pães e pãezinhos de semolina são manuseados como a massa da baguete quando ela é dividida e modelada. Eles também precisam de 5 a 10 minutos para formar uma pele, antes de serem cortados. E eles são assados em temperaturas altas, com vapor, pelos 25% iniciais do tempo de assamento, exatamente como as baguetes e outras massas da família das massas magras.

Quando você misturar os ingredientes para as massas de semolina, providencie mais tempo para a hidratação da proteína da semolina. É aqui que a pasta de fermento torna-se muito útil. Ao dissolver o fermento fresco, comece com água a 35 °C e acrescente a semolina. Deixe que essa mistura descanse por 5 minutos completos antes de adicionar os amaciantes. Você verá e sentirá como a semolina absorve a água morna e começa a inchar.

O mesmo ocorre quando você faz creme de trigo, de aveia ou polenta. O grão precisa de tempo para hidratar no início do cozimento. Chefs, por exemplo, deixam a polenta seca hidratar por até 10 minutos em algum dos líquidos previamente medidos da receita, antes de colocá-la no fogo. Essa técnica gera um produto mais cremoso e torna a formação de grumos menos provável.

O trigo durum também pode ser moído fino, o que dá a ele um aspecto mais sedoso e areado, como o da farinha para doces. Quando moído assim, o produto é chamado de *farinha durum*. Esta se parece, inclusive no toque, mais com a farinha de trigo, exceto pela cor mais amarelada. A farinha durum é usada para fazer macarrões e pães refinados que, na boca, apresentam uma textura sedosa. Ela é ligeiramente mais cara do que a semolina e pode estragar mais depressa. Por essas duas razões, eu prefiro trabalhar com semolina na classe.

A semolina também é usada na padaria para: forrar telas para baguetes e pães do kaiser, enfarinhar pães de cevada rústicos e adicionar uma textura crocante ao fundo da pizza. Tudo considerado, no aprendizado de como assar pães, a semolina é mais versátil do que a *farinha durum*.

Nota: a farinha durum pode ser usada em receitas de pão que pedem semolina. Mas a farinha durum hidrata-se mais rapidamente; então, reduza a quantidade de água na receita em 2% a 3%, o que significa aproximadamente uma colher e meia de chá por xícara de água.

Torpedo italiano

Descrição

Esses pães podem ser usados em sanduíches com diversos recheios. Na Filadélfia e no sul de Nova Jersey, o torpedo italiano é chamado de pãozinho hoagie.

Compreendendo

O maior teor de proteína da semolina implica mudanças no preparo da massa, se comparada à da baguete:

1. Uma temperatura mais alta da massa (isto é, 28 °C).
2. Um desenvolvimento mais longo.
3. Uma fermentação mais longa.
4. Um crescimento mais longo.

Durante o desenvolvimento dessa massa, no estágio do ponto de véu, ela ainda parecerá arenosa. A essa altura, a farinha para pão já se desenvolveu o suficiente, mas a semolina ainda não se hidratou completamente. Desenvolva a massa lentamente por mais 2 minutos, até que a semolina fique sedosa. Umedeça a massa com água durante esse tempo de desenvolvimento adicional.

Produção

A massa de semolina absorve umidade do ambiente em uma velocidade menor do que uma massa que leva apenas farinha para pão. Umedeça a massa com água de vez em quando: ao trabalhar com ela, durante o descanso na bancada e durante a fermentação.

Especificação

Corte os pães de modo que eles fiquem com 170 gramas ou um pouco menos. A receita de 1,52 quilo rende nove pãezinhos. Os torpedos italianos assam bem tanto no forno rack como no de lastro.

Parte IV | Coleção de receitas de pão

Receita

Ingrediente	PP%	**Amassadeira de 4,3 ℓ** Gramas	**5,68 ℓ**	**18,9 ℓ**	Δ
Água	60%	545 g	737,50 g	1,473 kg	
Fermento fresco	1,5%	15 g	18,90 g	37,80 g	
Semolina	33%	285 g	396,89 g	794,19 g	
Mel	0,7%	10 g	1 cs	3 cs	
Azeite de oliva	4%	45 g	49,61 g	99,23 g	
Farinha	67%	605 g	794,19 g	1,587 kg	
Sal	2%	22 g	24,81 g	49,61 g	
Rendimento		1,525 kg	2,037 kg	4,08 kg	
Unidades		9 pãezinhos	1 dúzia	2 dúzias	

Modo de fazer

1	Mise en place	H_2O @ 35 °C Pese o azeite e o mel em um mesmo recipiente, juntos.	tdm = 28 °C
2	Mistura dos ingredientes	Modificada. Use toda a semolina na pasta de fermento; deixe a pasta de fermento descansar 5 minutos antes de adicionar amaciantes.	
3	Desenvolvimento	Velocidade #2, 4 min; + velocidade #1, 5 min	OU (à mão) 12 min
4	Fermentação	1h30 @ 27 °C (80% umid.); 1 × desgasificar e dobrar.	
5	Modelagem	Divida: @ peças de 170 g; role-as suavemente; descanso na bancada 20 min na estufa; modele pãezinhos de 23 cm com pontas alongadas. (Se você não possuir uma régua, use o comprimento total do raspador *mais a* sua largura.) Ver imagens na p. 331.	Umedeça os pães e role-os em semolina; arranje-os em um tabuleiro forrado com papel-manteiga umedecido, em padrão 3 × 4. Vire os pães na junção, para que caibam 12 peças por assadeira.
6	Crescimento	45 a 50 min @ 27 °C (80% umid.).	
7	Decoração e assamento	Um corte com a lâmina; de ponta a ponta, no centro do pão. *Use uma grade MAIS um tabuleiro invertido, para impedir que o fundo dos pães se queime.	

Produto	Forno	Estágio I	Vapor	Vent @	Estágio II	Tempo	Temp. int.
Torpedo italiano	De lastro	260 °C (8.8.8)	Sim	3 min	260 °C	10 a 11 min	Cor
	Rack*	200 °C	10 s	5 min	175 °C	8 a 10 min	Cor

* Não encha totalmente o forno rack. Deixe um espaço vazio entre as esteiras, para que a parte superior dos torpedos italianos doure de modo apropriado.

Pretzels

Descrição

Como uma das mais antigas formas de propaganda, os padeiros da Alemanha penduravam pretzels de madeira ou de metal acima da porta de seus estabelecimentos, para identificá-los como padarias.

Compreendendo

Os verdadeiros pretzels alemães e bávaros ganham uma crosta marrom escura, fina e brilhante ao serem mergulhados em uma lixívia antes do assamento. O equipamento de segurança necessário para esse processo inclui material protetor dos olhos e luvas de borracha que se estendem para além dos cotovelos do padeiro.

Já o tipo de pretzel apresentado na receita deste livro é aquele que você encontra em feiras do interior dos Estados Unidos, principalmente nos estados do Médio Atlântico. Evitando flertar com o desastre, os vendedores desse pretzel usam uma solução de água morna e bicarbonato de sódio. O efeito certamente não é o mesmo, mas a receita apresentada aqui proporciona uma crosta dourada uniformemente, fina e crocante.

Se você deseja obter uma crosta supercrocante, transfira os pretzels já modelados para o refrigerador por 30 minutos, antes de mergulhá-los na solução e assá-los.

Produção e especificação

O peso dos pretzels fica, em geral, entre 85 e 110 gramas. A textura deles pode ser leve, semelhante à do pão ou da massa. Ou então os pretzels podem ser crocantes, aerados, despedaçando-se suavemente ao serem mordidos. A sua preferência determinará o peso do pão.

Para fazer pretzels semelhantes ao pão, modele peças de 110 gramas. Faça um rolo de comprimento total de 60 centímetros e dê às peças a forma de pretzels com anéis de aproximadamente 3,5 centímetros de diâmetro.

Para fazer versões de pretzels mais finas e crocantes, modele peças de 85 gramas, mais ou menos. Faça um rolo de comprimento total de 90 centímetros e dê às peças a forma de pretzels com anéis de aproximadamente 5 centímetros de diâmetro.

Para fazer pretzels brilhantes, ou para garantir que uma grande quantidade de coberturas permaneça no lugar, pincele os pretzels com um glacê de clara de ovo depois que eles forem mergulhados na solução de bicarbonato de sódio. Para fazer o glacê, use uma clara mais 30 gramas de água fria; misture-as com um garfo.

Parte IV | Coleção de receitas de pão

Receita

	PP%	Amassadeira de 4,3 ℓ	5,68 ℓ	18,9 ℓ	
Ingrediente	PP%	Gramas			Δ
Água	65%	425 g	595,75 g	1,785 kg	
Fermento fresco	2%	15 g	18,9 g	56,70 g	
Farinha para confeitaria	50%	340 g	454 g	1,36 kg	
Farinha para pão	50%	315 g	454 g	1,36 kg	
Açúcar	1,5%	10 g	14,18 g	42,53 g	
Sal	2%	14 g	18,9 g	56,70 g	
Rendimento		1,110 kg	1,587 kg	4,767 kg	
Unidades		9 unid.	12 unid.	42 unid.	

Modo de fazer

1	Mise en place	Combine as farinhas.		tdm = 27 °C
2	Mistura dos ingredientes	Direta		Acrescente o açúcar e o sal depois das farinhas.
3	Desenvolvimento	Velocidade #2, 3 min; + velocidade #1, 2 min	OU	(à mão) 6 min
4	Fermentação	30 min @ 27 °C; 1 x desgasificar e dobrar; + 30 min @ 4 °C		
5	Modelagem	Divida: @ peças de 110 g; bancada: 30 min @ 4 °C; final: rolos de 60 cm ou 1 m; modele como pretzels.		Mergulhe em uma solução de bicarbonato de sódio; seque; 3 x 4 em papel-manteiga untado. Lave: 2# H_2O @ 38 °C + 1½ cs de bicarbonato de sódio.
6	Crescimento	10 min @ 27 °C (60% umid.)		
7	Decoração e assamento	Distribua no topo sementes ou sal grosso.		

Produto	Forno	Estágio I	Vapor	Vent @	Estágio II	Tempo	Temp. int.
Pretzels	Rack	218 °C	5 s	2 min	200 °C (nota)	10 min*	Cor
	De lastro (com grade) (7.7.7)	246,11 °C	Sim, se disponível	2 min	246,11 °C	8 a 9 min	Cor

* Para fazer pretzels finos, use o estágio II do assamento @ 218 °C, por + 8 minutos.

Quando há muita crosta, o corte *épi* é engenhoso. Essa forma francesa transforma uma baguete longa em diversos pães pequenos e pontudos, ligados uns aos outros de modo a parecerem espinhos em um caule.

Cada pequeno espinho transforma-se em um pãozinho crocante. Mergulhe a ponta dele em manteiga à temperatura ambiente ou em um patê cremoso.

Use para os *épis* as informações do diagrama de assamento da baguete. Cortando-se a baguete para formar pãezinhos menores, reduz-se ligeiramente o tempo de assamento. Retire os pãezinhos quando eles parecerem prontos, no ponto em que eles não desabem se erguidos. Os *épis* são assados até ficarem crocantes.

Formando um *épi*

Modele baguetes. Coloque-as em uma esteira forrada com papel-manteiga. Não as coloque muito próximas uma das outras. Para se obter o tom dourado e a consistência crocante, as baguetes precisam de bastante espaço para respirar no forno. A semolina não é necessária nesse caso, mas você pode polvilhar com farinha o papel-manteiga, se a massa estiver úmida.

Deixe fermentar as baguetes como de hábito.

Mergulhe a tesoura de cozinha na farinha.

Segure a tesoura em um ângulo de 45°, tocando a tela.

Com a tesoura, corte a baguete, quase até atingir o fundo dela.

Mire a ponta do espinho à esquerda.

Repita o corte e mire a próxima ponta da direita.

De novo, para a esquerda...

O corte *épi* se parece com o diagrama do grão de trigo.

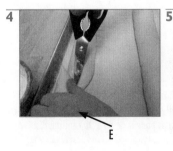
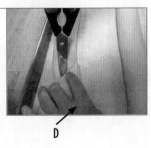
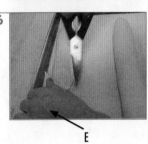

Parte IV | Coleção de receitas de pão

Modelando bagels

Faça rolos com as peças, dando-lhes 30 centímetros de comprimento; afine as pontas.

Mergulhe o dedo na água e umedeça uma das pontas afiladas. Sele-as com uma sobreposição de 5 centímetros.

Role o bagel, com a emenda para baixo, para selá-lo.

Modelando pretzels

Pressione com os polegares, para selar. Inverta o pretzel, para manter as pontas seladas.

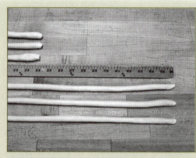

Para obter pretzels grossos, faça rolos de 60 centímetros; já o comprimento de pretzels finos pode ir de 80 a 90 centímetros.

Pães da família das massas magras

Formando torpedos italianos

Um *torpedo italiano* tem o centro grosso e as pontas afiladas.

Dobre a borda superior para baixo, dando-lhe a forma de um pequeno guioza.

Sele a borda, pressionando-a, na forma de um arco ou de um sorriso.

Dobre a borda superior para baixo outra vez, formando uma empanada de tamanho médio. Sele a borda.
Pela terceira vez, dobre a borda superior para baixo, para modelar o torpedo.

Role a massa com as duas mãos, dando a ela um comprimento de 20 a 23 centímetros. Use a base da mão para fazer *pontas*.

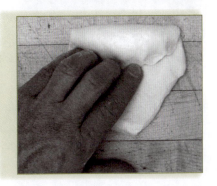

Truque do padeiro
Cada vez que você for selar a massa, posicione os dedos de modo a fazer uma ponta nas extremidades dela.

331

Pães da família das massas macias

Balloons 333

Grissinis recheados 334

Grissinis recheados 336

Pão de leitelho para sanduíches 337

Challah (pão de ovo) 339

O Challah da Esther 342

Pães de queijo e pimenta 344

Pães de aveia crocante 346

Pão de forma integral de mel 349

Donuts de purê 351

Pães de leite (*pains au lait*) 356

Pão de aveia 359

Pão de hambúrguer de cebola e centeio 361

Massa de pizza 363

Pão de batata 365

Pão rústico de centeio 378

Pão de gergelim tostado 381

Pão branco para sanduíche 384

Pão de trigo integral 386

Pão de trigo integral com passas e avelãs 388

Balloons

Este pão é representativo. Você encontra instruções detalhadas sobre o preparo dele no capítulo sobre família das massas macias na Parte III.

Receita

Ingrediente	PP%	À mão ou amassadeira de 4,3 ℓ/4,73 ℓ	5,68 ℓ	18,9 ℓ	
		Gramas			Δ
Água	40%	315 g	454 g	1,36 kg	
Fermento fresco	2,4%	20 g	28,35 g	85,05 g	
Leite	20%	170 g	226,80 g	680,40 g	
Manteiga	6,7%	60 g	85,05 g	226,80 g	
Açúcar	3,3%	30 g	35,44 g	113,40 g	
Farinha	100%	790 g	1,34 kg	3,407 kg	
Sal	2%	16 g	24,81	66,15 g	
Rendimento		1,4 kg	1,8 kg	5,45 kg	
Unidades		2 dúzias de pãezinhos	32 pãezinhos	96 pãezinhos	

Modo de fazer

1	Mise em place	H_2O e leite @ 32 °C		Manteiga @ 16 °C	
2	Mistura de ingredientes	Modificada			
3	Desenvolvimento	Velocidade #2, 2 min; + velocidade #1, 2 min	OU	(à mão) 6 a 8 min	
4	Fermentação	1 h @ 27 °C; 1 × desgasificar e dobrar.			
5	Modelagem	Divida à mão ou use a divisora de massa; proceda diretamente para a modelagem final.		Arranje os pãezinhos, no padrão 5 × 7, em uma assadeira grande (45 cm × 60 cm) e forrada com papel-manteiga.	
6	Crescimento	35 min @ 27 °C			
7	Decoração e assamento	Cobertura padrão; coberturas opcionais: sementes, queijo ralado ou sal grosso.			

Produto	Forno	Estágio I	Vapor	Vent @	Estágio II	Tempo	Temp. int.
Balloons	Rack	180 °C	10 s	2 min	180 °C	10 a 12 min	Cor
	De lastro (com grade)	200 °C (6.6.6)	Se não houver, umedeça a mão depois de glaçar e antes de assar	4 min	200 °C	12 a 13 min	Cor

Grissinis recheados
(Ver foto na p. 390)

Descrição

A ação de torcer os grissinis deixa a crosta deles ainda mais crocante, enquanto o interior permanece macio. Há versões doces de grissinis, para o *brunch*, versões salgadas, para o almoço, e aquelas que levam queijo, para qualquer hora.

Para fazer uma *versão doce*, execute as seguintes modificações:

1. Substitua a mistura de óleo de canola e manteiga por manteiga, apenas.
2. Recheie a massa com 460 gramas de açúcar de canela, nozes e frutas secas reidratadas, como uvas-passas e cranberries.
3. Depois que os grissinis estiverem assados e frios, polvilhe-os com açúcar.

Compreendendo

Nesta receita, é usada uma combinação de farinha para pão e farinha para bolos. A farinha para pão fornece a estrutura aos grissinis, tornando possível torcê-los. A farinha para bolos preserva a maciez da mastigação dos pães assados. Use *metade* da farinha para pão para fazer a pasta de fermento.

Produção

Na fase de fermentação, a massa é aberta como uma focaccia. Siga o processo:

a. Pincele uma assadeira com óleo de canola; forre-a com papel-manteiga; pincele com mais óleo.
b. Coloque a bola de massa na forma preparada; cubra a massa com óleo.
c. Deixe fermentar por 30 min @ 27 °C.
d. Achate a massa pressionando-a em direção aos lados da tela.
e. Deixe fermentar por mais 30 min (ver p. 283).

Especificação

Para fazer dezoito grissinis, o suficiente para encher uma assadeira (30 × 45 centímetros):

Massa:	800 g
Recheio:	540 g (recheio salgado*) ou
	460 g (recheio doce)

*Recheio salgado:	170 g de queijo de cabra esmigalhado
	110 g de mussarela fresca, picada
	110 g de azeitonas kalamata enxaguadas, secas e picadas
	180 g de cogumelos e cebolas sauté
	Total 570 g

Ao fazer uma versão *de queijo* (a escolha de sabores é sua), reduza o peso do recheio de 570 gramas para 285 gramas.

Disponha em uma assadeira os dezoito grissinis torcidos, em um padrão de dois por nove. (Pincele uma forma com óleo, forre-a com papel-manteiga e pincele o papel com óleo — ou use a bandeja de fermentação.)

Quando você fizer mais do que dezoito peças, use recipientes menores — duas assadeiras pequenas são mais fáceis de manusear, podem ser rodadas no forno e assam uniformemente.

Em um forno rack, asse apenas uma assadeira pequena por prateleira. Não deixe o forno apinhado.

Grissinis recheados

Receita

Ingrediente	PP%	Amassadeira de 4,3 ℓ Gramas	5,68 ℓ	18,9 ℓ	Δ
Água	32%	170 g	340,90 g	1,02 kg	
Leite	27%	140 g	283,50 g	850,90 g	
Fermento fresco	3%	15 g	28,35 g	85,05 g	
Farinha	67%	355 g	709,15 g	1,67 kg	
Óleo de canola	3%	15 g	28,35 g	85,05 g	
Manteiga	5%	30 g	56,70 g	170,10 g	
Açúcar	4%	22 g	42,53 g	127,58 g	
Farinha para bolo	33%	170 g	340,19 g	1,02 kg	
Sal	2%	10 g	18,90 g	56,70 g	
Rendimento		925 g	1,81 kg	5,44 kg	
Unidades		18 unid.	3 dúzias	9 dúzias	

Modo de fazer

1	Mise en place	H_2O e leite @ 32 °C; Manteiga @ 16 °C	tdm = 27 °C
2	Mistura dos ingredientes	Modificada. Faça a pasta de fermento com a H_2O, o leite e *metade* da farinha de pão.	
3	Desenvolvimento	Velocidade #2, 2 min; + velocidade #1, 2 min	OU (à mão) 6 min
4	Fermentação	1 h @ 27 °C 1 × desgasificar e dobrar.	Ver o item "Produção".
5	Modelagem		Ver p. 390 e 391.
6	Crescimento	30 min @ 27 °C	
7	Decoração e assamento	Umedeça com água antes de assar.	

Produto	Forno	Estágio I	Vapor	Vent @	Estágio II	Tempo	Temp. int.
Grissinis recheados	Rack	175 °C	15 s	5 min	175 °C	10 a 12 min	Cor + toque

Pão de leitelho para sanduíches

Descrição

O leitelho e o creme de leite azedo dão a este pão para sanduíches um sabor forte e proporcionam uma sensação cremosa na boca. O açúcar mascavo modifica a aparência do miolo do pão, conferindo a ele uma cor dourada.

Produção

Esta massa é manuseada da mesma forma que o pão de forma integral de mel.

Especificação

Siga os procedimentos do "Modelando e assando pão de forma" (p. 399).

Receita

Ingrediente	PP%	Amassadeira de 4,3 ℓ Gramas	5,68 ℓ	18,9 ℓ	Δ
Água	8%	55 g	85,05 g	226,80 g	
Leitelho	54%	400 g	595,75 g	1,59 kg	
Fermento fresco	6%	45 g	63,79 g	170,10 g	
Açúcar mascavo	8%	60 g	99,23 g	255,15 g	
Ovo	7%	50 g	1 cada + 1 gema	4 cada	
Creme de leite azedo	8%	60 g	99,23 g	226,80 g	
Farinha	100%	735 g	1,10 kg	2,9 kg	
Sal	2%	15 g	21,26 g	56,70 g	
Rendimento		1,4 kg	2,04 kg	5,44 kg	
Unidades		2 pães	3 pães	8 pães	

Parte IV | Coleção de receitas de pão

Modo de fazer

1	Mise en place	Leitelho @ 35 °C; creme de leite azedo @ 16 °C	tdm = 27 °C	
2	Mistura dos ingredientes	Modificada. Faça a pasta de fermento com a H_2O, o leitelho e o fermento.	Bata juntos os ovos e o açúcar mascavo antes de adicionar a pasta de fermento.	
3	Desenvolvimento	Velocidade #2, 3 min; + velocidade #1, 2 min	OU	(à mão) 7 a 8 min
4	Fermentação	1 h @ 27 °C; 1 × desgasificar e dobrar.		
5	Modelagem	Pães com 700 g; modele como pães de forma.		
6	Crescimento	50 min @ 27 °C		
7	Decoração e assamento	Umedeça com um spray de água; borrife com farinha peneirada; não faça cortes na superfície superior.		

Produto	Forno	Estágio I	Vapor	Vent @	Estágio II	Tempo	Temp. int.
Pão de leitelho para sanduíches	Rack	170 °C	10 s	6 min	160 °C	28 a 33 min mais	88 °C
	De lastro (com grade)	200 °C (7.3.8)	Não necessário	8 min	185 °C	28 a 33 min mais	88 °C

Challah (pão de ovo)

Descrição

O Challah é o tradicional pão do sabá, da religião judaica, e é servido em festividades especiais e eventos familiares. Ele é trançado, muitas vezes, e pode ser moldado em anéis. O Challah também pode ser guarnecido com sementes como gergelim e de papoula.

Em sua receita, usa-se farinha para pão, de modo que o Challah fique firme o suficiente para ser partido à mão (como no gesto comunal de partir o pão). O mel e a manteiga amaciam o miolo e acrescentam sabor. Essa combinação cria um equilíbrio entre a consistência do pão e o caráter fundível dele no palato.

Compreendendo

O Challah não é manuseado como um pão rico, mas contém uma quantidade notável de amaciantes: açúcar, manteiga, ovos e mel. Esses ingredientes reforçam o escurecimento da crosta. Em comparação com outras massas macias, o Challah apresenta uma temperatura de assamento um pouco menor.

Produção

Esta receita dá certo em um cronograma de dois dias, com retardamento durante a noite.[3] A massa deve chegar a uma temperatura final de 21 °C. Deixe-a fermentar por 30 minutos no retardador. Pule a segunda metade da fermentação e proceda diretamente à divisão e modelagem de bolas de massa. Umedeça, cubra e retarde as peças arredondadas até o dia seguinte.

Você, então, não precisará esperar que as peças se aqueçam até atingir a temperatura ambiente quando as for modelar. Elas estarão bem relaxadas, e a fricção da modelagem será suficiente para aquecê-las.

Especificação

A receita rende dois pães trançados. Cada pão é feito com 3 cordões de 180g, que depois serão trançados. Eles podem ser menores ou maiores, segundo o uso que se quer fazer deles.

Ao fazer pães menores (com peso total de 450 gramas ou menos), aumente a temperatura do forno em 8 °C. Ao fazer pães que excedam o peso total de 900 gramas, estenda o estágio II do assamento por 7 a 10 minutos.

O challah nem sempre é trançado; ele também pode ser assado com o formato de pão de forma ou de pãezinhos.

---

[3] Fermentar uma massa lentamente por 8 a 16 horas @ 4 °C é o que se chama de *fermentação a frio*.

Parte IV | Coleção de receitas de pão

Receita

Ingrediente	PP%	Amassadeira de 4,3 ℓ	5,68 ℓ	18,9 ℓ	
		Gramas			Δ
Água	28%	170 g	226,80 g	680,80 g	
Fermento seco ativo	2%	10 g	14,18 g	42,53 g	
Leite	14%	85 g	113,40 g	340,19 g	
Mel	1,6%	10 g	14,18 g	42,53 g	
Manteiga	14%	85 g	113,40 g	340,19 g	
Ovos	23%	145 g (2 ovos mais 1 clara)	198,44 g (4 cada)	595,75 g (12 cada)	
Açúcar	7,7%	45 g	915,09 g	2,75 kg	
Farinha	100%	625 g	822,54 g	2,47 kg	
Sal	2,2%	14 g	18,9 g	47,25 g	
Rendimento		1,18 g	1,53 kg	4,65 kg	
Unidades		2 pães @ 588 g	3 pães @ 510 g	9 pães @ 504 g	

Modo de fazer

1	Mise en place	Água @ 34 °C; leite @ 32 °C; manteiga @ 16 °C		tdm = 27 °C
2	Mistura dos ingredientes	Modificada		Bata juntos os ovos e o açúcar; combine o mel e a manteiga com leite quente.
3	Desenvolvimento	Velocidade #2, 4 min; + velocidade #1, 4 min	OU	(à mão) 7 a 8 min
4	Fermentação	1 h @ 27 °C; desnecessário desgasificar e dobrar.	OU	Voltar para "Produção" para ler sobre fermentação a frio.
5	Modelagem	Divida em peças @ 170 g. Faça bolas. Descanso na bancada por 30 min @ 4 °C. Faça tiras de 40 cm, com extremidades afinadas. Trance. Coloque em papel-manteiga ligeiramente untado.		Nota: para obter um resultado uniforme, modele as bolas fermentadas na forma de bastões (ver p. 400); deixe descansar por 5 min. Modele os bastões em rolos de 40 cm de comprimento, com as extremidades afiladas. Reveja as instruções para trançar no capítulo família das massas ricas (p. 256-258).
6	Crescimento	De 1 h a 1h10 @ 27 °C		
7	Decoração e assamento	Glacê padrão; coberturas opcionais: sementes, sal grosso ou açúcar cristal.		

Pães da família das massas macias

Produto	Forno	Estágio I	Vapor	Vent @	Estágio II	Tempo	Temp. int.
Challah	Rack	170 °C	10 s	4 min	160 °C	18 a 20 min	82 °C
	De lastro (com grade)	200 °C (7.7.7)	Vapor, se houver. Ou umedeça com água depois de glaçar e antes de assar.	5 min	170 °C	18 a 20 min	82 °C

O Challah da Esther

Conheça Esther

Esther Press McManus debutou na cozinha em um restaurante da moda a céu aberto — o primeiro desse tipo na Filadélfia. Como garçom e estudante universitário, eu assisti de perto a sua subida ao trono. Um dia, ela estava colhendo salsinha na horta; no dia seguinte, ela estava capturando o espírito da culinária provincial francesa e encantando a cidade inteira com seu sotaque. Com um pequeno bando de chefs e restaurateurs, ela mudou a face do jantar refinado, reinando no *Restaurant Renaissance*, na Filadélfia.

Na cozinha da fazenda da sua família, no Marrakesh, Esther aprendeu que alimento é sustento que deve ser compartilhado como um presente. Nas cozinhas de Paris e nas padarias da França, na carreira de chef e consultora de alimentos, ela nunca permitiu que o treinamento atrapalhasse o seu amor pelo alimento.

Não surpreende que, em uma tarde nevosa de inverno, o restaurante-escola do Chestnut Hill College tenha batizado o seu novo centro de aprendizado em homenagem a Esther. Uma mulher cujos talentos culinários nunca foram demonstrados para obter ganhos pessoais, mas sim para avançar as artes de cozinhar e panificar na cidade que ela amava.

Este Challah não segue as sequências de mistura dos ingredientes descritas neste livro. Os ingredientes são combinados todos de uma vez; a massa é desenvolvida por um tempo longo. As medidas são dadas em xícaras e colheres, como eu as aprendi. A receita destina-se ao padeiro doméstico que pretende fazer um grande Challah. Ela não foi criada para ser feita em uma amassadeira de 18,9 litros. Algumas coisas devem ser compartilhadas exatamente da maneira que foram passadas pela tradição.

As palavras de Esther guiam o padeiro...

Para obter uma cor dourada, pode-se adicionar uma pitada de cúrcuma.

Para fazer um Challah com passas, adicione meia xícara de uvas-passas pretas. Incorpore-as à massa no último minuto do desenvolvimento, à mão, de modo que elas não soltem a cor.

Não é necessário umedecer a uva-passa com água; a riqueza do Challah é suficiente para amaciá-la.

Estime 3 horas a partir do momento em que você terminar de misturar a massa, até que ela esteja pronta para o forno.

Receita

Ingrediente	Amassadeira de 4,3 ℓ	
	Medidas	Gramas
Farinha	2 xíc	280 g
Açúcar	2,5 cs	35 g
Sal	7/8 cc	5 g
Fermento instantâneo	1 cc bem cheia	7 g
Óleo	2 cs	30 g
Ovos	2 cada	2 cada
Água adicional	Suficiente para 1 xícara	
Rendimento	450 g	450 g
Unidades	Uma trança grande	

Pães da família das massas macias

Modo de fazer

I	Mise en place	Misture o óleo e os ovos em uma xícara de medida. Junte água suficiente (@ 28 °C) para completar uma xícara cheia.	tdm = 27 °C. Adicione açafrão-da-terra (opcional) à mistura de óleo e ovos.
2	Mistura dos ingredientes	Combine os ingredientes secos na tigela de mistura. Adicione a xícara de ingredientes líquidos. Bata em velocidade baixa até que a massa esteja homogênea.	Coloque na amassadeira o acessório de bater massa.
3	Desenvolvimento	Desenvolva a massa em velocidade baixa por 5 min. Aumente a velocidade para moderada. Desenvolva a massa até que ela esteja _muito, muito sedosa_ — 10 min ou mais. Vire a massa do outro lado na metade do processo.	
4	Fermentação	Deixe a massa fermentar diretamente na bancada, bem coberta com plástico. • Depois de 20 min, dobre a massa suavemente; cubra. • Depois de mais 20 min, repita a operação. • Depois de mais 20 min, repita com uma terceira dobra. • Descanse a massa mais 20 min.	Temp. ambiente = 28 °C. (Este é o gesto de desgasificar e dobrar. Ele é repetido, no total, três vezes.)
5	Modelagem e decoração (Nota: no preparo da focaccia, a fase de decoração precede a fase de crescimento.)	• Divida em três partes; forme bolas. Descanso de 15 min. • Modele cada bola em um cordão de 40 cm, com pontas afiladas. Descanso de 15 min. • Trance.	
6	Crescimento	Glace com 1 ovo inteiro + 30 g de água. Deixe fermentar por 1 h a 1h15. (Algumas vezes, por um pouco mais, de modo que a massa fique realmente roliça.)	
7	Decoração e assamento	Posicione a grade do forno de modo que o challah asse no centro do forno.	

Produto	Forno	Estágio I	Vapor	Vent @	Estágio II	Tempo	Temp. int.
Challah da Ester	Forno doméstico	190 °C	Não	Não	190 °C	16 a 21 min	85 °C

Pães de queijo e pimenta

Descrição

Estes pãezinhos macios são guarnecidos com pimentões vermelhos e jalapeños verdes. Pedaços de cheddar ficam suspensos na massa, derretendo-se em bolsinhos de queijo, dentro do pão. Se forem moldados como pães de hambúrguer, eles ficarão particularmente gostosos quando tostados ou grelhados.

Compreendendo

A porcentagem do padeiro de queijo cheddar nesta receita é de 20%, tecnicamente colocando os pãezinhos na família da massa rica. Entretanto, a massa é manuseada como uma massa macia.

O queijo não é emulsionado na massa. Em vez disso, os pedaços de queijo ralado são deixados assim; eles servem como guarnição e não constituem um ingrediente essencial da massa propriamente dita. Atente para os pedaços de queijo enquanto a massa fermenta e assa, evitando que eles fiquem oleosos ou se queimem no forno.

Receita

Ingrediente	PP%	Amassadeira de 4,3 ℓ	5,68 ℓ	18,9 ℓ	
		Gramas			Δ
Água	45%	250 g	368,54 g	—	
Fermento fresco	4%	25 g	37,80 g	—	
Leite	12%	70 g	113,40 g	—	
Óleo de canola*	5%	30 g	42,53 g	—	
Alho picado*	—	1 ½ cc	2 cc	—	
Pimentões vermelhos picados*	7%	45 g	56,70 g	—	
Pimentas jalapeño picadas	7%	45 g	56,70 g	—	
Queijo cheddar ralado*	20%	110 g	170,10 g	—	
Açúcar	4%	20 g	28,35 g	—	
Farinha	100%	565 g	850,89 g	—	
Pimenta-de-caiena	—	⅓ cc	1/2 cc	—	
Sal	2,6%	15 g	21,26 g		
Rendimento		1,16 kg	1,73 kg		
Unidades		12 pães de hambúrguer ou 18 unidades de pãezinhos de jantar	18 pães de hambúrguer		

* Esses ingredientes podem ser preparados com um dia de antecedência. Combine-os em um recipiente de plástico; mantenha-os na geladeira.

Pães da família das massas macias

Produção

Pique os vegetais bem finos — à mão, e não à máquina. Os vegetais picados à mão têm bordas bem retas. Se forem expostos à crosta superior dos pães, eles se queimarão menos durante o assamento.

Adicione todos os sólidos junto com os amaciantes. A essa altura, eles misturam-se de modo uniforme, sem rasgar a rede de glúten. Desenvolva a massa suavemente. À medida que o queijo amacia, a massa prontamente se une. Haverá pedaços de queijo visíveis, mesmo quando a massa for desenvolvida do modo apropriado.

O rendimento de 18,9 litros desta receita foi deixado em branco deliberadamente.

Especificação

Rendimento:

12 pães de hambúrguer @ 96 g	3 × 4 em assadeira média
18 pãezinhos de jantar @ 64 g*	4 × 6 em uma assadeira média

(Para pãezinhos de jantar, siga a tabela de assamento dos Balloons.)

Quando colocados próximos em uma assadeira, os pães grudam-se após assarem, o que deixa os lados macios. Se você preferir que os lados fiquem crocantes, repita o arranjo usado para os pães de hambúrguer, mas em uma assadeira maior.

Modo de fazer

1	Mise en place	H$_2$O @ 32 °C; escalde o leite, esfrie até 32 °C; misture os ingredientes marcados com o asterisco (*) ao leite já esfriado.	tdm = 27 °C
2	Mistura dos ingredientes	Modificada. Use ¼ da farinha para a pasta de fermento.	Misture a pimenta-de-caiena com a farinha restante.
3	Desenvolvimento	Velocidade #2, 3 min; + velocidade #1, 2 min	OU (à mão) 6 a 7 min
4	Fermentação	45 min @ 27 °C; não é necessário desgasificar e dobrar; passe diretamente para a sequência de modelagem.	
5	Modelagem e decoração	Divida a massa; faça bolas. Não é necessário descanso na bancada. Arrume-as em tabuleiro forrado com papel-manteiga untado.	
6	Crescimento	30 min @ 27 °C	
7	Decoração e assamento	Glacê padrão; cobertura com parmesão ralado, se você desejar.	

Produto	Forno	Estágio I	Vapor	Vent @	Estágio II	Tempo	Temp. int.
Pãezinhos de queijo e pimenta	Rack	180 °C	10 s	2 min	180 °C	14 min	Cor
Para fazer pãezinhos de jantar, use a tabela de assamento de balloons.							

Pães de aveia crocante

Descrição

Estes pãezinhos de trigo integral são ligeiramente adoçados com xarope de bordo e mel. O sabor do grão torna-os salgados o bastante para acompanharem o jantar, ao mesmo tempo em que a doçura torna-os adequados para um bufê de *brunch*.

Compreendendo

Escolha aveia de cozimento rápido; e não aveia instantânea.

O floco de aveia é o cerne do grão de aveia achatado entre dois cilindros. O farelo leva mais tempo para se hidratar. Misture os flocos de aveia e a farinha de trigo integral ao leite morno e à mistura de fermento, para fazer a pasta de fermento. Deixe-a descansar por 5 minutos antes de você continuar.

Produção

Quando uma massa que contém flocos de aveia se desenvolve, ela fica mais macia do que se pode esperar e tende a grudar no acessório de massa da batedeira, ou nas mãos. É importante que você não acrescente nenhuma farinha adicional no início do desenvolvimento. *Trabalhe com a massa*. À medida que os sólidos do farelo ficam completamente hidratados, a massa torna-se mais fácil de manusear. Leva cerca de 4 ou 5 minutos para que isso aconteça.

Depois que a massa se unir, raspe bem a bancada e enfarinhe as suas mãos. Vá para outro lugar na bancada e desenvolva a massa à mão, suavemente. Se a massa ainda estiver úmida, espalhe sobre ela uma colher de sopa de farinha e pressione-a, com os dedos separados, para baixo, em direção ao interior da massa. Inverta a massa e repita o processo, adicionando mais uma colher de sopa de farinha.

Especificação

Dica de apresentação: *pãezinhos grudados uns nos outros* são atraentes e podem ser apreçados de maneira melhor do que os pãezinhos vendidos individualmente. Coloque-os bem perto uns dos outros no tabuleiro, para que eles se grudem ao crescer.

Pãezinhos pequenos — de 40 a 60 gramas cada — funcionam melhor. À medida que fermentam, os pãezinhos grudados formam fendas naturais na parte de cima, nas quais recebem coberturas como açúcar mascavo, manteiga e aveia.

Adicionar pequenos grupos de pãezinhos (três ou quatro) a uma cesta de pão torna-a mais atraente. Em grupos maiores, de uma ou duas dúzias, os pãezinhos podem ser colocados diretamente na mesa, como parte da decoração. Os pãezinhos grudados foram tratados na *fase de modelagem* dos Balloons.

Ao assar esse tipo de pãozinho, estenda o estágio II do assamento em 1 ou 2 minutos, para obter a cor da casca adequada, e para que as unidades do centro fiquem firmes.

Cobertura de aveia crocante

1 xícara (chá) de açúcar mascavo

1/3 de xícara (chá) de farinha para doces comum

1/3 de xícara (chá) de flocos de aveia

1/8 de cc de sal

1 cc de canela

55 g de manteiga, derretida e esfriada a 27 °C

1. Misture todos os ingredientes em uma tigela pequena.
2. Acrescente a manteiga.
3. Friccione todos os ingredientes juntos até que se obtenha uma massa uniforme e arenosa.

Receita

		Amassadeira de 4,3 ℓ	5,68 ℓ	18,9 ℓ	
Ingrediente	PP%	Gramas			Δ
Água	43%	325 g	482,35 g	1,28 kg	
Fermento fresco	4%	30 g	42,53 g	113,40 g	
Farinha de trigo integral	16%	115 g	170,10 g	482,35 g	
Flocos de aveia	13%	100 g	141,75 g	396,89 g	
Leite	11%	85 g	113,40 g	340,19 g	
Manteiga	8%	55 g	85,05 g	226,80 g	
Mel	9%	60 g	99,23 g	226,80 g	
Xarope de bordo	7%	55 g	70,88 g	198,44 g	
Farinha	71%	535 g	794,19 g	2,13 kg	
Sal	2,1%	15 g	21,27 g	66,15 g	
Rendimento		1,375 kg	1,99 kg	5,45 kg	
Unidades		2 dúzias de pãezinhos	33 pãezinhos	7,5 dúzias de pãezinhos	

Parte IV | Coleção de receitas de pão

Modo de fazer

I	Mise en place	H_2O @ 32 °C; manteiga @ 16 °C	tdm = 27 °C	
2	Mistura dos ingredientes	Modificada.	Use toda a farinha de trigo integral e os flocos de aveia na pasta de fermento.	
3	Desenvolvimento	Velocidade #1, 3 min; + velocidade #2, 2 min (Note que essa massa é desenvolvida em velocidade baixa no início e termina em velocidade moderada.)	OU	(à mão) 8 min
4	Fermentação	45 min @ 27 °C; desnecessário desgasificar e dobrar.		
5	Modelagem	Modele como pãezinhos ou pães de hambúrguer.		
6	Crescimento	30 min @ 27 °C		
7	Decoração e assamento	Borrife com água; aplique a cobertura de aveia crocante.		

Produto	Forno	Estágio I	Vapor	Vent @	Estágio II	Tempo*	Temp. int.
Pãezinhos de aveia crocante	Rack	180 °C	10 s	2 min	180 °C	13 a 16 min	Cor e firmeza nos lados
	De lastro (com grade)	200 °C (6.6.6)	Se não houver, umedeça à mão depois da cobertura e antes de assar.	4 min	200 °C	13 a 16 min	

* Para pães de hambúrguer de 110 gramas, aumente o estágio II do assamento em 1 ou 2 minutos.

Pão de forma integral de mel

Descrição

O pão integral pode apresentar uma aspereza perceptível na crosta. Aqui, o mel e a manteiga suavizam essa aspereza e também prolongam a vida de prateleira do produto. Entre os pães de forma para sanduíche, o integral de mel é imbatível: o mais popular da nossa padaria.

Compreendendo

Ao fazer a pasta de fermento, use toda a farinha de trigo integral. A farinha de trigo integral precisa de mais tempo para se hidratar do que o da farinha de trigo branca.

Esta massa é a mais doce entre as massas macias deste livro. A porcentagem do padeiro de adoçantes da receita excede o limite de 10% estabelecido para as massas macias. Mas, como o adoçante está no estado líquido, e não em grãos, os ingredientes são combinados na sequência de mistura modificada.

Produção

Este pão requer 4½ horas para ser feito completamente. Se o seu tempo for limitado, faça-o em um período de dois dias. No primeiro dia: misture, desenvolva e deixe a massa fermentar; pré-molde as bolas de 675 gramas; refrigere-as, borrifadas e cobertas.

No segundo dia: retire as bolas de massa da geladeira, para que elas se aqueçam por 30 minutos antes da modelagem final. Molde-as, coloque-as nas formas preparadas e transfira-as para a estufa. A temperatura mais fria da massa alonga o tempo de fermentação em 15 a 20 minutos.

Receita

Ingrediente	PP%	Amassadeira de 4,3 ℓ	5,68 ℓ	18,9 ℓ	Δ
		Gramas			
Água	36%	255 g	396,89 g	1,08 kg	
Fermento fresco	4,5%	35 g	49,61 g	134,66 g	
Farinha de trigo integral	46%	315 g	454 g	1,22 kg	
Leite	20%	140 g	212,62 g	567,4 g	
Mel	20%	140 g	198,44 g	539,05 g	
Manteiga	8%	60 g	85,05 g	226,80 g	
Farinha	54%	395 g	624,10 g	1,59 kg	
Sal	2%	14 g	21,26 g	66,15 g	
Rendimento		1,35 kg	2,04 kg	5,45 kg	
Unidades		2 pães	3 pães	8 pães	

Parte IV | Coleção de receitas de pão

Especificação

Esta receita considera formas de 40 × 60 centímetros. Se você usar um conjunto de formas com cinco canecos ligados para criar uma forma, evite usar o caneco central. O infeliz pão do centro do conjunto quase nunca recebe calor suficiente e acaba ficando pálido.

Pãezinhos de jantar de alta qualidade, com peso de 60 gramas, podem ser feitos a partir desta receita. Para fazer pães de hambúrguer, escale o peso em 110 gramas; asse a massa como se você estivesse fazendo Balloons, adicionando 2 minutos ao tempo total de assamento.

Modo de fazer

1	Mise en place	Leite @ 32 °C; manteiga @ 16 °C	tdm = 27 °C Meça o leite, o mel e a manteiga em um recipiente.	
2	Mistura dos ingredientes	Modificada. Use toda a farinha integral para fazer a pasta de fermento.	tdm = 27 °C	
3	Desenvolvimento	Velocidade #2, 3 min; + velocidade #1, 3 min	OU	(à mão) 8 min
4	Fermentação	1 h @ 27 °C; 1 × desgasificar e dobrar		
5	Modelagem	Divida em peças @ 675 g. Faça bolas. Descanso na bancada por 30 min no piso, coberto; forma final como pães de forma.	Consulte "Modelando e assando pão de forma" (p. 399).	
6	Crescimento	40 min @ 27 °C		
7	Decoração e assamento	Casca superior partida ao meio	Consulte o item "Modelando e assando pão de forma".	

Produto	Forno	Estágio I	Vapor	Vent @	Estágio II	Tempo*	Temp. int.
Pão de forma integral de mel	Rack	170 °C	10 s	6 min	160 °C	28 a 33 min	88 °C
	De lastro (com grade)	200 °C (7.3.8)	Desnecessário	10 min	185 °C	24 a 29 min	88 °C

* Para pães de hambúrguer, o tempo total de cozimento do estágio I e do estágio II é de 13 a 15 minutos.

Donuts de purê

Descrição

No antigo campus da nossa faculdade, a padaria era vizinha a uma cozinha de calouros. Toda quinta-feira, a cada quinze dias, acontecia o "dia do amido"; e na mesma frequência, às sextas-feiras, a padaria fazia donuts.

Nós usávamos toda fonte de amido: batatas doces, polenta e batatas típicas do estado de Idaho. Tudo parecia ser um grande sucesso. Eu acho que o segredo é rolar qualquer massa quente frita em açúcar, mas não há como dizer ao certo.

Compreendendo

Se ele não contiver muita manteiga ou creme, o purê de batatas que sobrou é útil na padaria. O alto conteúdo de amido torna os produtos fermentados mais leves e prolonga a vida de prateleira deles. Entretanto, eles são um tipo de curinga, porque nunca é possível dizer quanta umidade já possuem.

Reduza os riscos: seque esses produtos antes de usá-los. Espalhe o purê de batatas em um tabuleiro forrado com papel-manteiga. Leve-o ao forno bem baixo (90 °C a 110 °C) por 30 minutos. Espere que esfrie até 32 °C e, depois, use-o na receita.

Receita

Ingrediente	PP%	Amassadeira de 4,3 ℓ Gramas	5,68 ℓ	18,9 ℓ	Δ
Água	21%	100 g	198,44 g	—	
Fermento fresco	1,5%	8 g	14,18 g	—	
Leite	34%	170 g	340,19 g	—	
Óleo de canola	6%	30 g	56,70 g	—	
Purê de batatas, sem grumos	12%	60 g	113,40 g	—	
Ovos	11%	55 g	2 de cada	—	
Açúcar	10%	55 g	99,23 g	—	
Extrato de baunilha	—	¼ cc	½ cc	—	
Farinha comum	100%	480 g	964,70 g	—	
Fermento químico	—	1 cc	2 cc	—	
Sal	1,5%	7 g	1½ cc	—	
Rendimento		970 g	1,80 kg		
Unidades		2 dúzias	4 a 5 dúzias		

Produção

Para fritar donuts, use uma fritadeira elétrica que tenha um termostato confiável. Se você não tiver uma, frite na frigideira, desde que siga as regras básicas de segurança.

Parte IV | Coleção de receitas de pão

Selecione um óleo de gosto leve, como de canola, milho, cártamo, ou uma mistura deles. Não use azeite de oliva ou manteiga — os pontos de fumaça deles são baixos demais, enquanto o sabor é muito forte.

Selecione uma frigideira funda e com a parte de baixo reta. O medidor de temperatura deve ser grosso, para que fique estável sobre o fogão e para que se obtenha uma temperatura uniforme. Coloque o termômetro na frigideira *antes* de você aquecer o óleo. Os utensílios para fritar devem ser de material resistente ao calor ou com o cabo do mesmo material, pois os de metal conduzem calor e podem causar queimaduras.

Não apinhe a área de trabalho próxima ao fogão. Arrume um local para escorrer a fritura e use um tabuleiro forrado com papel absorvente ou papel específico para fritura. Algumas fontes recomendam o uso de jornais. Eu descobri que isso é meio sujo — manchas de tinta acabam aparecendo nos pratos de servir ou mesmo nos donuts.

Especificação

Esta massa fica melhor quando feita à mão. Em geral, para a nossa "noite de donuts", nós usamos a amassadeira de 5,68 litros. É mais fácil fazer mais de uma fornada com rendimentos menores.

Modo de fazer

1	Mise en place	H_2O @ 32 °C; purê de batatas @ 27 °C	tdm = 27 °C	
2	Mistura dos ingredientes	Modificada. Misture H_2O e o leite para a pasta de fermento.		
3	Desenvolvimento	Velocidade #2, 3 min; + descanso 3 min; + velocidade #1, 2 min	OU	(à mão) 3 min + descanso 3 min; + 3 min
4	Fermentação	1 h @ 27 °C Sem desgasificar e dobrar		
5	Modelagem	Faça um rolo com 1,5 cm de espessura na bancada; passe para papel-manteiga untado; enrole novamente. Unte o topo da massa ou use um spray; descanse 15 min, coberto; corte donuts de 10 cm.		
6	Crescimento	Sobre papel-manteiga untado, fermente 30 min @ 27 °C.	Mantenha coberto com plástico.	
7	Fritura	Frite em óleo @ 190 °C. Vire os donuts uma vez; frite até dourar. Coloque o suficiente para cobrir a superfície do óleo, mas não transborde. Espere 2 a 3 minutos entre os lotes para permitir que a temperatura do óleo se recupere.		
8	Decoração e assamento	Escorra em papel (sacos ou toalhas). Passe por açúcar refinado ou cristal; sirva quente.		

Pães da família das massas macias

▶ Sobre o leite

Além de adicionar sabor, o que o leite faz pela massa?

As massas macias muitas vezes usam o leite como um dos líquidos da receita, ou o único. Escolha leite integral com conteúdo de gordura de 3,5% a 4%.

À massa de pão, o leite confere sabor, graças a seus açúcares e ácidos, e uma textura mais rica, graças ao conteúdo de gordura. Ele aumenta ligeiramente a qualidade de conservação do pão, por causa do açúcar e das gorduras adicionais.

Os açúcares e os ácidos afetam a estrutura da massa e o desenvolvimento da rede de proteína. Aqui, você verá como se deve manusear uma massa quando a receita inclui leite.

Ácido lático

O ácido formado com a utilização do leite é o ácido lático. Ele acrescenta uma leve acidez, como aquela encontrada nos queijos cremosos[4] e no creme de leite azedo. Do ponto de vista da estrutura, o ácido ajuda a estruturar a proteína na massa durante a fase de desenvolvimento.

O pH da massa diminui quando se usa leite em lugar de água. O pH ligeiramente mais baixo estimula a ação do fermento. Isso significa que pães pequenos, como o pão de aveia e bordo ou o pão de queijo e pimenta, ficam prontos para serem moldados depois de 45 minutos de fermentação, e não dentro de 1 hora, que é o tempo de fermentação mais comum.

O ácido lático torna a massa mais fácil de se esticar à medida que ela cresce. Por essa razão, as massas feitas com leite podem aguentar melhor a fermentação a frio, quando mantidas por 8 a 16 horas sob refrigeração.

A proteína do leite

Há um tipo de proteína no leite — a *proteína sérica* — que interfere na estrutura do glúten. Uma massa feita com leite parece fraca e levemente úmida durante a fase de desenvolvimento. Se as suas mãos e os seus olhos estiverem esperando por isso, você não ficará alarmado quando ocorrer. Quando você está aprendendo a desenvolver a massa, especialmente se for à mão, pode pensar que deve adicionar mais farinha à massa para

---

Aquecendo o leite

Para *aquecer* o leite, coloque-o em uma panela de aço inoxidável, de vidro ou de cerâmica, em fogo moderado. Mexendo ocasionalmente, para impedir que o leite queime, aqueça-o até 71 °C. Retire-o do fogo e esfrie-o antes de incorporá-lo à massa. Frequentemente, a temperatura de 27 °C é fria o bastante.

(Para ser preciso, calcule a temperatura do leite usando a *receita da temperatura* H_2O, na segunda seção deste livro.)

---

[4] Queijo para se passar em pães, torradas, bolachas, etc. O cream cheese é um dos tipos de queijo cremoso, mas nem todo de queijo cremoso é cream cheese.

353

Leite em pó *versus* sólidos secos do leite

Os *sólidos secos do leite* não são a mesma coisa que o leite em pó vendido no supermercado. Os sólidos secos do leite foram *tratados pelo calor* (a expressão usada pelos profissionais da indústria que corresponde a *aquecer*), a fim de se desnaturar a proteína sérica do leite.

O leite em pó não é *tratado pelo calor*. Quando você acrescenta água a ele, obtém o velho e simples leite. Antes de usá-lo em uma receita de pão, ainda é preciso aquecê-lo, para que a sua massa não fique úmida.

---

eliminar o grude. Não adicione farinha cedo demais: o pão ficará pesado e duro depois de assar.

Para reduzir o grude da massa, o padeiro pode *aquecer* e esfriar o leite antes de adicioná-lo à massa.

Aquecer o leite *desnatura* a proteína sérica, o que significa que ela deixa de ser um problema para o padeiro. Depois de frio, o leite mistura-se prontamente com a massa, que gruda menos.

Tire vantagem do leite aquecido. Se a sua receita inclui vários adoçantes, como açúcar, mel e xarope de bordo, recomenda-se *aquecer* o leite. Os adoçantes dissolvem-se e combinam-se facilmente ao leite aquecido, ajudando-o a esfriar mais depressa.

Depois que o leite aquecido esfria até 32 °C, você também pode adicionar queijos ralados a ele. Isso ajuda o queijo a se incorporar com mais facilidade à massa, em receitas como a dos pãezinhos de queijo e pimenta.

Sólidos secos do leite

Algumas receitas pedem *sólidos secos do leite*, os quais se parecem com leite em pó. Os sólidos secos do leite são feitos de leite integral que teve quase toda a sua água retirada. O pó seco contém as gorduras, os ácidos e os açúcares encontrados no leite original. O leite em pó desnatado segue o mesmo exemplo, mas ele não contém praticamente nenhuma gordura.

Armazene os sólidos secos do leite em um lugar frio, coberto, junto com outros produtos secos, como farinha e açúcar. Em comparação com o leite fresco, os sólidos secos do leite ocupam menos espaço, não exigem refrigeração e têm uma vida de prateleira mais longa. Em uma padaria cujas escalas são grandes, essas vantagens traduzem-se em conveniência e custos menores.

Os sólidos secos do leite não são usados nas receitas deste livro, pois eles representam um item a mais da despensa que precisa ser comprado, armazenado e mantido fresco. Se você tem intenção de usar muito esse ingrediente, então considere acrescentá-lo à sua relação de ingredientes secos.

> Os sólidos secos do leite podem ser substituídos por leite fresco integral nas receitas deste livro. A conversão é feita da seguinte forma:
>
> 300 gramas de leite líquido = 29 gramas de sólidos secos do leite mais 271 gramas de água.

Acrescentando os sólidos secos do leite à massa

Família da massa macia

Nem sempre é necessário dissolver os sólidos secos do leite em água antes de adicioná-los à massa. Você pode dividir a farinha em um monte de um terço e um de dois terços. Combine os sólidos secos do leite aos dois terços de farinha. Siga a sequência de mistura dos ingredientes da receita, como se os sólidos secos do leite não estivessem ali.

Família da massa doce

Quando você for usar os sólidos secos do leite em uma massa rica, misture-os com a manteiga e o açúcar.

A massa doce, por sua vez, contém alta porcentagem de açúcar e de manteiga. A sequência de mistura dos ingredientes dessa família inclui um passo chamado *bater em creme*. Exatamente como se faz quando se assa um bolo de manteiga, ou certos tipos de muffins, a manteiga e o açúcar são batidos juntos, ou batidos em creme, até que a mistura fique leve e aerada. Combine os sólidos secos do leite com a manteiga e o açúcar à medida que você os bate. Essa mistura cremosa é adicionada à pasta de fermento mais tarde.

Pães de leite (*pains au lait*)

Descrição

Quando o único líquido da massa é o leite, os franceses chamam o pão de *pain au lait*, que significa *pão feito com leite*. Se esse pão é assado como pão de forma, não é cortado nem são feitas decorações antes do assamento; em vez disso, o pão é assado em uma forma com tampa. Quando fatiado, o perfil dele parece obter o toque de um chef confeiteiro.

Compreendendo

A alta porcentagem de manteiga e de ovos desta receita a insere na família da massa rica. Entretanto, essa massa é mais bem manuseada como uma massa macia, na sequência de mistura modificada.

O leite contém proteína sérica, que enfraquece a estrutura do glúten na massa. Para obter melhores resultados, aqueça o leite e, depois, deixe-o esfriar até 32 °C, antes de fazer a pasta de fermento.

Aquecer o leite pode não ser conveniente. O leite não aquecido pode ser misturado à massa, à temperatura ambiente. Nesse caso, ela parecerá mais macia e mais úmida. *Não acrescente mais farinha*. A massa ainda irá endurecer durante a fermentação.

Produção

O *pain au lait* pode ser feito em um processo de dois dias. No primeiro dia: misture os ingredientes e desenvolva a massa como sempre. Deixe a massa fermentar a 27 °C por 30 minutos. Desgasifique e dobre a massa, e então retarde-a por 8 a 16 horas. A fermentação a frio sublinha o sabor lático da massa — além disso, a massa gelada é mais fácil de modelar no dia seguinte.

Por conta da alta porcentagem de leite e de ovos que há na receita, a casca superior doura rapidamente. Em um forno de lastro, abaixe a temperatura do elemento aquecedor superior e coloque uma folha de papel-manteiga sobre os pães depois que eles começarem a dourar.

Pães da família das massas macias

Receita

	PP%	Amassadeira de 4,3 ℓ	5,68 ℓ	18,9 ℓ	
Ingrediente	PP%	Gramas			Δ
Leite	54%	395 g	595,75 g	1,59 kg	
Fermento fresco	3,6%	30 g	42,53 g	113,40 g	
Açúcar	8%	60 g	85,05 g	226,80 g	
Manteiga	11%	85 g	127,58 g	326,02 g	
Ovos	10%	70 g*	106,31 (2 ovos)	283,50 g (5 ovos + 1 clara)	
Farinha	100%	735 g	1,11 kg	2,95 kg	
Sal	2%	15 g	21,26 g	56,70 g	
Rendimento		1,39 kg	2,04 kg	5,45 kg	
Unidades		2 dúzias de pãezinhos ou 2 pães de forma	3 dúzias de pãezinhos ou 3 pães de forma	8 dúzias de pãezinhos ou 8 pães de forma	

* Nota: 70 g ovo = 1 ovo inteiro mais 1 clara.

Especificação

A massa do *pain au lait* pode ser modelada na forma de pãezinhos de 55 gramas, os quais são colocados no tabuleiro forrado com papel-manteiga na disposição cinco por sete. Siga os procedimentos de fermentação e assamento de Balloons. Ao fazer pães de forma, pese a massa em 695 gramas. Siga os procedimentos de modelagem, crescimento e assamento do "Modelando e assando pão de forma" (p. 399).

1,39 kg rendem   2 pães de forma @ 695 g

12 pães de hambúrguer @ 110 g

2 dúzias de pãezinhos para jantar @ 55 g

Parte IV | Coleção de receitas de pão

Modo de fazer

1	Mise en place	Aqueça o leite; esfrie a 32 °C; manteiga @16 °C	tdm = 27 °C
2	Mistura dos ingredientes	Modificada	Bata os ovos com o açúcar antes de adicioná-los à pasta de fermento.
3	Desenvolvimento	Velocidade #2, 3 min; + velocidade #1, 2 min (ver **nota sobre o desenvolvimento**, abaixo)	OU (à mão) 7 a 8 min
4	Fermentação	1 h @ 27 °C; 1 × desgasificar e dobrar.	
5	Modelagem	2 peças @ 695 g; modele bolas; descanso de bancada: 30 min; forma final como pães de forma.	Para pãezinhos, siga a *sequência de modelagem* dos Balloons.
6	Crescimento	Pães de forma: 1 h @ 27 °C	Pãezinhos: 40 min @ 27 °C
7	Decoração e assamento	Glacê padrão; sem coberturas.	

Produto	Forno	Estágio I	Vapor	Vent @	Estágio II	Tempo	Temp. int.
Pain au lait Forma	Rack	170 °C	10 s	6 min	160 °C	26 a 30 min	85 °C
	De lastro (com grade)	200 °C (6.7.3)	Sim, se disponível	8 min	175 °C	26 a 30 min	85 °C
Pãezinhos	Rack	180 °C	5 s	2 min	180 °C	10 a 11 min	Cor
	De lastro (com grade)	200 °C (6.6.6)	Sim, se disponível	4 min	200 °C	9 a 10 min	Cor

Nota sobre o desenvolvimento: antes do último passo do desenvolvimento (velocidade #1), lembre-se de tirar a massa da tigela, invertê-la sobre a bancada um pouco enfarinhada e dobrá-la. Isso permite que a massa ligeiramente seque ao ar, tornando-se menos macia e úmida ao voltar à tigela.

358

Pão de aveia

Descrição

Este pão de forma rústico é perfumado com mel, que sublinha o leve amargor da aveia.

Compreendendo

Escolha aveia de cozimento rápido, e NÃO aveia instantânea. O farelo de aveia tostada da receita pode ser substituído por farinha de trigo integral.

Adicione esses ingredientes à pasta de fermento. Os grãos integrais precisam se hidratar por 10 minutos completos na pasta de fermento, antes de os amaciantes serem acrescentados. Mantenha a pasta de fermento no calor durante o descanso.

Depois do primeiro estágio de desenvolvimento, descanse a massa na bancada, coberta, por 5 minutos. O descanso desenvolve uma qualidade diferente no glúten, ajudando-o a resistir à ação cortante da aveia.

O segundo estágio de desenvolvimento é feito de modo suave, à mão ou em velocidade baixa, para reduzir os danos à estrutura de glúten.

Produção

Esta massa fica melhor quando é misturada e assada no mesmo dia. Da noite para o dia, a fermentação a frio amarga o gosto da aveia.

Receita

Ingrediente	PP%	Amassadeira de 4,3 ℓ	5,68 ℓ	18,9 ℓ	
		Gramas			Δ
Leite	53%	425 g	638,28 g	1,70 kg	
Fermento fresco	3,4%	30 g	42,53 g	113,40 g	
Flocos de aveia	17%	140 g	212,62 g	567,40 g	
Farelo de aveia tostada	4,5%	45 g	63,79 g	170,10 g	
Ovo	6%	55 g	70,88 g (1 ovo + 1 clara)	198,44 g (4 cada)	
Açúcar mascavo	4,5%	45 g	63,7 g	170,10 g	
Manteiga	4%	30 g	42,53 g	113,40 g	
Farinha	78%	650 g	964,70 g	2,53 kg	
Sal	2%	18 g	28,35 g	70,88 g	
Rendimento		1,43 kg	2,04 kg	5,67 kg	
Unidades		2 pães @ 715 g	3 pães	8 pães	

Parte IV | Coleção de receitas de pão

Especificação

Faça pão de forma com 715 gramas.

Para fazer pães para sanduíche:

> Pincele a massa já modelada com água.
>
> Cubra-a com mais aveia.
>
> Coloque a massa nas formas preparadas.
>
> Deixe fermentar conforme a receita.
>
> Não faça cortes na parte superior.

Opção alternativa: pincele os pães fermentados com água e, cuidadosamente, cubra-os com mistura de aveia crocante.

Mistura de aveia crocante

(suficiente para 2 pães)

½ xícara (chá)	Flocos de aveia
¼ de xícara (chá)	Açúcar mascavo
1 cs	Farinha comum
¼ cc	Canela

Modo de fazer

1	Mise en place	Leite @ 32 °C; manteiga @16 °C	tdm = 27 °C
2	Mistura dos ingredientes	Modificada	Use todos os flocos de aveia e o farelo de aveia tostada na pasta de fermento.
3	Desenvolvimento	Velocidade #2, 3 min; + descanso 5 min; + velocidade #1, 2 min	OU (à mão) 4 min; + descanso 5 min; + 3 min.
4	Fermentação	1 h @ 27 °C 1 × desgasificar e dobrar.	
5	Modelagem	Divida: @ peças de 715 g; modele como pães de forma.	Ver "Modelando e assando pão de forma" (p. 399).
6	Crescimento	45 a 55 min @ 27 °C	
7	Decoração e assamento	Ver o item "Especificação", acima.	

Produto	Forno	Estágio I	Vapor	Vent @	Estágio II	Tempo	Temp. int.
Pão de aveia	Rack	170 °C	10 s	6 min	165 °C	35 a 40 min	88 °C
	De lastro (com grade)	200 °C (7.3.8)	Não é necessário	10 min	185 °C	32 a 36 min	88 °C

Pão de hambúrguer de cebola e centeio

Descrição

Neste pão, a doçura natural da farinha de centeio é sublinhada pelo leite e pelo mel. Esta massa versátil pode ser assada como pão de hambúrguer, pão de forma para sanduíches ou filão. Mesmo os estudantes que afirmam não gostar de pão de centeio apreciam essa versão salgada.

Compreendendo

Esta Rx foi criada com base em um *processo de dois dias* que usa fermentação a frio. O sabor mais cheio da massa complementa a riqueza dos hambúrgueres, sejam eles de carne, de peru ou vegetarianos.

Produção

A massa pode ser *feita e assada em um dia*, é claro. Para isso, modifique a Rx da seguinte maneira:

1. Retire uma pitada de sal da receita.
2. Mude o tempo de fermentação para *1 h @ 28 °C, com 1 × desgasificar e dobrar.*
3. Quando a fermentação estiver completa, proceda diretamente para a sequência de modelagem.

Receita

		Amassadeira de 4,3 ℓ	5,68 ℓ	18,9 ℓ	
Ingrediente	PP%	Gramas			Δ
Água	34%	240 g	340,19 g	1,02 kg	
Fermento seco ativo	1,4%	10 g	14,18 g	42,53 g	
Farinha de centeio	28%	225 g	283,50 g	850,90 g	
Leite	34%	240 g	340,19 g	1,02 kg	
Mel	4,6%	30 g	42,53 g	127,60 g	
Molho inglês	1,4%	2 cc	1 cs	3 cs	
Cebola*	11%	85 g*	113,40 g*	340,19*	
Manteiga	6%	45 g	56,70 g	141,75 g	
Farinha	72%	480 g	709,15 g	2,13 kg	
Sal	2,4%	20 g	22,26 g	77,96 g	
Sementes de alcaravia (opcional)	1%	2 cc	1 cs	3 cs	
Rendimento		1,375 kg	1,93 kg	5,67 kg	
Unidades		12 pães	18 pães	4 dúzias	

* Calcule um quarto de xícara de chá de cebola crua, picada (pedaços médios), para pesar aproximadamente 30 gramas.

Parte IV | Coleção de receitas de pão

Especificação

- Para pães de hambúrguer, faça peças @ 110 a 115 gramas. Um quilo e 375 gramas de massa rende uma dúzia de pães, ou 25 unidades de pãezinhos de jantar @ 55 gramas.

- Para pães de forma, faça peças @ 680 gramas; siga a orientação de modelagem e assamento de pães de forma. Glace a massa com cobertura de amido antes de assar (página 375). Não são feitos cortes na parte superior dos pães de forma de centeio.

- Para filões, faça peças @ 650 gramas; molde a massa como pão de centeio rústico. Deixe fermentar; pincele com a cobertura de amido. Faça cortes na parte superior e siga a tabela de assamento do pão rústico de centeio.

Modo de fazer

1	Mise en place	H_2O @ 32 °C; leite @ 32°C		tdm = 29 °C; refogue a cebola na manteiga; tempere a gosto com sal. Espere esfriar.
2	Mistura dos ingredientes	Modificada		Adicione as cebolas frias com os amaciantes.
3	Desenvolvimento	Velocidade #1, 3 min; descanso 1 min; + velocidade #1, 2 min	OU	(à mão) 3 min; + descanso 1 min; + 2 min.
4	Fermentação	30 min @ 18 °C; 1 × desgasificar e dobrar; + fermentação a frio: 8 a 16 horas @ 4 °C.	OU	Opcional processo de 1 dia: 1 h @ 29 °C; 1 × desgasificar e dobrar.
5	Modelagem	Divida: @ peças de 110 g; faça bolas suavemente; descanso na bancada 20 min na estufa; modele pãezinhos redondos; achate a parte central.		
6	Crescimento	30 min @ 27 °C		
7	Decoração e assamento	Glacê com leite		Umedeça com água depois de glaçar e antes de assar.

Produto	Forno	Estágio I	Vapor	Vent @	Estágio II	Tempo	Temp. int.
Pão de hambúrguer de cebola e centeio	Rack	180 °C	10 s	6 min	180 °C	7 a 8 min	Cor
	De lastro (com grade)	200 °C (7.7.7)	Sim	8 min	190 °C	4 a 5 min	Cor

Massa de pizza

Descrição

Esta massa é rápida, fácil de fazer e deve de ser manuseada com cuidado. Para fazer pizzas para uma festa, prepare o rendimento maior, divida e arredonde as peças e embrulhe-as bem em um tabuleiro forrado com papel-manteiga untado. Armazene-as no refrigerador durante a noite. A fermentação lenta e fria torna-as mais fáceis de esticar.

Compreendendo

A massa de pizza pode ser feita com qualquer tipo de fermento comercial. Esta receita usa fermento seco instantâneo, que contém aminoácidos chamados *glutationas*. Eles enfraquecem a estrutura de glúten da massa. Isso funciona bem se você quiser que a massa da pizza seja bastante fina.

Produção

Para obter um interior da massa mais tenro, forme o líquido total com metade leite e metade água. Aqueça o leite a 43 °C para o fermento seco ativo, mas não o ferva.

Especificação

Divida a massa em peças de 270 gramas. Elas se esticam em peças de 25 centímetros de diâmetro. Não tente esticá-las esse tanto de uma vez. Deixe que a massa descanse por 1 ou 2 minutos, quando ela se torna elástica. Um descanso de 2 minutos já é suficiente para que a massa de pizza relaxe e responda melhor as suas mãos.

Receita

		Amassadeira de 4,3 ℓ	5,68 ℓ	18,9 ℓ	
Ingrediente	PP%	Gramas			Δ
Água	70%	315 g	652,44 g	1,59 kg	
Fermento seco ativo	1,5%	7 gramas	1⅞ cs	35,44 g	
Mel	3%	15 g	28,35 g	70,88 g	
Azeite de oliva	6%	30 g	56,70 g	141,75 g	
Farinha	100%	450 g	908 g	2,27 kg	
Sal	2%	10 g	1 cs + 1 cc	42,53 g	
Rendimento		820 g	1,59 kg	4,09 kg	
Unidades		3 pizzas @ 25 cm	6 pizzas @ 25 cm	15 pizzas @ 25 cm	

Parte IV | Coleção de receitas de pão

Modo de fazer

1	Mise en place		tdm = 27 °C	
2	Mistura dos ingredientes	Modificada.		
3	Desenvolvimento	Velocidade #2, 2 min; + velocidade #1, 2 min	OU	(à mão) 5 min
4	Fermentação	1 h @ 27 °C 1 × desgasificar e dobrar.		
5	Modelagem	Divida: @ peças de 270 g; faça bolas; leve à geladeira por 30 min (ou até 18 horas).		
6	Crescimento	–		
7	Decoração e assamento	Ver o item "Modelando pizza" (p. 393).		

Produto	Forno	Estágio I	Vapor	Vent @	Estágio II	Tempo	Temp. int.
Pizza	De lastro (diretamente na superfície)	200 °C (6.7.8)	Não	Sempre aberto	—	5 a 8 min, dependendo da grossura e da cobertura	Cor + toque

Pão de batata

Descrição

As batatas amassadas acrescentam doçura e maciez aos pães, além de aumentarem a vida de prateleira deles. Esta receita pede batatas asterix, fervidas com pele — a casca torna o pão mais interessante visualmente e melhora sua textura.

Compreendendo

As batatas asterix são lavadas e cortadas em quatro, no sentido do comprimento. Coloque-as em uma panela grande, com água suficiente para cobri-las em 7,5 centímetros. Acrescente sal e espere a água ferver. Reduza a chama ligeiramente e deixe-as cozinhar até que fiquem macias.

Escorra, reservando a água das batatas. Espalhe as batatas em um tabuleiro forrado com papel-manteiga, para que elas esfriem. Esprema-as à mão, ou usando uma amassadeira com o batedor de massa leve. Não importa se restarem alguns grumos; eles acrescentam um contraste de textura ao pão.

Não use o processador de alimentos para essa tarefa e não procure obter um purê liso. Quando as batatas fervidas são processadas demais, elas ficam úmidas.

As batatas precisam conter sal o bastante em si mesmas. Se não contiverem, elas roubam sal da massa, e o pão fica sem graça. Experimente-as e, se necessário, acrescente sal.

Use a água das batatas para substituir um terço do total de água da receita. Por exemplo, a receita de 1,45 quilos pede 355 gramas de água. Use 118 gramas da água das batatas reservada, mais 237 gramas de água pura.

Muitas vezes, o padeiro, ao fazer pão de batata, realiza o chamado *assamento por inteiro*, por causa da alta umidade. Quando a temperatura interna do pão alcançar 90 °C, reduza o termostato do forno em 10 °C. Use algum utensílio para manter a porta do forno aberta. Asse por mais 4 ou 5 minutos, de acordo com a sua preferência quanto à cor da crosta.

Produção

Misture o pão de batata com cebolinhas verdes salteadas e alho assado. Limpe a cebolinha retirando as raízes e as folhas estragadas. Fatie as partes brancas em pedaços de 0,5 centímetro e as partes verdes em pedaços de 1 centímetro. Em uma sautese pequena, em fogo médio, refogue a mistura no azeite de oliva da Rx. Tempere com mais sal. Deixe a mistura esfriar e acrescente-a à massa com as batatas amassadas.

Proporções sugeridas:

	para 2 pães	para 3 pães	para 4 pães
Cebolinha	⅔ de um maço	1 maço	4 maços
Alho assado	1 cs	1½ cs	4 cs

Parte IV | Coleção de receitas de pão

Usando esta receita como base, você pode transformar em pães salgados outras sobras de amido já cozidas. Sobrou polenta? Transforme-a em pães de polenta crocantes, adicionando coisas como cogumelos e cebolas salteadas, ou pedaços de queijo gorgonzola.

Especificação

Este pão pode ser de forma, redondo ou filão.

Receita

Ingrediente	PP%	Amassadeira de 4,3 ℓ	5,68 ℓ	18,9 ℓ	Δ
		Gramas			
Água	46%	355 g	539,05 g	1,42 kg	
Fermento seco ativo	1,5%	11 g	14,18 g	42,53 g	
Batatas amassadas	40%	315 g	454 g	1,22 kg	
Azeite de oliva	1,8%	15 g	28,35 g	56,70 g	
Farinha	100%	750 g	1,15 kg	3,09 kg	
Sal	1,4%	11 g	14,18 g	42,53 g	
Rendimento		1,45 kg	2,16 kg	5,90 kg	
Unidades		2 pães	3 pães	8 pães	

Modo de fazer

1	Mise en place	H_2O @ 43 °C; Batatas amassadas @ 28 °C	tdm = 27 °C	
2	Mistura dos ingredientes	Modificada	Use um terço da farinha para a pasta de fermento.	
3	Desenvolvimento	Velocidade #2, 4 min; + velocidade #1, 3 min	OU	(à mão) 8 min
4	Fermentação	1 h @ 27 °C 1 × desgasificar e dobrar.		
5	Modelagem	Divida: @ peças de 700 a 725 g para pão de forma, redondo ou filão.		
6	Crescimento	1 h @ 27 °C		
7	Decoração e assamento	*Pão de forma*: faça um corte no topo do pão, no sentido do comprimento. *Redondo e filão*: borrife H_2O e polvilhe com farinha; faça cortes na parte superior com uma lâmina ou faca serrilhada.		

Pães da família das massas macias

Produto	Forno	Estágio I	Vapor	Vent @	Estágio II	Tempo	Temp. int.
Pão de forma	Rack ou de lastro	O mesmo que para o pão de forma integral de mel.					91 °C
Redondo e filão	De lastro (com grade)	200 °C (7.3.8)	Se você não tiver disponível, umedeça bem os pães com H_2O depois de decorar e antes de assar.	8 min	200 °C	20 a 24 min	91 °C

▶ Sobre os pães de centeio

Farinha de centeio

O grão integral do centeio tem três componentes, assim como o grão de trigo: o farelo, o endosperma e o germe.

O endosperma do centeio contém proteína e amido. O conteúdo de proteínas do centeio é menor do que o da farinha de trigo. Enquanto esta tem uma média de 12% de proteínas, a farinha de centeio tem cerca de 9% a 10%. A farinha de centeio é aproximadamente 25% mais fraca do que a farinha de trigo. Para o padeiro iniciante, fazer uma massa usando apenas farinha de centeio pode deixá-la úmida e sem graça, o que aumenta as chances de ela ser trabalhada além da conta. Por essa razão, são comuns receitas introdutórias de pães de centeio que orientam que metade da farinha deva ser de trigo, para fornecer estrutura ao pão.

A quantidade menor de proteína da farinha de centeio significa que a quantidade de amido dela é maior. Não apenas há mais amido, tornando a massa mais úmida, como também há um tipo especial dele, chamado de *pentosana*.

As *pentosanas* requerem atenção especial; elas podem até estragar uma massa. Se forem ignoradas, as *pentosanas* deixam a massa úmida e fazem-na grudar nas mãos (ou no batedor da amassadeira). E, se forem sovadas demais e não forem manuseadas da maneira adequada, elas tornam o miolo do pão denso em excesso — isso deixa a mastigação adesiva, e quanto mais se mastiga mais o miolo gruda nos dentes.

Os padeiros têm um truque para manter a disciplina das *pentosanas*. Eles usam uma temperatura da massa mais

Centeio *versus* trigo

A melhor maneira de aprender alguma coisa nova é compará-la com alguma coisa que você já conhece. Aprender algo sobre a farinha de centeio é mais fácil se você já tiver trabalhado com algum outro tipo de farinha e tido sucesso ao assar pães com ela. Neste momento, lembre-se dos pães feitos com farinha de trigo que você já assou.

A expressão farinha de trigo pode significar *farinha de trigo integral*, *farinha para pão*, *farinha comum* ou *farinha para doces*. Algumas vezes, pode ser a combinação de duas delas. Nesta discussão, a expressão *farinha de trigo* será usada em referência a todos esses tipos de farinha que se originam do trigo.

Quanto ao termo *pão*, pense em *qualquer pão feito de farinha de trigo*. Alguns exemplos de pão feito com farinha de trigo são os pães de forma de trigo integral, os Balloons, os pretzels macios e as baguetes. Então, o termo não diz respeito apenas ao pão de trigo integral, mas a qualquer pão feito com farinha de trigo.

Parte IV | Coleção de receitas de pão

quente. As temperaturas desejadas da massa para pães de centeio ultrapassam os 27 °C, valor que é padrão para as massas magras e as macias. Quanto maior for a porcentagem de farinha de centeio na receita, maior deve ser a temperatura ótima da massa. Alguns centeios azedos alemães têm uma temperatura desejada da massa de 29 °C, para manter as *pentosanas* sob controle.

Outra diferença importante é que a farinha de centeio contém mais *enzimas amilase* do que a farinha de trigo. Essas enzimas são responsáveis por converter o amido da farinha em açúcares que o fermento pode digerir. Isso causa preocupações ao padeiro quanto às velocidades de fermentação e de crescimento.

Fermentação e crescimento mais rápidos

O que acontece é isto: depois que a massa é misturada, as *enzimas amilase* digerem o amido da farinha. Em comparação com a farinha de trigo, não só há mais *enzimas amilase* na farinha de centeio, como também há mais amido para elas converterem em açúcar. Isso significa uma taxa de fermentação muito mais rápida, o que faz que as massas de centeio expandam-se bem mais depressa durante a fase de fermentação. Como há menos proteína para formar a estrutura, essas massas que crescem rapidamente precisam ser desgasificadas e dobradas não apenas uma vez durante a fermentação, mas, em geral, duas vezes.

Durante o assamento, as *enzimas amilase* tornam-se muito ativas entre os 48 °C e 60 °C. Se não forem mantidas sob controle, elas converterão grande quantidade de amido do pão em açúcares, achando que estão produzindo grande quantidade de alimento para o fermento.

Mas, a essas temperaturas mais altas, o fermento começa a desacelerar e a morrer. Assim, os açúcares recentemente convertidos permanecem dentro do pão, absorvendo umidade e tornando o seu interior pegajoso.

Para controlar as *enzimas amilase*, os padeiros tornam o ambiente da massa ligeiramente mais ácido do que o de uma massa de farinha de trigo. Nos pães de centeio da Europa, usa-se, para esse propósito, um fermento natural. A acidez do fermento não só retarda a ação das enzimas, como também acrescenta ao perfil de sabor e prolonga a vida de prateleira dos pães.

Definições

Uma *pentosana* é um tipo específico de carboidrato encontrado em farinhas. (Como molécula, ela tem cinco lados; daí o *pento* do seu nome.) As *pentosanas* são responsáveis pela absorção da água pela farinha. A farinha de pão tem *pentosanas*, é claro, mas em quantidade muito menor do que a farinha de centeio.

As *enzimas amilase* estão presentes nos grãos; quando o grão é moído para se tornar farinha, elas ficam expostas. Em uma massa de pão, elas são responsáveis por transformar o amido em açúcar, a fim de alimentar o fermento. Há dois tipos de *enzimas amilase*. A *alfa-amilase* rompe grandes moléculas de amido, deixando-as em pedaços menores. A *beta-amilase* rompe a maltose (moléculas de açúcar) das pontas dessas cadeias menores.

A maltose é o alimento preferido do fermento.

368

Pães da família das massas macias

Ao fazer pães de centeio introdutórios, como os deste livro, o padeiro pode conseguir um controle semelhante sobre as *enzimas amilase* adicionando uma pequena quantidade de ácido à massa. Um oitavo de colher de chá de vinagre de vinho tinto para cada 454 gramas de farinha de centeio é uma quantidade suficiente para manter as *enzimas amilase* sob controle, sem interferir no perfil de sabor do pão.

Farinha de centeio: clara, média ou escura?

A classificação da farinha de centeio em *clara, média ou escura* tem mais a ver com a parte do grão da qual a farinha provém do que com a cor real dela. Os três tipos de farinha derivam do endosperma do centeio, do mesmo modo que a farinha de pão deriva do endosperma do trigo. (Ver o desenho da p. 36.)

FARINHA DE CENTEIO CLARA A porção mais interna do endosperma do centeio é a mais clara na cor. Ela tem um teor de cinzas de aproximadamente 0,6%. A farinha de centeio clara oferece pouco sabor de centeio aos pães e não deve ser usada nas receitas deste livro.

FARINHA DE CENTEIO ESCURA A porção mais externa do endosperma é a mais escura na cor. A farinha que vem dessa parte tem um teor de cinza de 1,8%. Ela tem um sabor mais forte de centeio do que a farinha clara, mas a sua textura é como areia molhada. Ao usar farinha escura, o resultado que se obtém não é grande coisa, com alvéolos grandes e uma estrutura fraca dentro do pão. A farinha de centeio escura também deve ser evitada.

FARINHA DE CENTEIO MÉDIA* A seção média do endosperma tem um teor de cinzas de 1,1%. Essa farinha confere um sabor de centeio moderado aos pães e comporta-se adequadamente na construção do glúten. A farinha de centeio média é preferida por suas propriedades de manuseio e seu sabor moderado.

FARINHA DE CENTEIO INTEGRAL* Alguns moleiros — especialmente pequenas empresas orgânicas — moem o grão de centeio inteiro em farinha fina. Essa farinha inclui o endosperma, é claro, e acrescenta o germe e o farelo. (É como a farinha de trigo integral, mas proveniente do centeio.) Os moleiros chamam esse produto de farinha de centeio integral. Ela tem um teor de cinzas de 2% e confere um sabor pronunciado de centeio aos pães, além de ter proteína o suficiente para realizar bem a construção do glúten.

Às vezes, quando a farinha de centeio integral é comprada e revendida por distribuidores, ela é reetiquetada como farinha de centeio escura — lembre-se do que foi dito acima: essa é a substância úmida e arenosa que você não quer em seus pães.

Como se assegurar de que a farinha de centeio escura é, na verdade, farinha de centeio integral? Consiga uma cópia das especificações do vendedor ou do moleiro. Entre os nutrientes e minerais da farinha, verifique o teor de cinzas. Se ele for de 2%, então o que você tem é farinha de centeio integral. E isso é bom. Se o teor for 1,8%, você provavelmente tem farinha de centeio escura, feita a partir da porção externa do endosperma do centeio, que é o que você não quer. Para uma discussão do teor de cinzas, veja a página 58.

FARINHA DE PUMPERNICKEL* Os moleiros pegam o grão de centeio inteiro e, em vez de moê-lo fino e fazer farinha de centeio integral, eles moem-no grosseiramente. É com esse produto que se faz a farinha de pumpernickel, que tem um miolo ligeiramente mais grosseiro — os seus alvéolos internos são um pouco maiores, e a sua textura na boca é um pouco menos lisa do que a dos pães de centeio feitos com farinha de centeio integral.

---

* Essas farinhas são as preferidas pelos padeiros artesanais, por causa do sabor, da textura e do desempenho que elas conferem às massas de pão.

Parte IV | Coleção de receitas de pão

Sentindo a farinha de centeio

Pegue uma pequena quantidade de farinha de centeio média e esfregue-a nas palmas das suas mãos. Em comparação com a farinha de pão, a de centeio lhe parecerá menos arenosa, por causa da proteína; e ela também parecerá mais lisa, por causa da maior quantidade de amido que contém.

Compare a textura da farinha de centeio média com a da farinha de pumpernickel. Moída grosseiramente a partir do grão de centeio inteiro, a farinha de pumpernickel compõe-se de farelo de centeio, germe e endosperma.

Sinta a natureza desigual e áspera da casca exterior do grão de centeio. É essa aspereza que corta mais a rede de proteínas de um pão de centeio e que pode conferir ao produto final um miolo mais aberto e rústico.

A textura rústica do pão pode secar rapidamente, tornando-se grosseira ao paladar. Essa é a razão pela qual as massas feitas com pumpernickel ou centeio integral muitas vezes incluem uma pequena quantidade de gordura ou de óleo. Ambos lubrificam a estrutura de proteínas e impedem que ela se torne quebradiça. Assim, revestindo o farelo de centeio, a estrutura do glúten pode suportar melhor a ação cortante dele.

Continue a esfregar a farinha de pumpernickel nas palmas das mãos, e você sentirá o óleo saindo do germe. Isso se percebe pelo leve brilho e pela maior maciez da pele.

O perfil de sabor da farinha de pumpernickel mistura o agradável sabor do grão e doçura. Esse perfil pode ser sublinhado adicionando-se cebolas sauté, frutos e sementes tostadas (como avelãs e sementes de girassol), além de frutas desidratadas, como uvas-passas claras ou escuras, com a doçura concentrada destas. A especiaria alcaravia tem um perfil de sabor que evoca a cultura da Europa e a preferência desta por sabores amargos e acres. Você pode omitir ou substituir algumas das outras guarnições de acordo com a sua preferência.

Centeio europeu *versus* pães modernos de centeio para sanduíches

Os pães de centeio europeus são feitos com fermentos naturais de massa azeda. Os sabores fortes e ricos e as texturas resistentes e densas dos pães de centeio resultam de séculos de trabalho artesanal, passado de geração a geração.

Os pães modernos de centeio para sanduíche muitas vezes incluem um ingrediente ácido saboroso. Vinagre de vinho tinto, suco de limão ou até melaço completam o perfil de sabor da massa de centeio, enquanto o ácido ajuda a controlar as *pentosanas*.

Os pães de centeio da família das massas macias não usam fermento natural de massa azeda. Em vez disso, eles oferecem uma leve intensidade de sabor de centeio, com uma textura adequada para os usos modernos, como base de canapés e sanduíches, por exemplo.

Misturando e desenvolvendo pães de centeio

A temperatura desejada da massa (tdm)

Todas as massas de mistura direta e de mistura direta modificada com que você trabalhou até agora têm a tdm de 27 °C. Muitas delas foram baseadas em 100% de farinha de trigo — seja farinha de trigo integral, seja farinha para pão, seja uma mistura delas. A composição da farinha de centeio, especialmente por causa das pentosanas, torna necessárias temperaturas ligeiramente mais altas para que o desenvolvimento, a fermentação e o crescimento sejam melhores. Quando a temperatura de uma massa de centeio cai para menos de 26 °C, as pentosanas tendem a inchar, conferindo uma textura úmida ao produto final.

Quanto maior for a porcentagem de farinha de centeio no total de farinha da receita, maior será a temperatura ótima da massa. As receitas desta seção são compostas de um terço de farinha de centeio e dois terços de farinha para pão. Elas foram preparadas com temperatura ótima da massa de 28 °C. A experiência mostrou que errar a temperatura para mais é melhor do que ter de aquecer uma massa fria, pois o miolo do pão assado fica menos pegajoso.

Desenvolvendo a massa de centeio

1. Chegando à textura inicial

Depois que os ingredientes forem misturados, vire a massa em uma bancada ligeiramente enfarinhada; jogue um pouco de farinha no topo da massa. Enfarinhe as mãos e pressione a massa para baixo com os seus dedos, em vários pontos da superfície dela. Se o interior da massa parecer um pouco mais úmido do que deveria ou se grudar nos dedos, é preciso colocar mais farinha.

Polvilhe um pouco de farinha por cima da massa e introduza a farinha diretamente nela, apertando-a até atingir a bancada. Vire a massa para o outro lado e repita o processo. A massa não deve grudar ou se romper quando você tirar os dedos de sua superfície. Se isso acontecer, adicione um pouco mais de farinha pelo mesmo processo.

Nota: se você tiver de fazer isso mais do que duas vezes (o que significa adicionar farinha à massa quatro vezes), é possível que tenha ocorrido um problema durante a pesagem. Verifique novamente o peso dos ingredientes antes de prosseguir.

2. Textura *média* no ponto da massa

Forme uma bola com a massa, com cuidado. Coloque um pouco de farinha — o equivalente ao diâmetro de uma moeda de cinco centavos — por cima da massa e pressione-a brandamente. Você não quer sentir a textura da superfície; você quer sentir a quantidade de resistência, ou a flexibilidade, que a massa exerce contra o seu dedo. Não pressione com força demais.

Com a mão esquerda, forme um círculo entre o polegar e a ponta do dedo médio, tocando-os. Agora, sinta a *almofada do polegar*. A massa deve ter uma resistência igual. Essa textura é *ao ponto*. Se não tiver, introduza um pouco mais de farinha na massa.

Malpassado, ao ponto ou bem passado?

Um churrasqueiro não pode cortar todos os bifes para verificar se cada um deles foi assado como o desejo do cliente. Ele usa um teste de toque: pressiona o centro do filé e depois pressiona a sua outra mão, comparando as texturas.

Há alguns métodos diferentes; o que funciona melhor para padeiros e doceiros, na minha opinião, utiliza a "almofada" da mão sob o polegar — vamos chamá-la de *almofada do polegar*. A textura dela muda conforme você encosta o polegar ao indicador, ao dedo médio, ao anular ou ao dedo mínimo. Por 15 segundos, tente fazer isso com a sua mão, sentindo a diferença.

É feita uma correspondência entre as diferentes texturas da *almofada do polegar* e o grau de cozimento do filé: *malpassado*: dedo indicador; *ao ponto*: dedo médio; ou *bem passado*: dedo anular.

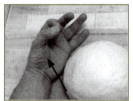

MALPASSADO	AO PONTO	BEM PASSADO	DURO
Aperte a almofada do polegar para *malpassado*.	Pressione a almofada do polegar para *ao ponto*...	Bem passado, e...	Duro e seco.

Sim, a massa ainda estará úmida. Mas a flexibilidade dela lhe diz que há farinha suficiente na massa para começar o desenvolvimento.

3. *Langsamenkneter*

Por causa do alto conteúdo de amido e do baixo conteúdo de proteínas da farinha de centeio, as massas que a utilizam não toleram um desenvolvimento excessivo. Então, quando houver farinha de centeio na receita, você deve reduzir a quantidade de pressão aplicada à massa durante o desenvolvimento.

O estresse faz as moléculas de proteína do centeio ficarem arenosas. No assamento, as paredes da célula podem se estressar e romper durante a fermentação e expansão final do forno. Mesmo se não se romperem, elas darão uma textura grosseira e arenosa ao miolo e provocarão uma sensação de aspereza durante a mastigação.

O engenho alemão criou uma amassadeira de baixa velocidade especial apenas para o trabalho com massas de centeio. Ver pela primeira vez a *langsamenkneter* em ação é como ver o replay de um vídeo esportivo na supercâmera lenta. Como a velocidade de movimento da *langsamenkneter* é aproximadamente 25% da velocidade de uma amassadeira vertical na velocidade baixa, algumas vezes é até difícil ver que a massa está sendo trabalhada.

Desenvolva as massas de centeio de modo suave e por tempos mais curtos do que você desenvolve as massas baseadas inteiramente em farinha de trigo branca. De modo geral, você deve desenvolver as massas de centeio do seguinte modo:

a. Velocidade #1: 3 minutos
b. Descanso: 1 minuto
c. Velocidade #2: 2 minutos

4. A textura *certa* da massa após o desenvolvimento

Quando a massa é desenvolvida adequadamente, a elasticidade dela equivale à textura bem passada dada pelo teste da almofada do polegar. Coloque um pouco de farinha sobre a massa e pressione-a com o dedo, para verificar se ela foi desenvolvida o bastante.

Forme um círculo com a ponta do polegar e o anular, tocando-os. Você sentirá uma resistência maior quando pressionar a *almofada do polegar*. Essa é a quantidade correta de resistência que você deseja obter da massa. Essa é a textura *certa*.

Se a massa estiver mais macia do que deveria, desenvolva-a à velocidade #1 por 1 ou 2 minutos a mais, e não mais do que isso. Não acrescente farinha.

Fermentando, modelando e crescendo o pão de centeio

Fermentação

As massas de centeio fermentam pelo mesmo tempo que outras massas macias — em geral, de 1 hora a 1 hora e 30 minutos. Lembre-se de que a rede de proteínas de massas de centeio é mais frágil. Por esse motivo, a massa pode ser desgasificada e dobrada por uma vez mais durante a fermentação. Isso torna os alvéolos menores e mais uniformes do que os alvéolos de uma massa feita com farinha de trigo.

Modelagem

Exerça pouca pressão ao manusear massas de centeio. Elas não precisam ser desgasificadas com tanta firmeza como as massas de farinha de trigo. Durante o descanso na bancada, preste bastante atenção para impedir que a superfície da massa seque. Quando você estiver dando a forma final à massa, a fim de obter filões, trate-a mais como um bloco de argila molhada do que como uma massa de pão. Modele a massa suavemente, preocupando-se menos em fechar as juntas e mais em dar à massa uma forma equilibrada e atraente.

Crescimento

As massas de centeio crescem mais depressa do que as de farinha de trigo. Por exemplo: se um filão de farinha de trigo de 680 gramas cresce em 1 hora, um pão de centeio do mesmo tamanho crescerá em 45 a 50 minutos. As massas de centeio crescem a temperaturas ligeiramente mais altas e sob mais umidade do que as de farinha de trigo.

> Orientação: deixe as massas de centeio crescerem a 28 °C, com 80% de umidade.

Ela já cresceu o bastante?

Ao crescer massas de centeio, procure pelas seguintes características:

1. Primeiro, os lados da massa crescida parecem relaxados, do mesmo modo que as massas de farinha de trigo. A linha desce suavemente para a parte inferior da massa.
2. Procure cuidadosamente na superfície da massa crescida por pequenos rasgos ou buraquinhos na rede de proteínas. A massa estica durante o crescimento; a rede de proteínas, mais fraca na farinha de centeio, ao se esticar cria buraquinhos visíveis em sua superfície.

O crescimento correto do pão de centeio

As laterais da massa estão relaxadas. A parte superior já não é redonda; ela está achatada. Examine cuidadosamente a superfície da massa. Quando pequenos rasgos ou buraquinhos aparecem, isso significa que o pão de centeio está pronto para glaçar, cortar e assar.

Crescimento excessivo

Os pequenos rasgos na massa de centeio crescida espalham-se rapidamente. Este pão cresceu demais. Quando assado, ele ficará achatado e apresentará buracos grosseiros no seu interior.

Pães da família das massas macias

3. Mergulhe o dedo em farinha e pressione com muito cuidado o lado da massa crescida. Você deve procurar por pequenas bolhas de gás que estouram ao serem pressionadas por seu dedo — é como colocar o dedo em um refrigerante cheio de gás. Não aperte com força, senão você não conseguirá perceber nada.

Se a massa de centeio crescida passar em dois desses três testes, isso quer dizer que ela estará pronta para ser decorada e assada.

Decoração para pães de centeio

Cobertura de amido

Antes de fazer talhos (pestanas) na parte superior do pão de centeio, você deve pincelá-lo com uma mistura de líquido e farinha, chamada de **cobertura de amido**. O propósito da *cobertura de amido* é selar os pequenos rasgos existentes na proteína da superfície da massa crescida e fornecer mais estrutura quando a massa se expandir, durante o estágio I de assamento.

Combine os ingredientes, úmidos, em uma tigela pequena. Use um garfo para bater levemente a clara de ovo e, depois, misture-a aos líquidos. Não bata a mistura. Acrescente a farinha e o sal e misture-os até que o produto fique uniforme. Deixe a cobertura descansar por 10 a 15 minutos antes de usá-la, para que a proteína e o amido se expandam. Não é necessário refrigerá-la.

Antes de glaçar a massa, mergulhe o pincel em água e sacuda-o, para retirar o excesso. Aplique a cobertura de amido nos pães crescidos, exercendo uma leve pressão. A cobertura deve funcionar como tinta. Se ela estiver pastosa, afine-a com água; se ela escorrer pelas laterais dos pães, engrosse-a com um pouco de farinha.

Faça pestanas nos pães

A rede de proteínas de uma massa de centeio, por ser mais fraca, exige técnicas específicas de fazer pestanas.

Farinha de arroz

Quando são triturados até ficarem bem finos, os grãos de arroz cru transformam-se no que se chama de farinha de arroz. Dependendo do tipo de arroz — integral ou branco —, obtém-se farinha de arroz integral ou farinha de arroz branco.

A farinha de arroz branco é mais versátil. Ela é usada para fazer a cobertura holandesa crocante e para forrar cestas de junco, favorecendo o crescimento.

Muitas receitas de *coberturas de amido* pedem farinha de arroz branco, em vez de farinha para pão. Se tiver acesso à farinha de arroz integral, você poderá usá-la em substituição à farinha para pão, na mesma quantidade. Se não tiver, use a farinha para pão mesmo, que funciona bem.

É a que nós usamos na padaria.

Cobertura de amido (suficiente para três filões)

1	clara de ovo
2	cs de água
1	cc de vinagre de vinho tinto
1	pitada de sal
3	cs de farinha para pão, ou o suficiente para fazer uma pasta fina

Afine adicionando água, ou engrosse adicionando farinha, conforme necessário.

1. **Cortes rasos.** Depois de cortada, a rede de proteínas de uma massa de centeio relaxa mais do que a de uma massa de farinha de trigo. Um corte com 0,5 centímetro de profundidade em uma massa de farinha de trigo é quase imperceptível se o pão estiver assado. O mesmo corte de 0,5 centímetro em uma massa de centeio pode se abrir a uma largura de quase 2,5 centímetros e avançar a uma profundidade de 1,3 centímetro.
2. **Lâminas retas.** As lâminas retas são mais eficazes para massas de centeio, cortando-as de modo mais limpo e sem rasgar a massa. A melhor ferramenta para isso é uma lâmina de barbear reta, não curva. Os meus estudantes também têm tido sucesso com uma faca serrilhada de pão ou bolo.
3. **Número de pestanas.** Os pães de centeio alemães são tipicamente cortados quatro ou cinco vezes e em ângulos mais estreitos do que os pães padrão. O desenho a seguir mostra a diferença de ângulos entre um filão francês e um pão de centeio alemão.

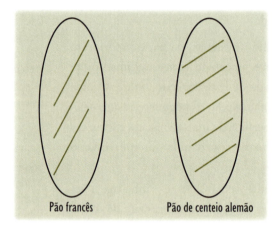

Coberturas

É bastante apropriado deixar os pães de centeio apenas com a pestana e assá-los sem outra guarnição. Por razões decorativas e para variar o sabor, frequentemente se colocam sementes no topo do pão, antes do assamento. São usadas sementes de papoula, gergelim (tanto o branco como o preto) e alcaravia, e, algumas vezes, uma mistura das três.

Assando pães de centeio

A fase de assamento dos pães de centeio é notavelmente diferente da fase de assamento dos pães de trigo. As mudanças devem-se à maior quantidade de amido e à menor quantidade de proteína da farinha de centeio, em comparação com a farinha de trigo branca.

1. **Muito vapor e tempo mais longo no estágio I**
   É preciso permitir o crescimento completo da massa durante o estágio I do assamento. Para isso, é essencial umedecer o amido da superfície e mantê-lo úmido.

Pães da família das massas macias

O estágio I do assamento dura 10 minutos inteiros, e a ventilação ocorre depois de 10 minutos. Aqui estão algumas orientações:

- Forno de lastro — vent @ 10 minutos.
- Forno rack — programe o timer do vapor para 15 segundos; vent @ 10 minutos.

2. **Forno alto e vapor durante o estágio I do assamento**

A expansão final no forno é melhor se fornecerem calor alto e vapor longo, para que a massa cresça plenamente.

- Forno de lastro — 260 °C (7.7.4) com grade.
- Forno rack — 180 °C.

3. **Forno moderado durante o estágio II do assamento**

Depois que o volume do pão for estabelecido, deve-se reduzir o calor, para que ele penetre uniformemente, sem deixar a crosta escura demais.

- Forno de lastro — 200 °C até ficar pronto.
- Forno rack — 162 °C (aproximadamente 12 a 15 minutos a mais).

4. **Testes para verificar se a massa está assada**

- 91 °C de temperatura interna.
- Cor marrom avermelhada, uniforme.
- Crosta firme.

Esfriamento e amadurecimento dos pães de centeio

5. **Amadurecendo o pão**

A composição peculiar do amido e da proteína da farinha de centeio, especialmente por conta das pentosanas, pode tornar os pães pegajosos para fatiar e consumir. Para que se tornem mais fáceis de fatiar, os pães de centeio devem passar por um período de amadurecimento mais longo do que o dos outros pães.

Durante o amadurecimento do pão de centeio, a umidade precisa ser retirada da superfície do pão, para impedir que ele se encharque e que se forme mofo. Embrulhar o pão frio em papel-manteiga antes de embrulhá-lo em plástico fornece a proteção necessária durante o período de amadurecimento. O pão pode ser armazenado dessa forma até que seja fatiado, a fim de encompridar a vida de prateleira dele e reduzir o potencial de formação de mofo.

Pães com mais de 60% de farinha de centeio exigem até dois dias de amadurecimento. O pão de centeio azedo alemão, que leva 90% de farinha de centeio, precisa de três dias inteiros para amadurecer. Os pães de centeio deste livro levam porcentagens baixas a moderadas de centeio na farinha total (25% a 35%); eles exigem bem menos tempo de amadurecimento, cerca de 6 a 8 horas.

- De 6 a 8 horas, embrulhados em plástico, protegido por papel-manteiga.

Pão rústico de centeio

Descrição

Este pão de centeio pode ser modelado como um filão, a forma típica das delicatéssen encontradas nos Estados Unidos. Ele assa igualmente bem no forno rack e no de lastro. Em fatias finas, o pão rústico de centeio é bom para sanduíches como o de rosbife com mostarda quente, ou o de um reuben grelhado, com carne em conserva, chucrute e molho russo. A alcaravia da guarnição pode ser suprimida.

Compreendendo

Lembre-se da *langsamenkneter*, a amassadeira alemã de baixa velocidade. A sua rotação por minuto é aproximadamente 10% da rpm de uma amassadeira vertical típica. Como os pães de centeio exigem um toque delicado, tanto no desenvolvimento como na modelagem, não está incluída aqui a receita para a amassadeira de 18,9 litros de capacidade.

Produção

Lembre-se de que os pães de centeio devem amadurecer por 6 a 8 horas depois do assamento. Enquanto amadurecem, eles podem ser colocados em uma prateleira de arame ou em tabuleiros com furos. Se você for armazená-los por mais de 8 horas, embrulhe-os individualmente em papel-manteiga e depois em plástico. Assim, eles se manterão por até três dias.

Especificação

A cobertura de sementes de um pão rústico de centeio varia de acordo com as preferências. São populares as sementes de papoula e alcaravia. Ou, então, você pode usar a sua própria mistura de sementes. Na nossa padaria, nós usamos a mistura a seguir, que é suficiente para seis pães rústicos de centeio, ou uma dúzia de bagels.

Mix de sementes da padaria

⅔ de xícara (chá) de semolina

2 cs de sementes de papoula

2 cs de sementes de gergelim pretas

1 cs de sementes de erva-doce

1 cs de açúcar mascavo

¼ cc de sal

Pães da família das massas macias

Receita

Ingrediente	PP%	Amassadeira de 4,3 ℓ	5,68 ℓ	18,9 ℓ	
		Gramas			Δ
Água	73%	455 g	652,44 g	—	
Fermento fresco	2,8%	18 g	28,35 g	—	
Centeio claro ou médio	42%	255 g	354,37 g	—	
Açúcar	1,4%	10 g	14,18 g	—	
Manteiga	6%	35 g	49,61 g	—	
Vinagre de vinho tinto	–	⅛ cc	¼ cc	—	
Farinha	58%	380 g	567,40 g	—	
Sal	2,3%	14 g	22,26 g	—	
Sementes de alcaravia tostadas (opcional)		10 g	1 cs	—	
Rendimento		1,15 kg	1,65 kg	—	
Unidades		2 filões	3 filões		

Cobertura de amido

1 clara de ovo
2 cs de água
1 cc de vinagre de vinho tinto
1 pitada de sal
3 cs de farinha para pão ou o suficiente para fazer uma pasta rala

Afine usando água, ou engrosse colocando mais farinha, conforme necessário.

Parte IV | Coleção de receitas de pão

Modo de fazer

1	Mise en place	H$_2$O @ 35 °C; manteiga @ 18 °C	tdm = 29 °C	
2	Mistura dos ingredientes	Modificada	Acrescente as sementes de alcaravia (opcionais) junto com a adição final de farinha.	
3	Desenvolvimento	Velocidade #1, 3 min; + descanso 1 min; + velocidade #1, 2 min Leia o item "Desenvolvendo a massa de centeio".	OU	(à mão) 3 min; + descanso 1 min; + 2 min
4	Fermentação	1 h @ 29 °C 1 × desgasificar e dobrar		
5	Modelagem	Divida em peças @ 570 g; faça bolas com cuidado; descanso na bancada de 20 min na estufa; Modele como filões. Coloque sobre papel-manteiga polvilhado com semolina, no tabuleiro.		
6	Crescimento	De 30 a 35 min @ 28 °C		
7	Decoração e assamento	Pincele com cobertura de amido; dois longos cortes com faca serrilhada; sementes opcionais: papoula, gergelim preto e/ou alcaravia.		

Produto	Forno	Estágio I	Vapor	Vent @	Estágio II	Tempo	Temp. int.
Pão rústico de centeio	Rack	180 °C	15 s	10 min	160 °C	15 min	91 °C
	De lastro (com grade e bandejas invertidas)	200 °C (7.7.5)	Sim	10 min	190 °C	14 a 15 min	91 °C

Pão de gergelim tostado

Descrição

A rica textura de um pão de semolina é ainda mais sublinhada pelo leite e pelo ovo caipira. As sementes de gergelim tostadas acrescentam um sabor adocicado, de frutos secos. A massa pode ser assada como pães de forma ou filões.

Compreendendo

Consulte o item "Compreendendo" referente ao torpedo italiano, para mais informações sobre como manusear a semolina.

Produção

As sementes de gergelim podem ser misturadas à massa ou usadas para guarnecer a crosta.

Para fazer as bolinhas, toste as sementes, espere que elas esfriem e acrescente-as à massa, juntamente com os amaciantes. Isso reduz as chances de elas se queimarem na crosta.

Para fazer pães de forma, use as sementes para forrar a parte inferior e os lados das formas untadas com manteiga ou óleo. Não toste as sementes nesse caso.

Especificação

Com peças de 680 gramas, esta receita rende dois pães de forma, ou dois pães redondos.

Para fazer os de forma, é preferível usar o forno rack (siga os procedimentos de assamento).

Para fazer os pães redondos, pincele a massa com o glacê padrão de ovo e leite. Use uma faca serrilhada para fazer seis cortes ao redor da massa. Os pães redondos podem assar em forno rack ou em forno de lastro.

Parte IV | Coleção de receitas de pão

Receita

Ingrediente	PP%	Amassadeira de 4,3 ℓ	5,68 ℓ	18,9 ℓ	Δ
		Gramas			
Leite	57%	450 g	680,80 g	1,82 kg	
Fermento fresco	2,3%	20 g	28,35 g	70,88 g	
Semolina	28%	225 g	340,19 g	908 g	
Açúcar	2,3%	20 g	28,35	70,88 g	
Ovos	6,3%	50 g	1 ovo + 1 clara	3 ovos + 1 clara	
Azeite de oliva	5,7%	45 g	63,79 g	170,10 g	
Sementes de gergelim tostadas, frias	5%	45 g	63,79 g	170,10 g	
Farinha	72%	560 g	850,89 g	2,27 kg	
Sal	2%	15 g	21,26 g	56,70 g	
Rendimento		1,42 kg	2,04 kg	5,45 kg	
Unidades		2 pães	3 pães	8 pães	

Modo de fazer

1	Mise en place	H$_2$O @ 35 °C	tdm = 27 °C Bata juntos o ovo e o açúcar
2	Mistura dos ingredientes	Modificada; *à máquina*: adicione as sementes durante os 2 minutos finais do desenvolvimento na velocidade #1.	Use toda a semolina na pasta de fermento. Deixe descansar por 5 minutos antes de adicionar amaciantes. À mão: adicione as sementes com os amaciantes.
3	Desenvolvimento	Velocidade #2, 4 min; + velocidade #1, 4 min	OU	(à mão) 10 min
4	Fermentação	1h30 @ 27 °C 1 × desgasificar e dobrar.	
5	Modelagem	Divida em peças @ 680 g; faça bolas; descanso na bancada @ 25 min na estufa; modele como pães de forma ou pães redondos.	Umedeça os pães redondos e passe por semolina para revestir. Coloque em um tabuleiro forrado com papel-manteiga, polvilhado com semolina.
6	Crescimento	De 55 a 60 min @ 27 °C	
7	Decoração e assamento	Glacê padrão para qualquer forma de pão; os redondos levam seis pestanas, que irradiam a partir do centro; os pães de forma levam só cobertura, sem pestanas.	Borrife com água depois de glaçar e antes de assar.

Pães da família das massas macias

Produto	Forno	Estágio I	Vapor	Vent @	Estágio II	Tempo	Temp. int.
Pães redondos de gergelim tostado	Rack	170 °C	10 s	4 min	170 °C	14 a 16 min	88 °C
	De lastro (com grade)	200 °C (7.7.5)	Sim	6 min	180 °C	14 a 16 min	88 °C
Pães de forma de gergelim tostado	Asse conforme orientação da tabela de assamento do pão de forma integral de mel.						

Pão branco para sanduíche

Descrição

Comparado aos Balloons, este pão é ligeiramente mais magro e menos doce, com um gosto discernível de trigo. Ele pode ser modelado na forma de pãezinhos de jantar e é um pão para sanduíches versátil quando modelado como pão de forma.

Compreendendo

O pão branco para sanduíche é uma massa macia. Ele é preparado como os Balloons.

Produção

Para orientações sobre a produção, veja o pão de forma integral de mel.

Especificação

Para especificações sobre peso e forma, consulte o "Modelando e assando pão de forma" (p. 399).

Receita

Ingrediente	PP%	Amassadeira de 4,3 ℓ Gramas	5,68 ℓ	18,9 ℓ	Δ
Água	40%	315 g	510,70 g	1,25 kg	
Fermento fresco	2,4%	20 g	28,35 g	70,88 g	
Leite	20%	160 g	240,98 g	624,10 g	
Manteiga	3%	25 g	37,80 g	99,23 g	
Açúcar	3%	25 g	37,80 g	99,23 g	
Farinha	100%	790 g	1,19 kg	3,18 kg	
Sal	2%	15 g	21,26 g	56,70 g	
Rendimento		1,35 kg	2,04 kg	5,48 kg	
Unidades		2 pães	3 pães	8 pães	

Modo de fazer

I	Mise en place	H$_2$O e leite @ 32 °C; manteiga @ 16 °C	tdm = 27 °C	
2	Mistura dos ingredientes	Modificada		
3	Desenvolvimento	Velocidade #2, 3 min; + velocidade #1, 2 min	OU	(à mão) 7 a 8 min
4	Fermentação	1 h @ 27 °C para 650 a 680 g 1 × desgasificar e dobrar.		
5	Modelagem	Divida em peças @ 650 g a 680 g; faça bolas; descanso na bancada @ 20 min no piso. Modele como pães de forma.		
6	Crescimento	45 min @ 27 °C		
7	Decoração e assamento	Borrife com água e polvilhe com farinha peneirada. Não faça pestanas no topo.		

Produto	Forno	Estágio I	Vapor	Vent @	Estágio II	Tempo	Temp. int.
Pão branco para sanduíche	Rack	170 °C	10 s	6 min	160 °C	28 a 33 min	88 °C
	De lastro (com grade)	200 °C (7.3.8)	Não necessário	10 min	185 °C	28 a 33 min	88 °C

Pão de trigo integral

Descrição

Você prefere dar um caráter rústico ao seu pão integral? O pão de trigo integral é levemente adoçado com açúcar mascavo e leva um pouquinho de óleo, para ficar macio. O resto do sabor é inteiramente devido ao trigo. Para um perfil de sabor mais rico, que lembre frutos secos, substitua o óleo de canola por óleo de nozes.

Compreendendo

Aqui, a porcentagem do padeiro de farinha de trigo integral é menor do que no *pão de forma integral de mel*: 40% contra 46%.

Com uma baixa porcentagem do padeiro total de amaciantes, esses pães rústicos oferecem uma textura parecida com a do trigo.

Produção

Siga as notas do item "Especificação" do *pão de gergelim tostado* (p. 381).

Especificação

Coloque a massa em tabuleiros forrados com papel-manteiga: dois pães em tabuleiros menores, quatro pães em tabuleiros maiores.

Receita

		Amassadeira de 4,3 ℓ	5,68 ℓ	18,9 ℓ	
Ingrediente	PP%	Gramas			Δ
Água	55%	450 g	709,15 g	1,82 kg	
Fermento fresco	3,3%	30 g	42,53 g	113,40 g	
Farinha de trigo integral	41%	340 g	510,70 g	1,36 kg	
Açúcar mascavo	8,5%	60 g	106,2 g	283 g	
Óleo de canola	10%	85 g	127,58 g	340,19 g	
Farinha	59%	480 g	737,50 g	1,93 kg	
Sal	2,3%	20 g	28,35 g	103,95 g	
Rendimento		1,35 kg	2,04 kg	5,45 kg	
Unidades		2 pães	3 pães	8 pães	

Pães da família das massas macias

Modo de fazer

1	Mise en place	H_2O e leite @ 32 °C	tdm = 27 °C	
2	Mistura dos ingredientes	Modificada		
3	Desenvolvimento	Velocidade #2, 3 min; + velocidade #1, 3 min	OU	(à mão) 8 min
4	Fermentação	1 h @ 27 °C 1 × desgasificar e dobrar.		
5	Modelagem	Divida em peças @ 675 g; faça bolas suavemente; descanso @ 20 min no piso; faça bolinhas.		
6	Crescimento	45 min @ 27 °C		
7	Decoração e assamento	Borrife com H_2O; peneire farinha de trigo integral por cima; faça pestanas com uma faca serrilhada.		

Produto	Forno	Estágio I	Vapor	Vent @	Estágio II	Tempo	Temp. int.
Pão de trigo integral	Rack	170 °C	10 s	5 min	170 °C	+ 16 a 20 min	88 °C
	De lastro (com grade)	200 °C (7.3.8)	Não necessário	6 min	180 °C	+ 16 a 20 min	88 °C

Pão de trigo integral com passas e avelãs

Descrição

Comparado a outros pães integrais, este é menos adocicado e tem uma textura mais parecida com a do trigo. A combinação de sabor dele vem de Jeffrey Hamelman, da King Arthur Flour Company, em Vermont.

Compreendendo

Para tostar as avelãs, coloque-as em um tabuleiro de um forno rack, a 175 °C, por 5 minutos. Enquanto as avelãs ainda estiverem quentes, esfregue-as umas nas outras dentro de um pano de pratos limpo, para retirar as cascas. Quando elas estiverem frias, pique-as grosseiramente. Peneire-as, para remover pedaços de casca.

Reidrate as uvas-passas escuras colocando-as em água quente e corrente por 10 segundos. Deixe-as descansar por 15 minutos, destampadas, para que absorvam a água que adere a elas. Essas passas podem ser substituídas por uvas-passas brancas.

Receita

		Amassadeira de 4,3 ℓ	5,68 ℓ	18,9 ℓ	
Ingrediente	PP%	Gramas			Δ
Água	54%	365 g	553,23 g	1,48 kg	
Fermento fresco	3,1%	25 g	37,80 g	99,23 g	
Farinha de trigo integral	35%	225 g	340,19 g	908 g	
Óleo de canola	8%	55 g	85,05 g	226,80 g	
Açúcar mascavo	10%	70 g	113,40 g	269,33 g	
Farinha	65%	450 g	680,80 g	1,82 kg	
Sal	2%	15 g	21,26 g	50,61 g	
Avelãs (preparadas)	14%	100 g	141,75 g	368,54 g	
Passas escuras reidratadas	9%	60 g	113,40 g	255,15 g	
Manteiga derretida fria	1½ cs	20 g	2 cs	4 cs	
Rendimento		1,39 kg	2,04 kg	5,45 kg	
Unidades		2 pães	3 pães	8 pães	

Pães da família das massas macias

Produção

O forno de lastro não é recomendado para fazer um pão que contenha sólidos, como frutos secos e frutas desidratadas. Quando expostos na superfície do pão, os sólidos queimam rapidamente.

Se você quiser usar um forno de lastro, siga a tabela de assamento do *pão de gergelim tostado*. Use as temperaturas de forno listadas, mas mude a programação do elemento para 6.6.5. Depois dos primeiros 15 minutos de assamento, coloque uma folha de papel-manteiga sobre os pães.

Especificação

Para fazer pães de forma, selecione formas de 13 × 23 centímetros.

Modo de fazer

1	Mise en place	H_2O e leite @ 32 °C		tdm = 27 °C
2	Mistura dos ingredientes	Modificada		Se você estiver trabalhando com as mãos, acrescente os sólidos juntamente com os amaciantes.
3	Desenvolvimento	Velocidade #2, 3 min; acrescente passas e avelãs + velocidade #1, 3 min	OU	(à mão) 8 min
4	Fermentação	1 h @ 27 °C 1 × desgasificar e dobrar.		
5	Modelagem	Divida em peças @ 690 g; faça bolas; descanso na bancada @ 30 min NO PISO; modele como pães de forma.		
6	Crescimento	1 h @ 27 °C		
7	Decoração e assamento	Pincele com manteiga derretida e fria antes de assar.		Não faça pestanas.

Produto	Forno	Estágio I	Vapor	Vent @	Estágio II	Tempo	Temp. int.
Pão de trigo integral com passas e avelãs	Rack	170 °C	10 s	6 min	160 °C	28 a 33 min	88 °C

Parte IV | Coleção de receitas de pão

Sequência de modelagem para grissinis recheados

Os *grissinis com pecans, açúcar e canela* são polvilhados com açúcar em pó. Os salgados podem ser pincelados com azeite de oliva sabor alho e polvilhados com sal marinho.

1. Abra a massa formando um retângulo de 30 por 45 centímetros. Coloque-a sobre uma folha de papel-manteiga, para facilitar a modelagem.
2. Espalhe o recheio sobre dois terços da massa.
3. Dobre o terço sem recheio sobre o recheio. Erguendo o papel-manteiga, você pode levantar a massa sem esticá-la. Quando terminar, devolva o papel ao lugar dele.
4. Use a mesma técnica para fechar a massa sobre o recheio restante. Quando você terminar, devolva o papel ao lugar dele.
5. Use o papel para rodar a massa.
6. Achate o sanduíche com as mãos, trabalhando em direção às bordas, a partir do centro da massa. Use um rolo de massa, se necessário, e faça o sanduíche com dimensões de 40 por 45 a 50 centímetros.
7. Deixe o sanduíche descansar por 5 minutos antes de cortá-lo.
8. Use uma régua para marcar na massa tiras de 2,5 centímetros de largura — dezoito tiras no total.

Pães da família das massas macias

9. Use uma faca para dividir a massa, cortando só até a metade.
10. Use o papel para virar o sanduíche. Termine de cortar as tiras na outra metade.
11. Forre um tabuleiro com papel-manteiga. Unte-o com manteiga ou óleo.
12. Para distribuí-los uniformemente, coloque no tabuleiro nove pedaços de massa torcida de cada vez. Posicione o primeiro pedaço no meio e os próximos quatro na parte superior. Depois, complete com mais quatro na parte inferior.
13. Vire o tabuleiro. Coloque o pedaço de massa torcida no centro. Como anteriormente, preencha a parte superior com quatro pedaços e, depois, a parte inferior com a mesma quantidade. Ponha o tabuleiro cheio para crescer.
14. Os pedaços de massa torcida terão terminado de assar quando oferecerem resistência moderada ao serem tocados e apresentarem uma cor atraente. Esfrie o tabuleiro em uma prateleira de arame.

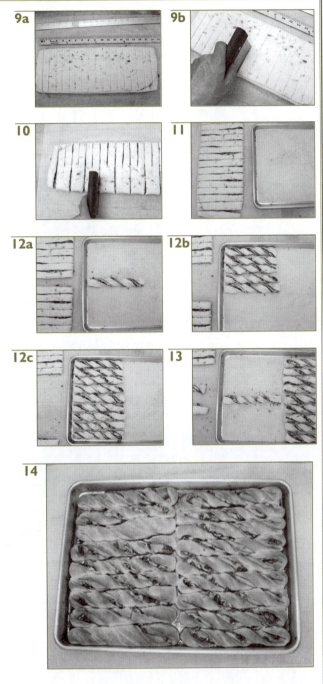

Parte IV | Coleção de receitas de pão

Truque do padeiro

Cada vez que você pressiona a massa para baixo com a faca, a massa e o recheio são empurrados para os lados. Para obter peças uniformes, faça o primeiro corte no centro do sanduíche e depois trabalhe em direção à direita. Volte para o centro e então corte as peças em direção à esquerda.

Veja como os cortes têm a largura de DUAS tiras, num primeiro momento. Depois, essas tiras são divididas em tiras menores. Essa técnica distribui o recheio entre as tiras de modo uniforme.

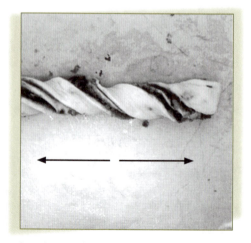

Para obter uma forma consistente, torça cada grissini do centro para o lado ao colocá-lo no tabuleiro.

Pães da família das massas macias

▶ Modelando pizza

Retratação do padeiro?

Há mais debates calorosos sobre a pizza do que o número somado de maneiras de assar um peru ou de grelhar um filé. Tendo dito isso, as técnicas apresentadas neste item são baseadas em uma série de experimentos em classe. Usando tais técnicas, os estudantes desenvolveram confiança suficiente para jogar as pizzas para o ar, retirar pizzas quentes do forno a lenha e exclamar coisas como: "Nossa! Isto realmente parece pizza!". Tudo isso em uma aula apenas.

Modelagem básica

Grossa ou fina; alta ou crocante; modelada no ar ou aberta na bancada. Essas são apenas algumas escolhas que se deve fazer ao assar este produto básico: a pizza ítalo-americana. Independentemente das escolhas, há algumas regras básicas que ajudam você a modelar uma pizza redonda. E que ela deva ser redonda parece ser a única coisa sobre a qual a maior parte dos especialistas concorda.

A massa deve ser dividida em unidades menores, moldada em círculos e relaxada, antes de ser esticada até que atinja a forma final. Enquanto a massa descansa, mantenha-a coberta. Refrigerar as bolas de massa torna o manuseio delas mais fácil. Sim, é verdade que uma bola de massa de pizza que já tenha descansado na bancada é mais macia, e, se você prefere uma crosta extremamente fina, esse é o caminho a seguir. Mas, para aprendizes de pizzaiolo, o melhor é usar massa gelada, pois isso ajuda a obter resultados mais redondos.

Aqui estão os passos que eu mostro aos estudantes. Não se incomode com o número de passos. A porcentagem de sucesso para estudantes que nunca assaram pizza antes é próxima de 100%. Pelo menos metade deles obtém confiança suficiente para começar a jogar a massa para o ar, a fim de esticá-la ainda mais.

Modele a bola de massa seguindo estes passos:

1. *Enfarinhe a bola de massa dos dois lados.*

Pode parecer uma quantidade excessiva de farinha para pão, mas você deve enfarinhar os dois lados da massa depois do descanso, para se assegurar de que nenhuma parte dela irá grudar enquanto você a modela.

Dica do padeiro

Assista ao concurso anual de arremesso de pizzas da próxima vez que ele for levado ao ar na televisão a cabo. Observe o atual recordista, que trabalha em uma rede nacional de pizzarias e que, no espaço de 60 minutos, pode abrir, atirar e cobrir 48 pizzas.

Observe quadro a quadro a técnica desse pizzaiolo e você verá que ele segue os mesmos passos com mais precisão do que uma banda marcial de um só homem. Cada passo é executado com exatidão, e a transição de um passo para outro é quase imperceptível.

Parte IV | Coleção de receitas de pão

394

Pães da família das massas macias

2. *Crie a borda exterior da massa.*

Use os dedos para criar uma borda de 0,6 centímetro em todo o entorno da massa. Quanto mais uniforme for a execução desse passo, mais redonda ficará a base final. Você tem de criar uma borda redonda para controlar a forma da massa à medida que ela abre na bancada.

3. *Desgasifique o interior da massa.*

Use os nós dos dedos enfarinhados para retirar o CO_2 da parte central do círculo de massa.

4. *Abra a massa, formando um disco maior.*

Use um rolo de massa e passe-o com cuidado sobre toda a superfície da massa, eliminando bolsas de ar. Abra a massa de baixo para cima uma vez. Vire a massa 90° para a direita e abra-a de baixo para cima novamente. Vire a massa de novo e abra-a; faça isso uma quarta vez, abrindo-a.

Agora, a massa está pronta para receber um pouco mais de pressão do rolo de massa. Abra-a de baixo para cima, volte e repita a operação. Abrindo e virando a massa, estique-a igualmente em quatro direções — norte, sul, leste e oeste.

5. *Respeite as bordas uma vez mais.*

Remodele toda a volta da base, a aproximadamente 0,5 centímetro da borda. Se você quiser uma borda mais grossa, faça isso a 2 centímetros da borda.

6. *Amplie a zona onde serão colocados os ingredientes.*

Estique a área do meio da massa. Abra-a e realize o mesmo gesto que você faz para verificar se ela já cresceu o bastante. O objetivo aqui é abrir essa porção da massa antes de trabalhar no centro.

Segure apenas a parte da massa que você está trabalhando e deixe cair sobre a bancada o restante da massa, com todo o peso dela. Quando a massa inteira é erguida, a gravidade faz que a massa seja esticada de modo desigual.

7. *Abra a zona central.*

Primeiro, enfarinhe as costas das suas mãos e coloque a massa sobre elas. Trabalhando do centro para fora, abra suavemente a zona de arremesso. Mantenha as mãos afastadas por 5 a 7,5 centímetros uma da outra na maior parte do tempo, de modo que o centro não se estique tão rápido. Mantenha os cotovelos no nível do peito durante esse passo — isso mantém a massa paralela à bancada.

8. *Transfira a base da pizza para a pá.*

Polvilhe a pá (ou outro acessório, como tábua de pão, a parte traseira de um tabuleiro ou qualquer outra superfície lisa) com semolina ou farinha de milho.

9. *Respeite as bordas uma vez mais.*

Esta é a última possibilidade de obter uma pizza redonda.

10. *Fure a massa e decore-a.*

A massa aberta deve ser inteiramente furada, para permitir que o vapor escape durante o assamento e para impedir a formação de bolhas. Os padeiros usam um rolo furador de massa,

Parte IV | Coleção de receitas de pão

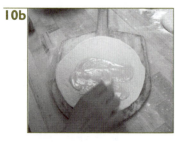
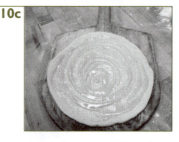

Dica do padeiro

Nas primeiras tentativas, você ficará com medo de deixar a massa cair ou de rasgá-la. Não se preocupe com isso. Essa é a razão pela qual a receita que eu apresento aqui rende três bases, enquanto a receita do molho é suficiente para apenas duas — a primeira base serve para praticar. Portanto, vá em frente e divirta-se. Afinal de contas, essa é a verdadeira razão pela qual arremessar a pizza ao ar tornou-se parte do repertório do pizzaiolo — é divertido e chama a atenção. E você ainda saboreia a pizza! O que mais poderia pedir?

Demonstração de arremesso de pizza

Você encontra na internet um vídeo no qual eu faço uma demonstração de arremesso de pizza. É só colocar meu nome num site de busca, e rapidamente você encontrará o que procura.

tipo de acessório que possui um cabo curto e um rolo coberto de pontas com 0,6 centímetro de comprimento, de plástico ou aço inoxidável. Se você é um pizzaiolo de fim de semana e assa apenas duas ou três pizzas, pode utilizar um garfo.

Seja o molho primeiro, seja o queijo (e essa parece ser a maior diferença entre os pizzaiolos da costa leste e da oeste dos Estados Unidos), você agora pode colocar a cobertura que quiser.

Distribua os ingredientes por igual, certificando-se de colocá-los bem perto da borda. Durante o assamento, a cobertura pode escorregar ligeiramente em direção ao centro da pizza e torná-lo pegajoso.

11. *Certifique-se de que a pizza ainda crua não grude na pá.*

Sacuda com cuidado a pá, para a frente e para trás. Certifique-se de que a pizza se move livre e facilmente. Você não quer descobrir que ela grudou quando a porta do forno estiver aberta, com o valioso calor escapando. Se necessário, erga as bordas que grudarem usando uma espátula e coloque um pouco de semolina ou de farinha de milho por baixo delas.

(Em alguns lugares, o padeiro levanta um pouco a borda e sopra uma rajada de ar embaixo da massa, separando-a da pá. Isso pode ser feito na privacidade da sua casa, mas, em uma empresa de serviços de alimentação, representa uma violação às orientações sobre segurança na manipulação de produtos alimentícios.)

12. *Coloque a massa no forno e asse-a.*

Coloque a pá diretamente sobre o piso do forno comum ou do forno a lenha. Incline a pá cerca de 30° e comece a sacudi-la, com cuidado, para a frente e para trás, em direção à parte posterior do forno, empurrando a pizza para a borda da pá. Assim que a pizza começar a escorregar para a frente da pá e fizer contato com a superfície do forno de lastro, puxe a pá rapidamente e com força, permitindo que a pizza escorregue sobre o lastro.

Depois de 4 ou 5 minutos, coloque cuidadosamente a pá sob a pizza, para se assegurar de que esta não grudará. Mova ligeiramente a pizza, para arejar a base inferior da massa, e depois a deixe no forno. Verifique a parte de baixo dela com frequência, até que você saiba exatamente a velocidade de assamento do seu forno. Retire a pizza antes que a cobertura de queijo asse demais e fique gordurosa.

Se você quiser uma massa mais fina, abra a massa em um tamanho maior ou reduza o peso da massa por unidade de pizza.

13. *Descanse e fatie a massa.*

Eu deixarei esse passo por sua conta.

Técnica de arremesso da massa de pizza

Se você for tomado de confiança ou ousadia, pode atirar a massa para o ar para que ela fique ainda mais fina. Há dois movimentos nessa técnica, o primeiro é o *levantamento*, o segundo é o *giro*.

Levantamento

O *levantamento* faz a massa subir ao ar, saindo das suas mãos. Coloque as mãos juntas, a sua frente, no nível do seu abdome. Mova as mãos juntas em um movimento vertical para cima, com velocidade constante. Quando suas mãos chegarem no nível do queixo, empurre a massa para cima, de modo que ela deixe suas mãos. Não se preocupe com o lugar onde ela aterrissará, nem se baterá no seu rosto. Simplesmente continue praticando o levantamento até que a massa voe no ar por até 30 centímetros.

Giro

Antes que você experimente girar a massa, pratique o giro usando apenas as mãos. Coloque-as juntas no nível do queixo. Para os destros, a mão direita gira no sentido horário, mas permanece paralela ao chão. A mão esquerda faz um movimento que é aproximadamente 25% do movimento da mão direita, também no sentido horário, permanecendo paralela ao chão.

Agora, combine os dois movimentos

Faça o *levantamento* jogando as mãos para cima do abdome, até a altura do queixo, e depois passe para o movimento do *giro*, abrindo as mãos, enquanto as mantém paralelas ao chão. Depois de praticar algumas vezes sem a massa, você poderá tentar arremessá-la. Pegue-a pelas costas das mãos.

Pães da família das massas macias

▶ Modelando e assando pão de forma

Dividindo

De quanta massa eu preciso para encher uma forma de pão de forma? Os diversos tipos de massa crescem de modos diferentes na fase de crescimento. Alguns preenchem mais espaço do que outros.

Por exemplo, o pão branco para sanduíche em geral pesa 680 gramas e é feito com base em uma forma de 13 por 23 centímetros. Para encher essa mesma forma, é necessária uma quantidade maior de massa de centeio.

Pense em uma fatia de pão branco para sanduíche: o miolo é aerado e o tamanho dos alvéolos de ar é considerado moderado. Uma fatia de pão de centeio, por outro lado, é mais densa e tem alvéolos menores.

Use esta tabela quando você pesar as massas deste livro.

Tipo de massa	Peso para uma forma de 13 cm × 23 cm
Pão de trigo integral	454 g
Pão branco para sanduíche	680 g
Pão de aveia	710 g
Pão de centeio	740 g

A primeira forma

Para obter a melhor aparência de um pão, comece a formar a peça de massa como uma bola. Unte a bancada com óleo ou spray. Coloque as bolas de massa a uma distância de 8 centímetros uma da outra. Unte-as levemente com óleo ou spray e cubra-as com plástico.

Descanso na bancada

Deixe a massa descansando na bancada por 20 minutos. Mantenha-a untada e coberta durante esse estágio. Se a temperatura ambiente for mais alta do que 29 °C, realize o descanso na bancada no refrigerador, aumentando o tempo para 30 minutos.

Forma final

Transforme as bolas em filões (ver a seguir). Mantendo a emenda na parte inferior, transfira os filões para uma forma de pão de forma untada. Pressione a massa para baixo com cuidado, para enchê-la por completo.

Varie os seus pães com recheios colocados *em rodopio*. Guarnições como açúcar de canela, passas ou frutos secos tostados ou picados podem ser espalhadas na massa antes que ela seja modelada na forma de cilindro. Repita os passos seguintes ao preparar um pão tipo rocambole:

399

Parte IV | Coleção de receitas de pão

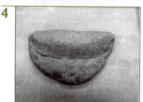

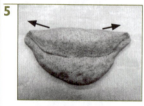

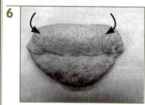

Formando um filão

Alongada e com pontas afiladas, a forma de filão é frequentemente usada para pães feitos em fogo aberto. O pão rústico de centeio, o pão de gergelim tostado e o pão de trigo integral com passas e avelãs podem ser modelados como filões.

Depois de modelar, coloque os pães em uma assadeira forrada com uma folha de papel-manteiga. Unte ligeiramente o papel ou polvilhe-o com semolina. Deixe os pães crescerem e depois faça pestanas (duas ou três linhas na diagonal) usando uma faca serrilhada. Você pode assá-los no tabuleiro tanto em um forno rack como em um forno de lastro. Use uma grade do forno ou uma assadeira invertida para cobrir o fundo do forno de lastro.

A maneira mais rápida de modelar um pão arredondado é fazer um filão. Repita os passos seguintes:

1. Sobre a bancada ligeiramente enfarinhada, achate uma bola de massa que tenha descansado por 20 a 30 minutos.
2. Dobre a borda superior para baixo, como se fosse fazer uma trouxinha (formato que lembra o guioza, o pastelzinho chinês). Pressione a emenda, selando-a.
3. Dobre os dois cantos superiores sobre a massa, obtendo dobras diagonais.
4. Dobre a borda superior para baixo, de modo a obter a forma de uma trouxinha maior. Pressione a emenda, selando-a.
5. Puxe com cuidado os dois cantos superiores para fora, a fim de esticá-los.
6. Dobre os cantos para baixo e sobre a massa, formando uma dobra diagonal.
7. Role a borda superior para baixo, a fim de obter a forma de uma trouxinha ainda maior, com bordas arredondadas e alongadas. Mantenha a emenda na parte de baixo e transfira o filão para uma forma untada.

- Não exagere. Uma quantidade exagerada de recheio impede que o pão cresça por igual.
- Certifique-se de que o recheio gruda na massa. Umedeça a massa com água antes de espalhar o recheio sobre ela.

- Se o recheio incluir sólidos, como passas, use as suas mãos ou um rolo de massa para empurrá-los para dentro da massa. Certifique-se de usar água na massa, e não manteiga. A manteiga tem um gosto bom, mas faz os recheios caírem quando o pão é fatiado.
- Pese os recheios, de modo que todos os pães tenham o mesmo peso.
- Não encha o tabuleiro demais. Se o tabuleiro tem 13 por 23 centímetros, por exemplo, o pão branco para sanduíche deve pesar 680 gramas. Se quiser um rodopio de 110 gramas de açúcar de canela e passas dentro da massa, você precisará reduzir proporcionalmente o peso da massa. Nesse exemplo, ela passaria a pesar 570 gramas.
- Não faça pestanas no topo de pães tipo rocambole: o recheio ficará exposto. Polvilhe-os com farinha peneirada ou pincele-os com manteiga derretida fria, antes do assamento.

Crescimento

Coloque os filões modelados em uma estufa. A massa deve crescer aproximadamente 1 centímetro acima da borda superior da forma. Como ocorre com todos os produtos, o tempo de crescimento varia em virtude da temperatura da massa, do nível de atividade do fermento e do ambiente de crescimento. Para tempos específicos, consulte as receitas. O tempo médio de crescimento para os pães deste livro vai de 50 minutos a 1 hora e 15 minutos, a uma temperatura de 27 °C e com 70% de umidade.

Todas as massas são crescidas até que fiquem leves e aeradas. Comparados a outros pães, como tranças ou pãezinhos, os pães assados na forma levam um tempo ligeiramente maior para crescer. Eles podem crescer um pouco mais para cima, porque são suportados pelas paredes da forma. O crescimento desses pães terá sido adequado se a massa crescer um pouco acima da borda superior da forma. Isso é o que os padeiros chamam de *crescimento completo*.

Dica do padeiro

A canela varia quanto à cor, ao sabor e à intensidade. Selecione o tipo de canela que você e os seus clientes preferem. As variedades vietnamita e chinesa têm um perfil de sabor forte e adocicado. A variedade indonésia korintje tem um sabor mais liso e menos pungente.

Depois de decidir que tipo de canela usar, agarre-se a ela. Não mude as variedades ao acaso e fique longe de fornecedores que façam isso sem avisar previamente.

Para obter maior precisão, pese a canela, em vez de usar medidas de volume, como colheres de sopa ou xícaras de chá. Comece com uma proporção de 14 gramas de canela para 450 gramas de açúcar. Experimente essa mistura em alguns dos seus produtos e avalie os resultados. A partir daí, faça os pequenos ajustes que forem necessários.

Parte IV | Coleção de receitas de pão

Sempre coloque as formas de pão sobre um tabuleiro para manuseá-las, assá-las e esfriá-las. Um tabuleiro médio pode acomodar duas formas de 13 por 23 centímetros. Um tabuleiro grande pode acomodar quatro. Não sobrecarregue o tabuleiro. Mantenha pelo menos 5 centímetros de espaço entre as formas, para que o calor possa circular no forno.

Quando você colocar os pães de forma para descansar, leve em conta o quanto a massa irá crescer no final. Isso normalmente implica espacejar os pães em prateleiras alternadas do rack. Também preste atenção para que não haja quaisquer componentes estruturais no rack de crescimento, como escoras diagonais, pois isso pode dificultar a retirada de alguns pães sem danificá-los.

Nota: se a temperatura ambiente estiver entre 26 °C e 29 °C, você pode crescer os pães no piso. Cubra-os com spray e coloque um plástico por cima.

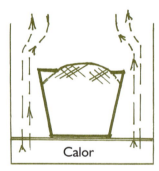

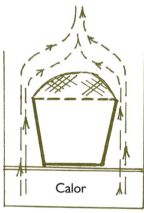

Dica técnica

O calor sobe. Do centro inferior do forno, ele se move diretamente para cima, a menos que encontre um obstáculo pelo caminho, como uma forma de pão cheia de massa. Nesse caso, o calor desvia-se para a esquerda e para a direita da parte inferior da forma. Depois que se livra da forma, ele se move para cima, abraçando os lados dela. Passando da borda superior da forma, ele inicia um movimento gradual de volta ao centro do forno, onde começou. Então, uma entre duas coisas pode acontecer:

1. **Subcrescimento**

O calor passa em torno da forma, perdendo o topo do pão. Se a massa NÃO tiver crescido o suficiente, o ar quente não passa pela parte superior do pão — então, o ar sobre o pão permanece mais frio.

2. **Crescimento completo**

O calor viaja pelo topo do pão, ajudando-o a crescer ainda mais. Se a massa tiver crescido completamente, o calor acaricia a parte superior do pão. Quando as duas trajetórias de ar quente encontram-se acima do centro do pão, elas se unem e continuam a subir. Isso puxa a massa para o alto e cria a abóbada arredondada do pão. Desse modo, os pães crescem uniformemente e adquirem uma casca fina no alto.

▶ Compare os níveis de crescimento
(Usando a massa integral de mel)

Antes de assar:

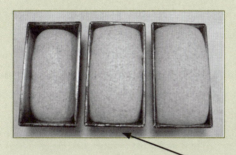 

Nessas fotografias, os pães do centro mostram o crescimento correto de uma massa macia.

A vista do alto (pão da esquerda) mostra que a massa toca as bordas internas dos quatro lados, mas sem se expandir acima delas. Os cantos da massa apresentam-se arredondados.

A vista lateral (pão da direita) mostra que a massa crescida está acima do nível da forma, mas ainda não toca as bordas dela. A parte superior do pão encontra-se toda arredondada, da esquerda à direita.

A massa da esquerda precisa de mais tempo para crescer. Ela não chega até a borda da forma. Na vista lateral, a coroa mal sobe acima da borda da forma: esse é um sinal de que a massa *não está crescida*.

A massa da direita cresceu por tempo demais. Ela toca completamente as quatro bordas superiores da forma. A coroa achata-se perto do centro: esse é um sinal de que a massa está *crescida demais*.

Depois de assar:

Usando conjuntos de formas

Quatro ou cinco formas de pão podem ser fixadas juntas, formando o que nós chamamos de *linha de formas*. As versões modernas desses conjuntos ligam-se por bandas metálicas chamadas de *canecos*, que cercam as formas individuais. Esse arranjo fornece estabilidade quando as formas estão cheias e assegura um espaço adequado entre elas. Se a sua padaria rotineiramente assa um grande número de pães de forma, vale a pena considerar o investimento nesses conjuntos de formas.

Nota técnica: preparando conjuntos de formas

Os conjuntos de formas podem enferrujar se não forem tratados adequadamente. Antes de usar esses conjuntos (ou outras formas de assar), você deve preparar as formas. Se não houver instruções do fabricante, você pode usar o procedimento que descrevemos aqui.

Lave as formas novas com água quente e sabão, usando uma escova de cerdas rijas ou outro esfregão abrasivo. Enxágue-as e deixe que elas sequem bem, colocando-as em um forno quente por alguns minutos.

Quando elas estiverem secas (e frias o bastante para se manusear), pincele uma camada fina de óleo por toda a superfície delas. Os óleos de canola e de cártamo funcionam muito bem para isso. Algumas vezes, recomenda-se banha de porco, já que a sua qualidade não aderente é maior, mas as dietas ou crenças religiosas dos seus clientes podem proibir o uso dela.

Preaqueça o forno a 150 °C e coloque as formas preparadas nele, de ponta-cabeça. Suspendê-las em uma grade de arame colocada diretamente sobre um tabuleiro proporciona uma distribuição uniforme de calor e permite que o excesso de óleo escorra de maneira controlada. Asse as formas por uma hora. Desligue o forno e deixe-as nele por mais 1 hora. Depois que elas estiverem frias o suficiente para serem manuseadas, você pode retirá-las do forno. Retire o excesso de óleo com um pano.

Depois de preparadas, essas formas ainda devem ser ligeiramente revestidas de óleo ou spray cada vez que forem usadas. Isso aos poucos cria uma superfície não aderente, a qual fornece um acobreado uniforme a todos os lados do pão.

Os conjuntos de canecos frios podem ser limpos com um pano macio e armazenados para o próximo uso. Se for necessário lavá-los, use apenas água quente, detergente e um pano, e não uma escova de cerdas duras ou um esfregão de metal. Eles devem ser colocados no forno quente até que fiquem inteiramente secos.

Programe esse processo de preparação para o fim do dia de trabalho. Os canecos podem ser deixados no forno desligado durante toda a noite, sem preocupações.

Pães da família das massas macias

Decoração

- Os pães crescidos podem ser borrifados com água e depois polvilhados com farinha peneirada. Polvilhe os pães com o mesmo tipo de farinha usado na massa. Farinha branca sobre pão branco; farinha integral sobre pão integral; flocos de aveia sobre pão de aveia. No ambiente da padaria, essa prática ajuda os clientes a identificar os pães.

- Para que os pães de forma tenham um crescimento uniforme no forno, pode-se fazer uma fenda no sentido do comprimento deles, na parte superior. Recomenda-se usar uma faca serrilhada e segurá-la paralelamente à superfície do pão, que oferece um contato pleno. Nessa fenda, podem-se colocar colheres de manteiga fria derretida, para adicionar sabor e contraste à textura — menos é mais: uma forma de 13 por 23 centímetros não precisa mais do que duas colheres de chá de manteiga derretida.

- Coberturas como a mistura de sementes, o *streusel*,* as demolhadas ou de grãos amassados podem ser espalhadas sobre pães crescidos. Umedeça a parte superior do pão com água ou pincele com um glacê de ovo e leite, para que a cobertura fixe melhor. Se você for cobrir os pães com sólidos, como sementes ou grãos partidos, não faça pestanas neles.

Essa maneira de dispor os tabuleiros proporciona uma boa transferência de calor.

Essa maneira de dispor os tabuleiros proporciona uma transferência de calor MELHOR.

---

* O termo *streusel* — palavra alemã que significa *algo polvilhado ou borrifado* — refere-se a uma cobertura de manteiga, farinha e açúcar branco. [N. T.]

405

Assamento

Forno rack

Os pães assam de modo mais uniforme no forno rack. Siga a orientação e as especificações da receita.

Não apinhe o forno ao assar pães de forma. O peso de quatro deles mais o de um tabuleiro grande chegam a somar 4 quilos. Isso é bastante e absorve muito do calor do forno. Para compensar, certifique-se de pular uma prateleira (ou mesmo duas) quando colocar os pães no forno.

Em um forno rack com seis trilhos, o melhor é usar apenas duas prateleiras com quatro pães em cada. Os outros pães podem ficar na geladeira, destampados, enquanto esperam pelo assamento.

Forno de lastro

Em um forno de lastro, é mais difícil conseguir resultados consistentes com pães de forma; suas câmaras rasas escurecem consideravelmente a parte superior dos pães. Se o seu forno tiver programação individual para os elementos de calor, use o valor 5 ou 6 (se os valores forem até 10) para os elementos superiores, e 7 ou 8 para os elementos inferiores.

Se o seu forno não oferecer programação individual para os elementos de calor superiores e inferiores, coloque papel-manteiga ou alumínio sobre os pães *depois* de eles terem assado por 20 minutos e de a crosta superior ter se solidificado. Sempre que você assar pães de forma em um forno de lastro, use uma grade de forno ou um tabuleiro invertido no piso do forno.

Forno guilhotina

Se você estiver usando esse tipo de forno (que tem uma porta com sistema de abertura de guilhotina, posicionada embaixo de quatro, seis ou oito queimadores que ficam no topo do fogão), ajuste o rack de modo que os pães de forma assem no terço interior do forno. Isso impede que a crosta superior fique escura demais.

Colocar dois tabuleiros sob os pães de forma diminui a intensidade do calor que vem de baixo e impede que o fundo dos pães se queime.

Eles estão prontos?

Um pão de 13 por 23 centímetros assa entre 35 minutos (pão branco para sanduíche) e 50 minutos (pão de aveia). Em um forno de lastro ou guilhotina, vire as formas na metade do tempo estimado de assamento. Use um termômetro de leitura instantânea para verificar a temperatura interna. Consulte os valores a seguir para determinar o momento em que os pães terminam de assar:

Pão branco para sanduíche	88 °C
Pão de trigo integral	88 °C
Pão de aveia	88 °C
Pão de centeio	91 °C

Esfriamento/armazenamento

Esfrie os pães nas formas por 10 minutos, em uma grade. Desenforme-os cuidadosamente quando eles chegarem a uma temperatura que possibilite manuseá-los ainda que estejam quentes. Se o pão for deixado por tempo demais na forma, ele sua e fica ensopado.

Desenforme os pães usando luvas para forno: coloque a forma de lado e bata-a suavemente sobre a bancada. O pão deve sair facilmente. Se isso não ocorrer, vire a forma para o outro lado e tente novamente. As coberturas de açúcar podem fazer os pães grudarem: nesse caso, use uma espátula pequena para soltá-los.

Esfrie os pães de forma de lado, o que ajuda a preservar a forma. O ideal é que eles esfriem em uma tábua de madeira ou uma grade para glaçar, de modo que a umidade não se acumule no fundo do pão. Depois de 15 minutos, vire os pães, para esfriar o outro lado deles.

Se você não possuir tábuas de pão, pode esfriar os pães de forma em uma bancada de madeira. Do mesmo modo, vire os pães depois de 15 minutos. Não esfrie pães de forma em tabuleiros ou mesas de aço inoxidável, pois eles acumulam umidade na crosta inferior.

Dica do padeiro

Cada forno é único e assa de um modo particular. Se os lados dos seus pães de forma ficarem pálidos e mais macios do que você gostaria, da próxima vez que os fizer acrescente 5 minutos ao tempo de assamento total, mesmo que a temperatura interna correta tenha sido atingida.

Pães da família das massas ricas

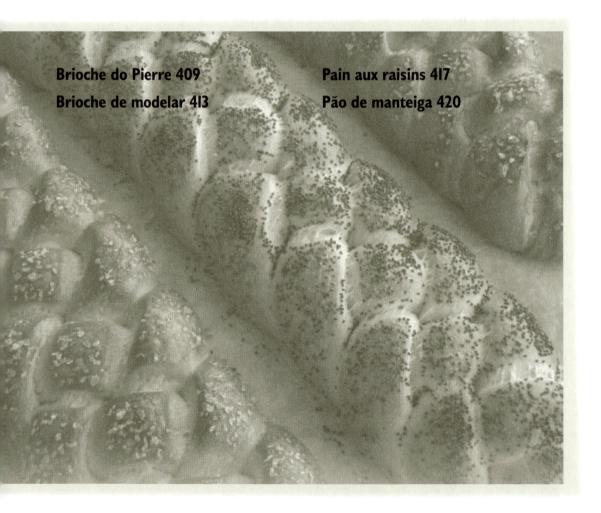

Brioche do Pierre 409
Brioche de modelar 413
Pain aux raisins 417
Pão de manteiga 420

Brioche do Pierre

Descrição

Quando informada de que os camponeses franceses não tinham pão para matar a fome, Maria Antonieta sugeriu que eles comessem brioches, um pão amanteigado, com uma massa leve e aerada. A história da rainha talvez tenha sido romantizada, mas terminou com ela sendo decapitada. De qualquer modo, essa é a história.

Compreendendo

(A *esponja* foi discutida detalhadamente quando tratamos da focaccia, o pão representativo da família de massas úmidas.)

Para os franceses, o brioche é *tanto* **corpo** *como* **alma**. A *alma* é a manteiga cremosa, doce. Com uma porcentagem do padeiro de 30%, essa é a Rx mais rica deste livro, oferecendo aroma, sabor e textura na boca.

O *corpo* do brioche é a estrutura de glúten dele. Para suportar a alta porcentagem de glúten, a rede de proteína necessita de durabilidade, sem se tornar dura. É aí que entra a *esponja*.

Vitrines de padarias francesas mostram grandes brioches redondos e pequenos brioches cobertos de açúcar.

Lembre-se de que a esponja é a fermentação preliminar de um terço da farinha da receita, juntamente com todo o líquido e todo o fermento. Por 45 minutos, a rede de glúten é esticada e fortalecida lentamente.

Os ingredientes restantes — exceto a manteiga — são combinados com a esponja. A massa é desenvolvida por uma segunda vez. Desenvolver o glúten em dois estágios diferentes cria uma estrutura firme, mas tenra.

Produção

O brioche assa melhor em um forno rack. No forno de lastro, dado o conteúdo de gordura e de açúcar da receita, é provável que o brioche se queime. Para esse pão, um calor suave é o melhor. Se você tem um forno de lastro, use uma grade de forno ou uma assadeira invertidas no piso do forno. Os elementos de aquecimento individual devem ser moderados, com uma programação tal qual 5.5.5. Para proteger os pães ainda mais, umedeça-os bastante depois de pincelá-los com glacê de ovo e água, ou seja, um pouco antes do assamento.

Parte IV | Coleção de receitas de pão

Ao sair do forno, o pão parecerá não estar inteiramente assado. A manteiga quente provoca essa impressão até que o pão esfrie e solidifique-se. Confie no termômetro: uma temperatura interna de 82 °C é suficiente.

Se a crosta superior não estiver tão dourada quanto você gostaria, aumente o elemento de aquecimento superior e asse o pão por mais 2 ou 3 minutos, mas não mais do que isso. Um assamento demasiado acaba por secar o brioche, transformando a crosta macia dele em uma casca farelenta.

Especificação

É normal que a massa do brioche encha apenas metade do volume da forma. Durante o crescimento, a estrutura aumentada do glúten faz que a massa mais do que dobre de tamanho.

O brioche cresce por mais tempo do que qualquer outra massa deste livro.

Quem é Pierre?

Pierre Menier foi o primeiro a apresentar ao humilde padeiro que escreve este livro — e aprendiz de Pierre — as maravilhas da confeitaria e da panificação, no Le Pomme d'Api, na França. Antes de estabelecer a sua loja, a noroeste de Paris, Pierre foi pâtissier das instalações de produção da Gaston Lenôtre, em Marselha. Naquela época, essa era a maior instalação de todo o império confeiteiro Lenôtre, abastecendo lojas em Provença e Côtes du Rhône.

Essas são as credenciais de Pierre. Mais importantes ainda são o intelecto e a personalidade dele — mais detalhes são revelados no capítulo "Inventando as cinco famílias de pão".

Receita

Ingrediente	PP%	Amassadeira de 4,3 ℓ	5,68 ℓ	18,9 ℓ	
		Gramas			Δ
Água	25%	170 g	255,15 g	510,70 g	
Fermento fresco	4,2%	30 g	42,53 g	85,05 g	
Farinha I	33%	225 g	340,19 g	680,80 g	
Ovos	29%	200 g	311,84 g (6 cada)	595,75 g (12 cada)	
Açúcar	9%	60 g	85,05 g	170,10 g	
Farinha II	67%	450 g	680,80 g	1,362 kg	
Sal	2,7%	20 g	22,26 g	50,61 g	
Manteiga	27%	200 g	311,84 g	567,40 g	
Rendimento		1,355 kg	2,037 kg	4,09 kg	
Unidades		9 brioches à tête ou 2 brioches nanterre	3 unid.	6 unid.	

Pães da família das massas ricas

Farinha I e farinha II

As expressões *farinha I* e *farinha II* indicam que a farinha é adicionada em dois estágios diferentes da sequência de mistura dos ingredientes. A *farinha I* é usada para fazer a pasta de fermento ou a esponja, por 45 minutos. A *farinha II* é adicionada à massa por último, com o sal.

A menos que algo diferente seja indicado especificamente, usa-se farinha para pão. Quando se usa uma farinha diferente, a receita sempre indica o tipo. Na receita do pão chato de fubá, a *farinha I* é farinha de milho e farinha de trigo integral. Na maior parte das receitas de massas da família doce, como pães de canela e bolo húngaro, a *farinha II* é farinha para doces.

Modo de fazer

1	Mise en place	H_2O @ 32 °C; ovos e manteiga @ 16 °C	tdm = 21 °C
2	Mistura dos ingredientes	ESPONJA... MODIFICADA (para todos os ingredientes exceto a manteiga) Bata ovos e açúcar juntos. Adicione à esponja. Mais EMULSIFICADA.	45 min @ 27 °C Comece com o batedor de massa leve para romper a esponja. Mude para o batedor de massa. Acrescente a farinha restante e o sal, misture até a massa ficar homogênea.
3	Desenvolvimento (emulsificar) Desenvolvimento II	Velocidade #1, 1 min; adicionar a manteiga toda de uma vez; velocidade #2, 4 min velocidade #1; 4 min	Mais fácil de fazer à máquina. Se você quiser trabalhar na bancada, leia o item sobre a técnica de desenvolvimento do *rabo de peixe*, no capítulo Família das massas úmidas.
4	Fermentação	FERMENTAÇÃO A FRIO: 8 a 16h @ 4 °C; 1 × desgasificar e dobrar.	Achate a massa no tabuleiro forrado com papel-manteiga untado com manteiga. Embrulhe bem.
5	Modelagem	Ver p. 421 e 422.	Não ajuste a massa; use-a diretamente após retirar da geladeira.
6	Crescimento	1h15 @ 24 °C (brioche à tête) 1h30 @ 24 °C (nanterre)	
7	Decoração e assamento	Glacê francês	1 ovo inteiro + 2 cs de água; peneirar

Produto	Forno	Estágio I	Vapor	Tempo Estágio I	Estágio II	+ Tempo	Temp. int.
150 g brioche à tête	Rack	170 °C	Não necessário	14 a 15 min	—	—	Cor
670 g brioche nanterre (forma de 13 cm × 23 cm)	Rack	170 °C	Não necessário	14 a 15 min	160 °C	+ 10 min	82 °C

411

Parte IV | Coleção de receitas de pão

Pesando a massa de brioche

O corpo do brioche à tête tem três vezes o peso da cabeça. Por exemplo, uma cabeça de 40 gramas precisa de um corpo de 120 gramas. O peso total é pouco mais do que 150 gramas.

P: Que tamanho de forma eu devo usar?

R: Um tamanho que tenha o dobro do peso total dos brioches à tête. No exemplo acima, o peso de 150 gramas requer uma forma de brioche de 300 gramas.

P: Como eu posso saber o tamanho da minha forma de brioche?

R: Coloque-a em uma balança: zere a balança. Encha a forma com água até o topo. O peso da água é o tamanho da forma. (Seque bem a forma e unte-a antes de usar.)

Brioche de modelar

Descrição

Das duas receitas de brioche, esta versão é mais firme e mais fácil de ser manuseada pelo padeiro iniciante. A textura dela na boca é ligeiramente mais parecida com pão do que a do brioche do Pierre.

Chamado de brioche de modelar, esse pão tem um tamanho de miolo pequeno e um poder de fermentação discernível. O perfil dele combina com alimentos salgados. Notavelmente mais magra que a do brioche do Pierre, essa massa pode tolerar preparações na cozinha quente, cuja área de trabalho é pequena e cujas temperaturas podem ser altas. Use-a para enrolar um filé de salmão servido com arroz pilaf, ou um filé mignon grelhado, servido com patê de fígado de ganso e *duxelles* de cogumelos. Claro, a massa também pode ser modelada na forma do brioche padrão.

O clássico prato de salmão descrito acima chama-se *coulibiac*. O prato de filé mignon é tradicionalmente embrulhado em massa folhada; se você substituí-la por brioche, as porções irão assar com mais crosta por fatia. Você só terá de trocar o nome do prato de *beef Wellington* para *boeuf en croûte*, que significa *bife em sua crosta*.

Compreendendo

A farinha para doces reduz a estrutura do brioche nesta receita. Para compensar, adiciona-se uma porcentagem mais alta de ovos inteiros.

Veja as *modificações técnicas*, na página a seguir.

Produção

Para fazer brioches nanterre (ver páginas 421 e 422), encha uma forma de 13 por 23 centímetros com 570 a 670 gramas de massa de brioche de modelar. Divida a massa em pedaços de 114 a 135 gramas, usando cinco peças por forma, em vez de seis.

Siga a tabela de assamento dos brioches nanterre, mas reduza o tempo de assamento da fase II em 5 minutos. A massa apresenta uma temperatura interna de 82 °C quando está totalmente assada.

Especificação

Se você for apresentar o brioche de modelar em um bufê, leia a dica da página 423.

Parte IV | Coleção de receitas de pão

Modificações técnicas no brioche de modelar

Estes são os passos para a sequência de mistura dos ingredientes e o desenvolvimento da massa:

1. Bata os ovos e o açúcar em uma tigela. Adicione a mistura à esponja fermentada.
2. Adicione metade da farinha para doces e o sal. Use o batedor de massa leve.

   Depois de atingir o ponto homogêneo, continue a misturar a massa na velocidade #1 por 1 minuto apenas.
3. Use a faca de mesa para cortar a manteiga em pedaços de 2,5 centímetros.

   Adicione a manteiga *MAIS* o restante da farinha para doces.

   Mude para o batedor de massa.

   Na velocidade #1, pulse a amassadeira, ligando-a e desligando-a, por 2 minutos, até que toda a farinha fique umedecida.
4. Emulsifique a manteiga na velocidade #2, por 4 minutos.

   Isso completa a fase de desenvolvimento.

Receita

Ingrediente	PP%	Amassadeira de 4,3 ℓ	5,68 ℓ	18,9 ℓ	
		Gramas			Δ
Água	14%	85 g	141,75 g	331,84 g	
Leite	16%	100 g	141,75 g	340,19 g	
Fermento fresco	5,2%	30 g	47,25 g	99,23 g	
Farinha para pão (I)	38%	225 g	340,19 g	794,19 g	
Ovos*	19%	140 g	170,10 g (3 cada)	396,89 g (8 cada)	
Gemas*	4%	30 g	42,53 g (3 cada)	85,05 g (4 cada)	
Açúcar	8%	50 g	70,88 g	170,10 g	
Farinha para doces (II)	62%	360 g	567,40 g	1,305 kg	
Sal	2,6%	15 g	22,26 g	56,70 g	
Manteiga	20%	130 g	198,44 g	454 g	
Rendimento		1,165 kg	1,702 kg	3,972 kg	
Número de peças		2 brioches nanterre	3 brioches	7 brioches	

* A PP% combinada de ovos nesta Rx é de 23%.

Podem-se usar ovos inteiros ou uma combinação de ovos inteiros e gemas.

Pães da família das massas ricas

Modo de fazer

1	Mise en place	H_2O e leite @ 29 °C; ovos e manteiga @ 16 °C	tdm = 21 °C
2	Mistura dos ingredientes Nota: reserve metade da farinha para doces e manteiga até a próxima fase.	ESPONJA... (MODIFICADA) Bata juntos os ovos, as gemas e o açúcar. Adicione a mistura à esponja. Mais EMULSIFICADA	45 min @ 26 °C Comece com o batedor de massa leve para romper a esponja. Adicione metade da farinha para doces e o sal. Misture até chegar ao ponto homogêneo.
3	Desenvolvimento (Emulsificar) Desenvolvimento II	Velocidade #1; 1 min Adicione a manteiga mais a farinha para doces restante; velocidade #2; 4 min	(Ainda com o batedor de massa leve.) Mude para o batedor de massa.
4	Fermentação	Fermentação a frio: 8 a 16 h @ 4 °C; 1 × desgasificar @ 1 h.	Achate a massa no tabuleiro forrado com papel-manteiga untado. Embrulhe firmemente.
5	Modelagem	Como na Rx do *pain aux raisins*. Como para formas de brioche.	Não ajuste a massa; Use logo após tirar do refrigerador.
6	Crescimento	Consulte a informação sobre crescimento de formas específicas de brioche.	Deixe crescer os *pain aux raisins* de 50 min a 1 h @ 24 °C.
7	Decoração e assamento	Glacê francês; consulte a tabela de assamento do brioche do Pierre. Asse *pain aux raisins* de acordo com a tabela de assamento dos pães de canela.	1 ovo inteiro + 2 cs de água (peneirados)

Parte IV | Coleção de receitas de pão

Alsácia

Na fronteira nordeste da França fica a província da Alsácia. Separada da Alemanha pelo rio Reno, essa região sempre foi muito disputada pela França e pela Alemanha. Para apreciar a geografia da Alsácia, você deve estar no norte, perto de uma das pequenas cidades medievais, como Colmar, e olhar para o sul. A vista majestosa captura os vinhedos e as vinícolas, famosas pelos vinhos esverdeados Gewürztraminer. À esquerda, você tem a passagem para a Floresta Negra alemã. À direita, você tem Paris — a viagem de trem até lá dura 2 horas.

Os alsacianos são pessoas sólidas, com forte herança culinária. O amálgama cultural deles tem como representante maior a especialidade regional *choucroute garni*, uma caçarola de embutidos assados lentamente em chucrute.

No estilo alemão, esse prato seria ácido e vinagrento. No estilo francês, ele se torna fragrante e suave, cozido com fatias de maçã e vinho branco. O *garni* é uma grande variedade de diferentes tipos de charcutaria, ou pedaços de porco e embutidos — linguiça branca de vitela, linguiça de alho e costeletas de porco curadas. Omita o vinho à mesa: o *choucroute garni* vai bem com cerveja e pães escuros, densos, de estilo alemão. O pão rústico de centeio é um bom par para esse prato.

As padarias alsacianas oferecem mercadorias assadas francesas e alemãs: baguetes, pretzels e kouglof. Este último é um tipo de pão rico, feito como o brioche — depois que a massa é desenvolvida e a manteiga é emulsificada, acrescenta-se uma mistura macerada de passas escuras, rum e amêndoas. Assim como o brioche, o kouglof fermenta durante a noite. A tradição diz que cada padeiro da Alsácia leva adiante a tradição kouglof da sua família ou vizinhança. Há muitas receitas diferentes de kouglof — e também muitas maneiras de grafar o nome.

Um kouglof gostoso pode ser feito com a massa do brioche de modelar. Eu recomendo reduzir a manteiga da Rx em 25%. As passas escuras devem constituir 10% do peso da farinha; as amêndoas fatiadas ou em lascas, 5% da farinha. O rum pode ser escuro ou claro e deve representar apenas um quarto do peso das passas. Misture tudo 12 a 24 horas antes do desenvolvimento do brioche.

Para modelar, faz-se um cilindro de massa como se ele fosse um grande donut; depois, é colocado em uma forma preparada, para que cresça. Formas com furo no meio (em forma de rosca) são fáceis de desenformar e permitem que o kouglof asse uniformemente. Unte a forma com óleo sem sabor ou spray; ou então, forre-a com amêndoas fatiadas. Para obter kugels pequenos, deixe crescer e asse as bolas de massa em formas untadas de muffins (sem usar papel de muffin, por favor). Não importa se os kouglofs são grandes ou pequenos, sirva-os invertidos e polvilhados com açúcar de confeiteiro.

Para fazer kouglofs grandes, siga a tabela de assamento do brioche nanterre; para fazer kugels pequenos, siga a tabela de assamento dos brioches à tête.

Uma receita muito confiável de choucroute garni pode ser encontrada no livro *French Regional Cooking*, de Anne Willan.

Pain aux raisins

Descrição

Pain aux raisins é um pão francês para o desjejum que se parece com os pães de canela americanos. Nesta versão, ele é recheado com *creme de confeiteiro* e *groselhas* reidratadas em um pouco de rum.

As *groselhas* se parecem com pequenas passas escuras. Elas têm sabor mais concentrado do que as passas e aderem menos aos dentes quando mastigadas. Ainda assim, se parecem com passas.

As passas claras originam-se de uvas suculentas. Quando as uvas secam e se enrugam, passam a ser chamadas de *passas claras*. Quando groselhas secam, elas continuam sendo chamadas de *groselhas*; raramente se chamam *groselhas secas*, pois é incomum encontrar as frescas, sumarentas.

Compreendendo

Para reidratar groselhas

(para uma dúzia de *pain aux raisins*)

1 xícara (chá) de groselhas secas

¼ de xícara (chá) de água

1 cs de rum, claro ou escuro

Combine todos os ingredientes em uma tigela de aço inoxidável. Mexa ocasionalmente, até que as frutas tenham absorvido todo o líquido, o que demora cerca de 15 minutos.

Espalhe as frutas em um tabuleiro forrado com papel-manteiga. Deixe-as descansar por 30 minutos, antes de usá-las.

Depois de reidratadas, as frutas podem ser refrigeradas, cobertas, por uma semana. Deixe que elas atinjam a temperatura ambiente antes de usá-las.

Produção

Modele os *pains aux raisins* da mesma forma que os *pães de canela*. Deixe-os crescer e asse-os de acordo com a tabela de assamento dos pães de canela.

Parte IV | Coleção de receitas de pão

Especificação

Para obter uma dúzia de *pain aux raisins*, use esta proporção:

1,35 kg	de massa de brioche fermentada, gelada
3 xícaras (chá)	de creme de confeiteiro (receita a seguir)
1 xícara (chá)	de groselhas secas, reidratadas

Modo de fazer

5	Modelagem	Um resumo dos passos é fornecido na página 424. Para maiores detalhes, consulte o capítulo Família das massas doces e as ilustrações.	Não ajuste a massa; use imediatamente após retirar do refrigerador. O creme de confeiteiro deve estar frio.
6	Crescimento	30 a 35 min @ 27 °C	
7	Decoração e assamento	Nenhuma decoração antes de assar.	

Produto	Forno	Estágio I	Vapor	Vent @	Estágio II	Tempo	Temp. int.
Pain aux raisins	Rack	170 °C	10 s	2 min	170 °C	8 a 10 min	Toque

Creme de confeiteiro para *pain aux raisins*

Rendimento: cerca de 3 xícaras de chá, o suficiente para uma dúzia de *pains aux raisins*

3 xícaras (chá) de leite

1¼ xícara (chá) de açúcar

3 ovos grandes

4 gemas

4 cs de farinha comum

4 cs de amido de milho

1 pitada de sal

1½ cs de extrato de baunilha

(*Use a técnica de cozimento na boca do fogão, ou seja...*)

1. Coloque o leite, metade do açúcar e o sal em uma panela média de aço inoxidável ou de vidro. Mexa para misturar; baixe bem o fogo.

2. Enquanto isso, misture os ovos, as gemas e a metade restante de açúcar em uma tigela de aço inoxidável. Bata por 2 minutos.

3. Peneire a farinha e o amido de milho e misture bem.

4. Adicione à mistura de ovos cerca de um quarto de xícara de chá da mistura de leite da panela e bata bem. Reserve.

5. Aumente a chama em que está o leite para média/alta e espere que ele ferva.

6. Retire imediatamente o leite do fogo. Despeje o leite na mistura de ovos — não o despeje todo de uma vez, faça-o em três movimentos, batendo suavemente a mistura depois de cada adição.

7. Devolva a mistura de leite/ovos à panela. Deixe-a em fogo baixo. Cozinhe até que a mistura engrosse, usando a *orientação para cozinhar cremes no fogão*, dada a seguir.

8. Retire o creme do fogo e transfira-o para um recipiente de aço inoxidável. Adicione a baunilha. Siga a *orientação para o manuseio seguro de cremes*. Leve o creme à geladeira até que você precise dele (no máximo, por três dias).

Orientação para cozinhar cremes no fogão

Passo A. *1½ minuto em fogo baixo*

Usando uma espátula resistente ao calor, misture o creme constantemente. Raspe o creme engrossado do fundo da panela fazendo um gesto em forma de oito ou fazendo um zigue-zague.

Passo B. *1½ minuto em fogo médio*

Agora, use um batedor de aço inoxidável. Nesse estágio, o creme forma grumos. Rompa os grumos batendo constantemente. Recorra à espátula uma ou duas vezes para verificar se há creme grudado nas paredes internas da panela.

Passo C. *1 minuto em fogo alto*

Agora, volte à espátula. Mexa constantemente por 1 minuto. O creme deve chegar a ferver. Depois de 1 minuto, raspe rapidamente o creme e passe-o para uma tigela de aço inoxidável limpa. Acrescente a baunilha.

Orientação para o manuseio seguro de cremes

a. Os cremes devem ser cobertos por um filme plástico, colocado diretamente sobre a superfície deles, para impedir que uma película se forme; é necessário fazer uma pequena abertura, para impedir a retenção de calor no creme.

b. Os cremes devem esfriar a 21 °C, em 1 hora. Os métodos de esfriamento incluem colocar o creme sobre uma tigela de água fria (e não gelo) ou em um local no qual haja corrente de ar, em uma parte fria da cozinha. O esfriamento em aço inoxidável é mais rápido do que em um recipiente plástico.

c. Depois de frio, o creme deve ser completamente embrulhado em mais plástico. Armazene-o no fundo da parte inferior da geladeira por até três dias.

Pão de manteiga

Este é um pão representativo. Por favor, consulte as instruções detalhadas no capítulo Família das massas ricas na Parte III.

Receita

Ingrediente	PP%	Amassadeira de 4,3 ℓ	5,68 ℓ	18,9 ℓ	Δ
		Gramas			
Leite	57%	340 g	510,7 g	1,34 kg	
Fermento fresco	4%	30 g	37,80 g	85,05 g	
Ovos	5%	45 g	1 de cada	2 de cada	
Farinha para pão	100%	625 g	907,18 g	1,98 kg	
Sal	1,8%	10 g	14,18 g	37,80 g	
Manteiga	19%	115 g	170,1 g	368,54 g	
Rendimento		1,17 kg	1,59 kg	3,63 kg	
Unidades		2 tranças de três (peso cordões @ 195 g)	4 tranças de três	5 tranças de três	

Modo de fazer

1	Mise en place	Leite frio; ovos @ 16 °C; manteiga @ 16 °C	tdm = 21 °C
2	Mistura dos ingredientes	MODIFICADA (para todos os ingredientes COM EXCEÇÃO da manteiga) mais EMULSIFICADA	
3	Desenvolvimento (EMULSIFICAR) Desenvolvimento II	Velocidade #1; 1 min Adicione a manteiga toda de uma vez; velocidade #2; 4 min velocidade #1; 4 min	Desenvolvimento à mão não recomendado para a técnica de emulsão.
4	Fermentação	Divida @ 195 g 2 h @ 4 °C; não é necessário desgasificar e dobrar.	
5	Modelagem	Forme cordões de 45 cm a 55 cm de comprimento. Descanso na bancada a frio: 20 min @ 4 °C; trance como desejar.	
6	Crescimento	Sobre papel-manteiga, 45 min @ 27 °C	
7	Decoração e assamento	Glaçado padrão; coberturas opcionais: sementes ou sal grosso.	

Produto	Forno	Estágio I	Vapor	Vent @	Estágio II	Tempo	Temp. int.
Pão de manteiga	Rack	170 °C	Não necessário	Sempre aberto	170 °C	21 a 24 min	82 °C
	De lastro (com grade)	190 °C (6.4.7)	Não necessário	5 min	190 °C	15 a 18 min mais	82 °C

Pães da família das massas ricas

Modelando brioches à tête

Forme bolas com os pedaços maiores, para fazer os corpos. Aqui, cada corpo pesa 120 gramas.

Com a mão enfarinhada, achate os corpos dos brioches.

Enfarinhe os pedaços menores, para fazer as cabeças dos brioches. Aqui, as cabeças pesam 40 gramas.
Achate-os suavemente; junte as pontas. No topo, belisque a massa, para grudar as pontas.

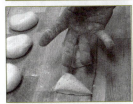

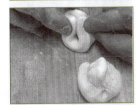

Aperte as pontas de modo que a cabeça fique redonda de um lado.

Use o polegar e o indicador enfarinhados para fazer um buraco no corpo do brioche, como se fosse um donut.

Agora, enfarinhe o lado da mão, para formar a cabeça do brioche.

421

Parte IV | Coleção de receitas de pão

Use a parte achatada da mão, sob o dedo indicador, para dar à cabeça do brioche a forma de uma lágrima.

Coloque a ponta da lágrima no buraco do donut.

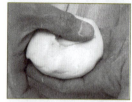

Inverta o brioche e estique a ponta sobre a base do donut, para que ela fique firme.

Ajeite os brioches e transfira-os para as formas preparadas (unte-as com óleo sem sabor ou spray).

Modelando brioches nanterre

Os brioches nanterre são feitos arranjando-se bolas da massa em uma forma preparada.

Para ajudar o último brioche a manter a forma, coloque-o por cima da montagem, tocando as duas bolas mais próximas. Enfarinhe o dedo e pressione a bola de massa para baixo, em direção ao fundo da forma, enquanto você toca a parede dela. A bola de massa irá grudar no seu dedo, permanecendo redonda enquanto se ajeita na forma.

Para pesar: 570 gramas de brioche enchem uma forma de 13 × 23 centímetros.

Pães da família das massas ricas

Dica quente
Uma base de brioche para *coulibiac de saumon* ou para *boeuf en croûte*

Para ser usado em pratos salgados, o brioche não pode ter menos do que 0,8 centímetro. Se ele for mais fino do que isso, a massa cresce mal e a manteiga vaza.

Algumas vezes, uma parte da massa fica crua sob pedaços grandes de proteína, como um salmão ou uma peça de filé mignon. Obtenha um assamento uniforme fazendo a base do brioche conforme descrito a seguir:

Abra a massa do brioche deixando-a com uma altura de 0,8 centímetro — grande o bastante para que sirva de base para o peixe ou para a carne. Transfira-a para um tabuleiro forrado com papel-manteiga. Deixe a massa descansar por 10 minutos depois de aberta, mas não deixe que ela comece a crescer.

Use um garfo enfarinhado para fazer buracos na massa. Em um forno de lastro aquecido a 190 °C (ou um forno rack a 170 °C), asse até que a parte superior da massa fique firme e com cor dourada, o que demora aproximadamente 10 a 12 minutos.

Retire a massa e espere-a esfriar numa grade. Quando ela estiver completamente fria, coloque a carne ou peixe por cima. Use uma faca de carne ou outra faca serrilhada para cortar a base do brioche, deixando-a 1,3 centímetro mais larga do que a carne ou o peixe, em toda a volta. Deixe a carne (ou o peixe) sobre a base do brioche.

Abra a massa de brioche restante, deixando-a com 0,8 centímetro de altura. Coloque-a sobre a carne ou o peixe, deixando uma borda de 0,8 centímetro em toda a volta. Retire o excesso com uma faca. Use os dedos enfarinhados para comprimir as bordas da massa. Essa borda deve ser colocada sob a base do brioche. Use *egg wash** para que a massa fique presa à base.

Coloque a montagem sobre uma assadeira forrada com papel-manteiga. Decore a gosto. Transfira-a para o refrigerador por 30 minutos, para que a massa assente. Retire-a da geladeira, espere crescer e asse seguindo as instruções.

Os alimentos preparados em uma padaria-confeitaria francesa podem ser doces ou salgados. Aqui, os filés de salmão são recheados com musse vegetal. O conjunto inteiro é assado dentro de uma capa de brioche. Sirva ligeiramente frio, acompanhado com creme de leite batido com mostarda ou com estragão.

---

* Mistura de ovos e leite ou água, com uma pitada de sal. [N. T.]

423

Modelando pains aux raisins

Note que estas fotos demonstram como se modelam pães de canela. O procedimento é o mesmo para *pains aux raisins*.

Modele a massa na forma de um retângulo de 30 × 45 centímetros. Agora, transfira-a para uma folha de papel-manteiga, para que a modelagem seja mais fácil.

Coloque por cima da massa uma camada de creme de confeiteiro; espalhe passas por cima. Nota: a essa altura, você pode refrigerar o conjunto inteiro por 15 minutos. Isso facilitará o ato de enrolar a massa, e o rolo ficará mais uniforme. Se você estiver trabalhando com eficiência e a temperatura ambiente não for superior a 21 °C, vá diretamente para o passo seguinte.

Enrole a massa na forma de um rocambole, com um tronco de 45 centímetros — mas deixe o rolo mais solto do que ao fazer pãezinhos da Filadélfia ou pães de canela, senão o creme de confeiteiro irá vazar.

Corte doze fatias com largura de 4 centímetros. Use uma faca serrilhada.

Forre uma assadeira pequena com papel-manteiga.

Coloque nela os pains aux raisins, em um arranjo de três por quatro.

Pães da família das massas úmidas

Pão chato de fubá 426

Pão chato de farinha de milho 427

Focaccia 429

Massa de pizza fina 430

Fougasse (pão em formato de folha) 431

Pão chato de fubá

Descrição

Os mais antigos pães conhecidos são os chatos. Antes que as massas fermentadas fossem criadas, versões úmidas de massa eram comprimidas ou abertas e assadas em pedras aquecidas.

Esta Rx de pão chato lembra tortilhas de milho, mas a textura um pouco mais emborrachada do pão chato confere a ele uma personalidade distintamente americana.

Compreendendo

Fermentar a farinha de milho* em uma *esponja* proporciona maior extensibilidade à massa, o que torna fácil modelá-la e dar a ela uma espessura uniforme. A *esponja* confere um gosto forte aos pães chatos, o qual é particularmente sublinhado quando eles são grelhados; além disso, o tempo maior de fubá demolhado libera a doçura natural dela e amacia a textura da massa.

Produção

Os pães chatos podem ser assados em uma chapa, em uma grelha de mesa ou em uma sautese grande e rasa. Preaqueça a superfície em fogo médio ou alto antes de assar a massa.

Apanhe um pedaço de papel-toalha enrolado com uma pinça de metal e mergulhe-o em óleo de canola; pincele levemente a superfície da massa antes de assá-la e entre uma fornada e outra.

O segredo de cozer um pão chato está no equilíbrio. A massa permanece no calor por um tempo curto, para dourar levemente os dois lados do pão, mas longo o suficiente para que ela cresça ligeiramente e fique bem cozida.

É esse mesmo equilíbrio que torna as panquecas leves e aeradas. O primeiro e o segundo pães talvez fiquem densos e pesados, ou cresçam demais, tornando-se secos e arenosos. Ajuste o calor conforme necessário, até você ficar satisfeito com os resultados.

Espere por 1 ou 2 minutos entre as fornadas, para que a grelha ou a chapa recupere a temperatura. Depois que os pães chatos estiverem assados, armazene-os à temperatura ambiente, embrulhados em um pano de prato limpo.

Especificação

Os pães chatos introduzem variedade na textura e na temperatura do seu jantar. Restaure-os e pincele-os com óleo de milho aromatizado com temperos como alho ou flocos de pimenta. No último minuto, corte-os em triângulos e sirva-os.

Para restaurar pães chatos assados, borrife-os com água e aqueça-os em uma chapa untada até que eles fiquem macios e crocantes.

---

* Farinha de milho e derivados não contêm glúten.

Pão chato de farinha de milho

Óleo de alho e pimenta
1 xícara (chá) de óleo de milho
1 cc de flocos de pimenta desidratados
1 dente de alho descascado, branqueado e espremido
1 cs de jalapeños fatiados
Sal a gosto
2 cs de vinagre de vinho tinto
Misture todos os ingredientes em um recipiente de vidro. Deixe a mistura descansar na geladeira por 24 horas; mexa-a suavemente uma ou duas vezes.

Receita

Ingrediente	PP%	Amassadeira de 4,3 ℓ Gramas	5,68 ℓ	18,9 ℓ	Δ
Água	62%	565 g	850,89 g	—	
Fermento seco ativo	1,5%	3 cc	1 cs + 2 cc	—	
Farinha de milho	25%	225 g	340,19 g	—	
Farinha de trigo integral	12%	115 g	170,10 g	—	
Óleo de canola	7%	60 g	85,05 g	—	
Açúcar mascavo	4%	45 g	6 cs	—	
Mel	1%	15 g	1½ cs	—	
Farinha para pão	63%	560 g	865,07 g	—	
Sal	1,3%	2½ cc	1 cs + ½ cc	—	
Rendimento		1,600 kg	2,27 kg		
Unidades		12 peças	18 a 20 peças		

Dica quente
Para obter maior precisão com pequenas quantidades de fermento e sal, use este tipo de colher de medida.

Parte IV | Coleção de receitas de pão

Modo de fazer

1	Mise en place	H_2O e leite @ 43 °C	tdm = 27 °C	
2	Mistura dos ingredientes	ESPONJA mais MASSA PRINCIPAL	45 min @ 27 °C Use a farinha de milho e a farinha de trigo integral para fazer a *esponja*.	
3	Desenvolvimento	Desenvolvimento curto Velocidade #2; 2 min; velocidade #1; 2 min	OU	(à mão) 5 min
4	Fermentação	1 h @ 27 °C; Desnecessário desgasificar e dobrar.		
5	Modelagem	Pese @ 130 g; faça bolas; descanso na bancada @ 20 min no piso; abra* a massa com espessura de 0,3 a 0,6 cm, e 15 a 20 cm de diâmetro.		
6	Crescimento	Deixe os pães chatos abertos crescerem por 10 minutos em uma bancada polvilhada com semolina. Mantenha-os cobertos com plástico ou com um pano de prato enfarinhado.		
7	Decoração e assamento	Fure os pães com um garfo ou espeto.		

Produto	Forno	Estágio 1	Vapor
Pães chatos crocantes	Chapa (ou grelha de mesa)	Calor médio	–

* Veja o item "Modelando pizza" (que começa na página 393), para mais informações sobre como abrir a massa em círculos.

Trabalhe em lotes, empilhando os pães chatos sob o pano de prato. Para saber por quanto tempo o pão chato deve ser assado, leia o quadro a seguir.

Assando pães chatos

Para ser capaz de fazer pães leves e assados por igual — de panquecas a pães sírios —, o padeiro deve equilibrar três coisas: a grossura do pão chato, o calor da chapa ou da pedra, e o tempo. Trabalhe com peças de massa pequenas até que você obtenha a harmonia ideal entre o crocante e o leve.

Em nossa padaria, o sabor e a textura dos pães chatos de fubá ficam mais consistentes se esta sequência é seguida:

(usando calor baixo a médio em uma chapa, panela sauté grande ou forno de lastro)

1 minuto na chapa do primeiro lado, vire;

2 minutos do outro lado, vire novamente; mais 1 minuto.

Se você está usando uma chapa ou panela sauté, é bom furar o pão chato de novo assim que ele for exposto ao calor. Para fazer esse novo furo, use um espeto de madeira, e não de metal.

Focaccia

Este é um pão representativo.
Por favor, consulte as instruções detalhadas no capítulo da família das massas úmidas na Parte III.

Receita

Ingrediente	PP%	À mão ou amassadeira de 4,3 ℓ/4,73 ℓ Gramas	5,68 ℓ *	18,9 ℓ	Δ
Água	66%	505 g		2,04 kg	
Fermento fresco	3%	22 g		85,05 g	
Farinha I	40%	320 g		1,25 kg	
Azeite de oliva	6%	45 g		170,10 g	
Açúcar	7%	50 g		198,44 g	
Farinha II	60%	450 g		1,81 kg	
Sal	2,4%	20 g		37,80 g	
Unidades		1 tabuleiro	1 tabuleiro	4 tabuleiros	

* Use as mesmas medidas referentes à amassadeira com capacidade de 4,3 litros.

Modo de fazer

1	Mise en place	H$_2$O @ 35 °C		tdm = 27 °C
2	Mistura dos ingredientes	ESPONJA mais MASSA PRINCIPAL		(45 min @ 27 °C)
3	Desenvolvimento	Desenvolvimento curto Velocidade #2; 2 min; + velocidade #1; 2 min	OU	6 min (à mão)
4	Fermentação	Proceda diretamente para a sequência de modelagem. Veja as fotos da página 284.		
5	Modelagem e decoração (Nota: no preparo da focaccia, a fase de decoração precede a fase de crescimento.)	FO — Coloque a massa na tela preparada; enrole-a. Descanso de 30 min @ 27 °C. CA — Abra mais a massa, em direção às bordas da tela. Descanso de 30 min @ 27 °C, pela segunda vez. CCIA — Aplique a cobertura; faça covinhas na massa.		
6	Crescimento	30 min @ 27 °C; o terceiro e último descanso de 30 min.		
7	Assamento			

Produto	Forno	Estágio I	Vapor	Vent @	Estágio II	Tempo	Temp. int.
Assamento leve	Rack	170 °C	10 s	4 min	170 °C	12 a 15 min	Cor e toque
Assamento crocante	De lastro (sem grade)	218 °C (8.8.8)	—	Sempre aberto. Retire o papel-manteiga @ 15 min	218 °C	7 a 9 min	Cor e toque

429

Massa de pizza fina

Receita

Ingrediente	PP%	Amassadeira de 4,3 ℓ	5,68 ℓ	18,9 ℓ	Δ
		Gramas			
Água	50%	225 g	454 g	1,362 kg	
Fermento seco ativo	1,5%	8 g	1 ½ cs	49,61 g	
Farinha I	30%	140 g	283,50 g	340,19 g	
Leitelho	25%	115 g	226,80 g	680,80 g	
Mel	2%	10 g	21,27 g	56,70 g	
Azeite de oliva	8%	45 g	70,88 g	226,80 g	
Farinha II	70%	315 g	624,10 g	1,93 kg	
Sal	2%	10 g	1 cs + 1 cc	50,61 g	
Rendimento		870 g	1,589 kg	4,99 kg	
Unidades		7 bases @ 25 cm	10 bases @ 25,40 cm	20 bases @ 25,40 cm	

Modo de fazer

1	Mise en place	H_2O @ 43 °C	tdm = 27 °C	
2	Mistura dos ingredientes	ESPONJA mais MASSA PRINCIPAL	45 min @ 27 °C	
3	Desenvolvimento	Desenvolvimento curto Velocidade #2, 2 min; + velocidade #1, 2 min	OU	(à mão) 4 min
4	Fermentação	1 h @ 27 °C; Desnecessário desgasificar e dobrar.		
5	Modelagem	Divida @ peças de 124 g; modele círculos; 30 m no RFG (ou até 18 horas)		
6	Crescimento	—		
7	Decoração e assamento	Ver o item "Modelando pizza".		

Produto	Forno	Estágio I	Vapor	Vent @	Estágio II	Tempo	Temp. int.
Pizza	De lastro (sem grade)	200 °C (6.7.8)	—	Sempre aberto	—	5 a 9 min, dependendo da grossura e da cobertura	Cor e toque

Fougasse (pão em formato de folha)

Descrição

Assado diretamente sobre pedras quentes, os pães chatos mediterrâneos são chamados de *focus*, palavra latina para *forno a lenha*. Em italiano, eles se chamam *focaccia*; em francês, *fougasse*. Na Provença, região sudeste da França, a fougasse é feita em diversos formatos.

A massa é cortada e aberta na forma de uma folha de planta antes de ser assada. O pão escada, feito com uma série de cortes paralelos na massa, os quais são esticados e afastados entre os "degraus", também é muito popular.

As versões salgadas da fougasse podem ser cobertas com azeitonas e queijo, ervas aromáticas frescas e sal marinho, ou até torresmos e pimenta-do-reino. As versões doces podem ser cobertas com frutas de caroço grande, como cerejas maceradas em rum ou *eau de vie*, um tipo de *brandy* de frutas.

As fougasses grandes formam a base de uma refeição, que é completa com queijo, salada verde e vinho tinto. As fougasses pequenas são pinceladas com azeite de oliva e polvilhadas com açúcar de confeiteiro e estão entre as treze sobremesas da tradicional *mesa provençal de Natal*.

Compreendendo

Use a esponja mais a sequência de mistura da massa principal para proporcionar extensibilidade à massa. Isso permite que o padeiro estique formas finas, as quais assam até obter uma textura crocante, como a dos grissinis. As formas mais grossas da massa prestam-se especialmente a coberturas salgadas, como queijo e azeitonas, e, assadas, tornam-se macios pães de mesa.

Produção

As fougasses devem ser modeladas diretamente em tabuleiros forrados com papel-manteiga. Dependendo da cobertura, o papel-manteiga pode ser polvilhado com semolina ou pincelado com óleo sem sabor, para que os pães não grudem.

Coloque uma fougasse fina sobre papel-manteiga, na parte traseira de um tabuleiro. Depois que ela crescer, você pode escorregá-la junto com o papel-manteiga diretamente para o piso do forno. Após 7 ou 8 minutos, o pão pode ser tirado do forno. Retire o papel e devolva a fougasse diretamente ao piso do forno, se necessário.

As formas mais grossas e aquelas com coberturas salgadas sólidas devem assar em um forno rack, sobre um tabuleiro não invertido — elas não ficam com aquele fundo crocante e dourado, mas ficam deliciosas.

Especificação

As quantidades para uma amassadeira de 18,9 litros foram omitidas.

Parte IV | Coleção de receitas de pão

Receita

Ingrediente	PP%	Amassadeira de 4,3 ℓ	5,68 ℓ	18,9 ℓ	
		Gramas			Δ
Água	65%	510 g	765,84 g	—	
Fermento fresco	3%	25 g	37,80 g	—	
Farinha I	43%	340 g	454 g	—	
Azeite de oliva	7%	60 g	85,05 g	—	
Açúcar	2%	20 g	28,35 g	—	
Farinha II	57%	450 g	737,50 g	—	
Sal	2%	15 g	22,26 g	—	
Rendimento		1,4 kg	2,043 kg	—	
Unidades		3 peças @ 465 g	4 peças @ 510 g		

Modo de fazer

1	Mise en place	H$_2$O @ 32 °C	tdm = 27 °C
2	Mistura dos ingredientes	ESPONJA mais MASSA PRINCIPAL	45 min @ 27 °C
3	Desenvolvimento	Desenvolvimento curto Velocidade #2, 2 min; + velocidade #1, 2 min	OU (à mão) 6 min
4	Fermentação	1 h @ 27 °C; 1 × desgasificar e dobrar.	
5	Modelagem	Divida @ peças de 465 g ou 510 g; faça bolas; descanso na bancada @ 20 min no piso; ver ilustrações das páginas 433 e 434.	
6	Crescimento	20 min no piso	
7	Decoração e assamento	Ver notas de descrição e notas de produção sobre a fougasse.	

Produto	Forno	Estágio I	Vapor	Vent @	Estágio II	Tempo total*	Temp. int.
Fougasse crocante	De lastro (sem grade)	218 °C (8.6.8)	—	Sempre aberto	218 °C	14 a 19 min	Cor e toque
Fougasse macia	Rack	175 °C	—	Sempre aberto	175 °C	12 a 15 min	Cor e toque

* Dependendo da grossura e da cobertura.

Modelando a fougasse

Enfarinhe, dos dois lados, um disco da massa já descansada. De baixo para cima, pressione o rolo de massa sobre a massa, para achatá-la — mas ainda não a abra.

Gire a massa em 90°; passe o rolo de massa de baixo para cima.

Agora, abra a massa em um disco de 22 a 25 centímetros.

Polvilhe a bancada com semolina.

Abra a massa para cima e para baixo. Abra os cantos inferiores dela para fora, usando apenas metade do rolo de massa.

 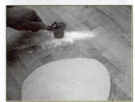

Sem achatar as bordas, estique a massa na forma de um triângulo, com cerca de 25 × 30 cm.

Utilize um cortador de pizza enfarinhado para obter cortes bem definidos na massa.

Parte IV | Coleção de receitas de pão

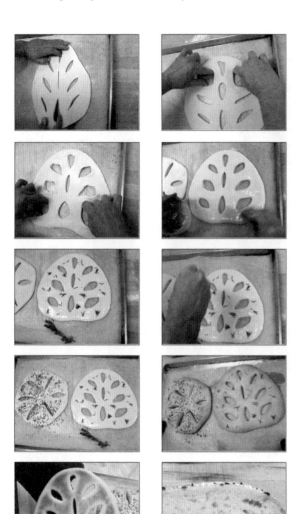

Abra os cortes da massa. Use os dedos para ampliar os buracos.

Bata suavemente partes iguais de clara de ovo e água; pincele a parte superior da massa.

Distribua as coberturas — aqui, alecrim fresco e sal marinho, para um pão de mesa salgado.

A fougasse em forma de bolacha-da--praia é doce — polvilhada com sementes de girassol, sementes de gergelim e açúcar cristal.

Quando as fougasses são assadas adequadamente, a superfície delas apresenta um dourado médio. A parte inferior da fougasse é crocante o suficiente para que ela possa ficar em pé na vitrine.

A crosta do pão é fina e uniforme, com um *mie*, ou interior, úmido e tenro.

Pães da família das massas doces

Babka 436

Chocotone 439

Panetone 440

Monkey Bread 444

Pãezinhos da Filadélfia 447

Stollen 451

Massa doce para pães de canela 454

Babka

Descrição

Em muitos dialetos do leste europeu, a palavra *babka* é uma forma carinhosa para *vovó*. *Babka* também é o nome de um bolo amanteigado, feito com fermento e recheado de frutos secos, pedaços de chocolate ou passas (há muitas versões desse bolo). Ele representa a história do pão fermentado feito à mão, trazido aos Estados Unidos entre o século XIX e o início do século XX.

A textura do babka se parece com a de um bolo amanteigado, mais do que com a de um pão.

Compreendendo

Esta receita representa o auge das técnicas básicas de assar pão apresentadas neste livro. Ela inclui nada menos do que três técnicas de mistura de ingredientes: a *esponja*, a *massa principal* e a técnica de *emulsificação*.

Receita

		Amassadeira de 4,3 ℓ	5,68 ℓ	18,9 ℓ	
Ingrediente	PP%	Gramas			Δ
Leite	40%	140 g	283,50 g	—	
Fermento fresco	5%	20 g	37,80 g	—	
Farinha para pão I	50%	170 g	340,19 g	—	
Açúcar	20%	70 g	141,75 g	—	
Ovo	28%	100 g	198,44 g (4 cada)	—	
Extrato de baunilha	—	1½ cc	1 cs	—	
Farinha para doces II	50%	170 g	340,19 g	—	
Cardamomo	—	¾ cc	1½ cc	—	
Sal	2,5%	10 g	18,90 g	—	
Manteiga	30% a 40%	115 g	226,80 g	—	
Manteiga, derretida e fria, para glaçar a massa, na quantidade necessária					
Cobertura streusel (ver página 457)		170 g	340,19 g		
Rendimento (massa)		800 g	1,59 kg		
Unidades		1 bolo	2 bolos		

A técnica da *esponja* é usada por causa da suculência da massa. O fermento multiplica-se rapidamente, dando à massa fermentada um sabor mais completo. Bater a manteiga com o açúcar antes de adicioná-los à esponja fermentada ajuda a incorporá-los na massa principal mais prontamente e exige menos tempo de sova. O resultado é uma massa com qualidade semelhante à do bolo de miolo pequeno e macio, fácil de mastigar.

Produção

Recomenda-se que a produção seja feita em dois dias, com fermentação a frio. No segundo dia, a massa pode ser modelada de manhã bem cedo. Depois que o babka tenha assado, esfrie-o na forma por 1 hora, antes de desenformá-lo. Polvilhe com açúcar de confeiteiro, se você desejar.

É melhor assar o babka no forno rack — não mais do que duas formas por tabuleiro grande. Pule um trilho do forno entre os tabuleiros, para que o ar circule adequadamente. Se você não puder assar todas as formas ao mesmo tempo, asse metade de cada vez. Mantenha as formas que estão esperando na geladeira, sem cobri-las.

Especificação

Ver "Modelando o babka", na página 456.

Parte IV | Coleção de receitas de pão

Modo de fazer

1	Mise en place	Leite @ 32 °C; manteiga @16 °C	tdm = 27 °C Aqueça, mas não escalde o leite.	
2	Mistura dos ingredientes	ESPONJA mais MASSA PRINCIPAL (sem manteiga) mais EMULSIFICAR	45 min @ 27 °C (Mantenha a esponja coberta para massas doces.)	
3	Desenvolvimento (EMULSIFICAR) Desenvolvimento II	Desenvolvimento curto velocidade #1; 2 min; Adicione a manteiga toda de uma vez; velocidade #2; 2 min; velocidade #1; 4 min	OU	(à mão) *Rabo de peixe* por 2 min; adicione a manteiga; *rabo de peixe* por mais 4 min; faça bolas usando a *técnica das 11 às 5.*
4	Fermentação	Fermentação a frio: 8 h a 16 h @ 4 °C; 1 × desgasificar @ 1 h.	OU	Para assamento no mesmo dia: deixe fermentar por 1 h @ 4 °C; achate a massa no tabuleiro @ 30 min.
5	Modelagem	Ver "Modelando o babka", página 456.	Não ajuste a massa; use-a imediatamente após tirar do refrigerador.	
6	Crescimento	Pincele a massa do babka com manteiga derretida fria antes do crescimento.	1 h a 1h15 @ 24 °C (ver decoração)	
7	Decoração e assamento	Depois de 45 min de crescimento, polvilhe cobertura streusel sobre o babka. Devolva-o à estufa para os restantes 15 a 30 min.		

Produto	Forno	Estágio I	Vapor	Vent @	Estágio II	Tempo*	Temp. int.
Babka	Rack	150 °C	10 s	8 min	150 °C	+ 21 a 22 min	77 °C (teste em dois lugares)

* Se você for assar dois ou mais pães no mesmo forno, aumente o tempo adicional para 23 a 25 minutos.

Chocotone

Descrição

Para aproveitar a vida ao máximo, os brasileiros absorveram a influência italiana em sua cultura e a temperaram com a sua própria personalidade. É isso o que acontece com o chocotone. Pense em *panetone*, mas substitua as frutas cristalizadas por pedaços de chocolate.

Compreendendo

É possível usar chips de chocolate ao leite ou meio amargo. Prefira o chocolate mais suculento que você encontrar. O mais apetitoso chocotone que eu provei era guarnecido com chocolate escuro tirado diretamente de um bloco de 2 quilos. Com tamanhos que vão de 0,5 a 5 centímetros de comprimento, esses pedaços picados ao acaso variam a intensidade do chocolate a cada mordida. No final — e, em geral, o chocotone inteiro é devorado de uma só vez —, a interação entre a textura do pão e a do chocolate constitui a característica sensorial única desse pão.

Produção

Zinfandels, cabs ou merlots. Assim como há sessões de degustação de variedades de uvas, também há degustação de pães. Foi em Turim, na Itália, que eu me deparei com um desses eventos de degustação. Havia diante de mim cinco versões de panetones artesanais. Todos eles tinham sido feitos com uma *madre* ou cultura de massa azeda.

Havia diferenças visuais, é claro. As guarnições iam de passas douradas perfumadas em vinho branco doce de Asti a cerejas pretas maceradas em vinho do Porto, com cascas de laranjas cristalizadas (amargas) de Sevilha. Os participantes dividiam-se sobre qual combinação de textura e sabor representava melhor o panetone.

Foi o produto do padeiro brasileiro que terminou a discussão.

O padeiro apresentou o pão no estilo da sobremesa tradicional de Natal da família dele, em uma grande tigela de vidro, como se faz com o tiramissu. No fundo, uma base de 5,08 centímetros de altura de musse de chocolate ao leite. No meio, peças aleatoriamente quebradas de chocotone meio amargo, encharcadas com vinho Asti. Em cima de tudo, montes de creme chantili sem açúcar. A apresentação já nos dava o vencedor. Entretanto, para ser justo com os outros pães, tivemos de comer todos.

Especificação

Nos panetones, os sólidos são proporcionais a 50% do peso da farinha; *aqui, de maneira diferente, os pedaços de chocolate equivalem a apenas 25% do peso da farinha*, pois o sabor intenso do chocolate pode roubar a atenção. Na receita da massa menor, por exemplo, substitua de 120 a 140 gramas de chocolate por 250 gramas de frutas maceradas.

A produção e os procedimentos de assamento podem ser iguais aos do panetone de Natal. Faça pães grandes (650 gramas). Os pequenos têm crosta demais, e você acaba perdendo o equilíbrio entre pão e chocolate.

Panetone

Descrição

Este pão festivo origina-se na Lombardia, no norte da Itália, com sua capital Milão. Guarnecido com frutas cristalizadas e frutos secos, há inúmeras versões de panetone nas vizinhanças da região do Piemonte. Acompanhado de café expresso ou chá, ele é uma guloseima de final da tarde. Nos Estados Unidos, é um presente bem-vindo em qualquer casa.

Compreendendo

Na tradição italiana, o panetone é feito a partir de uma *madre* ou um *levain* (fermento natural) de massa mãe. Nós capturamos o estilo usando a técnica da esponja, que fornece um sabor mais completo ao pão, sem sufocar a delicadeza da manteiga.

Produção

Pedaços de massa fermentada são moldados como bolas e colocados em formas untadas com manteiga. Pincele a massa com manteiga derretida fria. O panetone está pronto para o crescimento e o assamento.

Opcionalmente, pedaços de massa moldada podem ser refrigerados durante a noite. No dia seguinte, retire-os do refrigerador e, sob uma capa de proteção, acomode-os a 21 °C por aproximadamente 45 minutos, para que eles percam o gelo. Verifique se eles cresceram adequadamente. Pães pequenos normalmente estarão prontos para assar nesse momento, sem qualquer decoração adicional.

Depois de retirar panetones grandes da geladeira, use uma faca serrilhada ou uma faca de carne para cortar um xis na parte superior da massa, com profundidade de 0,8 centímetro. Acomode os grandes panetones a 21 °C, por 1 hora ou 1 hora e 15 minutos antes de assá-los, sob uma capa protetora. Verifique se o crescimento é adequado. Pode ser necessário adicionar 30 ou 45 minutos. (Faça o teste da *coxa do bebê*, descrito na fase de crescimento da família das massas doces.)

Os sólidos podem ser incorporados à máquina ou à mão. Note que há apenas um desenvolvimento inicial de 2 minutos. Se o glúten ficar completamente desenvolvido antes do acréscimo das frutas cristalizadas, você se encontrará em uma batalha perdida ao tentar incorporá-las.

Para juntar sólidos à mão, pressione a massa 1,2 centímetro, sobre a bancada ligeiramente enfarinhada. Espalhe a guarnição sobre dois terços da massa. Dobre o terço sem frutas sobre o centro, cobrindo metade dos sólidos. Dobre o terço restante sobre a primeira dobra.

Trabalhe a massa suavemente, usando o movimento de dobrar e rolar padrão. As coisas irão proceder lindamente por um tempo. Depois, a fruta chegará à superfície, e parecerá que

Páes da família das massas doces

algo está errado. Não se preocupe, polvilhe a mistura toda com farinha. Erga metade da massa com o auxílio de um raspador de bancada e dobre-a sobre si mesma. Enfarinhe-a novamente. Trabalhe a massa suavemente mais cinco ou seis vezes, até que ela se uniformize — ela irá. Mas, se ela ainda resistir, polvilhe farinha de novo e repita o processo de raspar e dobrar mais uma ou duas vezes.

Especificação

Pesando 680 ou 900 gramas, o panetone grande é uma afirmação especial do padeiro. Na Itália, os panetones, que lá pesam aproximadamente 1 quilo, são tipicamente vendidos por quilo. Entre os pães mais caros deste livro, o panetone vale o investimento.

Pães grandes podem ser crescidos, assados e apresentados em formas de papel decorativo marrom e dourado. Essas formas podem ser encontradas em lojas gourmet especializadas. Procure na internet por formas de papel para assar panetones. A massa deve encher 65% da forma antes do crescimento.

Panetones individuais são feitos em peças de 85 gramas, para caber em formas de muffin. Peças de 140 gramas são apropriadas para formas de brioche com furo no meio, com capacidade de 280 gramas.

Guarnição para o panetone

As guarnições do panetone variam de acordo com o padeiro. Selecione frutas cristalizadas e frutos secos da mais alta qualidade. Use a proporção de *uma parte de líquido para quatro partes de sólidos.*

Para 280 g	Para 430 g	
170 g	280 g	frutas secas mistas,* cortadas em pedaços de 0,8 cm
55 g	55 g	lascas de amêndoas ligeiramente tostadas
25 g	40 g	rum ou conhaque
30 g	55 g	suco de laranja
1 cc	2 cc	casca de laranja ou limão, ralada
¼ cc	⅓ cc	noz-moscada

Em um recipiente de plástico, misture todos os ingredientes 24 horas antes de fazer o panetone. Mantenha o recipiente tampado, mexendo a mistura uma ou duas vezes. Escorra a mistura antes de usá-la – o líquido não absorvido pode ser adicionado a um xarope simples, para umedecer bolos ou outras receitas de confeitaria.

* Por exemplo: passas, casca de laranja cristalizada, cerejas desidratadas.

Parte IV | Coleção de receitas de pão

Receita

	PP%	Amassadeira de 4,3 ℓ	5,68 ℓ	18,9 ℓ	
Ingrediente	PP%	Gramas			Δ
Leite	50%	225 g	340,19 g	—	
Fermento fresco	6%	30 g	42,53 g	—	
Farinha I	33%	140 g	226,80 g	—	
Manteiga	33%	155 g	226,80 g	—	
Açúcar	17%	85 g	127,58 g	—	
Gema de ovo	17%	3 cada	5 cada	—	
Farinha II	67%	315 g	454 g	—	
Sal	1,3%	1½ cc	2 cc	—	
Sólidos (escorridos) Veja informações sobre a guarnição no box anterior	56%	255 g	368,54 g	—	
Rendimento		1,2 kg	1,87 kg		
Número de peças		2 @ 600 g	3 @ 623 g		

Modo de fazer

1	Mise en place	Leite @ 32 °C; manteiga @ 16 °C; ovos @ 16 °C	tdm = 27 °C Esquente, mas não ferva o leite.
2	Mistura dos ingredientes	ESPONJA mais CREME mais MASSA PRINCIPAL	45 min @ 27 °C (Mantenha a esponja tampada para massas doces.)
3	Desenvolvimento	Desenvolvimento curto Velocidade #1, 2 min; + ADICIONE SÓLIDOS + velocidade #1, 4 min	OU (à mão) • Misture na tigela por 2 min; • Adicione os sólidos; • + 4 min mais, na bancada.
4	Fermentação	1 h @ 4 °C; desnecessário desgasificar e dobrar.	
5	Modelagem	Ver as notas de produção, na página 460.	
6	Crescimento	Deixe os panetones crescerem na forma durante a noite, no refrigerador. Retire-os, ajuste no piso; proceda com o assamento.	OU Para misturar e assar a massa em um dia: crescimento por 1h30 @ 24 °C.
7	Decoração e assamento	Nenhuma decoração adicional antes de assar.	

Pães da família das massas doces

Produto	Forno	Estágio I	Vapor	Vent @	Estágio II	Tempo*	Temp. int.
Panetones pequenos	Rack	160 °C	5 s, se disponível	6 min	160 °C	11 min (85 g) a 15 min (140 g)	Cor dourada; toque
	De lastro (com grade)	180 °C (5.5.5)	—	Sempre aberto	180 °C	15 min (85 g) a 18 min (140 g)	Cor dourada; toque
Panetones grandes	Rack	160 °C	5 s	6 min	150 °C	Segundo o peso, + 19 a 24 min mais	77 °C (teste em dois lugares)

* Para um forno doméstico, programe @ 180 °C. Os tempos totais de cozimento vão de 50 minutos (560 gramas) a 1 hora (680 gramas).

Ao esfriar panetones grandes, de 1 quilo ou mais, os padeiros italianos invertem os pães do mesmo modo que os americanos fazem com o angel cake. Para impedir que a parte superior do pão se rompa, os padeiros inserem dois longos espetos através dos lados do panetone assado, cruzando-os em ângulos retos. O panetone é invertido, as pontas expostas dos espetos descansam sobre formas de pão de forma invertidas ou alguma coisa mais alta, e o pão fica suspenso sobre a mesa enquanto esfria.

Monkey Bread

Descrição

Bolas de massa doce e amanteigada são roladas em açúcar de canela, reunidas em uma forma para pão de forma e assadas. Eu não consegui determinar a origem dessa invenção. Parecem existir infinitas versões desse pão. Aqui está a minha.

Compreendendo

Você pode fazer o monkey bread do início ao fim em cerca de 2½ a 3 horas. Ou você pode completá-lo em dois dias.

No primeiro dia, faça a massa monkey e a calda (Monkey Goo). Coloque ambas na geladeira durante a noite. No segundo dia, deixe-as à temperatura ambiente por 30 minutos, antes de trabalhar com elas. Junte as duas, deixe-as fermentar e asse o monkey bread como indicado.

Se você usar o cronograma de dois dias, deixe que as massas cresçam juntas por cerca de 1 hora, em vez de 45 minutos. Asse conforme a receita.

Especificação

Para uma forma de monkey bread, use a seguinte proporção:

665 g	Massa monkey
185 g	Calda (Monkey Goo)
¼ de xícara (chá)	Açúcar de canela

Pães da família das massas doces

Receita

		Amassadeira de 4,3 ℓ	5,68 ℓ	18,9 ℓ	
Ingrediente	PP%	Gramas	*		Δ
Leite	42%	255 g	—	1,02 kg	
Fermento seco ativo	2,4%	16 g	—	56,70 g	
Farinha para pão	50%	320 g	—	1,25 kg	
Manteiga	30%	185 g	—	709,15 g	
Açúcar	20%	130 g	—	510,70 g	
Ovos	14%	90 g	—	340,19 g	
Extrato de baunilha	2%	2 cc	—	42,53 g	
Suco de limão	0,6%	1 cc	—	14,18 g	
Farinha para doces	50%	320 g	—	1,25 kg	
Sal	2,2%	14 g	—	42,53 g	
Rendimento		1,33 kg	—	5,22 kg	
Unidades		2 formas		8 formas	

* Use as medidas para 4,3 litros.

Receita da calda (Monkey Goo)

	para 1 forma	para 2 formas	para 8 formas
Manteiga	4 cs cheias	112 g	448 g
Açúcar	⅓ de xícara (chá)	98 g	392 g
Açúcar mascavo	¼ de xícara (chá)	105 g	420 g
Mel	2 cs cheias	56 g	224 g
Sal	—	Pitada	½ cc
H_2O	1 cs	2 cs	4 a 8 cs

1. Derreta a manteiga em fogo baixo, em uma panela pequena.
2. Junte todos os ingredientes restantes na panela.
3. Derreta-os em fogo baixo. Acrescente H_2O aos poucos.
4. Misture. Deixe esfriar. Reserve.

Parte IV | Coleção de receitas de pão

Modo de fazer

1	Mise en place	Leite @ 43 °C; manteiga @ 16 °C; ovos @ 16 °C		tdm = 21 °C; esquente, mas não ferva o leite.	
2	Mistura dos ingredientes	BATER EM CREME mais MASSA PRINCIPAL		Use toda a farinha para pão na pasta de fermento.	
3	Desenvolvimento	Desenvolvimento curto Velocidade #2, 1 min; + velocidade #1, 3 min. (Raspe os lados uma vez durante o desenvolvimento.)	OU	(à mão) 4 min	
4	Fermentação	1h30 @ 4 °C; 1 × desgasificar @ 45 min. Achate a massa no tabuleiro.		Armazene a massa no tabuleiro forrado com papel-manteiga untado com manteiga. Embrulhe firmemente.	
5	Modelagem	Ver p. 458. Coloque as bolas de massa folgadamente na forma.		A massa precisa dobrar de tamanho, sem apinhar a forma.	
6	Crescimento	45 a 50 min @ 24 °C		Até que a massa encha a forma a 1,3 cm abaixo da borda superior.	
7	Decoração e assamento	—			

Produto	Forno	Estágio I	Vapor	Vent @	Estágio II	Tempo	Temp. int.
Monkey bread (em forma de 13 cm × 23 cm × 8 cm)	Rack	150 °C	5 s, se disponível	8 min	150 °C	38 min a 40 min mais	77 °C (teste em dois lugares)

Pãezinhos da Filadélfia

Descrição

Modele os *pãezinhos da Filadélfia* do mesmo modo que os *pães de canela*. Os pãezinhos da Filadélfia são assados em uma forma de bolo na qual se passou uma camada de *recheio* feito com manteiga, açúcar e xarope de milho. Depois de assado, o conjunto é invertido, revelando um glacê caramelado e pegajoso por cima.

Estes pãezinhos da Filadélfia são feitos no estilo regional da Filadélfia e de Nova Jersey. A influência original veio dos holandeses da Filadélfia, que recheavam a massa doce com passas e nozes. Os frutos secos são opcionais, mas o recheio tradicional (Sticky Bun Goo) não.

Compreendendo

Do ponto de vista do padeiro, a diferença entre *pãezinhos da Filadélfia* e *pães de canela* é que os primeiros assam perfeitamente juntos na forma. O espaço curto entre eles faz que assem por mais tempo do que aconteceria em um tabuleiro de pães individuais. A superfície exposta da massa pode escurecer rapidamente. Se isso ocorrer, cubra-a com um pedaço de papel-manteiga.

O segredo é não apinhar a forma. Se houver massa demais por tabuleiro, isso impedirá que o recheio do fundo da forma se caramelize.

Para uma forma de bolo de 25 x 5 cm, o peso total do conjunto (massa, recheio opcional e recheio tradicional) deve ficar entre 1 e 1,1 quilo. A forma parece escassa quando está cheia de massa crua, mas a massa doce precisa de muito espaço para se expandir durante o crescimento e o assamento.

Produção

Depois de assados, os pães com alta porcentagem de açúcar não congelam bem. Entretanto, a massa crua pode ser congelada perfeitamente (desde que você não use fermento instantâneo). Depois de modelados, os pães crus podem ser embrulhados e retardados por até 24 horas, ou congelados por até dez dias. Não os coloque nas formas antes do congelamento; o recheio se liquefaz no congelador e satura a massa. Tire-a do retardador e enforme-a conforme especificado. Passe diretamente para o crescimento. Os pães congelados devem ser descongelados durante a noite, no refrigerador, antes de serem colocados na forma.

Especificação

Para uma forma de 25 x 5 cm, use a seguinte proporção:

653 g	Massa
112 g	Recheio opcional
386 g	Recheio tradicional (Sticky Bun Goo)
1,1 kg	Peso total

Receita

Ingrediente	PP%	Amassadeira de 4,3 ℓ	5,68 ℓ	18,9 ℓ	
		Gramas			Δ
Leite	39%	225 g	340,19 g	—	
Fermento fresco	6%	35 g	56,70 g	—	
Farinha para pão	48%	285 g	425,25 g	—	
Manteiga	28%	170 g	255,15 g	—	
Açúcar	19%	115 g	170,10 g	—	
Ovos	19%	115 g	141,75 g (3 cada)	—	
Extrato de baunilha	—	2 cc	1 cs	—	
Farinha para doces	52%	325 g	454 g	—	
Sal	2,25%	15 g	18,90 g	—	
Rendimento		1,275 kg	1,87 kg	—	
Unidades		2 (25 cm) formas — 18 pães	3 (25 cm) formas — 27 pães		

Recheio (Sticky Bun Goo)

Ingrediente	PP%*	Para 2 formas	Para 3 formas
		Gramas	
Açúcar mascavo	75%	280 g	425 g
Açúcar cristal	25%	85 g	128 g
Manteiga (@ 15,56 °C)	38%	145 g	213 g
Óleo de canola	15%	45 g	85 g
Xarope de milho escuro ou claro**	38%	145 g	212 g
Água	10%	36 g	56 g
Rendimento (massa)		736 g	1,1 kg

*Como não há farinha nessa receita, a PP% é baseada no peso total do açúcar a 100%.

** O padeiro pode combinar o xarope de milho escuro e o claro em qualquer proporção. Ele somente deve manter a proporção adequada em 145,0 ou 212 gramas, dependendo do rendimento desejado.

Procedimento para a calda

1. Coloque o batedor de massa leve na amassadeira.

2. Misture todos os ingredientes, com exceção da H_2O, na tigela da amassadeira.

3. Em baixa velocidade, bata os ingredientes juntos, por cerca de 2 minutos. Raspe os lados uma vez durante esse passo.

4. Em velocidade média, bata os ingredientes por cerca de 3 minutos, até que eles fiquem claros na cor e na textura. Raspe os lados da tigela uma vez durante esse passo.

5. Com a amassadeira em baixa velocidade, adicione a água gradualmente, até que ela se misture. Bata por 20 segundos em velocidade média.

6. Reserve até precisar da massa.

Modo de fazer

1	Mise en place	Leite @ 28 °C; manteiga e ovos @ 16 °C		tdm = 21 °C Leite morno, não ferva.
2	Mistura dos ingredientes	CREME mais MASSA PRINCIPAL		
3	Desenvolvimento	Desenvolvimento curto Velocidade #2, 2 min; + velocidade #1, 1 min	OU	(à mão) 3 min
4	Fermentação	1 h @ 4 °C; coloque a massa no tabuleiro forrado com papel-manteiga untado com manteiga. Embrulhe com plástico. Achate a massa no tabuleiro @ 30 min.	OU	Pode-se usar a fermentação a frio durante a noite: 8 a 16 h @ 4 °C; achate a massa no tabuleiro @ 1 h.
5	Modelagem	Ver página 459.		Não ajuste à temperatura ambiente; use logo após tirar da geladeira.
6	Crescimento	40 min @ 27 °C		
7	Decoração e assamento	Nenhuma decoração antes de assar. Não apinhe o forno. Duas formas de bolo por prateleira, no máximo. É melhor ainda colocar apenas uma forma por prateleira. O forno rack, que pode conter seis prateleiras, deve usar no máximo três prateleiras. O forno de lastro, que pode conter três prateleiras, deve usar apenas duas.		

Produto	Forno	Estágio I	Vapor	Vent @	Estágio II	Tempo	Temp. int.
Pãezinhos da Filadélfia	Rack	150 °C	—	Sempre aberto	150 °C	25 a 30 min	79 °C
	De lastro (com grade)	175 °C (4.6.6)	—	Sempre aberto	175 °C	27 a 32 min	79 °C

Parte IV | Coleção de receitas de pão

Recheio opcional dos pãezinhos

	para 2 formas	para 3 formas
Passas escuras	1 xícara (chá)	1 ½ xícaras (chá)
Açúcar mascavo	1 xícara (chá)	1 ½ xícaras (chá)
Canela	1 cc	1 ½ cc

Stollen

Descrição

Esta especialidade europeia captura o romance das festas do Velho Mundo. O pão semelhante ao bolo é recheado com frutas cristalizadas, passas, cascas de frutas cítricas e cardamomo. A versão mais histórica é o stollen da cidade alemã de Dresden, capital do estado da Saxônia.

Algumas das tradições do stollen incluem:

a.   A origem em um concurso regional de assados da Alemanha, no século XIV.

b.   Recordes municipais de Dresden, com pães que chegaram a pesar quase 14 quilos.

c.   A tradição natalina de colocar de lado a primeira e a última fatias, que não se comem. O motivo disso? A última fatia, uma oferta simbólica para assegurar que a família tenha o suficiente para comer no ano vindouro; a primeira, para assegurar que ela tenha condições de comprar um stollen no próximo feriado de Natal.

d.   O *christstollen*. Uma tira de pasta de amêndoas é ensanduichada dentro do pão, para representar o menino Jesus embrulhado em tiras de tecido. Os pedaços de fruta cristalizada são os presentes dos Reis Magos. O conjunto inteiro é coberto por uma camada de açúcar de confeiteiro, a silenciosa neve branca da noite de Natal.

Compreendendo

Misture todos os ingredientes da guarnição em um recipiente de plástico ou de vidro. Tampe o recipiente e leve-o à geladeira, misturando os ingredientes periodicamente. Depois de macerar entre 24 e 48 horas, os ingredientes emprestam complexidade ao perfil de sabor do pão.

Na nossa padaria, nós misturamos as guarnições um pouco antes do Dia de Ação de Graças,[5] de modo que três semanas depois estamos prontos para a nossa produção de stollen para o Natal.

Produção

Os stollens assados são pincelados com manteiga derretida. Depois de frios, eles são cobertos com uma mistura de partes iguais de açúcar cristal e açúcar de confeiteiro.

---

[5] Nos Estados Unidos e no Canadá, *Thanksgiving Day* é um feriado destinado a se agradecer tudo o que ocorreu durante um ano. O feriado norte-americano é celebrado em novembro, já o canadense ocorre em outubro.

Parte IV | Coleção de receitas de pão

Especificação

A preferência do padeiro determina o tamanho dos pães. A seguir (na p. 453), nós damos os pesos e as medidas recomendados, as temperaturas do forno rack e o tempo de assamento total.

Receita

Ingrediente	PP%	Amassadeira de 4,3 ℓ Gramas	5,68 ℓ	18,9 ℓ	Δ
Leite	39%	225 g	255,15 g	—	
Fermento seco ativo	2%	8 g	1 cs + 2 cc	—	
Ovos	20%	120 g	3 cada	—	
Açúcar	12%	70 g	85,05 g	—	
Manteiga	20%	120 g	141,75 g	—	
Macis em pó	—	⅛ cc	141,75 g (3 cada)		
Noz-moscada em pó	—	⅛ cc	¼ cc		
Farinha comum	100%	550 g	¼ cc	—	
Sal	2%	15 g	10,63 g	—	
Guarnição (ver abaixo)	60%	335 g	454 g		
Rendimento		1,44 kg	1,816 kg		
Unidades		2 stollens grandes @ 720 g	3 stollens grandes @ 605 g		

Guarnição (prepare 24 horas antes)

para 360 g	para 500 g	
²/₃ de xícara (chá)	¾ de xícara (chá)	Passas escuras
²/₃ de xícara (chá)	¾ de xícara (chá)	Passas claras
56 g	85 g	Casca de laranja cristalizada, em cubos
43 g	85 g	Frutas cristalizadas adicionais, a sua escolha
½ xícara (chá)	¾ de xícara (chá)	Amêndoas em lascas ligeiramente tostadas, picadas grosseiramente
1 cc	1½ cc	Casca de limão ou laranja ralada
2 cs	¼ de xícara (chá)	Conhaque
¼ de xícara (chá)	¼ de xícara (chá)	Suco de laranja

Pães da família das massas doces

Modo de fazer

1	Mise en place	Leite @ 43 °C; manteiga @ 16 °C; ovos @ 16 °C	tdm = 21 °C; leite morno, não ferva.	
2	Mistura dos ingredientes	BATER EM CREME mais MASSA PRINCIPAL		
3	Desenvolvimento	Desenvolvimento curto Velocidade #2, 4 min; + acrescente a guarnição; + velocidade #1, 3 min.	OU	(à mão) 4 min; + adicione a guarnição; + 3 min adicionais.
4	Fermentação	1 h @ 27 °C; coloque a massa no tabuleiro forrado com papel-manteiga, untado com manteiga. Embrulhe com plástico. Achate a massa no tabuleiro @ 30 min.		
5	Modelagem	Ver p. 460.		
6	Crescimento	1 h a 1h15 min @ 27 °C	O stollen modelado pode ser refrigerado por 8 a 16 h. Ajuste @ 1 h no piso antes de assar.	
7	Decoração e assamento	Não se aplica antes do assamento.	Se necessário, pincele com mais manteiga derretida, para que doure melhor.	

Produto	Forno	Estágio I	Vapor	Vent @	Estágio II	Tempo	Temp. int.
Stollen @ 720 g	Rack	170 °C	15 s	6 min	160 °C	+ 24 a 28 min mais	77 °C

Massa stollen (inclui guarnição de frutas secas)	Recheio de pasta de amêndoas (opcional)	Estágio I*	Estágio II	Tempo	Especificações de modelagem inicial
225 g	30 g	175 °C	170 °C	14 a 17 min adicionais	15 × 22 cm oval (0,9 cm de espessura)
500 g	60 g	170 °C	165 °C	18 a 22 min adicionais	20 × 28 cm oval (1,3 cm de espessura)
720 g	90 g	170 °C	160 °C	24 a 28 min adicionais	25 × 33 cm oval (2 cm de espessura)

* Os stollen de todos os tamanhos recebem 15 segundos de vapor; abra o respiradouro @ 6 minutos.

Massa doce para pães de canela

Este é um pão representativo. Por favor, consulte as instruções detalhadas no capítulo Família das massas doces na Parte III.

Especificação

Para doze pães redondos (9 centímetros de diâmetro)

Use a seguinte proporção:

1,42 kg   Massa doce

175 g   Açúcar de canela

A.   abra a massa com 30 × 45 cm;

B.   cubra com uma camada de açúcar de canela;

C.   enrole na forma de um tronco de 45 centímetros;

D.   corte doze pedaços com 3,5 centímetros de comprimento;

E.   forre um tabuleiro pequeno com papel-manteiga;

F.   arranje os pães em três por quatro.

Receita

Ingrediente	PP%	Amassadeira de 4,3 ℓ	5,68 ℓ	18,9 ℓ	
		Gramas	*		Δ
Leite	40%	285 g	—	1,34 kg	
Fermento fresco	8%	50 g	—	198,44 g	
Farinha para pão	50%	350 g	—	1,36 kg	
Manteiga	20%	140 g	—	567,4 g	
Açúcar	20%	140 g	—	567,4 g	
Ovos	15%	100 g	—	396,89 g	
Farinha para bolos	50%	340 g	—	1,36 kg	
Sal	2,4%	20 g	—	75,6 g	
Rendimento		1,42 kg	—	5,44 kg	
Unidades		12 pães		4 dúzias de pães	

* Mesma quantidade de ingredientes para fazer 12 pães.

Glacê liso

Açúcar de confeiteiro   1 kg

H_2O (@ 37 °C)   70 g

Xarope de milho light   1 cc

Óleo de canola   1 cc

1.   Peneire o açúcar em uma tigela de aço inoxidável.

2.   Acrescente H_2O, xarope de milho e óleo.

3.   Mexa com um batedor até a mistura ficar lisa.

Para ajustar a textura, acrescente açúcar peneirado para engrossar e água para afinar.

Tampado e na geladeira, o glacê liso mantém-se por uma semana.

Pães da família das massas doces

Modo de fazer

I	Mise en place	Leite @ 28 °C; manteiga e ovos @ 16 °C		tdm = 21°C; leite morno, não ferva.
2	Mistura dos ingredientes	CREME mais MASSA PRINCIPAL		
3	Desenvolvimento	Desenvolvimento curto Velocidade #1; 4 min (raspe os lados uma vez durante o desenvolvimento)	OU	(à mão) Rabo de peixe por 3 min; + sovar com as mãos por mais 2 min
4	Fermentação	*Fermentação a frio*: De 8 h a 16 h @ 4 °C; 1 × desgasificar @ 1 h; Pressione a massa sobre a tela, para desgasificar.	OU	Para moldar e assar em um dia, deixe fermentar por 1h30 @ 4 °C. Depois de 30 min, pressione a massa sobre a tela, para desgasificar.
5	Modelagem	Volte ao capítulo Família das massas doces e veja a sequência de modelagem e as ilustrações.		Não ajuste a massa; use-a imediatamente após tirar do refrigerador.
6	Crescimento	De 30 min a 35 min @ 27 °C		
7	Decoração e assamento	Nenhuma decoração antes de assar. Quando a massa esfriar, decore-a com cobertura lisa.		

Produto	Forno	Estágio I	Vapor	Vent @	Estágio II	Tempo	Temp. int.
Pães de canela	Rack	170 °C	10 s	2 min	170 °C	8 a 10 min	Toque

Parte IV | Coleção de receitas de pão

▶ Modelando o babka

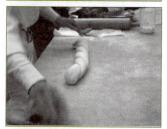

Selecione uma forma de bolo de 5 por 25 centímetros.

Pincele o fundo dela com manteiga derretida fria.

Forre a forma com um círculo de papel-manteiga; pincele com mais manteiga.

Para um babka, use a seguinte proporção:

Massa de babka	@ 800 g
Açúcar condimentado streusel	@ 112 g
Cobertura	@ 242 g

Abra a massa em um tamanho de 30 por 45 centímetros. Se ela estiver em uma temperatura mais alta do que 21 °C, abra-a sobre papel-manteiga enfarinhado.

Umedeça a massa com água; cubra-a com metade do açúcar condimentado.

Pressione o açúcar condimentado para dentro da massa usando um rolo de massa.

Aplique o açúcar condimentado restante.

Da mesma maneira que ao fazer pães de canela, comece do topo e abra a massa na sua direção. Com a emenda voltada para a bancada, abra a tira de massa em um comprimento de 60 a 70 centímetros.

Como se você estivesse espremendo água de uma toalha, torça a ponta da esquerda para longe de você, enquanto torce a ponta da direita na sua direção.

Enrole a massa torcida frouxamente, assegurando-se de deixar espaço suficiente para a expansão no centro do rolo.

Transfira o rolo para a forma preparada. Pincele a massa de babka com manteiga derretida fria. Deixe-a crescer por 1 a 1¼ hora.

Depois de 45 minutos, borrife cobertura streusel sobre o babka. Devolva a massa à estufa para os 15 a 30 minutos restantes.

Pães da família das massas doces

Açúcar condimentado (para o interior do babka)

	para 1 bolo	para 2 bolos
Açúcar mascavo	112 g	224 g
Canela ou cacau em pó	2 cc	1 cs + 1 cc

Cobertura streusel para o babka

	para 1 bolo	para 2 bolos
Farinha para doces	112 g	224 g
Açúcar cristal	30 g	60 g
Açúcar mascavo	40 g	80 g
Cardamomo	Pitada	1/8 cc
Canela	1/8 cc	1/4 cc
Sal	—	Pitada
Manteiga (@ 10 °C)	60 g	120 g

Combine todos os ingredientes, com exceção da manteiga, em uma tigela. Misture com o batedor de massa leve.

Corte a manteiga em pedaços pequenos. Acrescente-a à tigela. Pulse a amassadeira, raspando os lados da tigela. O streusel estará pronto quando se apresentar farelento, com pedaços que vão de 0,5 a 0,9 centímetro. Não misture demais: o streusel farelento torna-se uma massa sólida, como a massa de cookies.

Armazene a massa na geladeira, em um tabuleiro forrado com papel-manteiga e tampado.

Nota: se você quiser, pode fazer o streusel inteiramente à mão. Faça de conta que você está fazendo uma massa de torta: combine todos os ingredientes secos em uma tigela grande. Trabalhe a manteiga gelada usando os dedos ou um cortador de massa, até que a textura fique semelhante à de pequenas ervilhas verdes.

Escolhendo o tamanho certo da forma

Todas as massas doces deste livro cabem em uma forma de bolo redonda de 25 por 5 centímetros. Se a sua forma tiver um tamanho ou um formato diferente, este é o jeito de calcular a quantidade de massa crua de que você precisará:

1. Coloque a forma em uma balança e zere-a.
2. Encha a forma com água, quase a ponto de ela entornar.
3. Quanto cabe na forma? Chame isso de *nível máximo*.
4. Divida o nível máximo por dois.
5. Este é o peso combinado da massa e do recheio para a forma.

Por exemplo:

1. O nível máximo de uma forma de bolo redonda de 25 por 5 centímetros é de 2,10 quilos.
2. Metade do nível máximo é 1,05 quilos.
3. O peso total da massa mais recheio mais qualquer cobertura (como streusel) deve ficar próximo de 1,05 quilos.

Parte IV | Coleção de receitas de pão

▶ Modelando o monkey bread

665 g	Massa monkey
185 g	Calda (Monkey Goo)
¼ de xícara (chá)	Açúcar de canela

1. Selecione uma forma de pão de forma de 13 por 23 por 8 centímetros. Pincele o interior dela com manteiga derretida. Forre a forma com papel-manteiga, cobrindo o fundo e os dois lados longos. Não se preocupe com os lados curtos.

2. Coloque a massa monkey na bancada levemente enfarinhada. Polvilhe o topo da massa com farinha. Divida a massa em dezoito pedaços, mais ou menos. Use as mãos enfarinhadas para formar bolas de massa monkey.

3. Role as bolas de massa em açúcar de canela e depois arranje algumas folgadamente em uma camada, no fundo da forma de pão. Faça uma camada de calda, deixando-a escorrer entre as bolas.

4. Faça uma segunda camada de bolas de massa e passe-as no açúcar de canela; por cima delas, coloque o resto da calda.

5. Faça uma terceira camada de bolas de massa roladas em açúcar de canela. Desta vez, não coloque a calda por cima. Cubra folgadamente a forma com um pedaço de plástico.

6. Deixe a massa crescer até que as bolas de massa fiquem flexíveis e macias, o que demora aproximadamente 45 a 50 minutos. Algumas vezes a massa tem fricotes e pode precisar de mais 5 a 10 minutos.

7. Asse conforme as instruções.

8. Retire a massa do forno e deixe-a esfriar em uma grade por 20 a 30 minutos. Retire-a da forma. Tenha cuidado com a calda quente. Esfrie o pão por mais 30 minutos, virado de lado.

Pãezinhos da Filadélfia

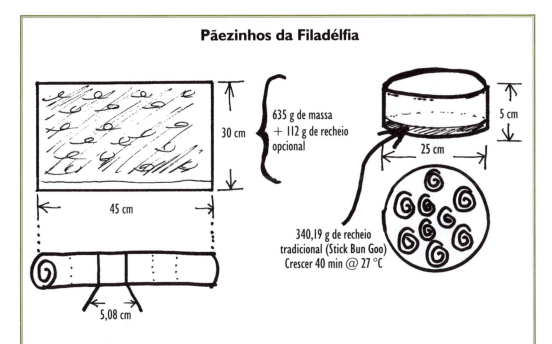

Pãezinhos da Filadélfia	Forno rack	150 °C	Sem vapor	Respiradouro sempre ABERTO	Tempo total 25 a 30 min	79 °C
Redondo 25 × 5 cm	Forno de lastro	175 °C (4.6.6) c/ grade	Sem vapor	sempre ABERTO	Tempo total 27 a 32 min	79 °C

▶ Modelando pãezinhos da Filadélfia

1. Unte o fundo da forma com manteiga; forre-a com um círculo de papel-manteiga.
2. Espalhe o *recheio tradicional* sobre o papel-manteiga.
3. Na bancada enfarinhada, abra a massa no tamanho de 45 × 30 cm. Umedeça o seu topo com água.
4. Espalhe o *recheio opcional* sobre a massa. Use um rolo de massa para pressionar suavemente o recheio para dentro da massa.
5. Enrole a massa em um cordão de 45 centímetros. Corte nove pedaços do rolo, com 5 centímetros de largura cada.
6. Vire os pedaços na bancada, com o lado espiral para cima. Use as mãos para achatá-los, de modo que fiquem com a mesma altura.
7. Arranje as menores peças no centro da forma.
8. Coloque a massa em um tabuleiro forrado com papel-manteiga para crescer.

Parte IV | Coleção de receitas de pão

▶ Modelando o stollen

1. Na bancada levemente enfarinhada, modele a massa fermentada do stollen de forma oval (ver p. 453 para informações sobre o peso).
2. Use um rolo de massa, ou a parte lateral da mão, para fazer uma depressão de cerca de 4 centímetros a partir da borda de um dos lados mais curtos da massa.
3. Coloque uma tira de pasta de amêndoas na depressão. Dobre a aba maior da massa sobre a pasta de amêndoas.
4. Dobre novamente a massa que sobressai em direção ao topo do stollen. Use os lados da mão para pressionar a massa em torno da pasta de amêndoas.
5. Modele o stollen como uma lua quarto crescente, com a emenda superior virada para o interior da curva. Deixe a massa crescer em um tabuleiro forrado com papel-manteiga por 1 a 1¼ hora @ 26 °C.

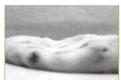

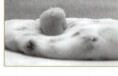

Modelando o stollen: vista lateral

O *christstollen* tem uma pequena quantidade de pasta de amêndoas dentro da massa, inserida durante a modelagem. Faça uma bola com a pasta de amêndoas e achate-a gradualmente, formando um tronco: depois, role-a, deixando-a com o mesmo comprimento da largura do stollen.

Dobre os lados do stollen sobre eles mesmos, ensanduichando a pasta de amêndoas entre duas camadas de massa.

Nota: a pasta de amêndoas é opcional. Se você não for usá-la, pule o passo 2 (fazer a depressão). Simplesmente dobre a massa em terços, conforme as instruções.

▶ Panetone

1. Faça uma bola com a massa de panetone. A massa deve ter metade do tamanho da forma.
2. Com óleo, unte ligeiramente o interior da forma, antes de inserir a bola de massa.
3. Quando a massa tiver crescido, use uma faca amolada para cortar uma pestana na forma de xis, no topo.

Parte V

Apêndices

Falando em pães...

Uma lista prática do vocabulário e de termos utilizados pelo padeiro, mais as frases usadas no dia a dia de uma padaria profissional.

Ácido — compostos químicos que proporcionam um sabor "azedo" aos produtos alimentares. Quanto mais a massa fermenta, mais a acidez se desenvolve nela. O excesso de acidez torna a massa difícil de manusear, faz que ela cresça menos e que o seu perfil de sabor fique desequilibrado. Na escala de pH, a acidez desejada para a massa de pão está entre 5 e 6. (Ver também *pH*.)

Ácido acético — um dos dois ácidos que se desenvolvem na massa do pão durante a fermentação. Compare com *ácido lático*.

Ácido ascórbico — isso mesmo, é a vitamina C. Algumas vezes, o ácido ascórbico é adicionado à farinha para aumentar a flexibilidade e a força da massa. Em pães de forma, por exemplo, uma quantidade pequena de ácido ascórbico proporciona um aumento de volume do pão de aproximadamente 5%.

Ácido lático — é desenvolvido principalmente durante a fase de fermentação. Assim como o ácido acético, ele é responsável pelo perfil de sabor forte que se desenvolve no pão. Durante os tempos moderados de fermentação mencionados neste livro, desenvolvem-se nas massas os sabores lático e acético de intensidade suave. Em comparação, a massa azeda,

Falando em pães...

com longos tempos de fermentação e crescimento (de 8 a 24 horas), desenvolve uma alta quantidade de ácido lático.

Açúcares fermentáveis — quando os padeiros usam a expressão *açúcares fermentáveis*, eles referem-se à quantidade de alimento para o fermento que há na massa em determinado momento.

Quando uma massa começa a fermentar, o suprimento máximo de alimento está na forma de amido — há grande quantidade de *açúcares fermentáveis*. Durante o metabolismo, as enzimas convertem os amidos em açúcares; o fermento então consome esses açúcares. A fonte de alimento esgota-se com o tempo.

Desde que a massa contenha amidos a serem rompidos, ou açúcares a serem consumidos, ela pode continuar a crescer. O padeiro pode periodicamente desgasificar e dobrar a massa para liberar o CO_2 indesejado e o álcool. As coisas ocorrem conforme o esperado.

Quanto mais tempo a massa fermenta, mais ela "envelhece", e o suprimento de alimento diminui. Ao observar os *açúcares fermentáveis*, o padeiro monitora a quantidade de alimento que resta na massa, antes que o fermento comece a passar fome.

Não importa como a massa é manuseada — se fermentada no piso ou mantida na geladeira por um ou dois turnos —, o padeiro precisa se certificar de que ainda há açúcares fermentáveis em quantidade suficiente na massa quando ela é modelada.

Se não houver, depois da modelagem final, a massa não irá crescer ou então irá crescer muito devagar, e o pão assado ficará denso e apresentará um sabor azedo demais.

Amassadeira planetária — a sua batedeira de mesa provavelmente é uma amassadeira vertical (planetária). Se fixar o batedor de massa, ou o de massa leve, ao longo da linha vertical que vai do topo ao pé da amassadeira, você terá uma amassadeira planetária.

O planeta Terra movimenta-se de duas maneiras: ele gira em torno do seu eixo norte-sul; e, ao mesmo tempo, ele gira em torno do Sol. Os batedores de massa acessórios de uma amassadeira de mesa fazem os mesmos movimentos. Eles giram em torno de si mesmos (360°) enquanto viajam em torno da parte mais externa da cuba.

Amassadeira vertical — ver *amassadeira planetária*.

Amassar — termo comum para voltear, dobrar e abrir, em um padrão rítmico, uma massa fermentada. A ação de amassar é usada para desenvolver a estrutura de proteína ou o glúten do pão. Nas padarias, isso é chamado de *desenvolvimento*.

Amido — carboidrato componente do endosperma do grão de trigo. Cerca de 70% a 75% da farinha de pão é composta de amido.

Baguete — forma clássica de pão francês, cujo nome significa *varinha* ou *bengala*. Segundo dizem, a baguete foi encomendada por Napoleão e a forma dela tinha por objetivo poder ser carregada facilmente pelos soldados. As baguetes são pães magros, fermentados e aerados, com casca fina e crocante. Muito mais longas do que largas, quando assadas, elas podem chegar a medir 60,96 centímetros de comprimento por 25 a 30 centímetros de circunferência.

Bancada — termo do padeiro para a mesa de trabalho, em que a massa é dividida, modelada e manuseada.

Boulot — ver *pistolet*.

Caramelização — os açúcares sobre a superfície do pão começam a escurecer sob o alto calor do forno. Isso contribui para dourar a casca do pão, como ocorre com a cobertura de açúcar crocante sobre um crème brûlée.

Carotenoides — pigmentos da farinha de trigo que conferem ao miolo do pão a cor cremosa e rica.

Certified Culinary Professional (CCP) — em reconhecimento da experiência na carreira, da educação continuada e das contribuições à profissão, a indústria culinária outorga algumas designações. CCP é um Profissional da Culinária Certificado. A Associação Internacional de Profissionais da Culinária constitui o conselho de administração. Veja <http://www.iacp.com>.

Certified Master Baker (CMB) — o CMB é o Padeiro Mestre Certificado. Esse é o mais alto nível de realização técnica na indústria de panificação. O Retails Bakers of America administra esse programa. Veja: <www.rbanet.com>.

Conjunto de formas — formas para pão de sanduíche ligadas em grupos (em geral de três ou cinco canecos), que servem para a produção em grande escala de pães de sanduíche, como o pão de forma integral de mel.

Crème brûlée — receita da culinária clássica francesa, é uma mistura cremosa de ovos, açúcar e creme, mexida em banho-maria até engrossar. Colocados em recipientes rasos de cerâmica, os crèmes solidificam-se na geladeira.

No momento de servir, o açúcar é espalhado sobre a superfície dos crèmes gelados e, usando um maçarico manual, ele é derretido e caramelizado. Isso cria uma cobertura quebradiça marrom-escura, quase queimada (a parte *brûlée* do nome), que é gostosa de romper com a ponta da colher de sobremesa, até que se chegue ao creme embaixo dela.

Crescer demais (fermentar demais) — expressão usada para descrever pães modelados que cresceram por tempo demais, antes de serem assados. Eles apresentam texturas mosqueadas na superfície, lados achatados, em vez de arredondados, e uma crosta cuja cor não é uniforme.

Crescimento (1) — durante a fermentação da massa, o fermento libera dióxido de carbono (CO_2). Presas na estrutura de glúten da massa, essas bolhas fazem a massa inchar e expandir. Também conhecido como *primeira fermentação* ou *fermentação intermediária*.

Crescimento (2) — depois que a massa de pão fermentada é dividida e modelada na forma final, ela cresce uma vez mais antes do assamento. Isso permite que o miolo (estrutura interna) torne-se aberto e aerado. Também conhecido como fermentação final

A palavra *crescer* é genérica e normalmente diz respeito a uma atividade passiva. Em uma padaria profissional, o padeiro usa palavras ativas. Ele *fermenta* a massa; ou ele *cresce* a massa. Ele usa o termo específico que identifica a fase da massa.

Crescimento por inteiro (fermentação total) — essa expressão significa coisas diferentes para cada uma das cinco famílias de pães. À medida que você ganhar experiência no crescimento e assamento de pães de todas as cinco famílias, o termo lhe parecerá menos vago. Durante o seu aprendizado, pense a respeito da expressão *crescimento por inteiro* da seguinte maneira: durante a fermentação final, o pão modelado expande-se para tornar a textura interna mais leve, aumentando de volume. Quando se diz para fermentar a massa até que ela praticamente dobre de volume, isso significa que o pão modelado deve atingir o dobro do tamanho original dele, e este é provavelmente o tamanho máximo a que ele pode chegar sem que comece a desmoronar.

Os pães magros, como as baguetes, podem resistir à fermentação até atingirem esse volume. As massas úmidas, como a focaccia, começam a desmoronar se fermentarem tanto — a instrução *deixe a massa fermentar até que ela ganhe metade do volume original* seria mais provável de se encontrar nas instruções da focaccia.

O brioche, um pão rico em manteiga e reforçado pela esponja (que fortalece o glúten), pode quase triplicar o seu volume antes de começar a desmoronar. Isso seria o crescimento por inteiro para esse tipo de pão rico.

Dar uma fermentação pela metade significa deixar que o pão cresça apenas até atingir a metade do crescimento por inteiro dele.

A *fermentação pela metade* é usada quando os produtos assados precisam reter certa densidade, como no caso dos bagels.

Finalmente, quando os produtos incluem farinhas integrais, o glúten não é capaz de se esticar muito antes de rasgar. Isso significa que o pão de forma integral de mel recebe uma *fermentação três quartos*.

Culinary Educator (CCE), Executive Chef (CEC), Executive Pastry Chef (CEPC) — o CCE é um Educador Culinário; o CEC, um Chef Executivo; e o CEPC, um Chef Pasteleiro Executivo. A Federação Americana de Culinária é que outorga esses níveis de certificação. Veja <http://www.acfchefs.org>.

Descanso — depois do desenvolvimento, do manuseio durante a modelagem ou de qualquer outro tipo de manipulação, a massa requer um breve período de recuperação. No final desse tempo, o glúten encontra-se relaxado e mais fácil de manusear. Também conhecido como *repouso*.

Descanso na bancada — o glúten é reativado toda vez que a massa é manuseada. Durante a sequência de modelagem, os pedaços de massa são manuseados duas vezes, e há um período de inatividade, ou de repouso, entre as modelagens. Para a maior parte das massas, o *descanso na bancada* é de 20 a 30 minutos. Pode ser chamado também de repouso de piso ou descanso.

Desenvolver — termo profissional para a manipulação da massa que visa criar uma rede de proteínas de suporte. Substitui o termo *amassar*.

Desenvolvimento curto — gestos suaves e rítmicos aplicados a uma massa doce ou úmida. O desenvolvimento curto pode ser feito à mão ou na amassadeira. Comparado ao desenvolvimento intensivo, o *desenvolvimento curto* leva menos tempo, como o nome implica, e tem velocidades mais baixas. Compare o termo com *desenvolvimento intensivo*.

Desenvolvimento intensivo — termo empregado pela indústria para se referir ao desenvolvimento de glúten na massa por meio do uso de uma amassadeira mecânica de alta velocidade. Vantagem do desenvolvimento intensivo: produção rápida e uniforme de massa; desvantagem: a massa fica oxidada, o que resulta em um sabor menos forte, uma estrutura do miolo menos estável e uma cor mais pálida. Na descrição da fase de desenvolvimento, a palavra *intensivo* é usada no sentido de *aceleração* e *completitude*. Compare o termo com *desenvolvimento curto*.

Desgasificar e dobrar — durante a fase de fermentação, ocorre o processo de liberação do gás que se formou na massa; ele ocorre em dois passos.

- *Desgasificar*: primeiro, a bancada e a massa são enfarinhadas. De modo suave, com as mãos abertas, achata-se a massa, fazendo que o ar seja empurrado para fora. Tem o mesmo significado que a expressão *baixar a fermentação*.

- *Dobrar*: para remodelar a massa, as quatro bordas dela são erguidas, esticadas e dobradas sobre o centro superior. A massa é invertida no recipiente de fermentação, com a emenda para baixo.

Dióxido de carbono (CO_2) — pequenas bolhas de gás produzidas pelo fermento enquanto ele metaboliza os açúcares na farinha.

Dividir — cortar uma peça grande de massa fermentada em pedaços menores, mais fáceis de manejar. Também se utiliza o termo *porcionar*. Ver *pesar*.

Divisora — este equipamento mecânico pode dividir uma grande quantidade de massa fermentada em peças menores (em geral de 18 a 36) e é utilizado para fazer pãezinhos ou outros pães pequenos, como brioche.

Dobrar — ver *desgasificar e dobrar*.

Durum — variedade de trigo conhecida por seu alto teor de proteínas — os níveis podem ir de 12% a 14%. Moído fino, o durum torna-se farinha durum; moído menos fino, torna-se semolina. Comercialmente, a semolina durum é utilizada para fazer um tipo de macarrão seco e duro, como penne, fusilli e conchiglie.

Elasticidade — é a capacidade de um corpo de voltar a sua forma original depois de ter sido esticado. Na rede de proteínas da massa, a elasticidade é atribuída à proteína *glutenina*.

Emenda — a linha criada pela borda da massa quando esta é selada na forma final. Se não estiver bem fechada, a emenda abre-se enquanto o pão assa.

Endosperma — a parte mais interna, e também a maior, do grão de trigo. O endosperma contém amido e proteína. As farinhas para pão, para doces e as comuns são feitas com o endosperma de diferentes tipos de trigo.

Enzimas — são moléculas de proteína especializadas. Elas ajudam a romper o amido durante as fases do assamento do pão. Há dois tipos de enzimas na farinha:

- As *enzimas amilase* rompem os amidos, para que o fermento possa se alimentar dos açúcares restantes.
- As *enzimas protease* rompem as proteínas, o que deixa a massa fermentada mais fácil de esticar, sem que ela se rasgue.

Enzimas amilase — tipo de proteína encontrado em grãos que se torna mais exposto quando eles são moídos para se tornar farinha. Na massa de pão, as enzimas amilase são responsáveis por transformar o amido em açúcar, fornecendo alimento para o fermento.

Há dois tipos de enzimas amilase. A *alfa-amilase* rompe as grandes moléculas de amido, deixando-as em pedaços menores. A *beta-amilase* rompe a maltose (moléculas de açúcar) das pontas dessas cadeias menores. A maltose é o alimento preferido do fermento. (Ver também *enzimas*.)

Épi — a palavra francesa *épi* significa *espinhoso, cheio de espinhos*, como aqueles que existem no caule de uma rosa. Como formato de pão, diz respeito a um barbante de sete ou oito vagens pontudas e conectadas que, juntas, se parecem com um ramo de trigo.

Usando uma tesoura enfarinhada, faça em uma baguete fermentada um corte nesse padrão, em vez de fazer a pestana com uma lâmina. Asse a massa conforme as instruções.

Ergonomia — muitas vezes ignorada, a relação entre a altura do padeiro, a altura da mesa e a quantidade de força necessária para trabalhar a massa do pão afeta muitas coisas na padaria. Uma pressão exagerada sobre a massa deixa os produtos duros; uma pressão insuficiente pode tornar os pães densos. Uma relação desequilibrada entre a altura do padeiro e a da bancada pode causar dor nas costas e/ou nos ombros.

Os padeiros altos podem dar um ou dois passos para trás, afastando-se da bancada, de modo que a pressão que exercem sobre a massa não seja direcionada para baixo. Analogamente, ficar em pé sobre um estrado de madeira com 7 a 10 centímetros de altura pode aumentar a alavancagem e a pressão sobre a massa, se necessário. Sempre que possível, aumente ou reduza a altura da sua bancada, de modo a se sentir confortável.

Esponja — uma mistura de farinha, água e fermento, rapidamente fermentada e depois adicionada a uma massa principal. A sua fermentação em geral ocorre em 45 min @ 27 °C, mas pode ir até 1h30 @ 26 °C, antes que a massa principal seja misturada. A *esponja* adiciona força ao glúten e sabor à massa final. Ela é usada em pães da família das massas úmidas, como a focaccia e a massa de pizza fina. Também é conhecida como *pré-fermento,* alguns autores descrevem fermentações de até 4 horas.

Estágio de declínio — ver *fases ou estágios do fermento*.

Etiqueta de fermentação — para que os pães sempre tenham um sabor consistente, o padeiro monitora a fermentação da massa muito de perto. Grudada no recipiente de fermentação, a *etiqueta de fermentação* é um pedaço de fita-crepe que auxilia o padeiro a controlar o tempo e a temperatura

Falando em pães...

da massa. Nela são anotados: a hora do início, a tdm no início, a hora prevista para desgasificar e dobrar a massa, e o tempo esperado para o término da fermentação.

Evaporação — o líquido (em geral a água) escapa da massa de pão, tornando-a mais seca. A evaporação controlada é um dos objetivos do assamento no forno. A descontrolada ocorre durante todo o processo de manuseio da massa e pode ressecá-la e dificultar a modelagem. Mantenha a massa coberta o tempo todo: em um recipiente com tampa, borrifada com spray e embrulhada em plástico ou sob uma cobertura plástica. Em uma cozinha de pratos quentes, muitas vezes é necessário borrifar água na massa para compensar qualquer evaporação da superfície durante as diferentes fases do preparo do pão.

Expansão final — expressão do padeiro para o crescimento da massa quando ela é colocada no forno quente. A água transforma-se em vapor e ocorre uma rápida expansão de pequenas bolhas de gás na massa. Se controlada adequadamente, a fermentação e a expansão finais são responsáveis por um adicional de 10% no volume do pão assado. Também chamada de *salto de forno*.

Extensibilidade — a capacidade de um corpo de se esticar sem estalar ou romper. Na rede de proteínas da massa, essa propriedade é atribuída à proteína *gliadina*.

Faca de bancada — também chamada de *raspador de bancada*, é uma ferramenta manual feita de metal chato, com borda de plástico ou de madeira. É usada para desenvolver, dividir e modelar a massa fermentada.

Famílias de pão (Family of Bread') — cada pão pertence a um de cinco grupos maiores de famílias de pães. Em uma ponta, estão os pães magros, como as baguetes, que contêm pouca ou nenhuma gordura ou adoçantes. Na outra ponta, estão os pães doces, como os pãezinhos da Filadélfia, que contêm muita manteiga e açúcar. Entre esses dois grupos, existem outros três: pães macios, como os pãezinhos para jantar; pães ricos, como os pães de manteiga; e pães úmidos, como a focaccia.

Qualquer pão básico que vier a sua mente pertence a uma dessas cinco famílias. E ele é feito da mesma maneira que todos os outros pães da família.

Farelo — a cobertura mais externa do grão de trigo, que consiste principalmente de fibras e vitaminas do grupo B.

Farinha branqueada — os aditivos químicos clareiam a cor da farinha de trigo e tornam a cor do miolo do pão mais branca. O branqueamento reduz a capacidade da farinha de formar glúten, fazendo que ela se misture uniformemente

Parte V | Apêndices

com outros produtos, como ovos e açúcar batidos. Por essa razão funcional, a farinha branqueada é útil em massas de bolo pastosas. As receitas de pão deste livro são todas baseadas em *farinhas não branqueadas*.

Farinha de bancada — ao trabalhar na bancada (por exemplo, dividindo e modelando massa), o padeiro mantém um recipiente de farinha por perto, que tem inúmeros usos: polvilhar a bancada, impedir que as mãos grudem na massa e tornar mais fácil o seu manuseio. Para obter melhores resultados, use *farinha para pão*. A farinha de bancada também é chamada de *farinha de mesa*.

Farinha de centeio — é moída a partir do endosperma do grão de centeio. Os pães de centeio podem ser feitos de farinha de centeio normal ou integral. Você pode substituir uma pela outra nas receitas deste livro. A farinha de centeio escura provém da porção externa do grão; ela não funciona muito bem nas receitas aqui apresentadas. A farinha de centeio branca (ou light) adiciona pouco sabor e pouca cor aos pães — ela não é recomendada.

O centeio pumpernickel origina-se do grão de centeio inteiro, que é moído grosseiramente, como a farinha de milho. O pumpernickel confere ao pão um miolo ligeiramente mais grosso, tornando os alvéolos um pouco maiores. O centeio pumpernickel pode substituir até 40% da farinha de centeio integral na receita do pão.

Farinha de centeio integral — é obtida dos três componentes de um grão de centeio — a *farinha de centeio* contém o farelo, o endosperma e o germe. Compare o termo com *pumpernickel*.

Farinha forte — caracteriza-se por apresentar níveis de proteína de 11% a 14%. Essa categoria de farinha é usada principalmente em pães fermentados.

Farinha macia ou farinha fraca — níveis de proteína de 8% a 9% caracterizam a farinha *macia*. Essa categoria de farinha é usada principalmente em bolos e produtos de confeitaria, como bolos esponja, bombas e tortas de fruta.

Fase de colonização — ver *fases ou estágios do fermento*.

Fase de estabelecimento — ver *fases ou estágios do fermento*.

Fase ou estágio estacionário — ver *fases ou estágios do fermento*.

Fases da massa — todos os pães passam pelas seguintes fases durante a produção:

1. mise en place;
2. sequência de mistura dos ingredientes;
3. desenvolvimento da massa;

4. fermentação;
5. sequência de modelagem;
6. crescimento;
7. decoração e assamento;
8. esfriamento e amadurecimento.

Fases ou estágios do fermento — quando o fermento está em um ambiente favorável, ele se estabelece, desenvolve uma colônia, prospera por algum tempo e, por fim, morre gradualmente. Os quatro estágios do fermento são:

1. de estabelecimento;
2. de colonização (o fermento começa a se multiplicar e a colonizar o ambiente);
3. estacionário (eficiência máxima do fermento); e
4. de declínio (a falta de alimento e a formação de tóxicos no ambiente têm efeitos negativos sobre o fermento).

Fator de fricção — em uma amassadeira, a interação da tigela com o acessório de mistura e a massa provoca o aumento gradual da temperatura da massa. Cada máquina tem um fator de fricção diferente, que varia segundo o tamanho da tigela, o volume da massa, a consistência dela (macia *versus* firme), o tipo de acessório (para as massas leves e para as pesadas) e a velocidade da máquina. Baseado na tdm da massa que desenvolve, o padeiro usa o fator de fricção para calcular com precisão a temperatura inicial da água na massa.

Fazer pestana — fazer cortes, ou desenhos, na massa fermentada, antes do assamento. Os cortes aliviam a pressão na crosta do pão enquanto ele cresce no forno e criam um efeito visual.

Fermentação — na massa do pão, diz respeito à digestão controlada de açúcares e de amido pelo fermento. A fermentação produz CO_2, álcool e sabores ácidos.

Fermento — microrganismo monocelular; um fungo. Ele é responsável pelo processo de fermentação na massa do pão. No comércio, o fermento pode ser encontrado nas formas fresca, seco ativa e instantânea. O fermento é o único ingrediente da cozinha que se encontra VIVO.

Fermento não cultivado — ver *S. exiguus*.

Fermento seco ativo — a umidade do fermento fresco é removida, e o fermento fica em grânulos grosseiros. O fermento fresco ativo está disponível em pacotes de 10 a 500 gramas.

Ficelle — uma massa magra, com peso de 170 a 230 gramas, modelada para se parecer com uma baguete longa e muito fina. Em francês, a palavra significa *barbante*.

Filão — pão modelado como uma bola de futebol americano alongada. O filão tem aproximadamente 30 centímetros de comprimento, sendo que ele é mais grosso no centro (15 a 17 centímetros) e tem as pontas afiladas.

Flocos de aveia — a casca dos grãos de aveia é removida, e depois eles são achatados entre cilindros de metal ou de pedra. Evite os flocos pré-cozidos, que são úteis no bufê de desjejum, mas nunca devem ser usados em massa de pão, porque deixam o miolo do pão emborrachado.

Focaccia — pão chato de origem italiana, em geral assado em um tabuleiro raso. Antes de assar, a massa da focaccia é polvilhada com ervas, como alecrim e manjerona. Ela pode ser assada em um forno a lenha. Para fazer que o topo da massa fique mais macio (que é preferido em alguns tipos de serviços alimentares), asse a focaccia em um forno de convecção ou rack.

Forno a lenha — forno de boca aberta alimentado com madeira. A base do forno é *lisa*, *aquecida* e serve para assar pães de forma comuns ou chatos.

Forno de lastro — o forno de lastro é profundo e largo, com uma altura que vai de 20 a 30 centímetros. Ele é fabricado em tamanhos variados, mas um forno de lastro típico pode acomodar três tabuleiros grandes, colocados diretamente no piso ou no lastro. Os fornos de lastro feitos para assar pão possuem injetores de vapor. O vapor não é necessário para assar produtos como bolos, carolinas ou pizzas.

Fougasse — pão chato francês, derivado da focaccia italiana e muito popular no sudoeste da França. Ligeiramente mais densa do que a sua prima italiana, a fougasse é firme o bastante para ser aberta e cortada na forma de uma folha larga, esculpida e entalhada. Ela pode ser decorada escassamente com sal grosso e azeite de oliva, ou coberta com frutas silvestres e açúcar cristal (na versão doce).

Fungos — microrganismos unicelulares. O fermento e os cogumelos são fungos benéficos.

Germe — a "semente" de dentro do grão de trigo, a qual germina e torna-se a nova planta. O germe contém óleos e vitaminas lipossolúveis, como as vitaminas A, E e K.

Gliadina — proteína encontrada na farinha. Quando úmida, a gliadina combina-se com a *glutenina* para formar proteínas de glúten.

Falando em pães...

Glúten — rede proteica proteica (formada pela *glutenina* e pela *gliadina*) que fornece estrutura para que a massa cresça.

Glúten elástico — ver *elasticidade*.

Glúten plástico — ver *extensibilidade*.

Glutenina — proteína encontrada na farinha. Quando úmida, combina-se com a gliadina para formar proteínas de glúten.

Hidratação (h) — em uma receita de pão, a proporção de água em relação à de farinha, expressa em porcentagem, é chamada de *hidratação*. As baguetes feitas com 32,5 quilos de água e 50 quilos de farinha têm hidratação de 65%. Em comparação, os bagels têm hidratação de 56%. A ciabatta, o pão artesanal de massa úmida e miolo aberto, pode ter hidratação de 90% a 100%.

Essa é a maneira como o padeiro descreve as texturas e a capacidade de manuseio de suas massas. *Hidratação* é, na linguagem do padeiro, o conceito que carrega a maior quantidade de informações. Enrolar e modelar bagels requer, por causa da baixa hidratação, que se faça mais pressão manual e que se trabalhe em uma superfície mais úmida do que ao fazer baguetes, por exemplo. A ciabatta, por ser tão hidratada, praticamente se modela sozinha.

Compare o termo com *úmido*.

Hidrófilo — ver *higroscópico*.

Higroscópico — palavra latina que se refere à capacidade de um elemento, como o açúcar, de absorver e reter água. Na massa de pão, a adição de açúcar a pães fermentados prolonga a vida de prateleira deles. O açúcar absorve umidade do ambiente depois que os pães são assados.

Incorporar sólidos — quando os sólidos são adicionados a uma massa (por exemplo, passas em uma massa de trigo integral), eles são incorporados durante os dois minutos finais da fase de desenvolvimento da massa. Nesse momento, a rede de glúten já se encontra desenvolvida, e os sólidos são suavemente dispersos por toda a massa. Isso ocorre na velocidade #1.

Inverter uma massa — a maneira mais fácil e menos prejudicial de remover a massa de uma tigela ou de um recipiente de fermentação. Enfarinhe a parte superior da massa; enfarinhe a bancada. Vire a tigela ou o recipiente de ponta--cabeça e deixe que a massa caia por conta do próprio peso dela. Erga a tigela e enfarinhe a parte superior da massa. Desenvolva o hábito de enfarinhar a massa e a bancada TODA VEZ que a massa precisar ser invertida sobre a bancada.

Lâmina — ferramenta cortante como uma lâmina de barbear, usada para fazer pestanas decorativas nos pães antes que eles sejam levados ao forno.

Malte — quando um grão de cevada germina, forma-se um pequeno broto. Isso é o que se chama de *maltar*. Quando o grão é desidratado e moído, obtém-se pó de malte. Há dois tipos de pó de malte: o *diastático* e o *não diastático*.

O malte *diastático* ainda está ativo. Em pequenas quantidades, ele ajuda na fermentação da massa e no douramento da crosta.

O tipo *não diastático* não está ativo; ele é usado para adicionar sabor a alimentos como bagels e cerveja.

Ver também *malte diastático*.

(Marie-Antoine) Carême — em Paris, na década de 1790, quando muitos perdiam a cabeça na guilhotina, um ambicioso chef confeiteiro atingia a maioridade. Inicialmente, ele foi reconhecido por suas *pièces montées*, conjuntos ornados de açúcar, chocolate, marzipã e confeitaria.

Ele contribuiu para o desenvolvimento da *haute cuisine* na França ao publicar um sistema de classificação em grupos de todos os molhos, baseado em um número limitado dos assim chamados *molhos-mãe*.

Credita-se a ele a invenção do *toque*, o tradicional chapéu do chef.

Malte diastático — ao explorar o mundo do pão, você irá encontrar algumas receitas que pedem xarope ou pó de malte. O *malte diastático* contém enzimas ativas, usadas para fermentar a massa de pão mais rapidamente. Não use malte aromatizante em substituição ao diastático, pois o primeiro é aquecido, o que torna as enzimas inativas.

O malte aromatizante (rotulado como *não diastático*) adiciona sabor, mas não ajuda na fermentação.

Muitas vezes, não é necessário adicionar malte à farinha. A indústria de farinha é interativa e responde às necessidades dos padeiros. As farinhas são moídas com vista à fermentação controlada. As farinhas para pão são, com frequência, misturadas a uma pequena quantidade de *malte*, para que os padeiros obtenham resultados de fermentação confiáveis.

Para verificar se há *malte diastático* na farinha, consulte as informações nutricionais do produto. O moleiro deve publicar todas as informações nutricionais, e outras adicionais, sobre cada uma das farinhas que produz. Planilhas de análise nutricional detalhada encontram-se disponíveis nos sites dos fabricantes.

Compare o termo com *malte*.

Massa termal — quando chegar o momento de você investir no seu próprio forno, o conceito de massa termal se tornará relevante. A *massa termal* mede a quantidade de calor que o seu forno pode reter e o tempo pelo qual ele pode mantê-la.

Qual é a espessura das paredes do forno? Elas são de metal ou de tijolos? Qual é a programação do termostato? E por quanto tempo o forno foi preaquecido?

Quanto maiores forem esses números e quanto mais espessos forem os materiais, mais massa termal o padeiro pode obter do forno. O que significa que ele poderá assar por mais tempo e que ele pode colocar mais pães no forno antes que a temperatura torne-se mais baixa do que o necessário para que os pães cresçam adequadamente e dourem no tempo esperado.

Dois fornos diferentes podem mostrar a mesma temperatura — 218 °C — dentro da câmara: um forno de metal de paredes finas, preaquecido por 15 minutos; e um forno de tijolos de 10 centímetros de espessura, preaquecido por 5 horas. O primeiro tem uma baixa massa termal; o segundo tem uma alta massa termal.

Para o padeiro, isso significa que o primeiro forno assará uma, talvez duas fornadas de pãezinhos para jantar, antes que ele tenha de esperar aproximadamente 15 minutos para que o forno recupere a temperatura.

O segundo forno assará duas ou três fornadas de pães rústicos e ainda terá calor suficiente para assar os pãezinhos para jantar.

Quanto mais alta for a massa termal de um forno, mais adequado ele será para assar pão. Os fornos com massa termal moderada são mais apropriados para bolos e confeitaria, para os quais é necessário um calor moderado, que penetre inteiramente nos produtos.

Massa úmida — quanto mais líquido houver na massa, menos provável será que ela mantenha a forma ao ser manuseada na bancada. Quando a massa atinge um grau específico de fluidez, ela é chamada de *úmida*.

As massas úmidas têm hidratação de 70% ou mais. A focaccia, macia e estirável, apresenta uma hidratação de 78%.

Ver também *hidratação (h)*.

Meilleur Ouvrier de France (MOF) — ou o Melhor Artesão e Técnico da França. No sistema francês de designações profissionais, a honra mais alta é obtida ao se vencer uma competição nacional dentro de um campo de atuação.

Em 2004, o MOF foi conferido a Anis Bouabsa, o melhor boulanger da França. A loja dele, *Au Duc de La Chapelle*, no 18º *arrondisement*, vale a pena ser visitada.

Chegando lá, não hesite em se apresentar. O chef é extremamente hospitaleiro. Quando eu o visitei, ele me convidou para assistir ao processo de assamento em seu laboratório e para experimentar os diferentes pães.

Metabolismo — é a digestão, por um organismo, de uma fonte de alimento, liberando energia e nutrientes. Os nossos corpos metabolizam o almoço, para que tenhamos energia suficiente para trabalhar durante o resto do dia. As células do fermento e as enzimas metabolizam o amido e as proteínas da farinha, a fim de transformar massa crua em massa fermentada.

Mie — palavra francesa para o interior do pão. Ver *miolo*.

Miolo — parte interior do pão, que não inclui a crosta. O tamanho dos alvéolos do interior do pão pode ser moderado, como o do pão de forma integral de mel, ou pequeno, como o do brioche. O miolo também é chamado de *mie*, em francês, ou *miga*, em espanhol.

Mise en place — literalmente, *colocar no lugar*. Expressão francesa que se refere à reunião de todos os ingredientes e equipamentos necessários para fazer pão (ou qualquer outro produto alimentar).

Modelagem (sequência de) — processo de dividir uma fornada de massa fermentada e modelar peças menores na forma de pãezinhos, baguetes ou pães de hambúrguer. Os quatro estágios da *sequência de modelagem* são:
- dividir a massa;
- modelar suavemente, dando às peças a primeira forma (em geral redonda ou cilíndrica);
- curto período de descanso, para relaxar o glúten;
- dar a forma final, definindo os pães como baguetes, pãezinhos ou pães para sanduíche (e colocando-os em tabuleiros ou em formas).

Molhos-mãe — ver (Marie-Antoine) Carême.

Nevoento — caráter sem graça, achatado e algumas vezes farelento da crosta a qual não recebeu vapor suficiente durante o estágio I do assamento. Compare o termo com *tempo de assamento (total)*.

O_2 — oxigênio.

Oxidação — tecnicamente, as moléculas de oxigênio ligam-se a outras moléculas na massa, mudando a estrutura, o sabor e a cor do pão.

Apenas como comparação: quando as cadeiras de praia se oxidam, elas se enferrujam e quebram. O mesmo ocorre quando a massa de pão é batida em altas velocidades, ou por tempos demasiado longos, em uma amassadeira com batedor de massa. O sabor é literalmente expulso da massa. A estrutura do pão fica mais fraca, tornando-o quebradiço e farelento, em vez de agradável de mastigar.

Pá de pizza — chata e de cabo longo, essa pá de madeira é usada para colocar pães no forno de pizza ou a lenha. Também existem pás de metal no comércio.

Pain — palavra francesa para *pão*.

Pane — palavra italiana para *pão*.

Panetone — pão fermentado italiano com alta porcentagem de gordura (manteiga e ovos) e açúcar. A versão salpicada de frutas cristalizadas é tradicional no Natal. A versão salpicada de pedaços de chocolate é popular o ano inteiro. O panetone é um ótimo acompanhamento para o chá ou o café da tarde.

Pão de forma — (em geral) pão branco assado em uma forma de laterais retas. O pão de forma pronto tem um formato retangular e uma crosta uniforme em todos os lados. Útil para garde manger e para banquetes, na forma de canapés.

Pão redondo (boleado) — *boule* é o termo francês para um pão redondo, daí a derivação *boleado*. A forma redonda é a primeira forma comum para a massa, depois de ter sido dividida.

Pasta de fermento (ou fermento dissolvido) — para estabelecer a colônia de fermento na massa, o padeiro faz uma pasta de fermento antes de inserir agentes que interferem no fermento, como ovos, manteiga e sal. A pasta é feita com o líquido da receita, todo o fermento e, em geral, um terço do peso total da farinha. Todas as receitas de pães deste livro começam por uma pasta de fermento.

Pentose — tipo de açúcar encontrado em todas as farinhas, mas que possui um valor especialmente alto na farinha de centeio. Se for trabalhada demais, ela torna o pão de centeio denso e emborrachado.

Pestana (orelha) — é a parte da crosta do pão que decora o filão; em geral tem a borda tostada. As orelhas são formadas pelos cortes (pestanas) feitos no topo da massa crescida, um pouco antes de ela assar.

pH — uma classificação para a relativa acidez ou alcalinidade (base) de um produto. A escala de pH vai de **0** (*extremamente ácido*) a **14** (*extremamente alcalino* ou *básico*) — sendo o **7** *neutro*.

ácido	a maior parte dos alimentos	básico
0	4 a 7	14

A maior parte dos ingredientes têm um pH entre **4,5** e **6,25**. Para crescer adequadamente, os pães fermentados precisam de um pH entre **5** e **6**. Os pães de massa azeda, fermentados com culturas de fermento natural alimentadas rotineiramente de um mês a uma centena de anos (levain ou massa madre), têm um pH médio de **4**.

Para efeitos de comparação, aqui estão valores (médios) de pH de alguns sucos conhecidos:

Suco de limão   **2,5**

Suco de toranja   **3,2**

Suco de laranja   **3,6**

Piso ou **no piso** — expressão do padeiro referente à parte da padaria que se encontra na mesma temperatura média — não inclui fornos, estufas ou refrigeradores.

O desmembramento da expressão resultaria em algo como: "coloque as peças de massa moldada em tabuleiros, tábuas de pão ou formas de pão de forma; espaceje-as em um rack com rodas. Umedeça-as com um spray de água e depois cubra o conjunto com uma capa de plástico. Deixe-as descansar até que elas tenham praticamente dobrado de volume e estejam prontas para assar. Verifique-as ocasionalmente e umedeça-as com água, se a evaporação da superfície estiver criando uma crosta seca, ou pele".

Em vez de dizer isso tudo, os padeiros mencionam apenas: *deixe essas peças fermentarem no piso.*

Pistolet — palavra francesa que designa um pão para sanduíches curto (20 a 22 centímetros) e de pontas alongadas. Nas *delicatéssens*, esse pão é chamado de *pãozinho torpedo.*

Ponto de véu — pegue um pedaço de massa desenvolvida, forme uma bola e depois estique-a lentamente, até obter uma membrana fina. Se a massa estiver elástica, ela voltará após ser pressionada suavemente e não se rasgará — isso quer dizer que a massa foi suficientemente desenvolvida.

(A essa altura, prove a massa e certifique-se de que ela foi salgada corretamente. Saber disso agora, e não somente quando o pão sair do forno, pode evitar perda de tempo e problemas.

Para corrigir o sal, vire a massa na bancada enfarinhada. Polvilhe a massa com sal, umedeça-a levemente com um spray de água, para ajudar a dissolver o sal, e desenvolva-a à mão por 2 minutos.)

Pouco crescido — expressão usada para descrever um pão fermentado e assado que tem o miolo denso, em vez de leve e aerado. Isso ocorre quando não se deixa tempo suficiente (à temperatura adequada) para que a massa cresça antes de enfornar.

PP% ou **porcentagem do padeiro** — o código secreto da linguagem do padeiro. A PP% é a maneira comum de expressar a quantidade de ingredientes na receita de pão. Para encontrar a PP% de qualquer ingrediente da receita, divida o peso desse ingrediente pelo peso da farinha. Multiplique o resultado por cem.

Por exemplo, para calcular a PP% de 1 quilo de sal em uma receita com 50 quilos de farinha, divida 1.000 por 50.000, o que dá 0,02. Multiplique esse número por 100, e a resposta será 2%.

Falando em pães...

(Essa é a quantidade média de sal que se encontra nos pães fermentados comercializados nos Estados Unidos. Ao trabalhar com as suas próprias receitas, se a sua aritmética lhe disser para adicionar 20% de sal, você sabe que houve um erro de cálculo. Verifique novamente.)

Pré-fermentação (pré-fermento) — até dois dias antes do preparo da massa principal do pão, uma parte da farinha, da água e do fermento dela é misturada e deixada para fermentar. Isso desenvolve características de sabor e textura únicas no produto final. A *pré-fermentação* é uma técnica de base usada em muitos pães de origem europeia, como o *pain de campagne*, a *ciabatta* e o *pão de massa azeda*.

Pré-modelagem — ver *primeira modelagem*.

Primeira forma — quando termina a fermentação de uma massa de pão, esta está pronta para a sequência de modelagem. É difícil cortar no tamanho certo as proteínas que formam o glúten, abri-las e depois modelá-las de maneira uniforme, como uma baguete de 60 por 5 centímetros.

Antes de receberem a forma final como baguete, os pedaços de massa já pesados são modelados em um formato preliminar e colocados em repouso por cerca de 20 minutos. Essa evolução e esse repouso entre modelagens proporcionam ao padeiro um controle maior sobre a modelagem, e os pães acabam adquirindo uma forma mais uniforme.

A modelagem inicial é chamada de *primeira forma, pré-forma ou pré--modelagem*.

Proteína — a medida mais útil do conteúdo de glúten na farinha.

Pumpernickel — quando o grão de centeio inteiro é moído, ele passa a se chamar *pumpernickel* (farinha integral que contém os três componentes do grão de trigo.) Pumpernickel é o nome norte-americano para um pão de centeio feito com uma porcentagem de centeio integral e algumas vezes escurecido artificialmente com colorante caramelo.

Reação de Maillard — é a reação química entre as proteínas, o açúcar e o calor, a qual causa o escurecimento da crosta dos pães sob altas temperaturas de forno.

Redimensionar — dividir uma grande quantidade de massa em pedaços menores e mais fáceis de manusear.

Reformular — significa aperfeiçoar uma receita, para que ela funcione particularmente bem em sua cozinha. A *receita* é o manual de instruções para o seu pão, formada por uma lista de ingredientes e pela *porcentagem do padeiro* de todos eles.

Repouso a frio na bancada — durante a sequência de modelagem, as formas preliminares da massa devem descansar antes da modelagem final. Para controlar a fermentação adicional, ajudar na modelagem e manter a manteiga emulsificada, muitas massas são deixadas em repouso na bancada por 30 minutos, cobertas e sob refrigeração. Ver *descanso na bancada*.

Retardar — a velocidade de fermentação de uma massa de pão pode ser desacelerada, se a massa for colocada em um ambiente frio, como o refrigerador. O retardamento da massa desenvolve um sabor mais pleno no pão. As massas ricas, como o brioche, são retardadas para firmar a manteiga, o que torna a massa mais fácil de manusear na bancada. Qualquer massa pode ser retardada em qualquer altura da produção, para permitir um pouquinho mais de flexibilidade no programa — por exemplo, se você tiver de ir almoçar por 45 minutos.

Em uma cozinha, a câmara refrigerada pode ser usada como *retardador*. Em uma padaria de alta produção, o intervalo de temperatura de um retardador sobre rodas é um pouco mais alto, indo de 7 °C a 12 °C, aproximadamente. Isso desacelera a velocidade de fermentação, mas não gela demais a proteína que a massa do pão contém.

S. cerevisiae — forma abreviada de *Saccharomyces cerevisiae*. Nome da família dos fermentos produzidos comercialmente e utilizados nos pães. Os fermentos fresco, seco ativo e instantâneo são as formas disponíveis de *S. cerevisiae* no comércio.

S. exiguus — forma abreviada de *Saccharomyces exiguus*. Levedura não cultivada que ocorre naturalmente. A película branca encontrada em uvas e ameixas frescas é um exemplo de *S. exiguus*.

Saccharomyces — organismo que gosta de açúcar.

Saucier — na hierarquia da cozinha francesa, o *chef saucier* é responsável pelo preparo de todos os molhos-mãe e muitos dos molhos secundários encontrados no cardápio dos restaurantes.

Semolina — farinha claramente granulada, proveniente do trigo durum moído. A semolina tem alto conteúdo de proteína (de 13% a 14%), o que a torna útil em receitas de pães artesanais italianos. Ela é usada para impedir que pães de forno a lenha (como pizza e focaccia) grudem na pá do forno ao entrar e sair dele.

Sequência de mistura (dos ingredientes) — é a ordem em que os ingredientes são adicionados a uma massa antes da fase de desenvolvimento (amassar). Há cinco sequências de mistura: *direta*; *modificada*; *modificada mais emulsificada*; *esponja mais massa principal*; e *creme mais massa principal*.

Tábua de pão — tábua de madeira, de 45 × 60 cm (tamanho de um tabuleiro grande), que serve para o armazenamento de peças de massa durante as fases de modelagem e de crescimento. Polvilhada com semolina, a tábua de pão pode ser usada para colocar diretamente no forno a lenha pães como pizza e filões de semolina.

É uma boa ideia esfriar pães grandes na tábua de pão. A umidade que evapora dos pães é absorvida pela madeira, impedindo que a crosta inferior fique encharcada.

Antes de armazenar as massas, raspe bem a tábua de pão com uma faca de bancada e deixe secar em um carro com rodas. Feitas de madeira macia, as tábuas de pão nunca devem ser usadas para cortar ou fatiar.

Temperatura ambiente — expressão do padeiro para *temperatura do local*: a temperatura do ambiente de trabalho (a cozinha ou a padaria).

Temperatura desejada — ver *tdm*.

Temperatura desejada da massa (tdm) — quando desenvolve uma massa, você quer que a temperatura dela corresponda à orientação adequada de tempo e de temperatura para a fermentação. Antes de os ingredientes serem misturados, o líquido é aquecido ou esfriado, de modo que a massa atinja a temperatura desejada. Administrar o tempo no ambiente de produção é muito mais fácil se as massas forem misturadas na temperatura adequada antes da fase de fermentação. A tdm também é chamada de *temperatura-alvo*.

A maior parte das massas deste livro tem uma tdm de 27 °C.

Temperatura-alvo — ver *tdm*.

Tempo de assamento (total) — inclui dois estágios: o primeiro, para que se atinja o volume máximo da massa; o segundo, para que a penetração do calor e a coloração da crosta se deem completamente. Os dois estágios são:
- Estágio I: geralmente, ocorre sob calor alto (vapor, normalmente) e com o respiradouro fechado, por 20% a 30% do tempo total de assamento.
- Estágio II: o calor do forno é ligeiramente reduzido (às vezes, retira-se o vapor), e o respiradouro fica aberto; esse estágio dura 70% a 80% do tempo total de assamento.

Tempo no piso — expressão do padeiro que se refere à quantidade de tempo que a massa permanece à temperatura ambiente da padaria, sem ser retardada ou ficar na estufa.

A expressão está presente em frases como: "Dê uma fermentação de 30 minutos no piso, seguida de 2 horas no retardador" ou "Dê à massa gelada 30 minutos no piso para ela se ajustar e depois modele-a".

Teor de cinzas — diz ao padeiro o conteúdo mineral benéfico da farinha. Quanto mais minerais, mais alto o teor de cinzas, e mais escura a farinha. Os pães feitos com farinha de teor de cinzas mais alto apresentam uma crosta mais escura depois de assados. Eles têm um miolo cremoso, da cor do grão, e um perfil de sabor mais rico.

O teor de cinzas afeta a velocidade de fermentação da massa. As massas com baixo teor de cinzas fermentam devagar. As massas com alto teor de cinzas fermentam mais depressa. Nos meses frios do inverno, um truque do padeiro é substituir de 2% a 3% da farinha para pão por farinha de centeio. Essa quantidade não é suficiente para mudar o perfil de sabor do pão notavelmente, mas ajuda a manter o tempo de fermentação programado, sem que seja necessário adicionar mais fermento.

Como se determina a quantidade de minerais em uma amostra de farinha? Queime-a a 480 °C, até que reste apenas uma pequena pilha de minerais. O peso dessa pilha é comparado ao peso da amostra original e representa o *teor de cinzas*.

Esse e outros testes são rotineiros em moinhos de grande escala, como o ConAgra* ou o Centro de Testes Padrão do Departamento de Agricultura dos Estados Unidos, em Kansas City, no Kansas. Para mais detalhes sobre as características dos testes de farinha, procure na internet expressões como *falling number*, *farinógrafo* e *alveógrafo de Chopin*.

Teste da elasticidade — para determinar se uma massa modelada cresceu o suficiente antes de assar, enfarinhe o dedo e pressione suavemente o lado dela, em dois ou três lugares.

Se a massa voltar quase totalmente à forma original, é preciso mais tempo de crescimento. Se a massa não voltar nada, isso significa que ela já cresceu demais.

O equilíbrio entre esses dois extremos indica que o crescimento da massa foi suficiente e que ela está pronta para a decoração e o assamento.

Translúcido — segure alguma coisa contra a luz. Qualquer coisa.

1. Se você puder ver através dela, então ela é *transparente*. Uma janela de vidro é transparente.

---

* Empresa norte-americana que produz um vasto leque de produtos alimentícios. [N. T.]

2. Se nenhuma luz passar por ela, então ela é *opaca*, como uma parede de tijolos.

3. Entre o transparente e o opaco está o *translúcido*. Em um objeto translúcido, passa alguma luz, mas não a ponto de você poder ver através dele. Uma folha de massa filo é translúcida; o leite semidesnatado é translúcido. A pequena peça de massa que você estica quando faz o ponto de véu é translúcida.

Vida de prateleira (prazo de validade) — é o tempo previsto para que o pão permaneça fresco, se armazenado adequadamente. A evaporação gradual da umidade, o desenvolvimento inadequado do miolo e a perda da intensidade do sabor têm um custo com o correr do tempo, a menos que o padeiro tome medidas preventivas.

Bibliografia

Uma lista de livros sobre um assunto específico, a bibliografia reúne um grupo de mentes e o que cada uma delas aprendeu no seu caminho. É a estranha maneira de o autor elogiar aqueles que prepararam a sua jornada. Um mapa que promete grande conhecimento e experiência, imergindo o leitor em mistérios mais profundos e ainda não explorados.

▶ Livros sobre pão

ALFORD, Jeffrey & DUGUID, Naomi. *Flatbreads and Flavors, A Baker's Atlas.* Nova York: William Morrow & Company, 1995.

AMENDOLA, Joseph & LUNDBERG, Donald. *Understanding Baking.* Nova York: Van Nostrand Reinhold, 1992.

BEARD, James. *Beard on Bread.* Nova York: Ballantine, 1973.

BERANBAUM, Rose Levy. *The Bread Bible.* Nova York: W. W. Norton & Company, 2003.

_____. *The Cake Bible.*[6] Nova York: William Morrow & Company, 1988.

BUEHLER, Emily. *Bread Science: The Chemistry and Craft of Making Bread.* Hillsborough: Two Blue Books, 2006.

CALVEL, Raymond; MACGUIRE, James; WIRTZ, Ronald. *The Taste of Bread.* Gaithersburg: Aspen Publishers, 2001.

CORRIHER, Shirley. *Cookwise.* Nova York: William Morrow & Company, 1997.

---

[6] Embora não seja a respeito de pães, este foi o primeiro livro que eu li sobre assamento que explora por que e como trabalhar em uma padaria. O conhecimento de alimentos de Beranbaum e seu talento ainda servem de inspiração ao se explorar o mundo do pão.

DAVID, Elizabeth. *English Bread and Yeast Cookery*. Newton: Biscuit Books, 1994.

FIELD, Carol. *The Italian Baker*. Nova York: Harper & Row, 1985.

FIGONI, Paula. *How Baking Works*. Hoboken: Wiley, 2004.

GISSLEN, Wayne. *Professional Baking*. 5ª ed. Hoboken: John Wiley & Sons, 2009.

GLEZER, Maggie. *Artisan Baking Across America*. Nova York: Artisan, 2000.

GREENSPAN, Dorie. *Baking with Julia*. Nova York: William Morrow, 1996.

HAMELMAN, Jeffrey. *Bread, A Baker's Book of Techniques and Recipes*. Hoboken: John Wiley & Sons, 2004.

HENSPERGER, Beth. *The Bread Bible, 300 Favorite Recipes*. São Francisco: Chronicle Books, 1999.

LABENSKY, Sarah *et al. On Baking*. Nova Jersey: Pearson Prentice Hall, 2005.

LEONARD, Thom. *The Bread Book*. Brookline: East West Health Books, 1990.

MCGEE, Harold. *On Food and Cooking*. Nova York: Charles Scribner's Sons, 2004.

ORTIZ, Joe. *The Village Baker*. Berkeley: Ten Speed Press, 1993.

REINHART, Peter. *The Bread Baker's Apprentice: Mastering the Art of Extraordinary Bread*. Berkeley: Ten Speed Press, 2001.

_____. *Crust and Crumb*. Berkeley: Ten Speed Press, 1998.

_____. *Peter Reinhart's Whole Grain Breads*. Berkeley: Ten Speed Press, 2007.

SCHERBER, Amy & DUPREE, Toy Kim. *Amy's Bread*. Nova York: William Morrow, 1996.

SULTAN, William J. *Practical Baking*. 5ª ed. Nova York: Van Nostrand Reinhold, 1990.

WING, Daniel & SCOTT, Alan. *The Bread Builders: Hearth Loaves and Masonry Ovens*. White River Junction: Chelsea Green Publishing, 1999.

▶ Livros em francês ou italiano

BERTINET, Richard. *Pane*. Lodi: Bibliotheca Culinaria, 2007.

GHO, Paolo (org.). *Dizionario delle cucine regionali italiane*. Bra: Slow Food Editore, 2008.

KAPLAN, Steven L. *Cherchez le pain*. Luçon: Pollina, 2004.

_____. *Retour du bon pain, Le*. Paris: Perrin Éditeurs, 2002.

KAYSER, Éric; RIBAUT, Jean-Claude; GAMBRELLE, Fabienne. *100% pain*. Paris: Éditions Solar, 2003.

Acertando a balança — instruções rápidas

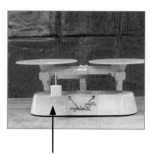

Há duas programações diferentes para a balança de pratos.

A **programação A** usa uma *tigela de ingredientes* e o *contrapeso*.

Ela é indicada para o trabalho com ingredientes secos.

Use a *tigela de ingredientes* e o *contrapeso*

Programação A:

Empurre o peso móvel para a ponta esquerda. Os pratos da esquerda e da direita devem estar equilibrados, no mesmo nível.

Coloque a tigela de ingredientes grande no prato esquerdo e o contrapeso no prato direito. De novo, os dois pratos devem ficar equilibrados.

Acertando a balança — instruções rápidas

Ingredientes secos
Exemplo: 2 quilos de farinha

Coloque o peso de 2 quilos no prato da direita.

Despeje a farinha na tigela de ingredientes; adicione uma quantidade suficiente para tornar o prato esquerdo mais pesado, de modo que ele se mova para baixo.

Use a mão ou uma colher para remover o excesso de farinha. Pare quando os dois pratos, o da esquerda e o da direita, estiverem na mesma altura.

Transfira os 2 quilos de farinha para outro recipiente; reserve-o enquanto você continua a pesar os ingredientes.

Retire o peso de 2 quilos do prato direito.

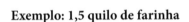

Exemplo: 1,5 quilo de farinha

Comece com a **programação A**, com a tigela plástica e o contrapeso em equilíbrio.

Coloque o peso de 1 quilo no prato da direita.

Ajuste o peso móvel da régua para 0,5 quilo.

Pese a farinha dentro da tigela plástica até que os dois pratos, o da esquerda e o da direita, estejam equilibrados.

Transfira a farinha para outro recipiente, enquanto você continua a pesar os ingredientes.

Retire o peso de 1 quilo do prato da direita.

Devolva o peso móvel para a ponta esquerda.

487

Parte V | Apêndices

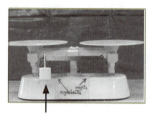

A **programação B** usa *dois recipientes de peso igual*.

Ela é a mais indicada para o trabalho com ingredientes úmidos e com ingredientes secos.

Use *dois recipientes de peso igual*.

Programação B:

Empurre o peso móvel para a ponta esquerda. Os dois pratos, o da esquerda e o da direita, devem estar na mesma altura.

Selecione dois recipientes que pareçam ter o mesmo peso. Coloque um recipiente no prato da esquerda e o outro no da direita; os pratos devem ficar equilibrados.

Ingredientes úmidos

Exemplo: 2 quilos de água

Coloque o peso de 2 quilos dentro do recipiente que está no prato direito.

Despeje água no recipiente da esquerda.

Adicione água suficiente para tornar o prato direito mais pesado, de modo que ele se mova para baixo. Use um acessório para remover o excesso de água. Pare quando os dois pratos estiverem equilibrados.

Reserve a água no recipiente, enquanto você continua a pesar os ingredientes.

Retire tudo do prato da direita.

Pequenas quantidades

Exemplo: 200 gramas de açúcar

Comece com a **programação B**, com recipientes equivalentes nos pratos da direita e da esquerda, que devem ficar na mesma altura.

Ajuste o peso móvel da régua dentada para 200 gramas.

Pese o açúcar na tigela de ingredientes do prato esquerdo, até que os dois pratos, o da esquerda e o da direita, fiquem equilibrados.

Reserve o açúcar no recipiente, enquanto você continua a pesar os ingredientes.

Devolva o peso móvel para a ponta esquerda.

Truque do padeiro

Dois recipientes aparentemente idênticos (especialmente os de metal) podem não ter o mesmo peso. Em geral, um deles é cerca de 15 gramas mais pesado.

Coloque o mais pesado no prato da esquerda da balança, e o mais leve no da direita. Ajuste o peso móvel para a direita, de 5 em 5 gramas, até que os pratos se equilibrem. Depois, opere a balança conforme demonstrado anteriormente.

Enquanto você estiver pesando em incrementos cujos pesos sejam "inteiros" e de pelo menos 1 quilo — como pesos de 2 quilos, 4 quilos, 8 quilos —, não há motivo para preocupação. Já quando estiver medindo incrementos de pesos "quebrados", 2,13 quilos, por exemplo, você precisará ajustar o peso móvel uma segunda vez. Quando o fizer, inclua na régua dentada os 10 gramas, mais ou menos, com os quais você começou.

Por exemplo, assumamos que você ajustou o peso móvel em 20 gramas na régua dentada, para equilibrar dois recipientes de plástico, e quer pesar 1,6 quilo de água. Coloque o peso de 1 quilo no prato da direita e ajuste o peso móvel para a posição de 620 gramas.

A sua tabela de padeiro

▶ ## Como melhorar as suas habilidades de panificação

Depois de ter assado muitos pães diferentes, você descobrirá que desenvolveu um relógio interno de padeiro. Você instintivamente saberá quando é hora de desgasificar e dobrar uma massa, quando ela está crescida o suficiente, e os seus olhos, os seus ouvidos e o seu nariz irão lhe dizer quando o pão termina de assar. Quando você começar a se sentir assim em relação aos seus pães, o seu corpo estará lhe dizendo que você domina as bases da panificação. Você já terá internalizado as fases do pão e compreenderá como o pão se move de uma fase à outra sem interrupção, sem emendas e com continuidade.

Uma ferramenta útil para chegar a esse nível de habilidade é a tabela do padeiro. Você precisa apenas de um lugar no qual possa consolidar todos os tempos, as temperaturas e as programações das máquinas para cada pão da sua coletânea.

É nessa tabela que você registra todas as pequenas mudanças que ocorrerem na sua padaria, com o seu forno e as suas amassadeiras. Consulte a tabela cada vez que você fizer um pão. Lembre-se das pequenas modificações implementadas por você — elas fazem o pão sair cada vez melhor.

A sua tabela de padeiro

Reserve alguns minutos para examinar as tabelas das páginas 493 e 494. Para cada um dos pães representativos, a tabela dá detalhes a respeito de tempo, temperatura e programação para amassadeiras, estufas e fornos.

Depois de desenvolver a memória muscular para misturar, desenvolver e manusear a massa, você só precisará consultar esses detalhes para conduzir a massa por meio das fases dela e colocar no forno pães de boa qualidade. Toda a informação de que você precisa está consolidada em um lugar, para referência rápida.

Uma parte da tabela do padeiro deste livro foi deixada em branco intencionalmente. Use-a como sua planilha de trabalho. Faça os pães de forma integrais de mel duas ou três vezes. Você pode descobrir que consegue resultados melhores aumentando ou diminuindo ligeiramente as temperaturas do forno, ou usando tempos de cozimento mais curtos ou mais longos. Registre essas modificações na tabela à medida que as descobre. Muito em breve, você terá uma tabela do padeiro com todos os detalhes importantes para os seus pães.

Esse é o seu esquema, ou programa, para elevar as suas habilidades de padeiro ao próximo nível ou para a próxima padaria, pois, toda vez que você muda de localização, cada um dos seus pães reage de maneira diferente à mudança.

Para explicar isso, eu vou lhe contar sobre a coletânea de pães que eu tinha quando trabalhava na Costa Leste, na Filadélfia. Eu assara os mesmos pães por mais de um ano e praticamente dominava todas as idiossincrasias das receitas. A consistência da linha de produtos, semana após semana, falava por si mesma.

Quando eu me mudei para São Francisco, a primeira coisa que notei foi que, seguindo as mesmas receitas e os mesmos procedimentos, a minha linha de pães de alta qualidade tornou-se quando muito medíocre, isso nos melhores dias. Não era apenas porque a água era diferente, o que é algo bastante racional para os não iniciados. A farinha era diferente. E o sal. O fermento vinha de uma fábrica diferente, por isso era ligeiramente diferente, também. Os fornos, nem se fala.

Eu passei os quatro meses seguintes reaprendendo totalmente como assar pães. Cada uma das receitas que eu tinha aperfeiçoado na Filadélfia precisou ser retrabalhada, repesada, fermentada por um tempo maior ou menor e assada a uma temperatura diferente. A minha habilidade precisou ser esculpida novamente e reaprendida.

Uma experiência como essa define o desenvolvimento de um padeiro. Uma coisa é assar no ponto A. Assar no ponto B é inteiramente diferente.

Parte V | Apêndices

Muitas coisas são iguais, e tantas outras são diferentes e requerem atenção. É nessa hora que o padeiro aprende o que ele só pensava que sabia. A mudança de localidade representa, ao mesmo tempo, um momento exasperante e um momento em que o padeiro encontra dentro dele a verdadeira profundidade das habilidades que desenvolveu.

Eu sempre digo que um padeiro de verdade pode assar pão em uma caixa de papelão. Claro que isso não é verdade. O ponto é que a combinação dos melhores ingredientes, das máquinas mais modernas e dos fornos mais perfeitos só faz diferença até certo ponto no desenvolvimento da habilidade do padeiro. É no momento em que essas coisas todas falham que as suas habilidades são testadas.

Um dos meus fornos favoritos até hoje foi um velho forno de pizza, que tinha 15 anos. Quatro decks empilhados um sobre o outro, cada um deles com temperatura diferente dos demais. Para que todos eles assassem a 200 °C, a programação tinha de variar de 245 °C, no forno de baixo, a 170 °C, no de cima. Tentativa e erro: essa era a única maneira de ajustá-los.

Dentro das câmaras do forno, nenhum dos pisos de tijolo estava intacto. Anos de serviço fiel os tinham deixado rachados e irregulares. Em um de lastro, abriu-se um buraco de 15 centímetros no piso, pois um caco de tijolo tinha se quebrado e caído. Esse pobre forno tinha sofrido pela arte dos padeiros que passaram por ele.

Se você consegue assar pão nesse forno, então pode assar pão em qualquer lugar. Essas palavras guiaram os meus estudantes desde o primeiro dia do curso de panificação. E, no final, elas soaram verdadeiras.

No processo de reaprender a assar pão na Costa Oeste, eu desenvolvi uma tabela do padeiro para os meus pães. Olhando para trás, eu gostaria de ter chegado a São Francisco com ela já intacta. Já mudei de ideia. Agora, cada pão que faço é registrado na minha tabela pessoal de padeiro.

Usei essa tabela de padeiro em localidades diferentes, como São Paulo, Paris, Viena e Turim. A cada vez, tive de fazer mudanças na receita, nos tempos de desenvolvimento, nos tempos de assamento e nas temperaturas. As mudanças que ocorrem em duas ou três das massas macias de repente se ajustam em um padrão — então, todas as outras massas macias precisam de mudanças semelhantes. O padrão emerge. Eu descubro todos os truques necessários nessa nova localidade para todas as massas macias. Montar a tabela do padeiro me livrou de incontáveis horas de tentativa e erro, quando assava pães em lugares diferentes.

A sua tabela de padeiro

Sumário das fases

Produto	Família do pão	Sequência de mistura dos ingredientes	Desenvolvimento	Fermentação	Dividir	Crescimento	Decoração
Baguetes	Magra	Direta	Velocidade #2; 4 min + velocidade # 1; 2 min	1 h @ 27 °C 1 × desgasificar e dobrar	370 g	40 min @ 27 °C; + 10 min NO PISO	5 pestanas
Balloons	Macia	Modificada	Velocidade # 2; 2 min + velocidade # 1; 2 min	1 h @ 27 °C 1 × desgasificar e dobrar	55 a 60 g	35 min @ 27 °C	Glacê padrão leite/ ovo + coberturas opcionais
Pão de manteiga	Rica	Modificada mais emulsificada	Velocidade # 1, 1 min; adicione manteiga; Velocidade # 2, 4 min; Velocidade # 1, 4 min	2 h @ 4 °C	195 g	45 min @ 27 °C	Glacê padrão leite/ ovo + coberturas opcionais
Focaccia	Úmida	Esponja mais massa principal	Desenvolvimento curto (à mão) 6 min	**FO** (+ 30 min descanso) + **CA** (+ 30 min descanso)	1,4 kg por tabuleiro pequeno	**CCIA** (+ 30 min descanso)	Coberturas, covinhas na massa, borrife azeite de oliva
Pães de canela	Doce	Creme mais massa principal	Desenvolvimento curto (à mão) 5 min	Fermentação a frio	Ver especificações	De 30 a 35 min @ 27 °C	Asse simples; decore depois de frios

Parte V | Apêndices

Tabela de assamento

Produto	Forno	Fase I	Vapor	Vent @	Fase II	Tempo	Temp. int.
Baguete	Rack	220 °C	5 s	2 min	235 °C	11 a 12 min	93 °C
Balloons	Rack	180 °C	10 s	2 min	180 °C	10 a 12 min	Cor
Pão amanteigado	Rack	170 °C	—	Sempre aberto	170 °C	Tempo total = 21 a 24 min	82 °C
Focaccia	De lastro	218 °C (8.8.8) (sem grade)	—	Sempre aberto	Retire o papel--manteiga @ 15 min	7 a 9 min mais Tempo total = 22 a 25 min	Cor e toque
Pães de canela	Rack	170 °C	10 s	2 min	170 °C	8 a 10 min	Toque

Passo a passo da trança de quatro

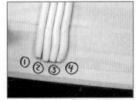

Arranje quatro rolos gelados de massa rica sobre uma folha de papel-manteiga. Os rolos devem apenas resvalar um no outro. Coloque um raspador de plástico sobre as pontas dos rolos.

Use um peso de 0,5 quilo, para que os rolos não se movam. Eles são numerados da esquerda para a direita.

O padrão começa:
O 2 e o 4 vão para cima.

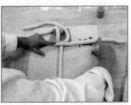

Em seguida:
O 1 passa por cima, da esquerda para a direita.

495

Finalmente:
O 2 e o 4 voltam para baixo.

O padrão se repete:
O 2 e o 4 vão para cima.
(*O 4 já está em cima.*)

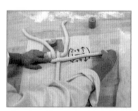 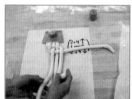

Em seguida:
O 1 passa por cima, da esquerda para a direita.

Finalmente:
O 2 e o 4 voltam para baixo.

Repita o padrão uma terceira vez.
Retire o raspador de plástico e o peso.

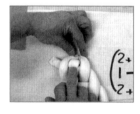 

Feche três dos rolos usando a estratégia *dois contra um*, da trança de três.

 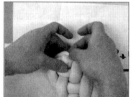

Aperte a borda do rolo que restou, formando uma *aba*. Pincele a aba com água e estique-a em torno da ponta da trança. Esconda a *aba* por baixo.

Passo a passo da trança de quatro

Repita o padrão até que os rolos estejam trançados.

Feche três dos rolos usando a estratégia *dois contra um*, da trança de três.

Aperte a borda do rolo que restou, formando uma *aba*. Pincele a aba com água e estique-a em torno da ponta da trança. Esconda a *aba* por baixo. Ajuste a trança de quatro, arrumando os lados e achatando o topo com o calcanhar da mão.

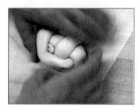 

497

Passo a passo da trança de cinco

Truque do padeiro
Para obter resultados mais uniformes, mantenha os rolos em ângulo reto (90°) enquanto você estiver trançando.

 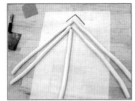

Em uma folha de papel-manteiga, arrume cinco rolos em ângulo reto.

Belisque as pontas do rolo central; arrume-o exatamente no centro dos dois rolos de cada lado.
Belisque esses dois rolos juntos.

Junte os dois rolos externos.
Coloque o canto de um raspador de plástico sobre as pontas dos rolos.

Passo a passo da trança de cinco

Use um peso de 0,5 quilo para imobilizar os rolos, numerados da esquerda para a direita.

 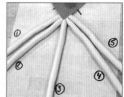

O padrão começa:

O 1 torna-se 3.

Quando você colocar o rolo na posição número 3, deixe-o paralelo aos rolos 4 e 5.

 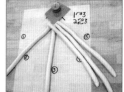

Em seguida:

O 2 pula por cima do 3.

O 3 passa por baixo do 2.

 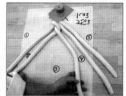

Quando você colocar os rolos para baixo, mantenha o ângulo reto no topo da trança, junto do raspador:

O 2 é paralelo ao 1.

O 3 é paralelo ao 4 e ao 5.

Finalmente:

O 5 torna-se 2.

 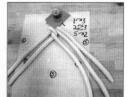

Certifique-se de que os rolos mantêm o ângulo reto de 90° entre eles.

499

Parte V | Apêndices

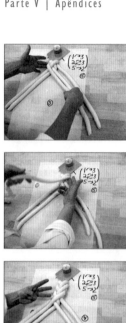
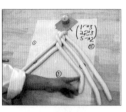

O padrão se repete:
O 1 torna-se 3.

Em seguida:
O 2 passa por cima do 3.
O 3 passa por baixo do 2.

Finalmente:
O 5 torna-se 2.
Quando o 5 vai para o topo da trança, ele toca o rolo paralelo.

Repita *o padrão* uma terceira vez.
Retire o raspador plástico e o peso.

Trabalhando com dois rolos de cada vez, aperte as pontas para formar *abas*. Pincele essas *abas* com água e passe uma por baixo da outra, na ponta da trança. Repita o mesmo procedimento com os últimos dois rolos.

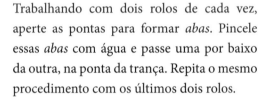

Repita *o padrão* até que os rolos estejam trançados. Não estique ou belisque as pontas. Aqui,
o 1 torna-se 3;
o 2 e o 3 mudam de lugar um com o outro.

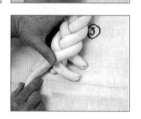

Aqui, o 5 torna-se 2.

Repita o padrão.

Aqui,

o 1 torna-se 3,

o 2 e o 3 mudam de lugar um com o outro.

(O 2 e o 3 são curtos; conforme eles se movem, torça-os, juntos, para fechá-los.)

Aqui,

o 5 torna-se 2. Pincele a ponta do rolo com água, para que ela não se mova.

Repita o padrão.

Aqui,

o 1 torna-se 3. Aperte a ponta para baixo, a fim de formar uma *aba*. Umedeça a aba e passe-a em torno do final da trança. Dobre-a sob a trança.

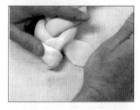

Pressione a ponta do rolo restante para formar uma *aba*. Umedeça a *aba* e dobre-a sob a trança.

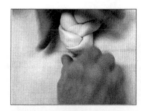

Ajuste a trança de cinco, arrumando os lados e afilando as pontas.

Parte V | Apêndices

Opcionalmente, a trança de cinco pode ser feita desta maneira:
Aperte uma ponta da trança completa, formando uma *aba*. Enrole a trança sem apertá-la e dobre a aba sob a trança.

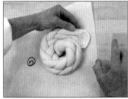

Continue a enrolar a trança deixando-a frouxa. Pressione a ponta da trança, formando uma *aba*. Dobre-a sob a trança.

Ovos pintados ou tingidos podem ser colocados no centro, depois de a trança crescer.
Na tradição mediterrânea, coloca-se um ovo cru no centro da trança enrolada e crescida. O ovo assa com o pão.

Passo a passo da trança de seis

Sobre uma folha de papel-manteiga, arrume seis rolos de massa, formando um ângulo de 90°. Belisque as pontas dos rolos, em pares.

 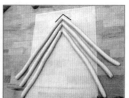

Coloque o canto de um raspador de plástico sobre as pontas dos rolos. Use um peso de 0,5 quilo, para que eles não se movam. Os rolos são numerados da esquerda para a direita.

Antes que o padrão de trança se inicie, o 6 torna-se 1.

Mova, tanto quanto possível, esse rolo para o canto superior esquerdo, deixando-o à esquerda do peso de 0,5 quilo. Esse passo NUNCA se repete.

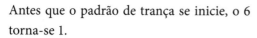

Parte V | Apêndices

Visualização

Se estivesse trançando na superfície de um relógio, você colocaria os rolos no lugar das 11 horas e da 1 hora.

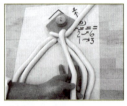

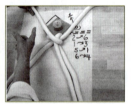

Agora, o padrão começa:

o 2 torna-se 6.

Mova esse rolo até onde seja possível, à direita do peso de 0,5 quilo.

(Lembre-se de que a contagem começa no alto, à esquerda, onde você acabou de colocar o 1).

Em seguida:

o 1 torna-se 3.

Quando você colocar esse rolo para baixo, deixe-o paralelo aos rolos 4 e 5.

O padrão continua:

o 5 torna-se 1.

Coloque esse rolo o mais alto possível, à esquerda do peso de 0,5 quilo.

Finalmente:

o 6 torna-se 4.

Quando você colocar esse rolo para baixo, deixe-o paralelo aos rolos 2 e 3.

Mantenha o ângulo de 90° entre os rolos da esquerda e da direita.

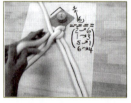

Repita o padrão:

o 2 torna-se 6.

Em seguida:

o 1 torna-se 3.

504

Passo a passo da trança de seis

Quando o 1 cruzar o topo da trança, mantenha-o ajustado. Quando você colocar esse rolo para baixo, mantenha-o paralelo aos rolos 4 e 5.

O padrão continua:
o 5 torna-se 1.
Finalmente,
o 6 torna-se 4.

 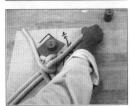

Quando o 6 cruzar o topo da trança, mantenha-o ajustado.

Quando colocar esse rolo para baixo, mantenha-o paralelo aos rolos 2 e 3.

Aqui está outra maneira de visualizar o padrão.

A partir do lado esquerdo, o segundo rolo de baixo... vai lá para cima, à direita.

O rolo do topo passa por cima de dois rolos.

Agora, a partir do lado direito, o segundo rolo de baixo... vai lá para cima.

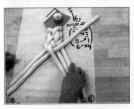 

O rolo do topo pula dois outros rolos.

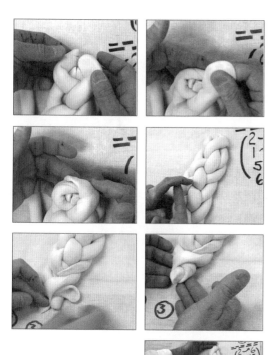

Retire o raspador e o peso de 0,5 quilo. Trabalhando com dois rolos de cada vez, pressione as pontas, para formar *abas*. Pincele as abas com água e dobre-as uma sob a outra, na ponta da trança.

Repita o procedimento com os últimos dois rolos.

Quando você se aproximar do final da trança, repita o padrão enquanto for possível. Ao chegar ao fim da trança, pressione-a, para formar uma *aba*. Umedeça a aba e dobre-a por baixo da trança. Continue até que todos os rolos tenham sido dobrados sob a trança.

Ajuste a trança de seis arrumando os lados e arredondando as pontas.

Adicionando sal à massa

Nem todas as fontes concordam sobre qual é o melhor momento de adicionar sal à massa. Bem no começo? Com a última adição de farinha? Ou no meio do desenvolvimento, depois que um pouco de glúten tenha se formado?

Ao fazer pães mais consistentes, coloque o sal por último, junto com a adição final de farinha. Todos os ingredientes são combinados em velocidade baixa até obter uma massa homogênea. Quando a fase de desenvolvimento começar, o sal já terá sido incorporado à massa.

POR QUÊ?

A farinha contém moléculas de cor (e de sabor) chamadas *carotenoides*. Como o nome sugere, elas têm um tom laranja quente, como cenouras baby. Esses pigmentos são responsáveis pela cor cremosa do miolo do pão de bom sabor. Quando os carotenoides da massa são danificados, o pão adquire um gosto sem graça, enfadonho, e o miolo fica branco pálido, ou, algumas vezes, até cinzento.

Quando uma amassadeira mecânica é usada em altas velocidades para o desenvolvimento, a massa do pão oxida-se. Conforme o oxigênio entra na massa, a cor dela se desvanece. Quando o sal é adicionado à massa antes que a fase de desenvolvimento se inicie, os pigmentos da farinha mantêm a cor.

Muitas padarias seguem essa regra prática, adicionando o sal com a porção final de farinha.

Para o padeiro novato, juntar o sal por último, com a adição final de farinha, é o mais confiável. Isso proporciona um melhor equilíbrio no manuseio da colônia de fermento e da estrutura do glúten. Essa é a sequência adotada neste livro, e também a que foi utilizada para testar todas as receitas.

Aproveite completamente seu forno

Os fornos comerciais certamente representam uma vantagem ao assar pão. Além de possuírem uma capacidade maior, eles são desenhados para oferecer alta massa térmica e assamento uniforme. A *massa termal* (ver "Apêndices") diz respeito à quantidade de calor que o forno pode reter e ao tempo pelo qual ele pode reter.

Não há dois fornos iguais. Mesmo na sua padaria, há um forno rack que assa ligeiramente mais devagar do que outro. Nós levamos isso em conta ao assar os pães ricos no forno mais lento, para impedir que as crostas fiquem escuras demais. Com apenas um forno à disposição, você precisa ser mais flexível. Aqui estão algumas técnicas que podem ser usadas para que você consiga os melhores resultados do seu forno.

▶ Gás *versus* eletricidade

O gás é a melhor escolha para cozinhar na boca do fogão, mas não oferece a melhor solução para o assamento. A temperatura flutua nos fornos a gás, sendo, algumas vezes, mais baixa do que a programação do termostato, e, outras vezes, mais alta. As carnes assadas, como uma perna de carneiro, podem tolerar essa variabilidade, mas a situação torna-se difícil quando se trata de pães.

Quando a temperatura de um forno a gás fica mais baixa do que a programação do termostato (o ponto estabelecido) por um período de tempo predeterminado, a chama do gás é acionada,

Parte V | Apêndices

ficando acesa até que a temperatura do forno exceda o ponto estabelecido. A temperatura do forno diminui gradualmente, até que seja a hora de reacender mais uma vez.

Os fornos elétricos oferecem uma temperatura mais uniforme. Eles são mais rápidos de reaquecer, não permitem que a temperatura do forno fique menor do que o ponto estabelecido e, muitas vezes, são programados de modo que, ao abrir e fechar a porta, os elementos elétricos para reaquecer sejam acionados.

Se você tiver um forno a gás, há duas estratégias a considerar.

Tempos e temperaturas

Baixe o termostato em 5%. Por exemplo, em vez de programar o forno para 200 °C, reduza a programação em 5% × 200 °C, que é igual a 10 °C, e programe o seu forno a gás para 190 °C. Isso reduz a probabilidade de os seus pães ficarem com a crosta escura demais quando os ciclos do forno tornarem-se mais altos do que o ponto estabelecido.

Tempo: adicione 10% ao tempo esperado de cozimento. Em vez de 15 minutos, por exemplo, aumente o tempo em 10% × 15, que é igual a 1½ minuto, ou seja, espere que os pães assem entre 16 e 17 minutos.

A ideia é fornecer um calor ligeiramente inferior, por um período de tempo ligeiramente mais longo.

Posicione as assadeiras

Em geral, os pães assam melhor quando eles, os PÃES, ficam no centro do forno. Isso significa que a assadeira deve ficar uma (ou duas, dependendo do seu forno) posição ABAIXO do centro do forno.

Pães menores, como os pãezinhos de jantar, assam melhor se estiverem perto do topo do forno. O calor sobe e é refletido pelo teto do forno. É nesse ponto quente que você quer que fiquem os pães que precisam dourar a crosta em um curto período de tempo, como os pretzels.

Os pães que devem ter a crosta inferior bem assada, como a focaccia e a pizza, devem ser posicionados perto do piso do forno.

▶ Isolamento

Seja o seu forno a gás ou elétrico, ele precisa ser bem isolado. Se você notar que seus pães ficam sempre mais claros do lado esquerdo, por exemplo, pode ser que a parede esquerda do forno não esteja bem isolada, ou esteja danificada.

Quando o defeito é pequeno, os pães podem ser rodados uma ou duas vezes durante o assamento, para se obterem resultados mais consistentes. Quando a situação torna-se extrema, você pode considerar consertar ou substituir o forno.

Antes de investir capital demais, tente a sorte com pedras de assar, que talvez possam atenuar o problema.

Há uma grande variedade de pedras de assar no mercado. Se você comprar pedras para pavimento em uma loja de materiais de construção, certifique-se de que as pedras não sejam tratadas ou vitrificadas.

O forno do meu primeiro apartamento estava tão mal isolado, que era necessário programar a temperatura para 260 °C para que o interior do forno atingisse 160 °C. Eu remediei a situação usando muitas pedras de assar.

Havia uma pedra na prateleira inferior, outras duas em pé, uma de cada lado do forno, e uma contra a parede posterior. No que diz respeito à câmara do forno, havia uma mistura engraçada de tecnologias da idade da pedra e da era industrial, mas o pão era sempre assado por igual e tinha uma crosta dourada.

Ao selecionar pedras de assar, quanto mais grossas elas forem, melhor. Preaqueça-as de acordo com as instruções do fabricante, ou por mais tempo, se possível. Se você adicionar água ao forno, evite despejá-la diretamente sobre a pedra aquecida, pois ela pode rachar. Depois de colocar a pedra no forno, é melhor simplesmente deixá-la lá: mover uma pedra de assar enquanto ela está quente também pode fazê-la rachar. Como ela tem de ficar em algum lugar, simplesmente deixe-a no forno.

Com exceção dos pães úmidos, como a focaccia e a pizza, para assar os pães deste livro não foram usadas pedras de assar nem fornos a lenha.

Se possível, posicione a pedra no piso do fogão, ou na prateleira inferior. Posicione o tabuleiro cheio de pães um trilho acima.

O seu forno pode não oferecer espaço suficiente para tudo isso. Nesse caso, consulte diretamente a tabela de assamento do seu pão. Use a informação sobre a programação do forno de lastro. Se os pães forem grandes (220 gramas ou mais), ou se eles contiverem uma alta porcentagem de adoçantes ou gorduras, as instruções geralmente pedem que se coloque uma grade de forno ou uma assadeira invertida no forno de lastro e o tabuleiro com o pão sobre ele. Trate a pedra de assar do seu forno da mesma maneira.

Parte V | Apêndices

▶ VAPOR

Há muitas maneiras de criar vapor no seu forno. Ao escolher a sua, equilibre o seu desejo de obter uma crosta apropriada com o que está disponível, com o que é fácil de fazer e com o que é SEGURO. Ao pesar duas opções, escolha a mais segura.

1. Umedeça a massa com um spray de água. Faça isso ao colocar a massa no forno e, depois, em intervalos de 1 minuto durante os primeiros 25% do tempo de assamento total.

   Uma baguete que assa por 16 minutos, por exemplo, receberia vapor a cada minuto pelos primeiros 4 minutos. Note que cada vez que a porta do forno é aberta, o valioso calor do forno escapa. Seja rápido.

   Essa regra prática de 25% não se aplica aos pães de centeio. Em virtude da natureza do amido da farinha de centeio, o pão rústico de centeio e os pãezinhos de centeio e cebola pedem vapor durante os primeiros 40% a 50% do tempo de assamento total.

   Atenção: evite espirrar água sobre a lâmpada do forno ou na janela de vidro da porta. Elas podem rachar. É uma boa prática pendurar um pano de pratos na porta do forno quando você estiver borrifando os pães; o pano protege tanto o vidro da porta como o seu braço.

2. Coloque um tabuleiro, ou uma assadeira baixa, no piso do forno e preaqueça-o com o forno. Assim que você colocar o pão no forno, despeje cuidadosamente uma ou duas xícaras de água no tabuleiro quente, para criar vapor. Feche a porta do forno rapidamente.

3. Eu fiquei extremamente surpreso quando li sobre um método que envolvia um recipiente com água, o preaquecimento no piso do forno e uma assadeira de pedras lisas e com 5 centímetros, preaquecida no trilho de cima.

   Quando chega a hora de colocar o pão no forno, as pedras são colocadas dentro da água; o pão é colocado na prateleira, e a porta é bem fechada. Eu não posso recomendar isso porque nunca tentei fazê-lo — antes de tudo, o meu *lema de segurança* me impede. Mas eu posso imaginar que isso produza bastante vapor.

▶ Ventilando o forno

Depois de o pão ser vaporizado (estágio I do assamento), o forno deve ser ventilado, para que todo o vapor residual saia. Se você usou a técnica do spray, não precisa fazer nada. Algumas vezes, o estágio II do assamento exige uma programação de temperatura inferior, mas, se você seguiu os passos até este ponto, dificilmente a receita sairá errada.

Se ainda houver água no tabuleiro ou na assadeira do piso do forno, você deve removê-la cuidadosamente. Use luvas nas duas mãos — e não um simples pano de pratos —, avise os que estão próximos de que há perigo a vista e transfira a assadeira quente para um lugar seguro, afastado. Tenha o cuidado de não colocá-la sobre uma superfície que pode se queimar. Uma superfície de madeira forrada com toalha é uma escolha sábia.

▶ Uma última palavra sobre o vapor

Muitos dos pães deste livro não precisam de vapor durante o estágio I do assamento. E alguns dos pães que indicam o uso de vapor, como os balloons, assam muito bem sem ele. De fato, descobri que eu mesmo vaporizo os pães menos frequentemente do que se esperaria.

Eu comecei a fazer o seguinte (e isso vale para todo pão que faço): segundos antes de colocar os pães no forno, já tenham eles glacê de leite e ovo ou não, eu borrifo-os com um spray de água. Por cima, na frente, atrás e dos lados. Acho que isso proporciona um fermentação final ligeiramente maior aos pães e reduz a incidência de quebras ou rasgos em partes da crosta.

O *lagniappe* do autor

Na gíria cajun, um *lagniappe* é uma pequena coisinha a mais.
De graça: é apenas para fazer você se sentir
mais bem-vindo à nossa mesa, meu caro.
Este é o meu *lagniappe* para você. Um agradecimento, por
me acompanhar através do mundo do pão.

▶ Pudim de pão cajun camponês com molho de rum escuro e creme chantili

Antes de ser enfeitiçado pela arte de fazer pão, eu trabalhei como chef. Entre outras coisas, fui chef de restaurante, proprietário/chef de um serviço de bufê e consultor de restaurantes classe A. Quando eu era consultor de controle de custo de um restaurante estilo Nova Orleans na Filadélfia, o Café NOLA, encontrei Terry Thompson-Anderson, CCP. Uma verdadeira beleza sulina, se alguma vez existiu uma, Terry era um dos melhores paladares que eu jamais encontrei, com a habilidade culinária para apoiá-lo.

Enquanto eu trabalhava na escola dela, em Mandeville, Los Angeles, aprendi o que significa a verdadeira hospitalidade sulina. Terry apresentou-me às técnicas, aos sabores e ao puro divertimento que cercam as culinárias cajun e creole[*]. Esta receita é dela — mas, com todas as mudanças que a receita sofreu durante os últimos anos, eu não estou certo de que Terry a reconheceria hoje.

Muitos pudins de pão são saborosos, mas podem ser um pouco pesados e ter um gosto forte de ovo. Para atingir a leveza característica da versão de Terry, você precisa deixar o pão absorver toda a mistura doce do creme, por tempo suficiente. Pedaços de pão mais seco levam mais tempo. (É por isso que o pão fresco deve ser evitado, pois resulta num pudim denso e pesado.)

Normalmente, eu espero 1 hora ou mais até ter certeza de que o pão não pode absorver mais líquido. Pressione suavemente os pedaços de pão, submergindo-os no creme, a cada 15 minutos, mais ou menos. Recolha com cuidado o creme que se encontra no fundo e despeje-o por cima, se você puder fazer isso sem estragar o pão.

---

[*] Técnicas da culinária norte-americana. (N. E.)

O *lagniappe* do autor

Durante o assamento, os ovos expandem-se e tornam o pão demolhado mais leve.

Se o pão for demolhado adequadamente, o pudim cresce de modo semelhante ao do suflê.

Os pudins de pão mais memoráveis que nós fizemos na escola incluem uma mistura de pães que haviam sobrado. A mistura preferida da casa, como os meus estudantes a chamam, consiste em 70% de baguetes e 30% de brioche, Challah ou outro pão rico (mesmo aqueles com frutas secas e recheio, como pães de canela ou panetone).

Na minha casa, quando os pães estão quase no fim, antes de deixá-los endurecer, eu embrulho-os e congelo, até juntar pão o suficiente para fazer pudim. Embrulhados firmemente, os pães podem ser congelados por cerca de três semanas.

Se, por alguma razão, algumas fatias de pão salpicado com frutas, como o stollen ou o panetone, não forem consumidas e forem deixadas de lado, elas sempre são incluídas no próximo pudim de pão. Os únicos pães que não funcionam para isso são os salgados, como os de azeitona, alho ou queijo, e aqueles feitos com uma farinha que tenha perfil de sabor distintivo, como trigo integral, semolina e centeio.

Também há receitas para dois tradicionais acompanhamentos do pudim, o molho de rum escuro e o creme chantili. Com um *pedigree* mestiço, aqui está a minha receita de pudim de pão.

Como assar pães: as cinco famílias de pães

> ### Pudim de pão cajun com molho de rum escuro e creme chantili
>
> 12 porções
>
> 3 ovos grandes
>
> 1½ xícara (chá) de açúcar cristal
>
> 2 colheres (sopa) de extrato de baunilha
>
> 1 colher (chá) de noz-moscada moída na hora
>
> 1¼ colher (chá) de canela
>
> 4 colheres (sopa) de manteiga sem sal, derretida
>
> 3 xícaras (chá) de leite
>
> 6 colheres (sopa) de manteiga sem sal, derretida
>
> 454 g de pão dormido, em cubos

Preaqueça o forno a 170 °C. Coloque a prateleira no centro do forno.

Na tigela grande da batedeira elétrica, bata os ovos em velocidade alta até que eles fiquem bem espumosos, o que demora cerca de 5 minutos. Acrescente o açúcar, a canela, o extrato de baunilha, a noz-moscada e quatro colheres de sopa de manteiga derretida. Bata em velocidade alta até você obter uma mistura uniforme. Adicione o leite e bata em velocidade baixa por 2 minutos, para o produto misturar bem. Esse é o creme; reserve-o.

Coloque seis colheres de sopa de manteiga derretida em uma assadeira de 22,86 por 33,02 centímetros e sacuda-a bastante, até que a manteiga cubra bem o fundo e os lados da assadeira. Despeje a manteiga que sobrar no creme e misture bem. Coloque os cubos de pão na assadeira, formando uma camada uniforme.

Despeje o creme sobre o pão e misture até que o pão fique umedecido. Deixe-o descansar por cerca de 45 minutos, para que quase todo o creme seja absorvido. De vez em quando, pressione o pão no creme.

Unte com manteiga um pedaço de papel-alumínio; coloque-o sobre o pudim e dobre as pontas do papel, para fechar. Coloque a assadeira em um tabuleiro e ponha-o no forno preaquecido. Baixe imediatamente a temperatura para 150 °C. Asse por 40 a 45 minutos. Retire o papel-alumínio cuidadosamente e verifique se o meio do pudim está assentado. Ele ficará firme ao toque e se apresentará levemente mole na assadeira; se você tiver um termômetro, ele irá registrar 77 °C.

Aumente a temperatura do forno para 210 °C. Asse o pudim por mais 8 a 12 minutos, sem o papel-alumínio, até que ele fique intumescido e com a

O *lagniappe* do autor

superfície dourada. Retire-o do forno e deixe-o esfriar por 15 a 20 minutos, antes de servi-lo.

Para servir, coloque duas colheres de sopa de molho de rum escuro no fundo de uma tigela individual de sobremesa. Corte um quadrado de pudim de pão para colocar sobre o molho e decore com um pouquinho de creme chantili.

Molho de rum escuro

1 xícara (chá) de manteiga sem sal, à temperatura ambiente

1½ xícara (chá) de açúcar cristal

¼ de xícara (chá) de água

2 ovos batidos

½ xícara (chá) de rum escuro meyer

Faça um banho-maria enchendo uma panela média com 5 centímetros de água. Coloque a panela em fogo médio e espere a água ferver.

Nesse meio tempo, usando a batedeira, com o acessório de massa leve, bata a manteiga e o açúcar em creme, em velocidade alta, até que a mistura fique leve e macia — cerca de 3 minutos. Com a batedeira em velocidade baixa, adicione gradualmente duas colheres de sopa de água. Depois que a água se misturar, bata a mistura em creme por mais 1 minuto, em velocidade alta.

Transfira a mistura para uma tigela de aço inoxidável e coloque-a sobre a água fervendo.

Bata essa mistura constantemente, por aproximadamente 15 minutos. Depois desse tempo, o açúcar deve ficar completamente dissolvido. Se ele não ficar, adicione uma colher de sopa de água e misture bem. Junte mais água, se necessário, até dissolver todo o açúcar.

Junte o rum à mistura de manteiga e açúcar, batendo bem. Continue a cozinhar o molho, batendo com frequência, até que ele atinja os 77 °C. Retire a panela do banho-maria e coloque-a sobre um pano de pratos dobrado.

Use uma xícara de medida ou uma concha para colocar nos ovos batidos meia xícara de chá da mistura de manteiga quente. Depois, bata sem parar. Despeje lentamente essa mistura aquecida de ovos de volta à mistura de manteiga e açúcar, batendo sempre. Devolva o molho ao banho-maria e cozinhe, batendo com frequência, por mais 5 minutos. Não deixe a água ferver.

Retire o molho do fogo. Esfrie-o à temperatura ambiente, batendo de vez em quando. Sirva com o pudim de pão.

Se sobrar algum molho, ele pode ser refrigerado por até uma semana. Depois de gelado, ele torna-se um *molho espesso*, por causa da sua consistência. Para servir, espalhe uma colher de sopa do *molho* sobre o pudim de pão aquecido ou outra sobremesa quente, como crepe, suflê de chocolate e coisas desse tipo.

Creme chantili

1 xícara (chá) de creme de leite fresco, bem gelado

2 colheres (sopa) de açúcar cristal

1 colher (sopa) de extrato de baunilha

Esfrie a tigela e o batedor colocando-os no congelador. Despeje o creme de leite gelado na tigela e bata até que se formem ligeiras faixas no creme, enquanto ele engrossa.

Adicione a baunilha e o açúcar. Bata para misturar bem.

Continue batendo até que a mistura faça picos moles.

Refrigere até o momento de usar, por até 12 horas.

Depois disso, o creme pode começar a se separar. Bata suavemente para restaurar a textura dele.

Sirva bem gelado.

Agradecimentos

Se você acredita em um mundo no qual as coisas podem melhorar mais até do que o necessário, este livro é dedicado a você. Aqui está a minha lista de agradecimentos àqueles que fazem do mundo do pão um lugar melhor para se viver e trabalhar.

Ao longo da estrada, certos mestres, talentos e guias espirituais ajudaram-se a forjar o meu caminho.

Por me induzir à cozinha profissional e por minha formação *francesa* apropriada, agradeço a Esther Press McManus. Pelas mãos dela aprendi as maravilhas da cozinha no The Philadelphia Club. *Maman, Esther. Je te suis redevable pour tout ce que j'ai appris.*

Pela rigorosa educação em culinária, confeitaria e panificação, trago à memória os meus dois mestres franceses: Pierre Menier, do Le Pomme d'Api, em Chambly, e Jean-Marie Clément, do Le Restaurant Dodin-Bouffant, em Paris.

O talento e o espírito de dois colegas que se tornaram caros amigos merecem menção: Christopher Wilson, chef executivo confeiteiro do Twin Farms Resort em Vermont, artista e técnico na padaria; e Brenda Anderson LaNoue, instrutora no The Culinary Institute of America, em Napa Valley, cujo estímulo para escrever este livro foi indispensável.

Por todos os profissionais que compartilharam mãos e fornos comigo, e os seus insights duramente adquiridos na arte e no negócio de assar pão, eu desejo agradecer a:

Albie Barden, *Maine Woods Heat Co.*

David Braverman, *Le Bus Bakery*, Manayunk

Ann Burgunder, *Amy's Breads*

Jeffrey Hamelman, Certified Master Baker (CMB), *King Arthur Baking Company*

Craig Ponsford, *Artisan Bakers*, Sonoma

Amy Quazza, *The French Culinary Institute*

Chad Robertson, *Tartine Bakery*

Alan Scott, guru dos fornos de alvenaria, *Oven Crafters, in memoriam*

Michel Suas, *San Francisco Baking Institute*

Na França:

Anis Bouabsa, MOF, *Au Duc de la Chapelle*

Boulangeries Poilâne, Paris

Éric Kayser, *Boulangeries Kayser*

Christian Vabret, MOF, *French National Baking School*

Autores que me inspiraram ou orientaram neste projeto:

Carol Field, *The Italian Baker*

Maggie Glezer, *Artisan Baking Across America*

Sarah Labensky, *On Cooking*

William Zinsser, autor de *On Writing Well*, que me forneceu estrutura, estilo e estímulo para escrever este livro.

À memória de Barbara Tropp:

"Como você foi da pesquisa da dissertação do doutorado sobre a poesia da Dinastia Ming à escrita de um livro sobre culinária chinesa?"

Foi com essa abertura que vim a conhecer Barbara Tropp, autora de *The Modern Art of Chinese Cooking: Technique and Recipes*. E embora eu não tivesse nenhum interesse imediato em dumplings ou frituras rápidas, a qualidade narrativa da introdução de setenta páginas do seu livro capturou a minha imaginação em outro nível.

O livro apresenta qualidade literária, um manual de instruções sobre técnicas e um curso de treinamento na apreciação sensorial de uma culinária inteira. Para mim, serve de paradigma para avaliar se qualquer outro livro de culinária *merece respeito*.

Anos mais tarde, eu perguntei a Barbara como eu poderia me sentar e escrever um livro sobre pão. "Respire fundo e mergulhe nele!" Com as palavras de apoio dela, e com o livro dela como modelo, eu fiz exatamente isso.

Colegas cuja paixão e profissionalismo continuam a me inspirar:

Lee Ann Adams, *Culinary Institute of America*

James Barrett, *Metropolitan Bakery*

Michael John Coe, CMB, *M J Bread*

Frank Carollo e Amy Emberling, *Zingerman's Bakehouse*

Peter Edris, CEPC, *Western Culinary Institute*

Abe Faber, *Clear Flour Bakery*

Pamela Fitzpatrick, pela ajuda em transformar formas de antigos rituais tribais em esculturas de pão

Tom Gumpel, *Panera Breads*

Robert Jörin, *Culinary Institute of America*

Dave Miller, *Miller's Bake House*

Richard Miscovich, *Johnson and Wales University*

Eduardo Morell, *Morell's Bread*

Joe e Gayle Ortiz, Luisa Beers, *Gayle's Bakery*

Didier Rosado

Michael Rose e Tom Frainier, *SemiFreddi's*

Amy Scherber e Toy Dupree, *Amy's Breads*

Beth Seligman, extraordinária bibliotecária, *California Culinary Academy*

Steve Sullivan e sua equipe de padeiros líderes e administradores de divisão, Michael Genna e Claudio Rezende, na *Acme Bread Company*

Brian Spangler, *Apizza Sholls*

Dan Weggenman e Matt Giusto, *Giusto's Specialty Foods*

Todos os padeiros do Team USA, especialmente Jory Downer, Timothy Healea, William Leaman, Gregory Mistell, Jan Schat, Solveig Tofte e Jeffrey Yankellow.

The Women of the Guild 2008: Gwen Bassetti, Toy Dupree, Carol Field, Leslie Mackie e Amy Scherber.

Colegas da culinária cuja amizade sempre reafirma o valor de nossa profissão: Marilyn Anthony; Stacy Radin, CEPC; Andrew Schloss, CCP; e Garry Waldie, CEC, CEPC, CCE.

No mundo da educação culinária, as seguintes instituições e líderes merecem agradecimentos por sua assistência, seu apoio e sua hospitalidade:

The Bread Bakers Guild of America, Sonoma.

Craig Ponsford, Abe Faber, Ann Burgunder, Natalie Gould, Krista Mann *et al.*

The French Culinary Institute, Nova York.

Le Cordon Bleu International (Catherine Baschet, Paris; Lesley Gray, diretora, Londres).

Le Cordon Bleu North America. Kirk Bachmann, Certified Executive Chef (CEC), vice-presidente de Educação.

Universidade Anhembi-Morumbi, São Paulo (Angela Freitas e Rosa Moraes).

Os meus calorosos agradecimentos ao meu lar da Costa Oeste, a *California Culinary Academy*:

Um grito de viva à presidente Jennifer White. O seu apoio aos instrutores e à faculdade é único.

Ao triunvirato educacional: Rocco Lamanna, decano da educação; chef executivo Michael Weller, Cátedra de Programa para Artes Culinárias; e um agradecimento especial ao chef executivo Timothy Grable, Cátedra de Programa para Confeitaria e Assamento, por sua compreensão e seu apoio na conclusão deste livro.

Como herdeiro e estudante na Nobre Linha da Academia de Padeiros, eu tenho orgulho em ocupar meu lugar na ordem que segue:

Peter Reinhart, que voltou da Copa Mundial de Assamento de Pão, na qual bateu os franceses em Paris, e de onde trouxe as técnicas do "barm starter" e da massa azeda à Academia. Com doze anos de idade no momento em que eu escrevo, o levain de massa azeda da Academia não poderia desejar um pedigree melhor.

Greg Tompkins, que, com sua experiência em produção, ajudou a padronizar receitas e procedimentos das várias classes da escola. A coleção dele de receitas de pão representou os tijolos na construção do meu desenvolvimento como padeiro.

Curtis Baguely, que introduziu no currículo a variedade de técnicas de fazer pães artesanais e cujo toque delicado e seguro eu vejo a cada vez que modelo a minha ciabatta.

Esta foi a minha herança. Da força desses alicerces tirei o melhor, padronizei-o e disponibilizei-o aos estudantes, para que a rica história da Academia vivesse. Ainda há duas antigas colegas que me ajudam no caminho e que merecem agradecimentos especiais:

Malia Chang e Susan Nocella, por compartilharem seu talento, sua habilidade de ensinar e seu trabalho duro na nossa padaria.

Para a próxima geração de padeiros da Academia. A vocês, foi confiada a forte história da nossa escola. Levem-na ao próximo nível, esforcem-se para fazer do programa de assamento dela o melhor do mundo. Os estudantes olham para vocês, agora...

Lori Baker, John (Drew) Curlett, Holly Pugliese, Renée Reagan-Moreno e Richard Stone.

Em apreciação aos meus colegas confeiteiros e padeiros da Academia: John Choe, Stephen Duggan, Jake Ference, Devon MacGregor, Christophe Mazeud, Robert Parks, Lori Ann Raji, Nicholas Snell, Amy Toder e Alex Trouan.

Em apreciação a todos os chefs instrutores e funcionários da Academia de Culinária da Califórnia. Juntas, a riqueza do conhecimento e a habilidade de vocês são ultrapassadas somente por seu desejo de compartilhá-las.

O processo de revisão pelos pares é a parte mais humilde de escrever um livro. Por sua avaliação especializada, orientação e graça ao revisar o meu trabalho, meus agradecimentos especiais a:

Dr. Albert J. Lowe, Ed. D. e Calder Lowe. Obrigado pelo olhar perspicaz e por me mostrar como estruturar um livro, Dr. Al. Você está se tornando depressa o meu mentor educacional.

Lou Sackett, chef instrutor e autor de textos culinários. Obrigado por sua amizade e por não permitir que ela atrapalhasse ao julgar se o meu trabalho era claro, preciso e fácil de usar na classe.

Stanislaus Dulman, CEC. Obrigado, Stazi, por seus insights e suas ideias sobre ensino durante a revisão.

Pelas revisões, comentários ou teste de receitas, agradeço a:
Candice Childers, *American Culinary Federation*, St. Augustine
David Haynes, chefe executivo, *Health Trak©*
Russell Parson, editor da área de culinária, *Los Angeles Times*
Ricco Renzetti, CEC, CCE, FMP, *Salt Lake City Community College*

Obrigado a Susie Kenyon, da Sans Serif, e especialmente a Barb Gunia, por seu profissionalismo, sua bondade e sua compreensão ao transformar a minha crescente coleção de arquivos e receitas em um livro tão bonito.

Obrigado aos meus revisores, Sarah Lodick, Tina Michalik e Andrew Woodruff, por me ajudarem a manter uma voz consistente — e corretamente pontuada — em todas as diferentes seções deste livro. E também a Gregory Willis e a todos que ajudaram com as ilustrações, o escaneamento e a preparação de arquivos.

Deixando o mais importante para o fim, quero agradecer a todos os estudantes que fizeram pão comigo, dia sim e no outro também, na Academia. São deles os pães distribuídos aos restaurantes, às salas de banquete e às lojas da escola. Se eu pareço um instrutor que entende de assamento é porque o trabalho duro e os pães deliciosos deles me fazem parecer bom. Este livro é para eles.

Ensinar é um caminho de duas mãos. Juntar informações, escolhê-las e encontrar uma sequência lógica no modo de apresentá-las é apenas metade do trabalho. A outra metade é como vocês, os estudantes, realmente aprendem. Foram vocês que me mostraram o jeito de ensinar, como atender as suas necessidades. Vocês demonstraram para mim o que é importante que saibam e o que é secundário, quanta informação dar em uma aula, quanto tempo passar com as mãos na massa.

Vocês, estudantes, é que mantêm as coisas honestas na classe. Mostrando-me como é importante criar um ambiente de ensino seguro, em que vocês possam trabalhar. Nunca foi importante que o pão saísse perfeito ou não. O que sempre importou é que vocês tentassem fazer o melhor, sem julgamentos. Cada pão que vocês fizeram foi uma nova chance de nós aprendermos.

Assim, este livro é para vocês, estudantes. Obrigado por sempre trazerem o melhor de vocês para a padaria.

Alguns estudantes merecem menção especial, por apoiar e ajudar projetos extracurriculares: Jen Altman, Greg Aversa, Kerri Puja, Tiffany Yager e Karen Yamada. Por quase *todas* as fotos técnicas deste livro, agradeço a Jacob Metsker.

À memória dos meus avós. À minha mãe, que sempre me estimulou a escrever *um pequeno livro a respeito de alguma coisa*, desde quando eu era jovem. À minha família inteira, que me ensinou que você pode fazer qualquer coisa que queira, depois de decidir fazê-la. Eu tenho a sorte de ter o amor e o apoio dela. Vocês fornecem um lugar para onde escapar, no qual o amor, a amizade e as risadas são as regras da vida.

Finalmente, em memória de Lady, o pequeno beagle de Russian Hill, por sua paciência entre caminhadas e pelo companheirismo durante as muitas noites no teclado, enquanto eu trabalhava neste livro. (Ou ela estava simplesmente esperando para experimentar a próxima fornada de pão de queijo?!)

Michael Kalanty

Índices

> Restaurem-se as digressões à escrita; elas são o brilho do sol, a vida,
> a alma da leitura! Tire-as e o eterno inverno frio reina sobre cada página.
> (Na introdução a *1984*, romance em que os bombeiros cumprem
> o serviço público queimando livros, Ray Bradbury discute
> em favor da qualidade literária na escrita.)

Como assar pães tem algumas digressões. Uma coleção de *tangentes* e *distrações* que dá textura e variedade às informações técnicas que o livro contém. Para ajudar o padeiro, o índice foi dividido em categorias. Cada uma atende a uma forma diferente de aprender: por meio de fatos, por meio de tabelas e gráficos, ou por meio da apresentação de uma técnica por uma série de fotos.

Temas

Encontram-se aqui definições, descrições e níveis básicos de informação. O índice cognitivo ajuda você a localizar entradas como *farinha*, *fases* e *fermentação*.

Como

Encare, há momentos em que os padeiros têm de recorrer à matemática... São coisas como a temperatura da água, mudar a programação de um forno de convecção ou selecionar o tamanho da amassadeira mais eficiente para uma massa. Este índice inclui entradas sobre como substituir um tipo de fermento por outro ou como determinar a temperatura apropriada da água para a sua massa.

Fotos passo a passo

Olhar é a maneira favorita que as pessoas da área da cozinha têm para aprender. O ditado de que uma imagem vale mais do que mil palavras certamente é apreciado. Procure neste índice por instruções passo a passo dadas inteiramente na forma de imagens. Nele, você encontrará a maneira de fazer o ponto de véu e de bater a manteiga e o açúcar em creme, diretamente na bancada.

Tabelas, diagramas e gráficos

Você pode desenvolver a sua habilidade de pensar analiticamente depois que tiver atingido um nível básico de conforto ao mexer com pão. Para ajudar a comparar e contrastar os diferentes pães, a informação está resumida em forma de diagrama ou de tabela. Aqui, você encontrará tabelas que listam as temperaturas internas dos pães quando eles terminaram de assar e os tempos de crescimento deles, dependendo da família a qual pertencem.

Índice de receitas

Receita de pão	Família de pão	Página
Babka	Massa doce	436
Bagels	Massa magra	315
Baguetes	Massa magra	318
Balloons	Massa macia	333
Chocotone	Massa doce	439
Grissinis recheados	Massa macia	336
Brioche de modelar	Massa rica	413
Brioche do Pierre	Massa rica	409
Pão de manteiga	Massa rica	420
Pão de leitelho para sanduíches	Massa macia	337
Challah (pão de ovo)	Massa macia	339
O Challah da Esther	Massa macia	342
Baguetes de queijo	Massa magra	319
Pães de queijo e pimenta	Massa macia	344
Pão chato de fubá	Massa úmida	426
Pães de aveia crocante	Massa macia	346
Focaccia	Massa úmida	429
Fougasse (pão em forma de folha)	Massa úmida	431
Hard rolls	Massa magra	321
Panetone	Massa doce	440
Pão de forma integral de mel	Massa macia	349
Torpedo italiano	Massa magra	325

Parte V | Apêndices

Donuts de purê	Massa macia	351
Pães de leite (*pains au lait*)	Massa macia	356
Monkey Bread	Massa doce	444
Pão de aveia	Massa macia	359
Pão de hambúrguer de cebola e centeio	Massa macia	361
Pain aux raisins	Massa rica	417
Pãezinhos da Filadélfia	Massa doce	447
Massa de pizza	Massa macia	363
Massa de pizza fina	Massa úmida	430
Pão de batata	Massa macia	365
Pão rústico de centeio	Massa macia	378
Pretzels	Massa magra	327
Stollen	Massa doce	451
Massa doce para pães de canela	Massa doce	454
Pão de gergelim tostado	Massa macia	381
Pão branco para sanduíche	Massa macia	384
Pão de trigo integral	Massa macia	386
Pão de trigo integral com passas e avelãs	Massa macia	388
Pão chato de farinha de milho	Massa úmida	427

Índice de outras receitas

Base de brioche para *coulibiac* de *saumon* ou para *boeuf en croûte*	423
Mix de sementes da padaria	378
Pudim de pão cajun camponês com molho de rum escuro e creme chantili	514
Creme chantili	518
Açúcar de canela	294
Molho de rum escuro	517
Glacê liso	454
Óleo de alho e pimenta	427
Cobertura de aveia crocante	347
Creme de confeiteiro	418
Cobertura streusel	457